U0886030

公司理财

ESSENTIALS OF CORPORATE FINANCE

谢竹云 徐惠珍 张华 等 编著

江苏大学出版社
JIANGSU UNIVERSITY PRESS

图书在版编目(CIP)数据

公司理财 / 谢竹云等编著. — 镇江 ：江苏大学出版社，2021.6
ISBN 978-7-5684-1481-4

Ⅰ. ①公… Ⅱ. ①谢… Ⅲ. ①公司—财务管理 Ⅳ. ①F276.6

中国版本图书馆 CIP 数据核字(2021)第 006178 号

公司理财
Gongsi Licai

编　　著/谢竹云　徐惠珍　张　华　等
责任编辑/李菊萍　郑晨晖
出版发行/江苏大学出版社
地　　址/江苏省镇江市梦溪园巷 30 号(邮编：212003)
电　　话/0511-84446464(传真)
网　　址/http://press.ujs.edu.cn
排　　版/镇江市江东印刷有限责任公司
印　　刷/江苏扬中印刷有限公司
开　　本/787 mm×1 092 mm　1/16
印　　张/20
字　　数/438 千字
版　　次/2021 年 6 月第 1 版
印　　次/2021 年 6 月第 1 次印刷
书　　号/ISBN 978-7-5684-1481-4
定　　价/49.00 元

如有印装质量问题请与本社营销部联系(电话:0511-84440882)

前 言

2014 年本书编写团队编写的《公司理财与创业》出版后，得到了广大读者的认可，成为高等院校经济、管理类各本科专业财务管理课程的重要教材。根据师生们几年来的使用反馈，以及财务管理理论与实务的最新变化，在保留《公司理财与创业》基本框架的情况下，我们对全书的内容进行了系统更新，对具体章节做了增减调整，书名也由原来的《公司理财与创业》更名为《公司理财》。

本书主要具有如下特点：

1. 结构更加合理、完整。财务管理的内容一般分为基本原理、普通业务和特殊业务。基本原理是基础，普通业务是重点，特殊业务是补充。此次修订，删除了"创业企业公司治理与激励专题""大学生创业财务专题"等内容，增设了"公司并购管理"和"公司重组、破产和清算"等内容。本书第 1—4 章属基本原理部分，全面阐述基础知识；第 5—10 章属普通业务，内容是全书重点；第 11—12 章属特殊业务，补充介绍相关财务管理内容。

2. 形式更加灵活、新颖。本书各章的编写，形式上更加灵活、新颖。每一章的正文前，都安排了一篇与该章内容相契合的章前案例进行学习引导。每一章结束，都设计了思考题和练习题供学生学习巩固，并安排一篇章后案例，帮助学生加深对本章知识的理解和应用。这种安排，旨在提高读者的学习兴趣，提高学习效果。

3. 内容更加精炼、系统。为了便于理解和学习，本书在安排章节时，严格遵循由浅入深、循序渐进的原则。涉及较为深奥的财务模型，会通过示例和图表等形式进行具体分析和解释。在内容安排方面，各章节在系统覆盖基本知识点的基础上，尽量做到文字简练，表达简洁明了。

本书仍然由谢竹云、徐惠珍、张华等编著，参与编写工作的有谢竹云、徐惠珍、张华、李靠队、万武、刘瑞文、喻雁等。全书由谢竹云负责框架的设计、书稿的统稿、修改和定稿。

本书对企业财务管理活动进行了全面、系统的阐述，内容丰富、通俗易懂，适合选作高等院校会计学、财务管理等经济管理专业的本科教材，以及相关专业硕士研究生入学考试的参考教材，也可以作为企业高级管理人员和对学习公司理财有兴趣读者的学习参考书。本书的编写借鉴、吸收了大量专家、学者们的研究成果，在此表示诚挚的谢意。最后，衷心感谢江苏大学出版社有关领导的肯定，衷心感谢杨海濒、李菊萍在本书的出版与编辑过程中付出的辛勤劳动，他们的支持和帮助使得本书得以顺利出版。

谢竹云

2020 年 11 月

目　录

第1章　公司理财概述

学习目标

1. 理解公司理财的基本概念。
2. 区分不同的企业组织类型。
3. 明确公司理财的目标。
4. 了解金融市场的类型与功能。

引导案例

苏宁电器的成长

苏宁电器1990年创立于江苏南京，是中国3C(家电、电脑、通信)家电连锁零售企业的领先者，国家商务部重点培育的全国15家大型商业企业集团之一。经过20年的发展，现已成为中国最大的商业企业集团之一，品牌价值508.31亿元。截至2010年，苏宁电器连锁网络覆盖中国内地300多个城市和香港地区，并进入日本，拥有1 342家连锁店，员工15万人，2010年营业收入逾755亿元，名列中国企业500强第50位，入选《福布斯》亚洲企业50强、《福布斯》全球2 000大企业，同时也是排名最前的中国零售企业。

苏宁易购(股票代码:002024)自2004年7月上市以来，始终保持稳健高速的发展，是全球家电连锁零售业市场价值最高的企业之一。当初公司在中小板上市的时候，市值仅为30亿元，至2011年7月，苏宁电器市值约为934亿元，相对上市之初增长了30倍。在民营企业500强中，苏宁电器2009年纳税39.05亿元，位居第一位。2010年8月25日，苏宁推出了占总股本1.21%的管理层期权激励。2010年12月26日，在公司创建20周年纪念日当天，苏宁电器宣布拿出5 000万元善款启动全国感恩行动。苏宁数年来已利用这种公益庆生的方式，累计投入近亿元资金和物资用于帮扶全国各地的困难群众。

苏宁电器的成长不仅给股东带来了财富的增值，为政府增加了税收收入，同时也使管理层、员工和社会都获得了回报，这都是在财务管理目标指导下完成的。企业运营需要树立正确的财务管理目标，用来指导各种财务管理活动，评价理财行为。

(资料来源　王化成．财务管理(第四版)[M]．北京：中国人民大学出版社，2013.)

1.1 公司理财的相关概念

与财务一词对应的英文是“Finance”。Finance一词可以译为财务，也可以译成金融。Finance的本意是融通资金，因此，公司理财(Corporate Finance)的直译是公司(或企业法人)的融资。或者说，融资决策是公司理财最基本的功能，并由此带来公司理财的其他活动。因此，从狭义的角度定义，公司理财即公司财务管理，它是公司组织财务活动、处理财务关系的各项管理工作的总称。但是，“财”也可以理解为“财富”，因此，从广义上讲，公司理财是公司价值的创造过程。

1.1.1 公司理财的基本内容

公司理财是研究公司当前或未来经营活动所需财务资源的取得与使用的一种管理活动。所谓资源的取得是指筹资(Financing)活动，即以最低的成本筹集经营活动所需要的各种资本；所谓资源的使用是指投资(Investment)活动，即将筹得的资本用于旨在提高公司价值的各项活动。

图1-1列示了公司资产负债表的一般表达式，它可以帮助人们了解公司理财的基本内容。根据资产负债表模式可将公司理财分为长期投资管理、长期筹资管理和营运资本管理三个部分。长期投资管理(资本预算)主要侧重于公司资本的投向、规模、构成及使用效果管理，即对列示在资产负债表左下方有关内容的管理；长期筹资管理主要侧重于资本的来源渠道、筹措方式、资本成本及资本结构管理，即对列示在资产负债表右下方有关内容的管理；营运资本管理主要侧重于流动资产管理和为维持流动资产而进行筹资活动的管理，即对列示在资产负债表上方有关内容的管理。这三部分内容是相互联系、相互制约的。长期筹资与长期投资有关，一方面，长期投资决策需要长期筹资的规模和时间；另一方面，公司已经筹集到的资本制约着公司投资的规模。长期投资和经营有关，一方面生产经营活动的内容决定了需要投资的长期资产类型；另一方面，已经取得的长期资产决定了公司日常经营活动的特点和方式。投资、筹资及营运资本管理共同作用的结果使资源的使用效益大于资源的取得成本，实现公司价值最大化。

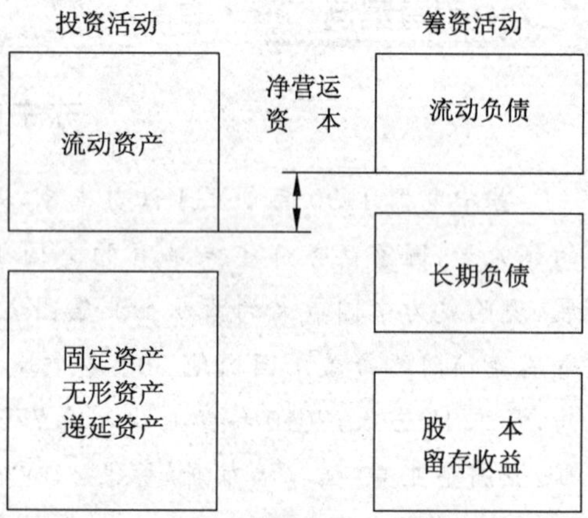

图1-1 资产负债表模式

需要说明的是，股利政策可确定公司利润如何在股东红利和再投资这两方面进行分配。因此，在投资既定的情况下，公司的股利政策可看作筹资活动的一个组成部分。

1.1.2　财务经理的职责

在实务中，公司财务管理通常与公司高层管理人员有关，如财务副总经理（Vice President of Finance，VP）或财务经理（或称首席财务官，Chief Financial Officer，CFO）。财务经理的大部分工作任务在于通过财务和会计工作为公司创造价值。图 1-2 描述了财务经理（CFO）的主要职责。

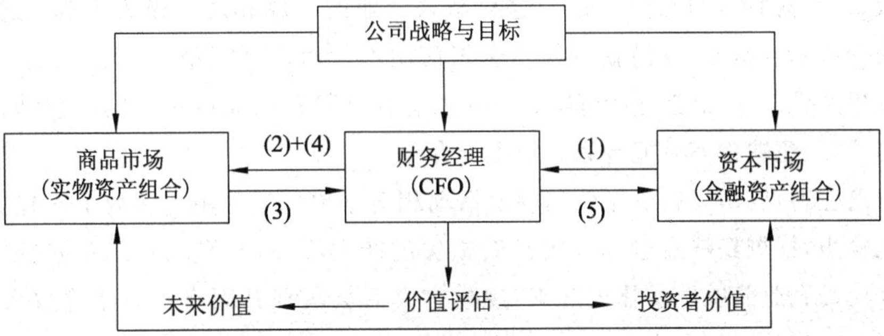

图 1-2　财务经理的职责

从上图可以看出，现金从投资者流向公司并最终返回投资者的过程。其中：

① 筹资，是指在资本市场向投资者出售金融资产；

② 投资，是指在商品市场进行实物资产投资；

③ 分析，是指将筹资的现金流量与投资的现金流量进行对比分析；

④ 再投资，是指将投资或经营产生的现金流量的一部分用于再投资；

⑤ 分红付息，是指将投资收益的一部分以利息、股息或红利的形式分配给投资者。

财务经理需要回答两个基本问题：一是如何在商品市场上进行实物资产投资，为公司未来创造价值？二是如何在金融市场上筹措投资所需要的资本，为投资者创造价值？对第一个问题的回答是公司的投资决策，也称资本预算决策，即根据公司的战略规划确定公司资本预算方法和程序，参与投资方案的财务评估；对第二个问题的回答是公司的筹资决策，即根据公司的需要与商业银行或投资银行一起选择或设计各种筹资工具、估算资本成本、设置资本结构和股利政策等。

1.2　企业组织形式

企业的组织形式有很多，按照不同标准可以进行不同的分类。这里主要介绍按照国际惯例划分的三种企业组织形式。

1.2.1　个人独资企业

个人独资企业是指由一个自然人投资兴办的企业，其业主享有全部的经营所得，同时对债务负完全责任。个人独资企业的优点：① 企业开办、转让、关闭的手续简便；② 企业主自负盈亏，对债务承担无限责任，会尽心经营企业；③ 企业税负较轻，只需要缴纳个人所得税；④ 企业在经营管理上制约因素较少，经营方式灵活，决策效率高；⑤ 没有信息披露的限制，企业的技术和财务信息容易保密。

个人独资企业也存在无法克服的缺点：① 风险巨大。企业主对企业承担无限责任，在硬化企业预算约束的同时，也带来了企业主承担风险过大的问题，从而限制了企业主向风险较大的部门或领域进行投资，这对新兴产业的形成和发展极为不利。② 筹资困难。因为个人资金有限，在借款时往往会因信用不足而遭到拒绝，因此限制了企业的发展和大规模经营。③ 企业寿命有限。企业所有权和经营权高度统一的产权结构意味着企业主的死亡、犯罪都有可能导致企业不复存在。

基于以上特点，个人独资企业的理财活动相对来说比较简单。多数个人独资企业的规模都比较小，抵御经济衰退和承担经营损失的能力不强，其平均存续年限较短。有一部分个人独资企业能够发展壮大起来，规模扩大后会发现其固有约束条件放大，于是转变为合伙企业或公司制企业。

1.2.2 合伙企业

合伙企业是合伙人订立合伙协议，共同出资、合伙经营、共享收益、共担风险的经营性组织。通常，合伙企业由两个或两个以上的自然人出资组建，有时也包括法人或其他组织。

合伙企业可以分为以下两类：① 普通合伙制企业。全部的合伙人按一定的比例出资，共同经营，共负盈亏。每个合伙人都对合伙制企业的全部债务承担无限连带责任，合伙制企业中合伙人的权责通过协议加以明确。普通合伙制企业在名称中应当标明“普通合伙”字样。② 有限合伙制企业。有限合伙企业由普通合伙人和有限合伙人组成，有限合伙人以其出资额为限对债务承担有限责任。但是，有限合伙制要求至少有一人是普通合伙人，而且有限合伙人不执行合伙事务。有限合伙制企业名称中应当标明“有限合伙”字样。

此外，还有特殊普通合伙制企业，适用于以专业知识和专门技能为客户提供有偿服务的专业服务机构，如律师事务所、会计师事务所、设计师事务所等。特殊普通合伙制企业必须在其企业名称中标明“特殊普通合伙”字样，以区别于普通合伙企业。《合伙企业法》规定，对于特殊普通合伙，一个合伙人或者数个合伙人在执业活动中因故意或者重大过失造成合伙企业债务的，应当承担无限责任或者无限连带责任，其他合伙人以其在合伙企业中的财产份额为限承担责任。

合伙企业具有设立程序简单、设立费用低等优点，但也存在责任无限、权力分散、产权转让困难等缺点。

由于合伙企业的资金来源和信用能力比独资企业有所增加，盈余分配也更加复杂，因此合伙企业的财务管理比独资企业要复杂得多。

1.2.3 公司制企业

任何依据《公司法》登记的机构都被称为公司。各国的《公司法》差异较大，因此，公司的具体形式并不完全相同。它们的共同特点是均为经政府注册的营利性法人组织，并且独立于所有者和经营者。

由于公司是独立法人，因此它具有以下优点：① 无限存续。一个公司在最初的所有者和经营者退出后仍然可以继续存在。② 容易转让所有权。公司的所有者权益被划分为若干股权份额，每个份额可以单独转让，无需经过其他股东同意。③ 有限债务责任。公司债务是法人的债务，不是所有者的债务。所有者的债务责任以其出资额为限。正是由于具有以上三个优点，公司更容易在资本市场上筹集到资金。有限债务责任和公司无限存续降低了投资者的风险；所有权便于转让，提高了投资人资产的流动性。这些特点促使投资人愿意把资金投入公司制企业。

公司制企业的缺点：① 双重课税。公司作为独立的法人，其利润需交纳企业所得税，企业利润分配给股东后，股东还需交纳个人所得税。② 组建公司的成本高。《公司法》对于组建公司的要求比组建独资或合伙企业高，并且需要提交一系列法律文件，通常花费的时间较长。公司成立后，政府对其监管比较严格，需要定期提交各种报告。③ 存在代理问题。经营者和所有者分开以后，经营者成为代理人，所有者成为委托人，代理人可能为了自身利益而伤害委托人利益。

三种形式的企业组织中，个人独资企业占企业总数的比重很大，但是绝大部分的商业资金是由公司制企业控制的。

1.3 公司理财目标

1.3.1 公司理财目标评价

公司理财目标是一切财务活动的出发点和归宿。一般而言，最具有代表性的公司理财目标有以下三种提法。

1. 利润最大化

起源于亚当·斯密基于“经济人”假设的利润最大化目标是经济学界的传统观点，时至今日这种观点在理论界与实务界仍有较大影响。以追求利润最大化作为公司理财的目标，其原因有以下三个方面：① 人类进行生产经营活动的目的是为了创造更多的剩余产品，在商品经济条件下，剩余产品的多少可以用利润这个价值指标来衡量；② 在自由竞争的资本市场中，资本的使用权最终属于获利最多的企业；③ 每个企业都最大限度地获得利润，整个社会的财富才可能实现最大化，从而促进社会的进步和发展。

利润最大化目标在实践中存在一些难以解决的问题：① 这里的利润是指企业一定时

期实现的利润总额，它没有考虑货币的时间价值；② 没有反映创造的利润与投入资本之间的关系，因而不利于不同资本规模的企业之间或不同期间之间的比较；③ 没有考虑风险因素，高额利润往往要承担过大的风险；④ 片面追求利润最大化，可能导致企业短期行为，如忽视科技开发、产品开发、人才开发、生产安全、技术装备水平、生活福利设施、履行社会责任等。

2. 股东财富最大化

以股东财富最大化作为财务管理的目标，主要源于股东作为公司的所有者，承担着公司的全部风险，因而也应享受因经营活动带来的全部税后收益，或者说，股东对企业收益具有剩余要求权。这种剩余要求权赋予股东的权利、义务、风险、收益都大于公司的债权人、经营者和其他员工。因此，在确定公司理财目标时，应从股东的利益出发，使股东财富最大化。在市场经济条件下，股东财富是由其所持有的股票数量和股票价格两方面决定的，在股票数量一定的前提下，当股票价格达到最高时，股东财富也达到最大。因此，股东财富最大化也可以表示为股票价格最大化。

与利润最大化相比，将股东财富最大化作为理财目标具有其积极的方面，主要表现在：① 股票的内在价值是按照风险调整折现率折现后的现值，因此，股东财富这一指标能够考虑取得收益的时间因素和风险因素；② 由于股票价值是一个预期值，股东财富最大化在一定程度上能够克服企业在追求利润上的短期行为，保证了企业的长期发展；③ 股东财富最大化能够充分体现企业所有者对资本保值与增值的要求。

股东财富最大化也存在一些缺点：① 股东财富最大化只适用于上市公司，对非上市公司则很难适用；② 由于股票价格的变动不是公司业绩的唯一反映，而是受诸多因素影响的综合结果，因而股票价格的高低实际上不能完全反映股东财富或价值的大小；③ 股东财富最大化目标在实际工作中可能导致公司所有者与其他利益主体之间的矛盾与冲突。

3. 公司价值最大化

公司价值是指公司全部资产的市场价值，即公司资产未来预期现金流量的现值。公司价值不同于利润，利润只是新创造价值的一部分，而公司价值不仅包含新创造的价值，还包含公司潜在的或预期的获利能力。公司价值的评价一般是通过投资大众的市场评价进行的，投资者对公司潜在的获利能力预期越高，其价值就越大。公司价值的一般表达方式为

$$公司价值=债券市场价值+股票市场价值$$

以公司价值最大化作为财务管理的目标，其优点主要表现在：① 这一目标考虑了货币的时间价值和投资的风险价值；② 这一目标反映了对公司资产保值、增值的要求；③ 这一目标有利于克服管理上的片面性和短期行为；④ 这一目标有利于社会资源合理配置，社会资本通常流向公司价值最大化的企业或行业，从而实现社会效益最大化。

以公司价值最大化作为财务管理的目标也存在一些问题：① 对于非上市公司，这一目标值不能依靠股票市价做出评判，而需通过资产评估的方式进行，出于评估标准和评

估方式的影响，这种估价不易做到客观和准确；② 公司价值，特别是股票价值并非为公司所控制，其价格波动也并非与公司财务状况的实际变动相一致，这给公司实际经营业绩的衡量也带来了一定的问题。

1.3.2　目标实施与代理问题

在公司制下，参与公司经营活动的关系人主要有两类：一是公司资源的提供者——股东和债权人；二是公司资源的使用者——经营者。除此之外，公司在经营活动中还要与其他关系人（如社区、供应商、客户、政府等）发生往来。公司代理关系如图 1-3 所示。

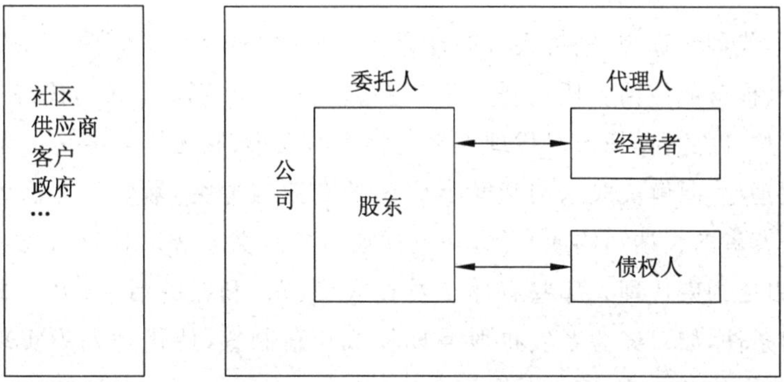

图 1-3　公司代理关系模式

图中的各种关系人从市场进入公司，其目标函数各不相同。例如，股东追求股票价格最大化；债权人希望到期收回本金和利息；经营者关心工资待遇与工作条件；供应商和客户重视产品的质量和价格；政府和社区关心税收和环境问题。由于关系人各方目标函数不一致，因而不可避免地引起代理各方利益的相互冲突。解决矛盾与冲突的方式就是关系人各方签订一系列合约，因此，现代公司的代理关系可以定义为一种契约或合同关系。这种契约或合同可能是明确的，也可能是模糊的。前者如公司与债权人之间的借贷契约，公司与员工之间的用工合同，公司与供应商、客户之间的购买与销售合同等；后者如股东与管理层之间的契约（承诺按股东的最佳利益行事）等。由此，决定了这些关系人对公司收益的索偿权也不同。一般来说，除股东之外，其他关系人对公司收益具有固定的索偿权或法定索偿权；股东对公司收益仅有剩余索偿权，公司收益只有在满足其他关系人的索偿权后（工资、利息、税收等），才能以股利等方式支付给股东。由于股东承担了公司的最后风险，因此，公司通常以股东财富最大化作为财务管理的目标。

如果说图 1-1 是从投资和筹资两个方面描述了财务管理的基本内容，那么图 1-3 则是从委托代理关系方面描述了财务管理的本质特征。在公司制下，委托代理关系主要表现为四个方面：① 股东与经营者；② 股东与债权人；③ 公司与金融市场；④ 公司与社会。

1. 股东与经营者

股东与经营者之间的委托代理关系产生的首要原因是资本的所有权与经营权相分离。代理关系并不必然导致代理问题，如果代理人的目标函数与委托人的目标函数完全一致，就不会引发代理问题。但在两权分离的条件下，这一假设是很难满足的。拥有公司所有权的股东具有剩余索取权，他们所追求的目标是资本的保值、增值，最大限度地提高资本收益，增加股票价值，它集中表现为货币性收益目标；拥有公司经营权的经营者作为所有者的代理人，除了追求货币性收益目标（高工资、高奖励）外，还追求一些非货币性收益目标，如豪华的办公条件、气派的商业应酬及个人声誉、社会地位等。由于代理人的目标函数既包括货币性收益，又包括非货币性收益，在其他因素一定的条件下，代理人对非货币性收益的追求是以牺牲股东利益为代价的。因此，如果没有适当的激励约束机制，代理人就有可能利用委托人的授权谋求更多的非货币性收益，使股东的最大利益难以实现。

除此之外，代理人作为“经济人”，同样存在所谓的“机会主义倾向”，在代理过程中会产生职务怠慢、损害或侵蚀委托人利益等“道德风险”。由于委托人与代理人之间存在严重的信息不对称，因此，委托人对代理人努力程度的大小、有无机会主义行为较难察觉。

根据代理理论，要解决股东与经营者之间的矛盾与冲突，最好的方法就是建立一个激励和约束经营者的长期契约或合约，一方面通过契约关系和对代理人（经营者）行为进行密切监督，以便约束代理人那些有悖于委托人（股东）利益的活动；另一方面提供必要的激励和动力条件，如对经营者实行股票期权或年薪制等，使代理人为实现委托人的利益而努力工作。

2. 股东与债权人

当债权人借出资本后，便与股东形成了一种委托代理关系。从某种意义上说，股东与债权人之间是一种“不平等”的契约关系。股东对公司资产承担有限责任，但对公司价值享有剩余追索权。前者给予股东将公司资产交给债权人（发生破产时）而不必偿付全部债务的权利，后者给予股东获得潜在收益的最大好处。也可以说，有限责任使借款人对极端不利事态（如破产）的损失享有最低保证（债务人的收入不可能小于零），而对极端有利事态所获得的收益却没有最高限制。这种风险与收益的“不对等契约”是股东与债权人之间矛盾与冲突的根源所在。

此外，由于在借贷活动中存在着以债务人占有私有信息为特征的信息不对称现象，即债务人比处于公司外部的债权人更了解企业的状况。他们可能会利用私有信息选择有利于增进自身效用而不利于债权人的各种行为，如债务人违反借款协议、私下改变资本用途、从事高风险投资、转移资本、弃债逃债等。而债权人既不能亲自监督债务人的行为选择过程，又无法证实债务人已经选择的行为是违背契约的。

对于债务人的各种违约行为，理性的债权人一般是通过降低债券投资的支付价格或提高资本贷放的利率，以反映他们对股东行为的重新评估。不仅如此，他们还会在债务契约中增加各种限制性条款进行监督，这些条款包括限制生产或投资条款、限制股利支付条款、限制筹资条款和约束条款等。

3. 公司与金融市场

以股东财富或公司价值最大化作为财务管理的目标，其隐含的假设是存在一个能有效反映信息的金融市场，信息本身可以通过公司经营者或该公司的财务分析人员及时、真实地传送到金融市场。实际上，公司有时会压制或延缓信息，特别是延缓不利信息的公布，甚至会向市场传送一些误导性或欺骗性的信息。大量经验表明，公司经理确实会延期不利消息的公布。一项研究表明，星期五公布的有关收益与股东信息比该周其他日期公布的信息包含更多的不利信息，如图 1-4 所示。

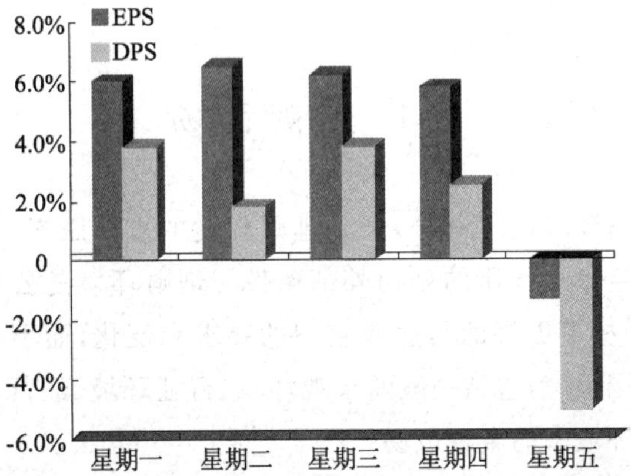

图 1-4　每股收益(EPS)与每股股利(DPS)一周变动情况

又如，一些公司为提高股票价格，蓄意向金融市场发出有关公司现状和前景的误导性信息，使股票市场严重偏离其真实价值。事实上，即使公司传递的信息并没有造成市场价格的扭曲，也不能保证市场价格是实际价值的无偏估计，如市场参与者的非理性投资，金融市场对信息的过度反应都可能使市场价格偏离实际价值。

对于这些问题至今仍没有简单而又确凿的解决方法，从长期来看，可以采取一些方法改善信息质量，减轻价格与价值的偏离程度。这些方法主要有：① 改善信息质量，如证券交易委员会的管理机构要求公司披露额外信息，并对提供误导性和欺骗性信息的公司进行惩罚；② 改善市场效率，如提高市场流动性、降低交易成本等。“市场效率”这一概念并不要求市场价格总是等于真实价值，但它应是真实价值的“无偏”估计。

4. 公司与社会

如果公司目标是公司价值最大化或股东财富最大化，那么在制定和实施财务决策的过程中就可能存在一定的社会成本。例如，公司为了自身利益生产各种污染环境的产品或损害公共利益的产品等，有时这些社会成本是巨大的，且无法追索。因此，伦理学家认为，当公司知道存在巨大社会成本时，公司价值最大化或股东财富最大化目标应服从于广义的社会利益。如果公司希望从公司员工、客户、供应商或社会那里获得不合理的利益，最终都将减少股东或公司的利润。例如，在 20 世纪 50 年代至 60 年代，美国 John Manville 公司为获取利润而生产石棉，当时没有意识到石棉会引发癌症的潜在可能性。30 年之后，那些因石棉致癌而饱受折磨的人向该公司提起诉讼，而诉讼直接导致该公司破产。因此,从长远看,股东财富最大化的财务目标将意味着公平对待社会各个群体,而这些群体的经济状况与公司的经营状况和公司的价值密切相关。

上述分析表明,公司是多种契约关系的总和,不论是公司的出资者还是公司的经营者,或是公司外部的关系人,对公司的发展而言缺一不可。因此,在确定公司理财目标时,其他利益相关者的利益应在目标中得到体现。事实上,如果公司不能很好地兼顾与公司有关的其他利益相关者的利益,不能正确处理公司的各种财务关系,那么必然会引起矛盾与冲突。

1.4 金融市场

金融市场既是理财环境的一部分,又是理财环境的重要因素。公司的理财环境,是指对公司财务活动产生影响作用的公司外部条件。理财环境是公司决策难以改变的外部约束条件,公司财务决策更多的是适应它们的要求和变化,而不是设法改变它们。财务管理环境涉及的范围很广,包括一般的宏观环境、行业环境、经营环境和国际商业环境等。这里仅讨论理财环境中的金融市场。

金融市场和普通商品市场类似,也是一种交换商品的场所。金融市场交易的对象是银行存款单、债券、股票、期货、保险单等金融工具。例如,卖方发行债券换取货币,买方用货币换取债券。与普通商品交易的不同之处在于,金融市场大多只是货币资金使用权的转移,而普通商品交易是所有权和使用权的同时转移。这些交易对象,对于买方(即投资人)来说是一种索取权,是可以产生现金流的资产;对于卖方(即筹资人)来说是一种筹资工具,是将来需要支付现金的义务。

1.4.1 金融资产

1. 金融资产的概念

金融资产是与生产经营资产相对的一个概念。生产经营资产包括土地、建筑物、机器设备及用来生产商品和服务的知识。生产经营资产对社会生产力(即社会成员创造的商品和服务)产生直接的贡献。社会生产力决定了社会的物质财富。金融资产,如股票和债券,并不对社会生产力产生直接贡献,它们只不过是一张纸或是计算机里的一条记录。

金融资产是经济发展到一定阶段的产物,是人们拥有生产经营资产、分享其收益的所有权凭证。例如,你无法创建自己的汽车制造厂,但可以购买大众汽车公司的股票,从而分享该公司的收益。

生产经营资产能产生净收益,而金融资产决定收益在投资者之间的分配。人们可以选择当前消费财富,也可投资以待将来消费。如果投资,可以通过购买证券以金融资产的形式持有财富。发行证券的公司得到资金,购置生产经营资产,生产商品和提供服务,创造收益。投资证券的人获得的收益，实际上来自于筹资公司的生产经营资产。

生产经营资产和金融资产的区别，还可以从国民财富的角度看出来。假设一个国家只有家庭和公司两个部门：家庭部门的资产负债表中，资产为 100 亿元，其中生产经营资产 30 亿元，金融资产（对公司的投资）70 亿元；假设没有负债，家庭部门的净收益为 100 亿元。公司部门的资产负债表中，资产为 70 亿元，所有者权益为 70 亿元（即家庭部门的金融资产）。如果把两张报表合并在一起，公司的净收益和家庭的金融资产投资抵消，合并后的总资产 100 亿元才是国民财富，就是那些生产经营资产。

因此，金融资产是以信用为基础的所有权凭证，其收益来源于它所代表的生产经营资产的业绩，金融资产并不构成社会的实际财富。

2. 金融资产的特点

金融资产具有资产的一般属性。一是收益性，即预期可以产生回报；二是风险性，即预期回报具有不确定性。

金融资产和实物资产相比，具有以下特点：

① 流动性。流动性是指非现金资产能够在短期内不受损失地变为现金的属性。金融资产和货币非常接近，它能用很少的时间、最低的成本转化为货币。一般来说，金融资产的流动性比实物资产强。

② 人为可分性。人为可分性是指金融资产可以人为设定最小的交换单位。例如，银行存款可以划分为货币的最小单位（1 分钱）进行存取，债券经常以 1 000 元为发行单位，股票按 1 股股票为发行单位等。金融资产的可分性与其同质性有关。这种同质资产的可分性，为聚集小额资金投入大项目提供了方便。实物资产的单位由其物理特征决定，不可以人为划分，如一辆汽车不可以划分为更小的计量单位。

③ 人为的期限性。具有事先人为规定的期限是金融资产的重要特征之一。期限是指金融资产从发行到最终支付的时间长度，简称期限。债券工具的期限是有限的，无论债券还是借款都规定了还款期限；权益工具没有到期期限，或者说，事先规定其期限为无限长，实际偿付的时间可能与事先规定的期限不同。例如，债务契约中规定，债权人可以提前偿付债务；发生破产、重组或应权益投资者要求，权益工具可能提前被偿付。实物资产的期限不是人为设定的，而是由其自然属性决定的。

④ 名义价值不变性。通货膨胀时金融资产的名义价值不变，而按购买力衡量的价值下降。实物资产与之不同，在通货膨胀时其名义价值上升，而按购买力衡量的价值不变。

3. 金融资产的种类

金融资产按其收益的特征可分为以下三类：

① 固定收益证券。固定收益证券是指能够提供固定或根据固定公式计算出来的现金流的证券。例如，公司债券的发行人承诺每年向债券持有者支付固定的利息。有些债券的利率是浮动的，但也规定有明确的计算方式。例如，某公司债券规定按国库券利率上浮两个百分点计算并支付利息。固定收益证券是公司筹资的重要形式。固定收益证券的收益与发行人的财务状况相关程度低，除非发行人破产或违约，否则证券持有者将

按规定数额取得收益。

② 权益证券。权益证券代表公司所有者权益的份额。发行人事先不对持有者作出支付承诺，收益的多少具有不确定性，要看公司经营的业绩和公司净资产的价值，因此其风险高于固定收益证券。权益证券是公司筹资的最基本形式，任何公司都必须有股权资本。权益证券的收益与发行人的财务状况相关程度高，其持有者非常关心公司的经营状况。

③ 衍生证券。衍生证券的种类繁多，并不断创新，包括各种形式的金融期权、期货和利率互换合约。由于衍生品的价值依赖于其他债券，因此它既可以用来套期保值，也可以用来投机。衍生证券是公司进行套期保值或者转移风险的工具。根据公司理财的原则，企业不应该靠投机获利，衍生品投机失败导致公司巨大损失甚至破产的事情时有发生。

1.4.2 金融市场的类型

金融市场种类繁多，每个金融市场服务于不同的交易者，有不同的交易对象。金融市场可能是一个有形的交易场所，如在某一个建筑物中进行交易；也可能是无形的交易场所，如通过通信网络进行交易。

按照不同的标准，金融市场有不同的分类。这里只介绍与公司投资和筹资关系密切的几种类型。

1. 货币市场和资本市场

金融市场按照所交易的金融工具的期限是否超过1年，分为货币市场和资本市场，两个市场所交易的证券期限、利率和风险不同，市场的功能也不同。

货币市场是短期金融资产交易的市场，交易的证券期限不超过1年。短期利率多数情况下低于长期债务利率，且短期利率的波动大于长期利率，风险较大。货币市场的主要功能是保持金融资产的流动性，以便随时转换为现实的货币。它满足了借款者的短期资金需求，同时为暂时性闲置资金找到出路。货币市场工具包括短期国债（英、美称为国库券）、可转让存单、商业票据、银行承兑汇票等。

资本市场是指期限在1年以上的金融资产交易市场，它包括两个部分：银行中长期存贷市场和有价证券市场。由于长期融资证券成为未来的发展趋势，现在资本市场也被称为证券市场。与货币市场相比，资本市场所交易的证券期限长（超过1年），利率或要求的报酬率较高，其风险也较大。资本市场的主要功能是进行长期资金的融通。资本市场的工具包括股票、公司债券、长期政府债券和银行长期贷款等。

2. 债务市场和股权市场

金融市场按照证券的索偿权不同，分为债务市场和股权市场。

债务市场交易的对象是债务凭证，如公司债券、抵押票据等。债务凭证是一种契约，借款者承诺按期支付利息和偿还本金。期限在1年以下的是短期债务工具，期限在1年以上的是长期债务工具。有时，人们还把1～10年的债务工具称为中期债务工具。

股权市场交易的对象是股票。股票是分享一个公司净利润和净资产权益的凭证。持有人的权益按照公司总权益的一定份额表示，而没有确定的金额。股票的持有者可以不定期地收取股利，但是没有到期期限。

股票持有人与债务工具持有人的索偿权不同。股票持有人是公司排在最后的权益要求人，必须先向债权人进行支付，然后才可以向股票持有人支付。股票持有人可以分享公司盈利和资产价值增长，但股票的收益不固定，因此风险比债务工具大；债权人却能按照约定的利率得到固定收益，风险比股票小。

3. 一级市场和二级市场

金融市场按照所交易的证券是否初次发行，分为一级市场和二级市场。

一级市场，也称发行市场或初级市场，是资金需求者将证券首次出售给公众时形成的市场。它是新证券和票据等金融工具的买卖市场。该市场的主要经营者是投资银行、经纪人和证券自营商(在我国这三种业务统一于证券公司)。它们承担政府、公司新发行的证券，以及承购或分销股票。投资银行通常采用承购包销的方式承销证券，承销期结束后剩余证券由承销人全部自行购入，发行人可以获得预定的全部资金。

二级市场，是在证券发行后，各种证券在不同投资者之间买卖流通所形成的市场，也称流通市场或次级市场。该市场的主要经营者是证券商和经纪人。证券的持有者在需要资金时，可以在二级市场将证券变现。想要投资的人，也可以进入二级市场购买已经上市的证券，出售证券的人获得货币资金，但该证券的发行公司不会得到新的现金。

一级市场和二级市场有密切关系。一级市场是二级市场的基础，没有一级市场就不会有二级市场。二级市场是一级市场存在和发展的重要条件之一。二级市场使得证券更具流动性，正是这种流动性使得证券受到欢迎，人们才更愿意在一级市场购买它。某公司证券在二级市场上的价格，决定了该公司在一级市场上新发行证券的价格。一级市场上的购买者，只愿意向发行公司支付他们认为二级市场可接受的价格。二级市场上证券价格越高，公司在一级市场出售证券的价格就越高，发行公司筹措的资金就越多。因此，与公司理财关系更为密切的是二级市场，而非一级市场。本书后面提到的证券价格，除非特别指明，均是指二级市场价格。

4. 场内交易市场和场外交易市场

金融市场按照交易程序，分为场内交易市场和场外交易市场。

场内交易市场是指各种证券的交易所。证券交易所有固定的场所，固定的交易时间和规范的交易规则。交易所按拍卖市场的程序进行交易。证券持有人拟出售证券时，可以通过电话或网络终端下达指令，该信息输入交易所撮合主机按价格由低到高排序，低价者优先。拟购买证券的投资人，用同样方法下达指令，按价格由高到低排序，高价优先。出价最高的购买人和出价最低的出售者取得一致时成交。证券交易所通过网络形成全国性的证券市场，甚至形成国际化市场。

场外交易市场没有固定场所，而由很多拥有证券的交易商分别进行。任何人都可以在交易商的柜台上买卖证券，价格由双方协商形成。这些交易商相互间用计算机网络联系，掌握各自开出的价格，竞争也很充分，与有组织的交易所并无很大差别。场外交易市场包括股票、债券、可转让存单、银行承兑汇票等。

1.4.3 金融市场的参与者

金融市场的参与者是资金的提供者和需求者，主要包括居民、公司、政府和金融中介机构。

1. 居民

居民，包括自然人和家庭，他们是金融市场最众多的资金提供者。资金提供者也称自己为资金所有者或投资者。居民出于节俭、预防意外的支付或者延迟消费等目的，其支出小于消费，成为社会的储蓄者。他们有时也会成为住宅、汽车等消费贷款的借款人，但从总体上看，居民总是净储蓄者，是金融市场上最主要的资金提供者。

2. 公司

公司是金融市场上最大的资金需求者。资金需求者也称筹资人、金融工具发行人。公司通过发行股票、债券等形式筹集资金，并且在货币市场中筹集短期资金。当公司在经营中出现暂时的闲置现金时，他们会以资金提供者的身份出现，将这部分资金投入货币市场或资本市场。

3. 政府

政府经常是资金需求者，政府通过发行财政部债券或地方政府债券来筹资，用于基础设施建设、弥补财政赤字，或者进行宏观经济调控。政府有时也会成为资金提供者，在税收集中入库而支付滞后时，会将部分资金投入金融市场。

上述资金提供者和需求者，是不以金融交易为主业的主体，参与交易的目的是调节自身的资金余缺。他们之间的金融交易称为直接金融交易，也就是公司或政府在金融市场上直接融通货币资金，其主要方式是发行股票或债券。此外，还有一类专门从事金融活动的主体，包括银行、证券公司等金融机构，他们充当金融交易的媒介。资金提供者和需求者通过金融机构实现资金转移的交易称为间接交易。金融市场的资金流动如图 1-5 所示。

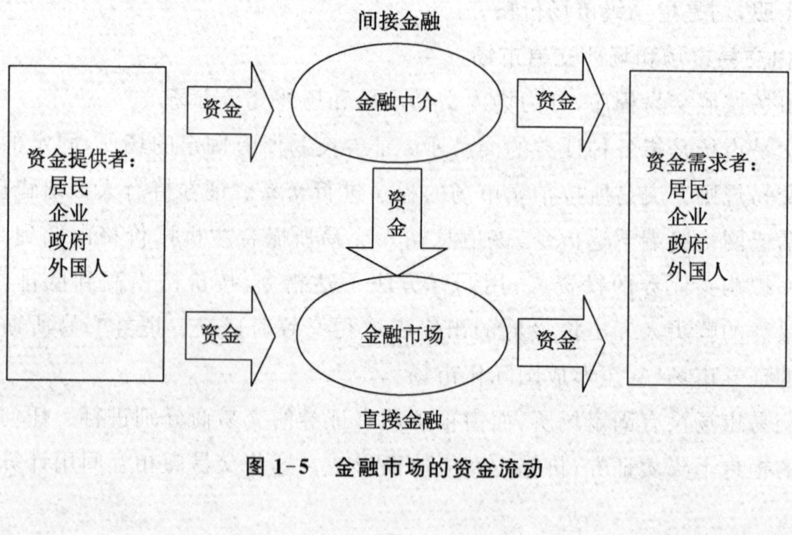

图 1-5 金融市场的资金流动

4. 金融中介机构

金融中介机构分为银行和非银行金融机构两类。银行是指从事存贷款业务的金融机构，包括商业银行、信用社等。非银行金融机构是指不从事存贷款业务的金融机构，包括保险公司、养老基金、金融公司、共同基金、证券市场机构等。

(1) 商业银行

商业银行是指依照《商业银行法》和《公司法》设立的企业法人，它是以吸收存款方式取得资金，以发放贷款或投资证券等方式获得收益的金融机构。

商业银行的业务包括吸收公共存款，发放短期、中期和长期贷款，办理国内外结算，办理票据承兑与贴现，发放金融债券，代理发行、代理兑付、承销政府债券，买卖政府债券、金融债券，从事同业拆借，买卖、代理买卖外汇等。

(2) 保险公司

保险公司是指依《保险法》和《公司法》设立的企业法人。保险公司收取保费，将保费所得资金投资于债券、股票、贷款等资产，用这些资产所得的收入支付保单所确定的权益。保险公司通过上述资产转换，能够在投资中获得高额回报并以较低的保费向客户提供适当的保险服务，并从中盈利。

保险公司的业务范围分为两类：① 人身保险业务，包括人寿保险、健康保险、意外伤害保险等保险业务。② 财产保险业务，包括财产损失保险、责任保险、信用保险、保证保险等保险业务。我国的保险公司一般不得兼营人身保险业务和财产保险业务。

(3) 养老基金

对于养老基金的建立，通常各国政府均有立法要求，并给予税收优惠。养老基金一般分为私人养老基金和政府退休基金两种。养老基金的资金来源于雇主和雇员的缴款，后者从雇员的薪酬中自动扣除或由雇员自愿缴纳。养老基金为参加养老计划的人提供年金形式的退休金。养老基金持有的金融资产主要是公司股票和公司债券。

我国的养老制度还在不断完善之中，目前采取基本养老保险、企业补充养老保险、职工个人储蓄性养老保险相结合的制度。企业和职工个人缴纳的基本养老保险费转入社会保险管理机构，在银行开设的“养老保险基金专户”实行专项储存，专款专用。积累基金的一部分可以购买政府债券。

我国建有全国社会保障基金，负责管理由国有股减持划入资金及股权资产、中央财政拨入资金、经国务院批准以其他方式筹集的资金及其投资收益形成的由中央政府集中的社会保障基金。全国社保基金是中央政府专门用于社会保障支出的补充、调剂基金，是根据财政部、劳动和社会保障部共同下达的指令和确定的方式拨出的资金。社会基金投资的范围限于银行存款、买卖国债和其他具有良好流动性的金融工具，包括上市流通的证券投资基金、股票、信用等级在投资级以上的企业债、金融债等有价证券。

(4) 消费金融公司

消费金融公司靠发行股票、债券和出售商业票据来筹措资金，再把资金贷放给购买耐用消费品的消费者。

消费金融公司的业务包括办理个人耐用消费品的贷款、办理一般用途个人消费贷款、办理信贷资产转让、境内同业拆借、向境内金融机构借款、经批准发行金融债券、代理销售与消费贷款相关的保险产品、固定收益类证券投资业务等。我国的消费金融公司向个人发放贷款的余额不得超过借款人月收入的5倍。

(5) 投资基金

投资基金,也称共同基金,是通过公开发售基金份额募集资金,然后投资于证券的机构。投资基金由基金管理人管理,基金托管人托管,为基金份额持有人的利益服务,以资产组合方式进行证券投资活动。

投资基金运作方式可以采用封闭式或开放式。封闭式投资基金,是指经核准的基金份额总额在基金合同期限内固定不变,且基金份额可以在依法设立的证券交易场所交易,但基金份额持有人不得申请赎回的基金。开放式投资基金,是指基金份额总额不固定,基金份额可以在基金合同约定的时间和场所申购或者赎回的基金。

投资基金把许多人的资金集中起来,形成规模,有助于降低交易成本和建立投资组合。每份基金的价格变动,与基金持有的证券投资组合的构成有关。如果证券投资组合中债券的比例大,则基金风险较小;如果证券投资组合中股票的比例大,则基金风险较大。

(6) 证券市场机构

① 证券交易所

证券交易所是依据国家有关法律,经政府证券主管机关批准设立的集中进行证券交易的有形场所,是组织和监督证券交易,实行自律管理的法人。实行会员制的证券交易所的财产积累归会员所有,其权益由会员共同所有,在其存续期间,不得将财产积累分配给会员。

进入证券交易所参与集中交易的,必须是证券交易所的会员。投资者应当与证券公司签订证券交易委托协议,并在证券公司开设证券交易账户,以书面、电话或网络等方式委托该证券公司代其买卖证券。

证券公司根据投资者的委托,按照证券交易规则提出交易申报,参与证券交易所场内的集中交易,并根据成交结果承担相应的清算交付责任;证券登记结算机构根据成交结果,按照清算交收规则,与证券公司进行证券和资金的清算交收,并为证券公司客户办理证券的登记过户手续。

② 证券公司

证券公司是指依照《公司法》和《证券法》规定设立的、专门经营证券业务的、具有法人身份的有限责任公司或者股份有限公司。设立证券公司,必须经国务院证券监督管理机构审查批准。

证券公司的主要业务有二级市场的证券经纪业务、一级市场的证券承销与保荐业务(投资银行业务)、证券自营业务等。此外,证券市场机构还有证券服务机构,包括投资咨询机构、财务顾问机构、资信评级机构、资产评估机构、会计师事务所等。

1.4.4　金融市场的功能

1. 资金融通功能

金融市场的基本功能之一是融通资金。它提供一个场所，将资金提供者手中的富余资金转移到那些资金需求者手中。这种转移，使资金从没有生产性投资机会的人们手中转移至拥有这些机会的人手中，从而提高了资金的利用效率。与此同时，这种转移使消费者在最需要消费的时候可以购买商品，也使直接消费者受益。

2. 风险分配功能

在转移资金的过程中，同时将实际资产预期现金流的风险重新分配给资金提供者和资金需求者。这是金融市场的另一项基本功能。

例如，某人需要投资 100 万元创建企业，但是他自己只有 20 万元，还需要筹资 80 万元。所需的 80 万元，可以进行债务筹资和权益筹资，两者的比例决定了他自己和其他出资人的风险分摊方式。例如，向其他人筹集权益资金 40 万元，另债务筹资 40 万元。如果经营成功，债权人只收取固定利息，净利润他自己分享 1/3，其他权益投资人分享 2/3。如果亏损，债权人不承担损失，仍然收取固定利息，他自己承担 1/3 的损失，其他收益投资人承担 2/3 的损失。如果改变筹资结构，风险分摊的比例也会改变。因此，筹资的过程同时实现了企业风险的重新分配。

聚集了大量资金的金融机构可以通过多元化分散风险，因此有能力向高风险的公司提供资金。金融机构创造出风险不同的金融工具，可以满足风险偏好不同的资金提供者。因此，金融市场在实现风险分配功能时，金融中介机构也是必不可少的。

3. 价格发现功能

金融市场上的买方和卖方的相互作用决定了证券的价格，也就是金融资产要求的报酬率。公司的筹资能力取决于它是否能够达到金融资产要求的报酬率，如果企业盈利能力达不到要求的报酬率，就筹不到资金。这个竞争形成的价格，引导着资金流向效率高的部门和企业，使其得到发展，而效率差的部门和企业得不到资金，会逐步萎缩甚至退出。竞争的结果，促进了社会稀缺资源的合理配置和有效利用。

金融市场被称为国民经济的“晴雨表”和“气象台”。金融市场的活跃程度可以反映经济的繁荣与衰退，每一种证券的价格可以反映发行人的经营状况和发展前景。金融市场上的交易规模、价格及其变化的信息可以反映政府货币政策和财政政策的效果。金融市场生成并传播大量的经济和金融信息，可以反映一个国家甚至世界范围的经济发展和变化。

4. 调节经济功能

金融市场为政府实施宏观经济的间接调控提供了条件。政府可以通过实施货币政策对各经济主体的行为加以引导和调解。

政府的货币政策工具主要有三个：公开市场操作、调整贴现率和改变存款准备金率。例如，经济过热时，中央银行可以在公开市场出售证券，缩小基础货币，减少货币供应；也可以提高商业银行从中央银行贷款的贴现率，减少贴现贷款数量，减少货币供应；还可以提高商业银行缴存央行的存款准备金率，商业银行为补足应交准备金就需减少放款，导致货币供应收缩。减少货币供应后，利率会提高，投资需求会下降，从而达到抑制经济过热的目的。

通常，中央银行实施货币政策的基本目的不止一项，还包括高度就业、经济增长、物价稳定、利率稳定、金融市场稳定和外汇市场稳定等。有时这些目的相互冲突，操作时就会进退维谷。例如，经济上升、失业下降时，往往伴随通货膨胀和利率上升。如果为了防止利率上升，央行购入债券会增加货币供应促使利率下跌，而增大货币供应又会使通货膨胀进一步提升。如果为了防止通货膨胀，放慢货币供应增长，在短期内利率和失业率就可能上升。因此，这种操控是十分复杂的，需要综合考虑其后果，并逐步试探和修正。

5. 节约信息成本功能

如果没有金融市场，每一个资金提供者寻找适宜的资金需要者，每一个资金需要者寻找适宜的资金提供者，其信息成本是非常高的。完善的金融市场提供了广泛的信息，可以节约寻找资金投资对象的成本和评估金融资产投资价值的成本。

金融市场要想实现其上述功能，需要不断完善市场的构成和机制。理想的金融市场需要两个条件，一是完整、准确和及时的信息；二是市场价格完全由供求关系决定，而不受其他力量的干预。现实中，扭曲的价格和错误的信息，不仅妨碍其功能的发挥，甚至可能引发金融市场的动荡和危机。

金融市场的功能中，前两项是基本功能，后三项是附带功能。

思考题

1. 为什么说财务管理的首要目标是企业价值最大化，而不是企业利润最大化？
2. 企业利益相关者的利益与股东利益是否存在矛盾？如何解决？
3. 财务经理的主要工作是什么？
4. 金融市场环境对企业财务管理产生怎样的影响？
5. 代理关系中的利益冲突有哪些？

案例分析

雷曼兄弟公司财务管理目标案例

2008年9月15日，拥有158年悠久历史的美国第四大投资银行——雷曼兄弟(Lehman Brothers)公司正式申请依据以重建为前提的美国联邦破产法第11章所规定的程序破产，即所谓破产保护。雷曼兄弟公司，作为曾经在美国金融界中叱咤风云的巨人，在此次爆发的金融危机中也无奈破产。

雷曼兄弟公司正式成立于 1850 年，在成立初期，公司主要从事利润比较丰厚的棉花等商品的贸易，公司性质为家族企业，且规模相对较小，其财务管理目标自然是利润最大化。在利润最大化的财务管理目标指引之下，雷曼兄弟公司开始转型经营美国当时最有利可图的大宗商品期货交易。其后，公司又开始涉足股票承销、证券交易、金融投资等业务。1899—1906 年的 7 年间，雷曼兄弟公司从一个金融门外汉成长为纽约当时最有影响力的股票承销商之一。其每一次业务转型都是资本追逐利润的结果。在雷曼兄弟公司逐渐转型为金融投资公司的同时，公司的性质也从一个地道的家族企业逐渐成长为在美国乃至世界都声名显赫的上市公司。由于公司性质的变化，其财务管理目标也随之由利润最大化转变为股东财富最大化。

雷曼兄弟自 1984 年上市以来，公司的所有权和经营权实现了分离，所有者与经营者之间形成委托代理关系。同时，在公司中形成了股东阶层（所有者）与职业经理阶层（经营者），股东委托职业经理人代为经营企业，其财务管理目标是为达到股东财富最大化，并通过会计报表获取相关信息，了解受托者的受托责任履行情况及理财目标的实现程度。上市之后的雷曼兄弟公司，实现了 14 年连续盈利的显著经营业绩和 10 年间高达 1 103% 的股东回报率。然而，在股东财富最大化目标的指引下，公司忽视了其他利益相关者的利益，导致公司内部各利益主体的矛盾冲突频繁爆发，公司员工的积极性不高，虽然其员工持股比例高达 37%，但主人翁意识淡薄。

为了提高集团公司的整体竞争力，1993 年，雷曼兄弟公司进行了战略重组，改革了管理体制。雷曼兄弟的母公司（美国运通公司）为了支持其上市，将有盈利能力的优质资产剥离后注入上市公司，而将大量不良资产甚至可以说是包袱留给了集团公司，在业务上实行核心业务和非核心业务分开，上市公司和非上市公司分立运行。此后，为了使本公司的股票在一个比较高的价位上运行，雷曼兄弟公司自 2000 年开始连续 7 年将公司税后利润的 92% 用于购买自己的股票。此举虽然对抬高公司的股价有所帮助，但同时也减少了公司的现金持有量，降低了其应对风险的能力。另外，将税后利润的 92% 全部用于购买自己公司而不是其他公司的股票，无疑是选择了“把鸡蛋放在同一个篮子里”的投资决策，不利于分散公司的投资风险。

由于股东财富最大化的财务管理目标利益主体单一（仅强调了股东的利益）、适用范围狭窄（仅适用于上市公司）、目标导向错位（仅关注现实的股价）等原因，雷曼兄弟公司最终无法在此次百年一遇的金融危机中幸免于难。

（资料来源：汪波．财务管理案例与实训教程[M]．湖北：武汉大学出版社，2016.）

讨论题：

1. 说一说雷曼兄弟公司财务管理目标变迁的原因。
2. 试从财务管理目标的角度分析雷曼兄弟公司破产的原因。

第2章　公司理财的价值观念

学习目标

1. 理解货币时间价值的含义。
2. 掌握货币时间价值的相关计算方法。
3. 理解 Excel 时间价值函数的概念。
4. 理解风险及风险报酬的概念。
5. 掌握风险和风险报酬的计量方法。
6. 掌握不同证券的价值评估方法。

引导案例

百万富翁与“指数爆炸”

杰米是百万富翁。一天，他碰上一件奇怪的事。一个叫韦伯的人对他说，我想和你订个合同，根据这个合同，我将在整整一个月中的每天给你 10 万元，而你第一天只需给我 1 分钱，以后你每天给我的钱是前一天的两倍。杰米说：“真的？你说话算数？”但杰米没想到他付给韦伯的钱每天以 100％的复利在增长。

合同开始生效了，第一天杰米支出 1 分钱，收入 10 万元；第 2 天杰米支出 2 分钱，收入 10 万元；……；到了第 10 天，杰米共得 100 万元，而总共才付出 10.23 元。杰米想：要是合同签 2 个月、3 个月该多好啊。可从第 21 天起情况发生了变化。

第 21 天杰米支出 1 万多元，收入 10 万元；到第 28 天，杰米支出 134 多万元，收入 10 万元。结果，杰米在一个月内得到 300 万元的同时，共付给韦伯 1 073 741 823 分，也就是 1 000 多万元！杰米破产了。

[点评]　杰米的故事一定让你感到吃惊。开始微不足道的数字，两倍两倍地增长，会变得这么巨大！这种增长速度就像“大爆炸”一样，非常惊人。那么，资金是如何随着时间的推移而增值的呢？你能承受高收益投资方式所伴随的风险吗？你对潜在的高投资风险有充分的心理准备吗？这其中的奥妙在你学完本章后就会有所领悟。

（资料来源　李秉林. 百万富翁与“指数爆炸”[J]. 思维与智慧，2000(09)：33.）

2.1　货币时间价值

2.1.1　货币时间价值的概念

货币时间价值，是指货币经历一定时间的投资和再投资所增加的价值。

在商品经济中，有这样一种现象：今天的 1 元钱与一年以后的 1 元钱是不等值的，前者要比后者的价值大，即一定量的货币资金在不同的时点上具有不同的价值。例如，将今天的 1 元钱存入银行，假设银行存款年利率为 10%，一年以后就会是 1.1 元。可见，经过一年时间，这 1 元钱发生了 0.1 元的增值，这就是货币的时间价值，也称为资金的时间价值。

企业资本循环和周转的起点是投入货币资本，企业用它来购买所需的资源，然后生产出新的产品，产品出售时得到的货币量大于最初投入的货币量，实现货币增值。每完成一次循环，货币就增加一定数额，周转的次数越多，增值额也越大。可见，货币之所以具有时间价值，根源在于其在再生产过程中的运动和转化。所以，货币时间价值的实质是资本投入周转使用而形成的增值。

货币时间价值可以有两种表现形式：一是绝对数表现形式，即货币时间价值额，是指资本在周转使用中产生的真实增值额；二是相对数表现形式，即货币时间价值率，是指扣除风险报酬和通货膨胀补贴后的社会平均资本利润率或平均报酬率。但是，实际工作中对这两种表示方法并不做严格的区别，通常以利息率进行计量。

银行存款利率、贷款利率、各种债券利率等都可以看作投资报酬率，但它们与货币时间价值是有区别的，只有在没有风险和没有通货膨胀的情况下，货币时间价值率才与上述各报酬率相等。为了便于介绍，一般假设没有风险、没有通货膨胀，以利率代表货币时间价值率，本章也是以此假设为基础的。

2.1.2　单利终值和现值

利息的计算有单利和复利两种方法。单利（Simple Interest）是指每期都按初始本金计算利息，而不将以前计算期产生的利息累加到本金中去计算利息的一种计算方法，即利息不再计息。单利的计算包括单利终值和现值。

1. 单利终值

终值（Future Value），又称将来值，是指若干期以后包括本金和利息在内的未来价值，俗称本利和。

为计算方便，先设定如下符号：

P——本金，又称期初金额或现值；

F——本金与利息之和，又称本利和或终值；

I——利息；

i——每一利息期的利率(折现率)；

n——计算利息的期数。

单利终值的一般计算公式为

$$F=P+I=P+P\cdot i\cdot n=P(1+i\cdot n)$$

【例 2-1】 假设银行利率是3%，现在存入100万元资金，用单利计算3年后这笔资金的本利和是多少？

解 $F=P(1+i\cdot n)=100\times(1+3\%\times 3)=109$(万元)

除非特别指明，在计算利息时，给出的利率均为年利率，对于不足一年的利息，以一年等于360天来折算。

2. 单利现值

现值(Present Value)，是指未来某一时点上的一定量现金折合为现在的价值。由终值求现值，叫作贴现(Discount)。在贴现时所用的利息率叫贴现率。

单利现值的计算与单利终值的计算是互逆的。单利现值的计算公式为

$$P=\frac{F}{1+i\cdot n}$$

【例 2-2】 某人希望在5年后取得本利和1 150元，用以支付一笔款项。那么在年利率为3%，单利方式计算下，此人现在需存入银行的资金是多少？

解 $P=\frac{1\ 150}{1+3\%\times 5}=1\ 000$(元)

2.1.3 复利终值和现值

复利(Compound Interest)是计算利息的另一种方法。按照这种方法，以当期末本利和为计息基础计算下期利息，即利上加利，俗称“利滚利”。这里所说的计算期，是指相邻两次计息的时间间隔，如年、月、日等。除非特别指明，计息期为1年。现代财务管理中一般用复利方式计算终值和现值。

1. 复利终值

复利终值是指一定量的本金按复利来计算若干期后的本利和。其计算公式为

$$F=P(1+i)^n$$

式中，$(1+i)^n$ 通常称作复利终值系数或1元的复利终值，记作$(F/P,i,n)$，可直接查阅“复利终值系数表”(见附表1)。终值与时间和利率正相关，利率越高，终值越大；在利率为正的情况下，时间间隔越长，终值越大。上式也可写作 $F=P(F/P,i,n)$。

【例 2-3】 假设某公司向银行借款200万元，年利率10%，期限为5年，问5年后应偿还的本利和是多少？

解　　$F=P(1+i)^n$

$=200\times(1+10\%)^5=200\times1.6105=322$(万元)

上述结果表明,如果利率为 10%,现在的 200 万元与 5 年后的 322 万元在价值上是相等的。

2. 复利现值

复利现值是复利终值的逆运算,它是指未来一定时间的特定资金按复利计算的现在价值,或者说是为取得将来一定本利和现在所需要的本金。复利现值的一般计算公式为

$$P=F(1+i)^{-n}$$

式中,$(1+i)^{-n}$通常称作复利现值系数或 1 元的复利现值,记作$(P/F,i,n)$,可直接查阅"复利现值系数表"(见附表 2)。现值与时间和贴现率呈反方向变化,贴现率越高,现值越小;在贴现率为正的情况下,时间间隔越长,现值越大。上式也可写作 $P=F(P/F,i,n)$。

【例 2-4】 某人计划在 5 年后得到 10 000 元,年利率(贴现率)为 10%,现在应存入多少元?

解　　$P=F(1+i)^{-n}$

$=10000\times(1+10\%)^{-5}=10000\times0.621=6210$(元)

2.1.4　年金的终值和现值

以上讨论的是一次性收付款项,在现实经济生活中,还存在一定时期内多次收付的款项,即系列收付的款项。如果每次收付的金额相等,这样的系列收付款项便称为年金。换言之,年金(Annuity)是指一定时期每次等额收付的系列款项,通常记为 A。例如,折旧、租金、利息、保险金、养老金等通常都采取年金的形式。

年金按其每次收付发生的时点不同,可分为普通年金、先付年金、递延年金和永续年金。

1. 普通年金终值和现值

普通年金(Ordinary Annuity)是指一定时期每期期末等额的系列收付款项,又称为后付年金。普通年金在经济活动中最常见,因此以后凡涉及年金问题,如不作特殊说明,均指普通年金。

(1) 普通年金终值

普通年金终值犹如零存整取的本利和,它是一定时期内每期期末收付款项的复利终值之和。

普通年金终值计算可用图 2-1 来说明。

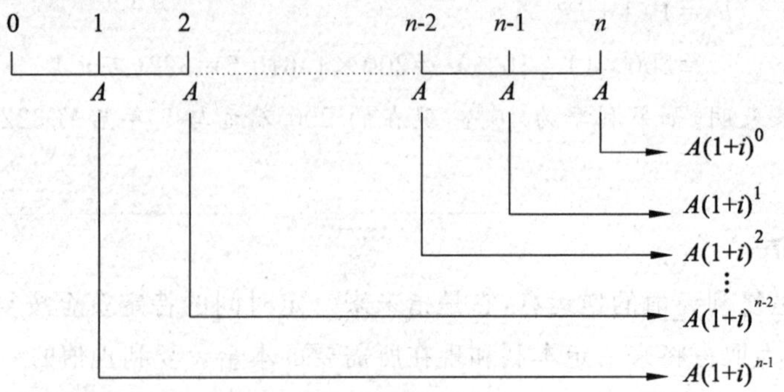

图 2-1 普通年金终值计算示意图

由图 2-1 可知,普通年金终值的计算公式为

$$F=A(1+i)^0+A(1+i)^1+A(1+i)^2+\cdots+A(1+i)^{n-1}$$

等式两边同乘以$(1+i)$,得

$$(1+i)F=A(1+i)^1+A(1+i)^2+A(1+i)^3+\cdots+A(1+i)^n$$

上述两式相减,整理可得

$$F=A\frac{(1+i)^n-1}{i}$$

式中,$\frac{(1+i)^n-1}{i}$称为年金终值系数,记为$(F/A,i,n)$,可直接查阅“年金终值系数表”(见附表 3)。上式也可写作 $F=A(F/A,i,n)$。

【例 2-5】 某人在 5 年中每年年末存入银行 10 000 元,年存款利率为 8%,复利计息,则第 5 年年末的终值是多少?

解 $F=10\ 000\times(F/A,8\%,5)=10\ 000\times5.867=58\ 670$(元)

(2) 偿债基金

偿债基金是指为了在约定的未来某一时点清偿某笔债务或积聚一定数额资金而必须分次等额提取的存款准备金。每次提取的等额存款金额类似年金存款,它同样可以获得按复利计算的利息,因而应清偿的债务(或应积聚的资金)即为年金终值,每年提取的偿债基金即为年金。由此可见,偿债基金的计算也就是年金终值的逆运算。其计算公式为

$$A=F\frac{i}{(1+i)^n-1}$$

式中,$\frac{i}{(1+i)^n-1}$是年金终值系数的倒数,称为偿债基金系数,记作$(A/F,i,n)$,可直接查阅“偿债基金系数表”,或通过年金终值系数的倒数推算出来。

【例 2-6】 某企业拟在 5 年后还清 10 000 元债务,从现在起每年等额存入银行一笔款项。假设银行存款利率为 10%,则每年需要存入多少元?

解　$$A=10\ 000\times\frac{10\%}{(1+10\%)^5-1}=1\ 638(元)$$

(3) 普通年金现值

普通年金现值是一定时期内每期期末收付款项的复利现值之和。

普通年金现值的计算可用图 2-2 来说明。

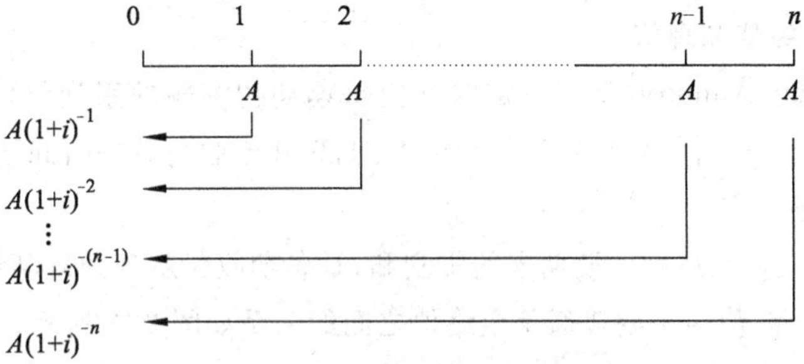

图 2-2　普通年金现值计算示意图

由图 2-2 可知，普通年金现值的计算公式为

$$P=A(1+i)^{-1}+A(1+i)^{-2}+\cdots+A(1+i)^{-n}$$

等式两边同乘$(1+i)$，得

$$(1+i)P=A(1+i)^{0}+A(1+i)^{-1}+\cdots+A(1+i)^{-(n-1)}$$

上述两式相减，整理可得

$$P=A\frac{1-(1+i)^{-n}}{i}$$

式中，$\frac{1-(1+i)^{-n}}{i}$称为年金现值系数，记为$(P/A,i,n)$，可直接查阅“年金现值系数表”(见附表 4)。上式也可写作 $P=A(P/A,i,n)$。

【例 2-7】 *现存入一笔钱，准备在以后 5 年中每年年末得到 10 000 元，如果利息率为 10%，现在应存入多少元？*

解　$P=10\ 000\times(P/A,10\%,5)=10\ 000\times3.791=37\ 910(元)$

(4) 年资本回收额

年资本回收额是指在约定的年限内等额回收的初始投入资本额或清偿所欠的债务额，其中未收回或清偿的部分要按复利计息构成需回收或清偿的内容。年资本回收额的计算也就是年金现值的逆运算。其计算公式为

$$A=P\frac{i}{1-(1+i)^{-n}}$$

式中，$\frac{i}{1-(1+i)^{-n}}$是年金现值系数的倒数，称为资本回收系数，记作$(A/P,i,n)$，可直接查阅“资本回收系数表”，或通过年金现值系数的倒数推算出来。

【例 2-8】 假设某公司现时借得 1 000 万元的贷款，在 10 年内以年利率 12% 均匀偿还，每年应付的金额是多少？

解
$$A=P\frac{i}{1-(1+i)^{-n}}=1\,000\times\frac{12\%}{1-(1+12\%)^{-10}}$$
$$=1\,000\times0.177=177(\text{万元})$$

2. 先付年金终值和现值

先付年金(Due Annuity)是指一定时期内每期期初等额的系列收付款项，也称为预付年金、即付年金。先付年金与后付年金的差别，仅在于收付款的时间不同。

(1) 先付年金终值

先付年金终值是其最后一期期末的本利和，是各期收付款项的复利终值之和。

n 期先付年金终值与 n 期普通年金终值之间的关系如图 2-3 所示。

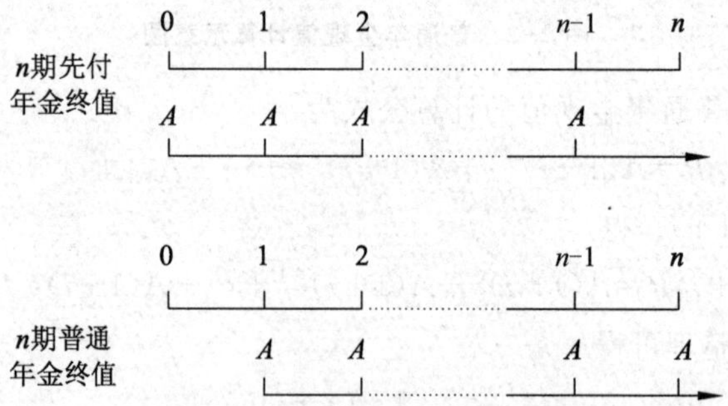

图 2-3　先付年金终值计算示意图

从图 2-3 可知，n 期先付年金与 n 期普通年金的付款次数相同，但由于付款时间不同，n 期先付年金终值比 n 期普通年金终值多计算一期利息。因此，在 n 期普通年金终值的基础上乘以 $(1+i)$，就是 n 期先付年金终值。其计算公式为

$$F=A\cdot\frac{(1+i)^n-1}{i}\cdot(1+i)=A\cdot\left[\frac{(1+i)^{n+1}-1}{i}-1\right]$$

式中，方括号内的内容称为先付年金终值系数，记为 $[(F/A,i,n+1)-1]$，可查"年金终值系数表"得到 $(n+1)$ 期的值，然后减去 1，便可得到对应的先付年金终值系数。

【例 2-9】 假设公司每年年初存入银行 10 000 元，年利率为 10%，问 10 年后的本利和是多少？

解
$$F=10\,000\times\left[\frac{(1+10\%)^{10+1}-1}{10\%}-1\right]$$
$$=10\,000\times[(F/A,10\%,10+1)-1]$$
$$=10\,000\times(18.531\,2-1)=175\,312(\text{元})$$

(2) 先付年金现值

n 期先付年金现值与 n 期普通年金现值之间的关系，如图 2-4 所示。

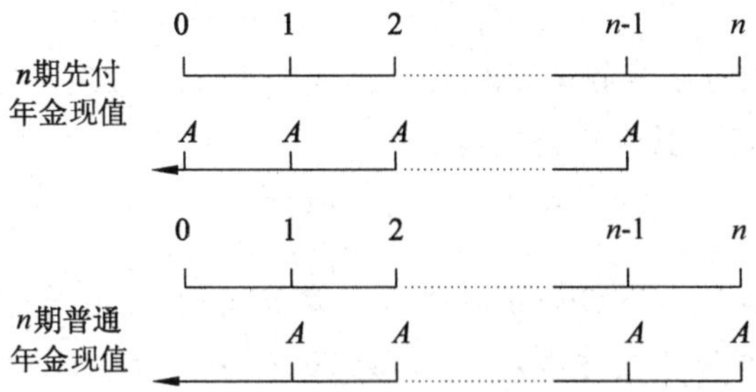

图 2-4　先付年金现值计算示意图

从图 2-4 可知，n 期先付年金现值与 n 期普通年金现值的期限相同，但由于付款时间不同，n 期先付年金现值比 n 期普通年金现值多折现一期。所以，在 n 期普通年金现值的基础上乘以$(1+i)$，便可求出 n 期先付年金的现值，即

$$P=A\cdot\frac{1-(1+i)^{-n}}{i}\cdot(1+i)=A\cdot\left[\frac{1-(1+i)^{-(n-1)}}{i}+1\right]$$

式中，方括号内的内容称为先付年金现值系数，它是在普通年金现值系数的基础上，期数减 1、系数加 1 所得的结果，记作$[(P/A,i,n-1)+1]$。可查“年金现值系数表”得$(n-1)$期的值，然后加上 1，便可得到对应的先付年金现值系数。

【例 2-10】 假设 6 年分期付款购物，每年初支付 2000 元，银行利率为 10%，问该项分期付款相当于一次现金支付的购价是多少？

解

$$\begin{aligned}P&=2\,000\times\left[\frac{1-(1+10\%)^{-(6-1)}}{10\%}+1\right]\\&=2\,000\times[(P/A,10\%,6-1)+1]\\&=2\,000\times(3.791+1)=9\,582(\text{元})\end{aligned}$$

3. 递延年金

递延年金(Deferred Annuity)也称延期年金，是指第一次收付发生在第二期或以后各期的年金。递延年金是普通年金的特殊形式。凡不是从第一期开始的普通年金都是递延年金。显然，递延年金终值与递延期数无关，其计算方法与普通年金终值相同。

递延年金现值的计算原理如图 2-5 所示。

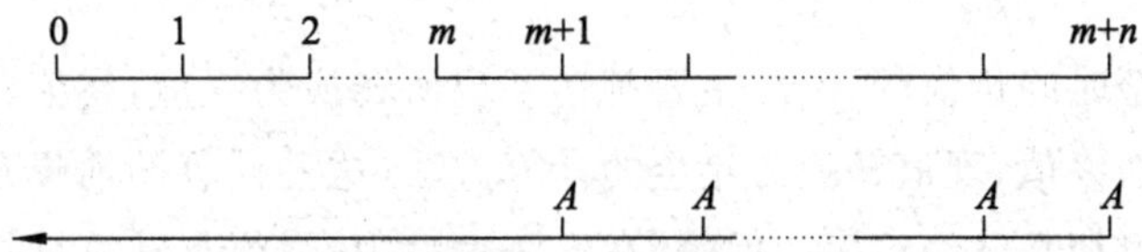

图 2-5　递延年金现值计算示意图

在图 2-5 中，第一次支付发生在第$(m+1)$期期末，连续支付了 n 期，m 表示递延期数。

递延年金的现值有两种计算方法：

第一种方法：假设递延期也有年金收支，先求出$(m+n)$期的年金现值，再扣除实际并未支付的递延期(m)的年金现值。其计算公式为

$$P=A[(P/A,i,m+n)-(P/A,i,m)]$$

第二种方法:先把递延年金视为普通年金,求出其至递延期末的现值,再将此现值换算成第一期期初的现值。其计算公式为

$$P=A(P/A,i,n)\times(P/F,i,m)$$

【例 2-11】 假设某公司向银行借入一笔款项,银行规定前 10 年不需还本付息,第 11～20 年每年年末偿还本息 1 000 元,银行贷款的年利息率为 8%,则这笔借款的现值是多少?

解
$$\begin{aligned}P&=1\,000\times(P/A,8\%,10)\times(P/F,8\%,10)\\&=1\,000\times6.710\times0.463=3\,107(\text{元})\end{aligned}$$

或

$$\begin{aligned}P&=1\,000\times[(P/A,8\%,20)-(P/A,8\%,10)]\\&=1\,000\times(9.818-6.710)=3\,108(\text{元})\end{aligned}$$

4. 永续年金

永续年金(Perpetuity)是指无限期支付的年金。在实际经济生活中,无限期债券、优先股股利、奖励基金都属于永续年金。永续年金没有终止的时间,所以没有终值。永续年金现值可从普通年金现值的计算公式中推导出来,即

$$P=A\cdot\frac{1-(1+i)^{-n}}{i}$$

当 $n\to\infty$ 时,$(1+i)^{-n}$ 的极限为零,故上式可写成

$$P=A\cdot\frac{1}{i}$$

【例 2-12】 假设拟建立一项永久性的奖学金,每年计划颁发 20 000 元奖金。若年利率为 10%,问现在应存入多少元?

解 $P=\frac{20\,000}{10\%}=200\,000(\text{元})$

2.1.5 时间价值计算中的几个特殊问题

以上有关资金时间价值的计算,主要阐述了现值转换为终值,终值转换为现值,年金转换为终值、现值,终值、现值转换为年金的计算方法,这种计算的前提是计息期为一年,而且贴现率和计息期数已经给定。但是,在经济生活中,往往有计算期短于一年,或者需要根据已知条件确定贴现率和计息期数的情况。为此,就要对时间价值计算中的几个特殊问题做些分析。

1. 计息期短于一年的时间价值计算

计息期就是每次计算利息的期限。以上叙述中,计息期是以“年”为单位的,n 是指计息年数,i 是指年利率。在实际经济生活中,计息期有时短于一年,如半年、季、月等。例

如，某些债券半年计息一次；有的抵押货款每月计息一次；银行之间拆借资金均为每天计息一次。计息期越短，一年中按复利计息的次数就越多，每年的利息额就会越大。这时就需要明确三个概念：报价利率、计息期利率和有效年利率。

(1) 报价利率

银行等金融机构在为利息报价时，通常会提供一个年利率，并且同时提供每年的复利次数。此时金融机构提供的年利率被称为报价利率，有时也被称为名义利率。

(2) 计息期利率

计息期利率是指借款人对于每 1 元本金每期支付的利息。它可以是年利率，也可以是半年利率、季度利率、每月或每日利率等。

计息期利率＝报价利率÷每年复利次数

(3) 有效年利率

在按照给定的计息期利率和每年复利次数计算利息时，能够产生相同结果的每年复利一次的年利率被称为有效年利率或实际利率。

有效年利率与报价利率之间的关系是

$$i=\left(1+\frac{r}{m}\right)^{m}-1$$

式中，i 为有效年利率；r 为报价利率；m 为每年复利次数。

对于一年内多次复利的情况，可采取两种方法计算时间价值。

第一种方法：先将报价利率调整为有效年利率，然后按有效年利率计算时间价值。

第二种方法：不计算有效年利率，而是将利率调整为 r/m，期数调整为 $m \cdot n$。

【例 2-13】 某企业于年初存入 10 万元，在年利率为 10%，半年复利一次的情况下，到第 10 年年末，该企业能得到多少本利和？

方法一：$i=\left(1+\frac{r}{m}\right)^{m}-1=\left(1+\frac{10\%}{2}\right)^{2}-1=10.25\%$

$$F=P(1+i)^{n}=10\times(1+10.25\%)^{10}=26.53(\text{万元})$$

方法二：$F=P\left(1+\frac{r}{m}\right)^{mn}=10\times\left(1+\frac{10\%}{2}\right)^{2\times10}=26.53(\text{万元})$

当复利次数 m 趋于无穷大时，利息支付的频率比每秒 1 次还频繁，所得到的利率为连续复利。连续复利的有效年利率＝$e^{\text{报价利率}}-1$。

2. 贴现率的推算

在计算资金时间价值时，如果已知现值、终值、年金和期数，而要求 i，就要利用已有的计算公式加以推算。

根据前述各项终值和现值的计算公式进行移项，可得出下列各种系数：

$$(F/P,i,n)=\frac{F}{P} \qquad (P/F,i,n)=\frac{P}{F}$$

$$(F/A,i,n)=\frac{F}{A} \qquad (P/A,i,n)=\frac{P}{A}$$

求出换算系数后，可从有关系数表的 n 期各系数中找到最接近的系数，这个最接近的系数所属的 i，就是要求的贴现率的近似值。

【例 2-14】 假设现在存入银行 1 000 元，10 年后得到本利和 2 594 元，问银行存款的利率应为多少？

解

$$(P/F,i,10)=\frac{1\ 000}{2\ 594}=0.386$$

查复利现值系数表，在与 10 年相对应的折现率中，10%的系数为 0.386，因此，利息率应为 10%。

【例 2-15】 假设现在向银行存入 10 000 元，问贴现率为多少时，才能保证在以后 10 年中每年末得到 2 000 元的利息？

解

$$(P/A,i,10)=\frac{10\ 000}{2\ 000}=5$$

从年金现值系数表中可以看出，在 $n=10$ 的各系数中，$i=14\%$ 时，系数是 5.216；$i=16\%$时，系数是 4.833。可见利率应在 14%～16%之间，设 x 为超过 14%的利息率，则可用插值法计算 x 的值如下：

$$\text{利率}\quad \left.\begin{array}{l}\left.\begin{array}{l}14\%\\ ?\end{array}\right\}x\\ 16\%\end{array}\right\}2\% \qquad\qquad \text{年金现值系数}\quad \left.\begin{array}{l}\left.\begin{array}{l}5.216\\ 5\end{array}\right\}0.216\\ 4.833\end{array}\right\}0.383$$

$$\frac{x}{2\%}=\frac{0.216}{0.383}$$

$$x=1.129\%$$

则

$$i=14\%+1.129\%=15.129\%$$

2.2 Excel 时间价值函数

2.2.1 终值、现值的基本模型

采用公式计算现值或终值时，每个公式都包含四个变量。例如，简单现金流量的4 个变量是 PV，FV，r，n。只要知道其中的 3 个变量，就可以求出第 4 个变量。采用 Excel 时间价值函数计算时，通常包含 5 个变量：PV，FV，PMT，RATE，NPER。这是因为计算机程序被设计成：如果输入 PMT（等额款项），PV 或 FV 的值有一个为零时，默认解决年金问题；输入 PMT 值为零时，处理的是简单现金流量问题。在这 5 个变量中，只要输入 4 个变量值，就可以计算第 5 个变量。

现以 Microsoft Excel 为例进行简要说明，各个变量的求解公式如表 2-1 所示。

表 2-1　电子表格程序输入公式

求解变量	输入函数
终值:FV	=FV(Rate,Nper,Pmt,FV,Type)
现值:PV	=PV(Rate,Nper,Pmt,FV,Type)
每期等额现金流量:PMT	=PMT(Rate,Nper,PV,FV,Type)
期数:NPER	=NPER(Rate,Pmt,PV,FV,Type)
利率或折现率:RATE	=RATE(Nper,Pmt,PV,FV,Type)

利用电子表格程序求解任何一个变量值时,应注意以下三个问题:

第一,如果现金流量发生在每期期末,则输入函数中的"TYPE"项为 0 或忽略;如果现金流量发生在每期期初,则"TYPE"项为 1。

第二,在 Excel 内置函数中,PV 函数认定年金 PMT 和终值 FV 现金流量的方向与计算出的现金流量现值相反,即如果年金 PMT 和终值 FV 是付款,计算出的现值为收款;反之亦然。为了使计算出的现值显示为正数,应在输入 PMT 和 FV 参数时加上负号。计算复利现值或终值时亦然。

第三,如果某一变量值为 0,可直接输入"0"或忽略。在使用函数时,函数名与其后的括号"("之间不能有空格;当有多个参数时,参数之间要用逗号","分隔;参数可以是数值、文本、逻辑值、单元格地址或单元格区域地址,也可以是各种表达式或函数;函数中的逗号、括号等都是半角字符,而不是全角字符。

如果对表 2-1 中列示的各种输入公式不熟悉,可在 Microsoft Excel 表格中,单击菜单栏中的"fx"项,在"粘贴变量"对话框中单击"财务",在"变量名"中单击需要计算的变量,如 FV(终值)、PV(现值)等,单击"确定"后,即可根据对话框中的提示进行操作,求解变量值。

【例 2-16】 运用 Excel 函数计算时间价值:根据 Excel 函数,计算现值、终值、年金、期数、利率/折现率。

(1) 计算终值。假设向银行存入 100 万元,年利率为 6%,期限为 5 年,那么 5 年后,你银行账户的余额为多少?运用 Excel 函数,计算 5 年后的终值为 133.82 元,具体过程如表 2-2 所示。

表 2-2　复利终值计算举例

金额单位:万元

项目	NPER	RATE	PV	PMT	FV	Excel 公式
已知	5	6%	−100	0		=FV(Rate,Nper,Pmt,PV,Type)
求终值					133.82	=FV(6%,5,0,−100,0)

(2) 计算现值。假设 3 年后你有一笔到期需偿还的资金,价值 10 000 元,如果折现率为 10%,那么你今天应该向银行存入多少钱?运用 Excel 函数计算,你需要

存入 7 513.15 元，具体过程如表 2-3 所示。

表 2-3 复利现值计算举例

金额单位:元

项目	NPER	RATE	PV	PMT	FV	Excel 公式
已知	3	10%		0	−10 000	=PV(Rate,Nper,Pmt,FV,Type)
求现值			7 513.15			=PV(10%,3,0,−10 000,0)

(3) 计算期数。假设你持有现金 1 200 元，拟进行一项收益率为 8%的投资，那么经过多少年可使资金增加一倍？运用 Excel 函数计算，资金翻一倍需要 9.01 年，具体过程如表 2-4 所示。

表 2-4 期数计算举例

金额单位:元

项目	NPER	RATE	PV	PMT	FV	Excel 公式
已知		8%	−1 200	0	2 400	=NPER(Rate,Pmt,PV,FV,Type)
求期数	9.01					=NPER(8%,0,−1200,2400,0)

(4) 计算期数。你正在为支付房屋的首付款而储蓄，你已经存了 20 000 元，计划在以后的每年年末存入 5 000 元，如果利率为 6.25%，要得到 60 000 元存款余额，要经过多少年？运用 Excel 函数计算，得到 60 000 元存款需要 5.56 年，具体过程如表 2-5 所示。

表 2-5 期数计算举例

金额单位:元

项目	NPER	RATE	PV	PMT	FV	Excel 公式
已知		6.25%	−20 000	5 000	60 000	=NPER(Rate,Pmt,PV,FV,Type)
求期数	5.56					=NPER(6.25%,−5000,−20000,60000,0)

(5) 计算普通年金。假设你需要在第 4 年末偿还一笔 10 000 元的到期债务，准备未来的 4 年中每年等额的储存一笔资金作为偿债资金。如果利率为 10%，你现在每年年末应向银行存入多少钱？运用 Excel 函数计算，每年年末应存入银行 2 154.71 元，具体过程如表 2-6 所示。

表 2-6 普通年金计算举例

金额单位:元

项目	NPER	RATE	PV	PMT	FV	Excel 公式
已知	4	10%	0		−10 000	=PMT(Rate,Nper,PV,FV,Type)
求普通年金				2 154.71		=PMT(10%,4,0,−10000,0)

(6) 计算先付年金。假设你年初从银行借入 12 000 元，期限 6 年，银行要求每年年初等额支付银行借款本金和利息，如果利率为 10%，每年年初应该向银行支付多少钱？运用 Excel 函数计算，每年应向银行支付 2 504.81 元，具体过程如表 2-7 所示。

表 2-7　先付年金计算举例

金额单位：元

项目	NPER	RATE	PV	PMT	FV	Excel 公式
已知	6	10%	－12 000		0	＝PMT(Rate,Nper,PV,FV,Type)
求先付年金				2 504.81		＝PMT(10%,6,－12000,0,1)

(7) 计算利率、折现率。假设你有一个投资机会，要求现在投资 1 000 元，6 年后你将得到 2 000 元，这一投资机会隐含的预期收益率为多少？根据 Excel 函数计算，投资收益率为 12.25%，具体过程如表 2-8 所示。

表 2-8　利率计算举例

金额单位：元

项目	NPER	RATE	PV	PMT	FV	Excel 公式
已知	6		－1 000	0	2 000	＝RATE(Nper,Pmt,PV,FV,Type)
求利率		12.25%				＝RATE(6,0,－1000,2000,0)

2.2.2　不等现金流量的现值

Excel 中的函数符号与财务教材通用的符号所代表的含义不完全相同。净现值 NPV 在财务中表示净现值(现金流入量现值－现金流出量现值)，而在 Excel 中表示现值，也就是说 Excel 中的 NPV 函数只对第 1 期及以后各期的现金流量进行折现。因此，在计算净现值时，应将项目未来现金流量用 NPV 函数求出的现值再减去该项目的初始投资现值，NPV 函数输入方式

＝NPV(rate,value1,value2,…)

式中，value1,value2,…分别代表各期现金支出或收入参数值，时间均匀分布并出现在每期期末。

【例 2-17】 假设某投资项目在未来 4 年每年年末的现金流量分别为 90 元、100 元、110 元、80 元，初始投资 300 元，各期折现率均为 8%，求该项目的净现值 NPV。

解　采用 Excel 函数计算，如表 2-9 所示。

表 2-9 不等现金流量现值计算举例

金额单位:元

项目	RATE	VALUE1	VALUE2	VALUE3	VALUE4	NPV	Excel 公式
已知	8%	90	100	110	80		
求 NPV						15.19	=NPV(8%,90,100,110,80)−300

项目的现值也可以在表 2-10 单元格 B4 中输入"=B2/(1+B3)^B1",并依此类推,在 C4:F4 区域的单元格内输入对应的公式,即可得到各期现金流量现值;在单元格 B5 中输入"=SUM(B4:F4)",即可得到项目净现值 15.19 元。

表 2-10 固定折现率净现值

金额单位:元

序号	A	B	C	D	E	F
1	期数	0	1	2	3	4
2	各期现金流量	−300	90	100	110	80
3	各期固定折现率/%	0	8	8	8	8
4	各期现金流量现值	−300	83.33	85.73	87.32	58.80
5	净现值(NPV)	15.19	=SUM(B4:F4)			

在上例中,假设各期折现率均为 8%,如果各期折现率从第 1 期的 8%降至第 4 期的 7%(见表 2-11),则应根据各期累计折现率计算现值,第 t 期累计折现率计算公式为

$$累计折现率_t=(1+累计折现率_{t-1})\times(1+折现率_t)-1$$

根据 Excel 函数,在表 2-11 单元格 C4 中输入"=(1+B4)*(1+C3)−1",回车后可得到第 1 期累计折现率为 8%。依此类推,在 D4:F4 区域的单元格内输入对应的公式,即可得到第 2 期至第 4 期的累计折现率,根据各期累计折现率计算各期现值

$$各期现金流量现值=(第\ t\ 期的现金流量)\div(1+累计折现率_t)$$

表 2-11 非固定折现率净现值

序号	A	B	C	D	E	F
1	期数	0	1	2	3	4
2	各期现金流量/元	−300	90	100	110	80
3	各期非固定折现率/%	0	8	7.67	7.33	7
4	累积折现率/%	0	8	16.28	24.81	33.54
5	各期现金流量现值/元	−300	83.33	86	88.14	59.91
6	净现值(NPV)/元	17.37	=SUM(B5:F5)			

在表 2-11 单元格 B5 中输入“=B2/(1+B4)”，并依此类推，在 C5：F5 区域的单元格中输入相应的公式，即可得到各期现金流量现值。在单元格 B6 中输入“=SUM(B5：F5)”，回车后即可得到净现值 17.37 元。

2.2.3　不等现金流量内部收益率

当各期现金流量不相等时，可使用 IRR 函数计算收益率或折现率，IRR 函数的功能是返回由数值代表的一组现金流量的内部收益率，这些现金流量不一定必须是均衡的，但它们必须按固定的间隔发生(按月或年)，其输入方式为

=IRR(values，guess)

式中，values 为数组或单元格，包含用来计算内部收益率的数字，values 必须包含至少一个正值和一个负值。函数 IRR 根据数值的顺序来解释现金流量的顺序，因此应确定按需要的顺序输入数值。guess 是对函数 IRR 计算结果的估计值，在大多数情况下，并不需要为函数 IRR 的计算提供 guess，假设为 0.1。

» **【例 2-18】** 假设某公司支付 200 万元购买一台设备，预计使用 5 年。设备投入使用后每年预计现金净流量分别为 30 万元、50 万元、60 万元、80 万元、60 万元。请计算该公司购买这一设备的内部收益率 IRR。

解　采用 Excel 函数计算，如表 2-12 所示。

表 2-12　不等现金流量内部收益率计算举例

金额单位：万元

项目	VALUE1	VALUE2	VALUE3	VALUE4	VALUE5	VALUE6	IRR	Excel 公式
已知	-200	30	50	60	80	60		
求 IRR							10.96%	=IRR(B2：F2)

2.2.4　非固定间隔期现金流量现值

前述各种现值或 IRR 的计算模型都假设是固定周期的现金流量，即发生在第 0，1，2，…，n 期的现金流量，这里的周期性意味着年、半年、月、日或其他固定的期间。如果是发生在特定日期的现金流量，可运用 Excel 函数中的“XNPV”，其输入方式为

=XNPV(rate，values，dates)

式中，rate 为折现率；values 是与 dates 中的支付时间相对应的一系列现金流转。首期支付是可选的，并与投资开始时的成本或支付有关。如果第一个值为成本或支付，则其必须是一个负数。所有后续支付是基于 365 天/年折现率确定的。数值系列必须至少包含一个正数和一个负数。dates 是与现金流支付相对应的支付日期表。第一个支付日期代表支付表的开始，其他日期应迟于该日期，但可按任何顺序排列。

需要说明的是，XNPV 与 NPV 的语法不同，XNPV 需要全部现金流，包括期初的现

金流，而NPV假设第一笔现金流只发生在一期。

假设2016年1月1日至2019年12月25日发生的现金流量如表2-13所示，其净现值B8的输入方式见表单元格C8。

表2-13 投资净现值与内部收益率

序号	A	B	C
1	日期	现金流/元	
2	2016年1月1日	−1000	
3	2017年3月3日	100	
4	2017年8月4日	195	
5	2018年10月12日	350	
6	2019年12月25日	800	
7	折现率	0.12	
8	净现值	15.15	＝XNPV(B7,B2：B6,A2：A6)
9	内部收益率	12.55%	＝XIRR(B2：B6,A2：A6)

2.2.5 非固定间隔期现金流量内部收益率

如果现金流量发生的间隔期是不均匀的，返回一组现金流的内部收益率，可按XIRR计算，其输入方式为

＝XIRR(values,dates,guess)

其中，values是与dates中的支付时间相对应的一系列现金流。首次支付与投资开始时的成本或支付有关，所有后续支付都是基于365天/年折现率确定的，系列中必须包含至少一个正值和一个负值。dates是与现金流支付相对应的支付日期表。第一个支付日期代表支付表的开始。其他日期应迟于该日期，但可按任何顺序排列。应使用DATE函数来输入日期，或者将日期作为其他公式或函数的结果输入。例如，使用DATE(2008,5,23)输入2008年5月23日。guess是对函数XIRR计算结果的估计值。

需要说明的是，XIRR函数输出的是按年计算的收益率，其工作原理是计算每天的IRR并将其年度化，即

$$\text{XIRR}=(1+\text{每日 IRR})^{365}-1$$

表2-13中的数据表明，2016年1月1日一笔1 000元的投资的IRR，其现金流入发生的间隔期各不相同，根据XIRR函数计算，内部收益率为12.55%。

2.3 风险与报酬

在讨论时间价值时,货币时间价值通常被描述为没有风险和通货膨胀情况下的社会平均投资报酬率。事实上,做任何投资几乎都是有风险的。公司的财务决策几乎都是在包含风险和不确定的情况下做出的,即风险是客观存在的。

2.3.1 风险的概念

风险(Risk)一般是指预期结果的不确定性。如果公司的一项活动有多种可能的结果,其将来的财务后果是不肯定的,就意味着存在风险。如果这项活动只有一种后果,就说明没有风险。

公司的财务决策几乎都是在包含风险和不确定的情况下做出的。离开了风险,就无法正确评价公司投资报酬的高低。风险是客观存在的,按风险的程度,可以将公司的财务决策分为三种类型。

(1)确定性决策,是指决策者对未来的情况完全确定或已知时的决策。如购买政府发行的国库券,由于国家实力雄厚,事先规定的债券利息率到期肯定可以实现,就属于确定性投资。

(2)风险性决策,是指决策者对未来的情况不能完全确定,但各种情况发生的可能性概率为已知的决策。如购买某家用电器公司的股票,已知该公司股票在经济繁荣、一般、萧条时的收益率分别为15%,10%,5%;另根据有关资料分析,认为近期该行业繁荣、一般、萧条的概率分别为30%,50%,20%,这种投资就属于风险性投资。

(3)不确定性决策,是指决策者对未来的情况不仅不能完全确定,而且各种情况发生的可能性也不清楚时的决策。如投资某煤炭开发工程,若开发顺利可获得100%的收益率,但若找不到理想的煤层则将发生亏损;至于能否找到理想的煤层,获利与亏损的可能性各有多少,事先很难预料,这种投资就属于不确定性投资。

从理论上讲,不确定性是无法计量的,但在财务管理中,通常为不确定性规定一些主观概率,以便进行定量分析。不确定性规定了主观概率以后,与风险决策就十分近似了。因此,在公司财务管理中,对风险与不确定性并不做严格区分,当谈到风险时,可能是风险,更可能是不确定性。

2.3.2 风险报酬

从理论上讲,人们对待风险可能采取三种态度:喜欢风险、厌恶风险、对风险既不喜欢也不厌恶。但实践证明,风险厌恶是普遍成立的。西方财务理论认为,风险厌恶的假设是财务学中运用许多决策模型的基础。在风险厌恶的假设下,人们选择高风险项目的基本条件是它必须有足够高的预期投资报酬率。高风险的项目必须有高报酬,否则就没有人投资；低报酬的项目必须风险很低，否则也没有人投资。风险和报酬的这种关系，是市场竞争的结果。

风险报酬或风险价值，是指投资者因冒风险进行投资而获得的超过货币时间价值的那部分额外报酬。风险报酬通常用相对数——风险报酬率来表示。

在不考虑通货膨胀的情况下，投资者进行风险投资所要求或期望的投资报酬率等于资金的时间价值（无风险报酬率）与风险报酬率之和。

$$期望投资报酬率=无风险报酬率+风险报酬率$$

即

$$R=R_F+R_R$$

式中，R 为期望投资报酬率；R_F 为无风险报酬率；R_R 为风险报酬率。

2.3.3 单项资产的风险与报酬

风险的计算是一个比较复杂的过程，现结合实例加以说明。

1. 确定概率分布

在经济活动中，某一事件在相同的条件下可能发生也可能不发生，这类事件称为随机事件。概率就是用来表示随机事件发生可能性大小的数值，记为 P_i。事件的概率是客观存在的，它具有以下特点：

(1) 任何事件的概率不大于1，不小于0，即 $0\leqslant P_i\leqslant 1$。

(2) 所有可能结果的概率之和等于1，即 $\sum_{i=1}^{n} P_i=1$，这里 n 为可能出现结果的个数。

(3) 必然事件的概率等于1，不可能事件的概率等于0。

如果把事件所有可能的结果都列示出来，且每一结果都给一种概率，就构成了概率分布。

【例 2-19】 甲公司有两个拟投资项目，A 项目是风险小、利润率较低的项目，B 项目是高技术、高风险的项目。假设未来有 3 种可能的经济情况：繁荣、正常和衰退，在不同经济情况下，各项目的预期报酬率也不同。各种经济情况下的预期报酬率概率分布如表 2-14 所示。

表 2-14 投资项目预期报酬率概率分布表

经济情况	发生概率	A 项目预期报酬率/%	B 项目预期报酬率/%
繁荣	0.2	30	70
正常	0.6	20	20
衰退	0.2	10	−30
合计	1.0		

2. 计算期望报酬率

期望报酬率是指各种可能的报酬率按其概率加权计算的平均报酬率。它表示在一

定风险条件下，期望得到的平均报酬率，它是反映集中趋势的一种量度。其计算公式为

$$\bar{R}=\sum_{i=1}^{n}R_iP_i$$

式中，$\bar{R}$ 为期望报酬率；R_i 为第 i 种可能结果的报酬率；P_i 为第 i 种可能结果的概率；n 为可能结果的个数。

根据例 2-19 中的资料，A 项目和 B 项目的期望报酬率计算如下：

A 项目：$\bar{R}$＝30％×0.2＋20％×0.6＋10％×0.2＝20％

B 项目：$\bar{R}$＝70％×0.2＋20％×0.6＋(－30％)×0.2＝20％

可见，两个项目的期望报酬率都是 20％，但其概率分布不同。A 项目在不同经济情况下的报酬率相对集中，变动范围在 10％～30％之间；而 B 项目却比较分散，变动范围在－30％～70％之间。这意味着，A 项目的风险较小，而 B 项目的风险较大。这种情况可通过图 2-6 来说明。

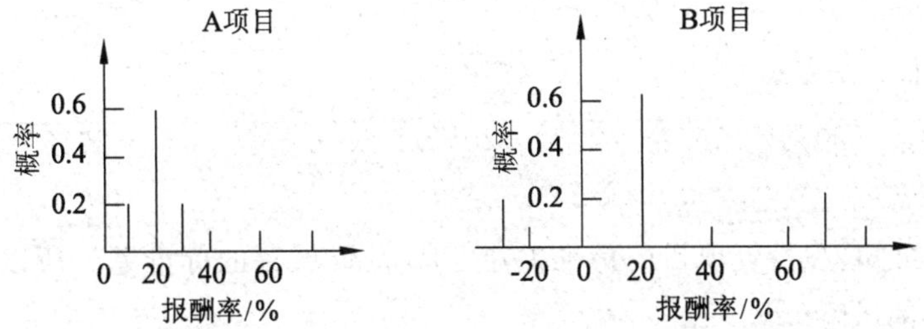

图 2-6　两个项目报酬率的概率分布

本例仅假设可能出现三种情况：繁荣、正常、衰退，是离散型分布。实际上，未来可能出现的经济状况远不止三种，有无数种可能的状况会出现。如果对每种状况都赋予一个概率，并分别测定其报酬率，则可用连续型分布描述，如图 2-7 所示，它是一个呈正态分布的钟形曲线。

概率分布越集中、越尖，那么实际结果接近预期值的可能性越大，其背离预期收益的可能性则越小。由此可知，概率分布越集中，对应的风险越小。两个项目比较而言，A 项目风险相对较小，其预期报酬率的概率分布相对更为集中。

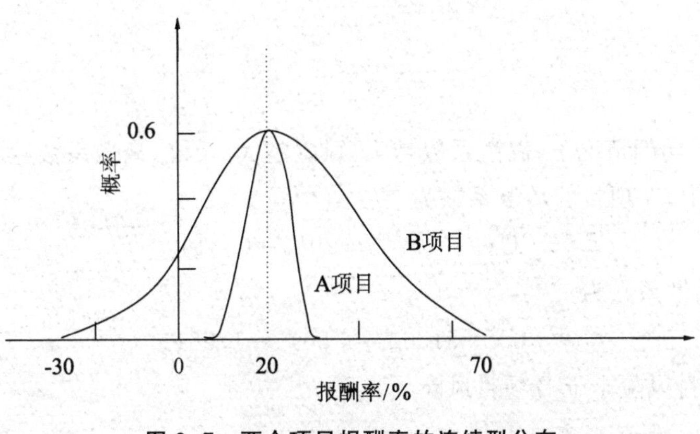

图 2-7　两个项目报酬率的连续型分布

3. 计算标准差

利用概率分布的概念能够对风险进行衡量，即期望报酬率的概率分布越集中，风险就越小；期望报酬率的概率分布越分散，风险就越大。那么，如何衡量概率分布的集中程度呢？实际中一般用标准差来衡量。标准差是各种可能的报酬率偏离期望报酬率的综合差异，是测定离散程度的一种常用统计量。期望报酬率的概率分布越集中，标准差就越小，风险也就越低；反之，风险就越高。标准差的计算公式为

$$\sigma=\sqrt{\sum_{i=1}^{n}(R_i-\bar{R})^2\cdot P_i}$$

式中，σ 为期望报酬率的标准差。

根据标准差的计算公式，分别计算例 2-19 中 A 投资项目和 B 投资项目的标准差。

A 投资项目：

$$\sigma=\sqrt{(30\%-20\%)^2\times0.2+(20\%-20\%)^2\times0.6+(10\%-20\%)^2\times0.2}$$
$$=6.32\%$$

B 投资项目：

$$\sigma=\sqrt{(70\%-20\%)^2\times0.2+(20\%-20\%)^2\times0.6+(-30\%-20\%)^2\times0.2}$$
$$=31.62\%$$

通过计算可知，A 投资项目的标准差小于 B 投资项目的标准差。所以，A 项目的风险小于 B 项目的风险。

但这一结论是在 A 项目与 B 项目的期望报酬率相等的情况下得出的。如果 A 项目与 B 项目的期望报酬率不相等，上面得出的结论就可能是错误的。这时应计算离散系数，通过对离散系数大小的比较，来判断风险的大小。

4. 计算离散系数

标准差是反映随机变量离散程度的一个指标。它是一个绝对数，只能用来比较期望报酬率相同的各项目的风险程度。所以，还必须借助于作为相对数的离散系数，以便衡量期望报酬率不同的各项目的风险程度。

离散系数(Coefficient of Variation，CV)，也称变异系数，是标准差与期望报酬率之比，其计算公式为

$$\mathrm{CV}=\frac{\sigma}{\bar{R}}$$

在期望值不同的情况下，离散系数越大，风险越大；反之，离散系数越小，风险越小。

在例 2-19 中，A 项目的离散系数为

$$\mathrm{CV}=6.32\%\div20\%=0.316$$

B 项目的离散系数为

$$\mathrm{CV}=31.62\%\div20\%=1.581$$

因此，A 项目风险小于 B 项目风险。

5. 计算风险报酬率

标准差、离散系数可以用来评价投资风险的大小，但这些指标都不能反映风险报酬的大小，为此还必须计算风险报酬率。由于风险报酬率与风险大小有关，风险越大，要求的报酬率越高，所以风险报酬率可以通过离散系数和风险报酬系数来确定。其计算公式为

$$R_R = b \cdot CV$$

式中，R_R 为风险报酬率；CV 为离散系数；b 为风险报酬系数。

投资者期望的报酬率应在无风险报酬率的基础上加上风险报酬率，即

$$R = R_F + R_R = R_F + b \cdot CV$$

假设 A 项目的风险报酬系数为 10%，B 项目的风险报酬系数为 12%，则它们的风险报酬率分别为

$$R_R(A) = 10\% \times 0.316 = 3.16\%$$

$$R_R(B) = 12\% \times 1.581 = 18.97\%$$

根据计算结果，A 投资项目的风险报酬率低于 B 投资项目的风险报酬率。这是因为 A 投资项目的风险小于 B 投资项目的风险。毫无疑问，风险小的 A 投资项目要求得到的风险补偿低于风险大的 B 投资项目要求得到的风险补偿。当然，风险报酬率的高低还决定于风险报酬系数的高低。

风险报酬系数的确定方法通常有以下两种：

(1)根据同等风险投资项目的有关历史数据确定。只要能够找到一个同等风险的投资项目，并掌握它的实际报酬率、无风险报酬率等有关数据，就可以推断出该投资项目的风险报酬系数。例如，某企业准备进行一项投资，此类项目含风险报酬率的投资报酬率一般为 20%左右，其报酬率的离散系数为 1，无风险报酬率为 10%，则风险报酬系数可计算如下

$$b = \frac{20\% - 10\%}{1} = 10\%$$

(2)决策者根据主观经验确定。在没有同等风险的投资项目可供参照的情况下，可由决策者根据以往的主观经验加以确定。这时，风险报酬系数的确定，在很大程度上会受到决策者个性特点及其对待风险的态度的影响。比较敢于冒风险的决策者，往往把风险报酬系数定得低些；而比较稳健的决策者，则往往定得高些。

2.3.4　证券组合的风险与报酬

投资者在进行证券投资时，一般并不把其所有资金投资于一种证券，而是同时持有多种证券。这种同时投资于多种证券的方式，称为证券的投资组合(Investment Portfolio)，简称证券组合或投资组合。由于投资组合能够分散风险，因此，绝大多数法人投资者如工商企业、投资信托公司、投资基金等都同时投资于多种证券，即使是个人投资者，一般也持有证券的投资组合而不只是投资于某一个公司的股票或债券。所以，了解证券投资

组合的风险与报酬率对于公司财务人员来说非常重要。

1. 证券组合的报酬

证券组合的期望报酬，是指组合中单项证券期望报酬的加权平均值，权重为整个组合中投入各项证券的资金占总投资额的比重。其计算公式为

$$\bar{R}_{\mathrm{p}}=\sum_{i=1}^{n}\omega_i\bar{R}_i$$

式中，$\bar{R}_{\mathrm{p}}$表示投资组合的期望报酬率；ω_i 表示第 i 种证券所占的比重；$\bar{R}_i$ 表示第 i 种证券的期望报酬率；n 表示组合中的证券种类总数。

【例 2-20】 某投资组合包含 4 种股票，其预期报酬率分别为 $\bar{R}_1=10\%$，$\bar{R}_2=12\%$，$\bar{R}_3=11\%$，$\bar{R}_4=14\%$，而这 4 种股票投资价值的相应权数分别是 $\omega_1=0.20$，$\omega_2=0.25$，$\omega_3=0.30$，$\omega_4=0.25$。问：该投资组合的预期报酬率为多少？

解 $\bar{R}_{\mathrm{p}}=10\%\times0.2+12\%\times0.25+11\%\times0.3+14\%\times0.25=11.8\%$

2. 证券组合的风险

1）证券组合的风险计量

证券组合的标准差，并不是单个证券标准差的简单加权平均。证券组合的风险不仅取决于组合内的各证券的风险，还取决于各证券之间的关系。

在一个由两项证券构成的投资组合中，某一证券的报酬率呈上升趋势，另一证券的报酬率可能上升，也可能下降，或者不变。

在投资组合风险分析中，通常利用协方差和相关系数两个指标来测算投资组合中任意两个证券报酬率之间的变动关系。

(1) 协方差

协方差是一个用于衡量投资组合中某一具体投资项目相对于另一投资项目风险的统计指标。例如，若 A 股票的价格随着经济形势由衰退转向繁荣而上涨，B 股票此时的价格是上涨、下跌还是静止不动？协方差就是对 A、B 两个股票价格之间的这种相互关系进行度量和评价。从本质上讲，组合内各种投资组合相互变化的方式影响着投资组合的整体方差，从而影响其风险。协方差的计算公式为

$$\mathrm{cov}(R_1,R_2)=\frac{1}{n}\sum_{i=1}^{n}(R_{1i}-\bar{R}_1)(R_{2i}-\bar{R}_2)$$

式中，$\mathrm{cov}(R_1,R_2)$ 表示投资于两种证券报酬率的协方差；R_{1i}表示在第 i 种投资结构下投资于第一种证券的报酬率；$\bar{R}_1$ 表示投资于第一种证券的期望报酬率；R_{2i}表示在第 i 种投资结构下投资于第二种证券的报酬率；$\bar{R}_2$ 表示投资于第二种证券的期望报酬率；n 表示不同投资组合的种类数。

协方差的计算结果可能为正值，也可能为负值，它们分别显示两个证券之间报酬率变动的方向。当协方差为正值时，表示两种证券的报酬率呈同方向变化；当协方差为负

值时，表示两种证券的报酬率呈相反方向变化。协方差的绝对值越大，表示这两种证券报酬率的关系越密切；协方差的绝对值越小，表示这两种证券报酬率的关系越疏远。

（2）相关系数

两种证券之间的报酬率互动性还可以用相关系数来表示，其计算公式为

$$\rho_{1,2}=\frac{\mathrm{cov}(R_1,R_2)}{\sigma_1\sigma_2}$$

式中，$\rho_{1,2}$ 表示第一种证券和第二种证券报酬率之间的相关系数；σ_1 和 σ_2 分别表示投资于第一种证券和第二种证券的报酬率的标准差。

相关系数的正负与协方差的正负相同，所以相关系数为正值时，表示两种证券报酬率呈同方向变化；为负值，则意味着两者呈反方向变化。相关系数总是在 $-1\sim+1$ 的范围内变动。当相关系数为 1 时，表示一种证券报酬率的增长总是与另一种证券报酬率的增长成比例，反之亦然；当相关系数为 -1 时，表示一种证券报酬率的增长总是与另一种证券报酬率的减少成比例，反之亦然；当相关系数为 0 时，表示缺乏相关性，每种证券的报酬率相对于另外一种证券的报酬率呈独立变动。一般而言，多数证券的报酬率趋于同向变动，因此两种证券之间的相关系数多为小于 1 的正值。

（3）证券组合的标准差

证券组合报酬率概率分布的标准差是

$$\sigma_{\mathrm{p}}=\sqrt{\sum_{i=1}^{n}\sum_{j=1}^{n}\omega_i\omega_j\sigma_{ij}}$$

式中，σ_{p} 为证券组合报酬率的标准差；ω_i 和 ω_j 为各种证券在投资总额中的比例；σ_{ij} 为第 i 种证券与第 j 种证券报酬的协方差。

两项证券组合而成的投资组合报酬率方差的计算公式为

$$\sigma_{\mathrm{p}}=\sqrt{\omega_1^2\sigma_1^2+\omega_2^2\sigma_2^2+2\omega_1\omega_2\mathrm{cov}(R_1,R_2)}$$

【例 2-21】 某企业拟分别投资于 A、B 股票。投资于 A 股票的期望报酬率为 8%，计划投资额为 500 万元；投资于 B 股票的期望报酬率为 12%，计划投资额为 500 万元。假定投资 A、B 股票预期报酬率的标准差均为 9%。要求分别计算当 A、B 股票的相关系数分别为 +1，+0.4，+0.1，0，−0.1，−0.4，−1 时的投资组合报酬率的协方差和标准差。

解 依题意，$\omega_1=50\%$，$\omega_2=50\%$，$\sigma_1=9\%$，$\sigma_2=9\%$。

（1）该投资组合报酬率的协方差为

$$\mathrm{cov}(R_1,R_2)=0.09\times0.09\times\rho_{1,2}=0.008\,1\rho_{1,2}$$

（2）标准差为

$$\begin{aligned}\sigma_{\mathrm{p}}&=\sqrt{0.5^2\times0.09^2+0.5^2\times0.09^2+2\times0.5\times0.5\times\mathrm{cov}(R_1,R_2)}\\&=\sqrt{0.004\,05+0.5\mathrm{cov}(R_1,R_2)}\end{aligned}$$

当 $\rho_{1,2}=+1$ 时，

$$\operatorname{cov}(R_1,R_2)=0.0081\times1=0.0081$$

$$\sigma_p=\sqrt{0.00405+0.5\times0.0081}=0.09$$

同理，可计算出当相关系数分别为+1，+0.4，+0.1，0，−0.1，−0.4，−1时的投资组合报酬率的协方差和标准差（计算过程略），计算结果如表2-15所示。

表2-15　投资组合的相关系数与协方差及标准差的关系

相关系数	+1	+0.4	+0.1	0	−0.1	−0.4	−1
协方差	0.008 1	0.003 24	0.000 81	0	−0.000 81	−0.003 24	−0.008 1
标准差	0.090 0	0.075 30	0.066 75	0.063 64	0.060 37	0.049 30	0

不论投资组合中两只股票之间的相关系数如何，只要投资比例不变，各股票的预期报酬率不变，则该投资组合的预期报酬率就不变，都是10%。但在不同的相关系数条件下，投资组合报酬率的标准差却随之发生变化。

当相关系数为+1时，两项资产报酬率的变化方向与变动幅度完全相同，会一同上升或下降，不能抵消任何投资风险。此时的标准差最大，为9%。

当相关系数为−1时，情况刚好相反，两项资产报酬率的变化方向与变动幅度完全相反，表现为此增彼减，可以完全抵消全部投资风险。此时的标准差最小，为0。

当相关系数在0～+1范围内变动时，表明两项资产投资报酬率之间是正相关关系，它们之间的正相关程度越低，其投资组合可分散投资风险的效果就越好。如当相关系数为+0.4时，标准差约为7.53%；当相关系数为+0.1时，标准差约为6.67%。

当相关系数在−1～0范围内变动时，表明两项资产投资报酬率之间是负相关关系，它们之间的负相关程度越低（绝对值越小），其投资组合可分散投资风险的效果就越差。如当相关系数为−0.4时，标准差约为4.93%；当相关系数为−0.1时，标准差约为6.04%。

当相关系数为零时，表明两项资产投资报酬率之间是无关的。此时的标准差约为6.36%。其投资组合可分散投资风险的效果比正相关时的效果要好，但比负相关时的效果要差。

从上述分析还可以看出，无论资产之间的相关系数大小如何，投资组合的报酬率都不会低于所有单项资产中的最低报酬率，投资组合的风险也不会高于所有单项资产中的最高风险。这一结论同样适用于由多项资产构成的投资组合。

2）证券组合的风险构成

证券组合的风险可以分为两种性质完全不同的风险，即可分散风险和不可分散风险。

（1）可分散风险

可分散风险又称非系统性风险或企业特有风险，是指某些因素对单个证券造成经济损失的可能性。例如，某公司发生工人罢工、诉讼失败、新产品开发失败、失去重要的销售合同等事件。这类事件是非预期的、随机发生的，它只影响一个或少数公司，不会对整个市场产生太大影响。这种风险可通过持有多种证券来抵消。即多买几家企业的股票，

其中某些企业的股票收益下降，另一些股票的收益上升，从而将风险抵消。因而，这种风险称为可分散风险。

由上述分析可知，当证券组合中两种股票完全负相关时，二者报酬率的变化呈反周期变动，会组成一个无风险的投资组合，所有的非系统性风险都可以分散掉；当证券组合中两种股票完全正相关时，则风险无法分散。实际上，多数股票都呈正相关，但并非完全正相关。一般来说，随机挑选两种股票，相关系数为 0.6 左右的最多，而对绝大多数股票而言，风险参数都在 0.5～0.7 之间。在这种情况下，若投资组合包含的股票多于两只，投资组合的风险将随所包含股票数量的增加而降低，但不能完全消除。不过，如果股票种类较多，则能分散掉大部分非系统性风险，而当股票种类足够多时，几乎能把所有的非系统性风险分散掉。

(2) 不可分散风险

不可分散风险又称系统性风险或市场风险，是指由于某些因素给市场上所有的证券都带来经济损失的可能性，经济危机、通货膨胀、经济衰退、世界能源变化等都是系统性风险的典型例子。由于这些因素会对大多数股票产生影响，因此不能通过投资组合来分散或消除，所以称为不可分散风险。

不可分散风险的程度通常用 β 系数来计量。β 系数反映的是个别证券相对于市场上全部证券的平均报酬的变动程度，它等于第 i 种证券的报酬与市场组合报酬之间的协方差除以市场证券组合报酬的方差。用公式表示就是

$$\beta_i=\left(\frac{\sigma_i}{\sigma_{\mathrm{M}}}\right)\rho_{i\mathrm{M}}$$

式中，β_i 为第 i 种股票的 β 系数；σ_i 为第 i 种股票报酬的标准差；σ_{M} 为市场组合报酬的标准差；$\rho_{i\mathrm{M}}$ 为第 i 种股票的报酬与市场组合报酬的相关系数。

从公式中可以看出，对于标准差 σ_i 较高的股票而言，其 β 系数也较大。因为在其他条件都相同的情况下，高风险的股票将为投资组合带来更多的风险。同时，与市场组合间相关系数 $\rho_{i\mathrm{M}}$ 较高的股票也具有较大的 β 系数，因而风险也更高，这意味着分散化的作用不大，该股票将给投资组合带来较多风险。

β 系数一般不需投资者自己计算，而是由一些投资服务机构定期计算并公布，如表 2-16 所示。

表 2-16　我国几家公司 20×6 年度的 β 系数

股票代码	公司名称	β 系数
000037	深南电 A	1.20
000039	中集集团	0.56
000045	深纺织 A	0.86
000060	中金岭南	2.34
600637	东方明珠	1.49

续表

股票代码	公司名称	β系数
600641	万业企业	0.40
600644	乐山电力	1.53
600650	锦江投资	1.00

β系数用来度量股票风险值相对于股票市场风险平均值的波动程度。假设把整体投资市场平均股票的β系数定为1,那么如果某种股票的风险情况与整个投资市场的风险情况一致,则这种股票的β系数也等于1;如果某种股票的β系数大于1,说明其风险大于整个市场的风险;如果某种股票的β系数小于1,说明其风险小于整个市场的风险。

以股票市场为例,股票市场上全部股票风险的加权平均值取1,即$\beta=1$,若A股票的$\beta=1$,则表示如果整个股市行情上涨10%,则A股票的行情也会上涨10%;若整个股市下跌10%,则A股票的行情就会下跌10%。因此,当某种股票的β系数大于1时,表明其风险值将高于整个股票市场的风险平均值,其涨跌幅度会大于整个股市行情,其预期收益率的变化也会大于整个股市的平均变化。以上介绍了单只股票β系数的相关情况,证券组合的β系数是单种证券的β系数的加权平均数,其权数为各种股票在证券组合中所占的比重。其计算公式为

$$\beta_p=\sum_{i=1}^{n}\omega_i\beta_i$$

式中,β_p为证券组合的β系数;ω_i为证券组合中第i种股票所占的比重;β_i为第i种股票的β系数;n为证券组合中股票的数量。

通过以上分析,可以得出以下结论:

① 一种股票的风险由可分散风险和不可分散风险两部分组成,如图2-8所示。

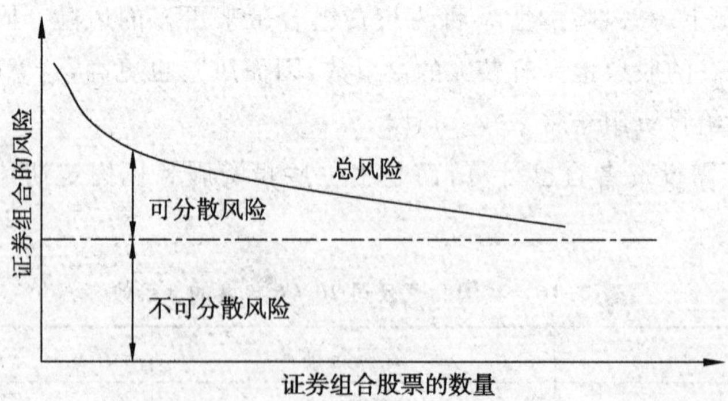

图2-8 证券组合风险构成

② 可分散风险可通过证券组合来降低。如图2-8所示,可分散风险随着证券组合中股票数量的增加而逐渐降低。

③ 股票的不可分散风险是由于市场变动而产生,它对所有股票都有影响,不能通过证券组合而消除。即股票投资始终存在一个不能通过组合投资来化解的最低风险水平,

这个最低风险水平就是图 2-8 中标为“不可分散风险”的部分。不可分散风险是通过 β 系数来度量的。β 值的意义如下：

$\beta=0.5$，说明该股票的风险只有整个市场股票风险的一半。

$\beta=1$，说明该股票的风险等于整个市场股票的风险。

$\beta=2$，说明该股票的风险是整个市场股票风险的 2 倍。

从以上结论中可以得出另一个重要的启示：投资组合可以降低风险，但是只能降低到某一点上，换句话说，有些风险是可以分散的，有些风险却无法分散。

3. 证券组合的风险报酬率

投资者进行证券组合投资与进行单项投资一样，都要求对承担的风险进行补偿，股票的风险越大，要求的报酬就越高。但是，与单项投资不同，证券组合投资要求补偿的风险只是不可分散风险，而不要求对可分散风险进行补偿。如果可分散风险的补偿存在，那些善于科学地进行证券组合的投资者便会购买这部分股票，并抬高价格，其最后的期望报酬率只反映不能分散的风险。因此，证券组合的风险报酬是投资者因承担不可分散风险而要求的超过时间价值的那部分额外报酬。可用下面的公式计算：

$$R_p=\beta_p(R_M-R_F)$$

式中，R_p 为证券组合的风险报酬率；β_p 为证券组合的 β 系数；R_M 为所有股票的平均报酬率，也就是由市场上所有股票组成的证券组合的报酬率，简称市场报酬率；R_F 为无风险报酬率，一般用政府公债的利息率来衡量。

【例 2-22】 某企业持有由 A、B、C 三种股票构成的投资组合，它们的 β 系数分别是 2.5，1.0 和 0.8，它们在证券组合中所占的比重分别为 60%，30%和 10%，股票的市场报酬率为 14%，无风险报酬率为 8%，试确定这种投资组合的风险报酬率。

解　(1) 确定证券组合的 β 系数

$$\beta_p=60\%\times2.5+30\%\times1.0+10\%\times0.8=1.88$$

(2) 计算证券组合的风险报酬率

$$R_p=1.88\times(14\%-8\%)=11.28\%$$

可以看出，调整各种股票在投资组合中的比重可改变投资组合的风险及风险报酬率。在其他因素不变的情况下，风险报酬取决于证券组合的 β 系数，β 系数越大，风险报酬越大；反之亦然。或者说，β 系数反映了股票报酬对于系统性风险的反应程度。

2.3.5　资本资产定价模型

投资组合的风险一般要小于该组合中各单项资产的加权平均风险，这一现象对于风险大小给定时所要求的期望报酬具有重要的意义。投资者应当针对证券的组合，而不是对单个证券进行投资。任何证券的风险都应当从它对投资组合风险的贡献来考虑，而不可将其从所在的投资组合中割裂开来。

资本资产定价模型(Capital Asset Pricing Model,CAPM)是1964年威廉·夏普(William Sharp)在证券组合理论基础上发展起来的一种证券投资理论。它试图揭示多样化投资组合中资产的风险与所要求的报酬之间的关系。由于该理论论证严谨,可操作性强,能较好地解释证券投资的一些基本问题,因而在西方当代财务理论中具有重要地位。

资本资产定价模型建立在如下基本假设之上:

① 所有投资者均追求单期财富的期望效用最大化,并以各备选组合的期望收益和标准差为基础进行组合选择。

② 所有投资者均可以无风险利率、无限制地借入或贷出资金。

③ 所有投资者拥有同样的预期,即对所有资产收益的期望值、方差和协方差等,投资者有完全相同的主观估计。

④ 所有的资产均可被完全细分,拥有充分的流动性且没有交易成本。

⑤ 没有税金。

⑥ 所有投资者均为价格接受者,即任何一个投资者的买卖行为都不会对股票价格产生影响。

⑦ 所有资产的数量是给定的和固定不变的。

资本资产定价模型的一般形式为

$$R_i = R_F + \beta_i(R_M - R_F)$$

式中,R_i 为第 i 种股票或第 i 种证券组合的必要报酬率;R_F 为无风险报酬率;β_i为第 i 种股票或第 i 种证券组合的 β 系数;R_M 为所有股票或证券的平均报酬率。

【例2-23】 某公司股票的 β 系数为1.4,无风险利率为9%,市场上所有股票的平均报酬率为14%,那么该公司股票的必要报酬率为多少?

$$R_i = R_F + \beta_i(R_M - R_F) = 9\% + 1.4 \times (14\% - 9\%) = 16\%$$

这说明,当该公司股票的报酬率达到或超过16%时,投资者才愿意进行投资。如果低于16%,投资者则不愿意购买该公司的股票。

资本资产定价模型通常可用图形来表示,称为证券市场线(Security Market Line,SML)。它可说明必要报酬率 R_i 与不可分散风险 β 系数之间的关系,如图2-9所示。

从图2-9中可以看到,无风险报酬率为6%,β 系数不同的股票有不同的风险报酬率。当 $\beta=0.5$ 时,风险报酬率为2%;当 $\beta=1.0$ 时,风险报酬率为4%;当 $\beta=2.0$ 时,风险报酬率为8%。也就是说,β 值越高,要求的风险报酬率也就越高,在无风险报酬率不变的情况下,必要报酬率也就越高。

从投资者的角度来看,R_F 是其投资的无风险报酬率,但从筹资者的角度来看,是其支出的无风险成本,或称无风险利率。现在市场上的无风险利率由两方面构成:一是无通货膨胀的报酬率 K_0,这是真正的时间价值部分;二是通货膨胀贴水 IP,它等于预期的通货膨胀率。这样,无风险报酬率 $R_F = K_0 + IP$。在图2-9中,$R_F=6\%$,假设包括4%的真实报酬率和 2%的通货膨胀贴水，则有 $R_F = R_0 + IP = 4\% + 2\% = 6\%$。

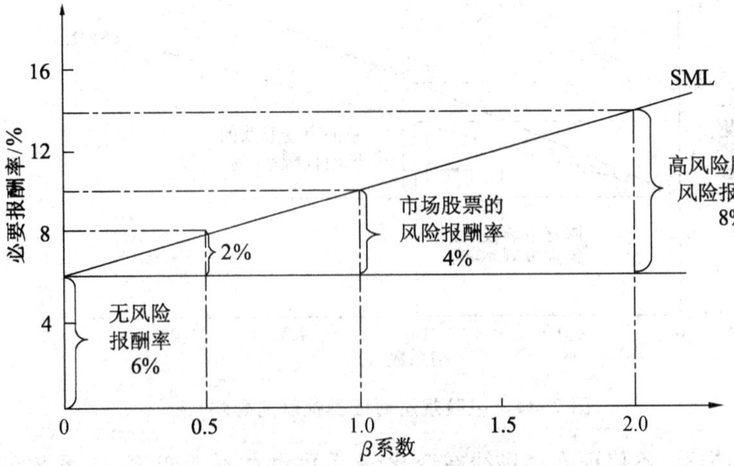

图 2-9　证券必要报酬率与 β 系数的关系

如果预期通货膨胀率上升 2%，增加到 4%，这将使 R_F 上升到 8%，这种变化显示在图 2-10 中。

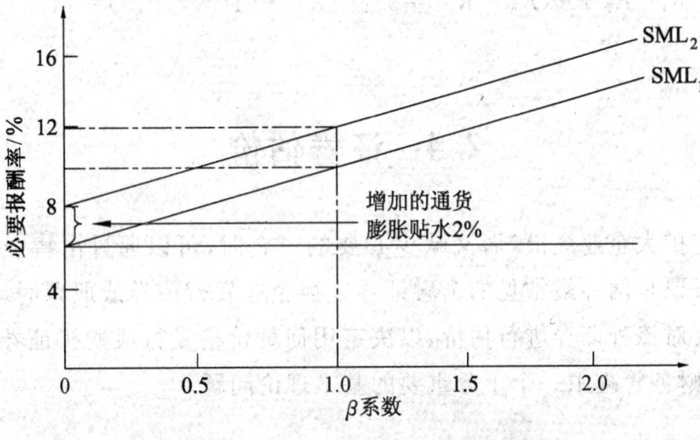

图 2-10　通货膨胀对证券报酬的影响

证券市场线(SML)反映了投资者规避风险的程度——直线越陡峭，投资者越规避风险，也就是说，在同样的风险水平上，要求的报酬水平更高；或者说，在同样的报酬水平上，要求的风险更小。如果投资者不规避风险，当 R_F 为 6%时，各种证券的报酬率也是 6%，这样，证券市场线将是水平的，当风险规避增加时，风险报酬率也增加，证券市场线的斜率也增加。图 2-11 说明了风险规避增加的情况，市场风险报酬率从 4%上升到 6%，必要报酬率也从 10%上升到 12%。风险规避的程度对风险较大的证券影响更为明显。例如，一个 β 系数为 0.5 的股票的必要报酬率只增加 1%，即从 8%增加到 9%；而一个 β 系数为 2.0 的股票的必要报酬率却增加 4%，即从 14%上升到 18%。

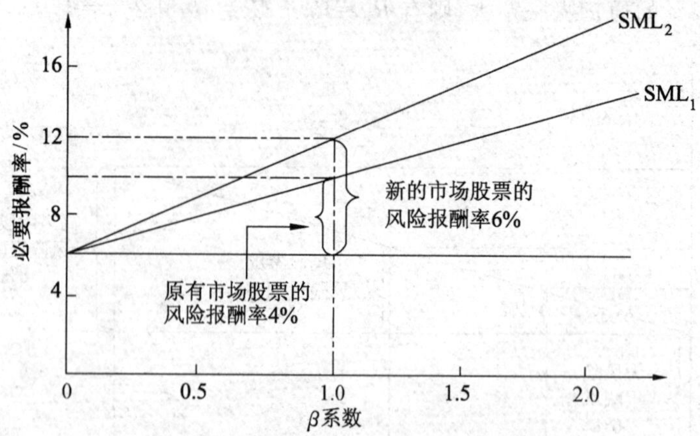

图 2-11　风险规避对证券报酬的影响

随着时间的推移，不仅证券市场线在变化，β 系数也在不断变化。β 系数可能会因一个企业的资产组合、负债结构等因素的变化而改变，也会因为市场竞争的加剧、专利权的期满等情况而改变。β 系数的变化会使公司股票的报酬率发生变化。

假设例 2-23 中该公司股票的 β 系数从 1.4 降为 1.0，那么其必要报酬率为

$$R_i = R_F + \beta_i (R_M - R_F) = 9\% + 1.0 \times (14\% - 9\%) = 14\%$$

2.4　证券估价

当公司决定扩大企业规模，而又缺少必要的资金时，可以通过出售金融证券来筹集资金。债券和股票是两种最常见的金融证券。当企业发行债券或股票时，无论融资者还是投资者都需要对该种证券进行估价，以决定用何种价格发行或购买证券比较合理。因此，证券估价是财务管理中一个十分重要的基本理论问题。

2.4.1　债券估价

1. 债券的主要特征

债券是由发行者为筹集资金发行的、在约定时间支付一定比例的利息，并在到期时偿还本金的一种有价证券。作为一种有价证券，其发行者和购买者之间的权利和义务是通过债券契约固定下来的。尽管不同的债券往往在发行的时候订立了不同的债券契约，但是典型的债券契约至少包括以下条款：

① 票面价值。债券票面价值又称面值，是指设定的票面金额，它代表发行人借入并且承诺于未来某一特定日期偿付给债券持有人的金额。如美国公司发行的大多数债券面值是 1 000 美元，而我国公司发行的公司债券面值大多为 100 元。

② 票面利率。债券的票面利率是债券发行者预计一年内向投资者支付的利息占票面金额的比率。例如，中国铝业公司 2009 年 5 月发行的 5 年期企业债券面值为 100 元，

票面利率是 3.8%，即每年支付 3.8 元的利息。

多数债券的票面利率在债券的持有期间不变，即为固定利率债券，也有些债券在发行时没有确定的票面利率，而是规定利率水平按某一标准（如国债利率或银行存款利率）的变化而同方向调整，即为浮动利率债券。还有一些债券根本不支付利息，但是会以低于面值的折价方式发行，这类债券称为零息债券。零息债券在美国应用较多，如 IBM、洛克希德·马丁公司，甚至美国财政部都发行过零息债券。我国的企业很少发行零息债券，2002 年 6 月，中国进出口银行发行的名为“02 进出 04”的金融债券是国内第一只真正意义上的零息债券。

(3)到期日。债券的到期日是指偿还本金的日期。债券一般都规定了到期日，以便到期时偿还本金。债券期限有的短至 3 个月，有的长达 30 年。往往到期时间越长，其风险越大，债券的票面利率也越高。

2. 债券的估价方法

债券的价值是发行者按照合同规定从现在至债券到期日所支付的款项的现值。计算现值时使用的折现率，取决于当前的市场利率和现金流量的风险水平，一般采用当时的市场利率或投资者要求的最低报酬率。

(1) 债券估价的基本模型

典型的债券为固定利率，每年计算并支付利息，到期归还本金。按照这种模式，债券价值计算的基本模型是

$$V=\sum_{t=1}^{n}\frac{I}{(1+i)^{t}}+\frac{M}{(1+i)^{n}}$$

式中，V 表示债券价值；M 表示债券面值；i 表示市场利率或投资人要求的必要报酬率；n 表示付息期数；I 表示债券利息。

【例 2-24】 ABC 公司拟于 20×1 年 2 月 1 日发行债券面额为 100 元的债券，票面利率为 8%，每年 2 月 1 日计算并支付一次利息，期限为 5 年。同等风险投资的必要报酬率为 10%，问债券价格为多少时才能购买？

解　$V=100\times 8\%\times(P/A,10\%,5)+100\times(P/F,10\%,5)$

$=8\times 3.791+100\times 0.621$

$=92.43$(元)

即这种债券的价格低于 92.43 元时，该公司才能购买，否则得不到 10% 的报酬率。

(2) 其他模型

① 平息债券。平息债券是指利息在到期时间内平均支付的债券。支付的频率可能是一年一次、半年一次或每季度一次等。平息债券价值的计算公式为

$$V=\sum_{t=1}^{mn}\frac{I/m}{\left(1+\frac{i}{m}\right)^{t}}+\frac{M}{\left(1+\frac{i}{m}\right)^{mn}}$$

式中，m 表示年付利息次数。

【例 2-25】 上例中，假设每半年支付一次利息，则债券价值为多少？

解

$$V=100\times4\%\times(P/A,5\%,10)+100\times(P/F,5\%,10)$$
$$=4\times7.7217+100\times0.6139$$
$$=92.28(元)$$

计算结果表明，该债券的价值比每年付息一次时的价值（92.43 元）降低了。债券价值随付息频率的增加而下降的现象，仅出现在折价出售的状态。如果债券溢价出售，则情况正好相反。

② 贴现债券。贴现债券是一种以低于面值的贴现形式发行，到期按债券面值偿还的债券，也称为“零息债券”。零息债券的估价公式为

$$V=\frac{M}{(1+i)^n}$$

【例 2-26】 某债券面值为 1 000 元，期限为 5 年，以贴现方式发行，期内不计利息，到期按面值偿还，当时市场利率为 8%，其价格为多少时，公司才能购买？

解 $$V=\frac{1\,000}{(1+8\%)^5}=1\,000\times0.681=681(元)$$

该债券的价格只有低于 681 元时，公司才能购买。

③ 一次还本付息且不计复利的债券。我国很多债券属于此种，是利随本清的存单式债券。其价值的计算公式为

$$V=\frac{M(1+r\times n)}{(1+i)^n}$$

式中，r 表示债券票面利率。

【例 2-27】 有一份 5 年期国债，面值 100 元，票面利率 12%，单利计息，到期时一次还本付息。假设市场利率为 10%，其价值为多少？

解 $$V=\frac{100(1+12\%\times5)}{(1+10\%)^5}=99.35(元)$$

④ 永久债券。永久性债券是指没有到期日，也没有最后支付日，债券投资人可以定期地、持续地获得固定收益的债券。永久债券实际上是付息债券的一种特殊形式，即利息支付趋向于无穷大，一直定期支付利息的债券。英国和美国都发行过这种债券。对于永久公债，通常政府都保留了回购债券的权力。永久债券的价值计算公式为

$$V=\sum_{t=1}^{n}\frac{I}{(1+i)^t}=\frac{I}{i}$$

3. 债券价值的影响因素

通过上述模型可以看出，影响债券价值的因素除债券面值、票面利率和计息期以外，

还有折现率和到期时间。

(1) 债券价值与折现率

债券估价模型的现金流量通常是不变的，而折现率却是经常变化的，并因此导致债券价值的变动。债券定价的基本原则：当折现率等于票面利率时，债券价值等于票面价值，此时债券将以平价方式出售；当折现率高于票面利率时，债券价值低于票面价值，此时债券将以折价方式出售；当折现率低于票面利率时，债券价值高于票面价值，此时债券将以溢价方式出售。

例如，在例 2-24 中，如果投资者要求的报酬率为 8%，则该债券的价值为

$$
\begin{aligned}
V &= 100\times 8\%\times (P/A,8\%,5)+100\times (P/F,8\%,5)\\
&= 8\times 3.9927+100\times 0.6806\\
&= 100(\text{元})
\end{aligned}
$$

如果投资者要求的报酬率进一步下降为 6%，则该债券的价值将为

$$
\begin{aligned}
V &= 100\times 8\%\times (P/A,6\%,5)+100\times (P/F,6\%,5)\\
&= 8\times 4.2124+100\times 0.7473\\
&= 108.43(\text{元})
\end{aligned}
$$

(2) 债券价值与到期时间

债券的到期时间，是指当前日至债券到期日之间的时间间隔。随着时间的延续，债券的到期时间逐渐缩短，至到期日，该时间间隔为零。

对于平息债券，在折现率一直保持不变的情况下，不管它高于或低于票面利率，债券价值随到期时间的缩短逐渐向债券面值靠近，至到期日，债券价值等于债券面值，这种变化情况如图 2-12 所示。当折现率高于票面利率时，随着时间向到期日靠近，债券价值逐渐提高，最终等于债券面值；当折现率等于票面利率时，债券价值一直等于票面价值；当折现率低于票面利率时，随着时间向到期日靠近，债券价值逐渐下降，最终等于债券面值。

图 2-12 显示的是连续支付利息的情景，或者说是支付期无限小的情景。如果不是这样，而是每间隔一段时间支付一次利息，债券价值会呈现周期性波动。

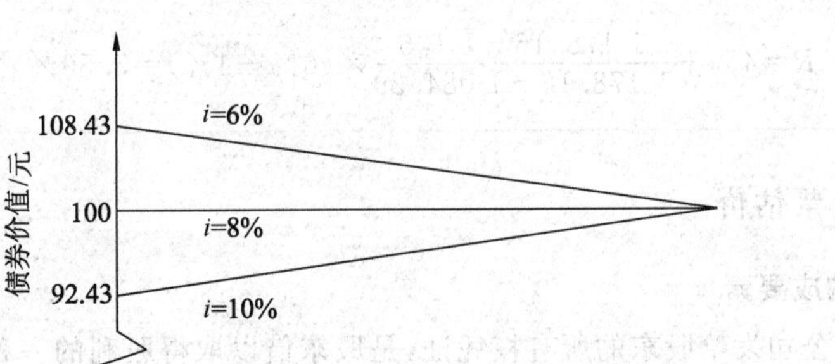

图 2-12　债券价值与到期时间

综上所述，当折现率一直保持至到期日不变时，随着到期时间的缩短，债券价值逐渐接近其票面价值。如果折现率在债券发行后发生变动，债券价值也会因此而变动。随着到期时间的缩短，折现率变动对债券价值的影响越来越小。

4. 债券的收益率

债券的收益水平通常用到期收益率来衡量。到期收益率是指以特定价格购买债券并持有至到期日所能获得的收益率。它是使未来现金流量现值等于债券购入价格的折现率。

到期收益率是指导选购债券的标准，它可以反映债券投资按复利计算的真实收益率。如果高于投资人要求的报酬率，则应该买进该债券，否则就放弃。

【例 2-28】 ABC 公司 20×1 年 2 月 1 日以平价购买一张面额 1 000 元的债券，票面利率为 8%，每年 2 月 1 日计算并支付一次利息，期限为 5 年。该公司持有该债券至到期日，计算其到期收益率。

解 $1\,000=1\,000\times 8\%\times(P/A,i,5)+1\,000\times(P/F,i,5)$

解该方程要用“试误法”。

用 $i=8\%$ 试算：

$$\begin{aligned}&1\,000\times 8\%\times(P/A,8\%,5)+1\,000\times(P/F,8\%,5)\\&=80\times 3.992\,7+1\,000\times 0.680\,6\\&=1\,000(\text{元})\end{aligned}$$

可见，平价购买的每年付息一次的债券的到期收益率等于票面利率。

如果债券的价格高于面值，则情况将发生变化。例如，买价是 1 105 元，则

$$1\,105=1\,000\times 8\%\times(P/A,i,5)+1\,000\times(P/F,i,5)$$

用 $i=6\%$ 试算：

$$1\,000\times 8\%\times(P/A,6\%,5)+1\,000\times(P/F,6\%,5)=1\,084.29(\text{元})$$

用 $i=4\%$ 试算：

$$1\,000\times 8\%\times(P/A,4\%,5)+1\,000\times(P/F,4\%,5)=1\,178.16(\text{元})$$

用插值法计算近似值：

$$R=4\%+\frac{1\,178.16-1\,105}{1\,178.16-1\,084.29}\times(6\%-4\%)=5.56\%$$

2.4.2 股票估价

1. 股票的构成要素

股票是股份公司发给股东的所有权凭证，是股东借以取得股利的一种有价证券。股票持有者即为该公司的股东，对该公司财产有要求权。

① 股票价值。投资股票通常是为了在未来能够获得一定的现金流入。这种现金流入包括两部分：每期将要获得的股利及出售股票时得到的价格收入。有时为了把股票的

价值与价格相区别，也把股票的价值称为“股票内在价值”。

② 股票价格。股票的价格是指其在市场上的交易价格，它分为开盘价、收盘价、最高价和最低价等。股票的价格主要由预期股利和当时的市场利率决定，即股利的资本化价值决定了股票价格。此外，股票价格还受整个经济环境变化和投资者心理等复杂因素的影响。

③ 股利。股利是股份有限公司以现金的形式从公司净利润中分配给股东的投资报酬，也称“股息”或“红利”。但也只是当公司有利润，并且管理层愿意将利润分给股东而不是将其进行再投资时，股东才有可能获得股利。

2. 股票的估价方法

股票的估值与债券的估值本质上都是未来现金流的折现，但是由于股票的未来现金流不是确定的，依赖于公司的股利政策，因此股票的估值与债券的估值存在差异。

(1) 股票估价的基本模型

股票带给持有者的现金流入包括两部分：股利收入现金流量和利得收益现金流量(通常为出售价格)。股票的内在价值由一系列的股利和将来出售股票时售价的现值所构成。如果股东永远持有股票，则他只能获得股利，这是一个永续的股利现金流入，这个现金流入的现值就是股票的价值，即

$$V=\frac{D_1}{(1+R_S)^1}+\frac{D_2}{(1+R_S)^2}+\cdots+\frac{D_n}{(1+R_S)^n}$$
$$=\sum_{t=1}^{n}\frac{D_t}{(1+R_S)^t}$$

式中，D_t 为第 t 年的每股现金股利；R_S 为折现率，一般采用资本成本或投资者要求的必要报酬率；t 为折现期数。

如果投资者不打算永久地持有股票，而是在持有一段时间后出售，这时股票带给投资者的未来现金流入包括股利收入和将来股票出售时的售价两个部分，于是股票价值的计算公式可以修正为

$$V=\frac{D_1}{(1+R_S)^1}+\frac{D_2}{(1+R_S)^2}+\cdots+\frac{D_n}{(1+R_S)^n}+\frac{P_n}{(1+R_S)^n}$$
$$=\sum_{t=1}^{n}\frac{D_t}{(1+R_S)^t}+\frac{P_n}{(1+R_S)^n}$$

式中，P_n 为股票每股售价。

【例 2-29】　一只股票预期未来 3 年每年每股可获现金股利 3 元，3 年后该只股票的预期售价为每股 20 元，要求的报酬率为 18%，则该股票目前的价值是多少？

解　$$V=\frac{D_1}{(1+R_S)^1}+\frac{D_2}{(1+R_S)^2}+\frac{D_3}{(1+R_S)^3}+\frac{P_3}{(1+R_S)^3}$$
$$=\frac{3}{(1+18\%)^1}+\frac{3}{(1+18\%)^2}+\frac{3}{(1+18\%)^3}+\frac{20}{(1+18\%)^3}=18.7(\text{元})$$

(2) 零增长股票的价值

在每年股利稳定不变,投资人持有期间很长的情况下,股票的估价模型可简化为

$$V=\frac{D_1}{(1+R_S)^1}+\frac{D_2}{(1+R_S)^2}+\cdots+\frac{D_n}{(1+R_S)^n}=\frac{D}{R_S}$$

【例 2-30】 某只股票采取固定股利政策,每年每股发放 2 元现金股利,必要报酬率为10%,则该股票的价值是多少?

解
$$V=\frac{2}{10\%}=20(\text{元})$$

(3) 固定增长股票的价值

如果一只股票的现金股利在基期 D_0 的基础上以速度 g 不断增长,则

$$V=\frac{D_0(1+g)}{(1+R_S)^1}+\frac{D_0(1+g)^2}{(1+R_S)^2}+\cdots+\frac{D_0(1+g)^n}{(1+R_S)^n}+\cdots$$

$$=\sum_{t=1}^{\infty}\frac{D_0(1+g)^t}{(1+R_S)^t}=\frac{D_0(1+g)}{R_S-g}$$

或

$$V=\frac{D_1}{R_S-g}$$

式中,D_0 表示上年末股利;g 表示股利增长率。

【例 2-31】 ABC 公司上年每股发放 2 元现金股利,预计每年股利增长率为12%,假定必要报酬率为 16%,则该股票的价值是多少?

解
$$V=\frac{2\times(1+12\%)}{16\%-12\%}=56(\text{元})$$

(4) 非固定增长股票的价值

在现实生活中,有的公司股利是不固定的。例如,在一段时间里高速增长,在另一段时间里正常增长或固定不变。在这种情况下,就要分段计算,才能确定股票的价值。

【例 2-32】 某投资人持有 ABC 公司的股票,必要报酬率为 15%。预计 ABC 公司未来 3 年股利将高速增长,增长率为 20%。在此以后转为正常增长,增长率为 12%。公司最近支付的股利是 2 元。现计算该公司股票的价值。

解 首先,计算非正常增长期的股利现值,如表 2-17 所示。

表 2-17 非正常增长期的股利现值计算

年份	股利 D_t	现值系数(15%)	现值
1	2×1.2=2.4	0.870	2.088
2	2.4×1.2=2.88	0.756	2.177
3	2.88×1.2=3.456	0.658	2.274
	合计(3 年股利的现值)		6.539

其次，计算第 3 年年底的股票内在价值：

$$V_3=\frac{D_4}{R_S-g}=\frac{3.456\times(1+12\%)}{15\%-12\%}=129.02(\text{元})$$

其现值$=129.02\times(P/F,15\%,3)=129.02\times0.6575=84.831$(元)

最后，计算股票的价值：

$$V=6.539+84.831=91.37(\text{元})$$

3. 普通股的期望报酬率

前面主要讨论如何通过估计普通股的价值，判断某种股票是否被市场高估或低估。现假设股票价格是公平的市场价格，证券市场处于均衡状态；在任一时点证券价格都能全面反映有关该公司的任何可获得的公开信息，而且证券价格对新信息能迅速做出反应。在这种假设条件下，股票的期望报酬率等于其必要报酬率。

根据固定增长股利模型，有

$$P_0=\frac{D_1}{R_S-g}$$

如果把公式移项整理，可以得到

$$R_S=\frac{D_1}{P_0}+g$$

这个公式告诉我们，股票的总报酬率可以分为两个部分：第一部分是 D_1/P_0，称为股利收益率，它是根据预期现金股利除以当前股价计算出来的；第二部分是增长率 g，称为股利增长率。由于股利的增长速度就是股价的增长速度，因此，可以解释为股价增长率或资本利得收益率。g 值可以根据公司的可持续增长率估计。P_0 是股票市场形成的价格，只要能预计出下一期的股利，就可以估计出股东预期报酬率，在有效市场中它就是与该股票风险相适应的必要报酬率。

【例 2-33】 某普通股每股价格 20 元，预计下一期股利为 1 元，该股利将以 10%的速度持续增长。该股票的期望报酬率是多少？

解

$$R_S=\frac{1}{20}+10\%=15\%$$

如果股东要求的必要报酬率也为 15%，则一年后的股价为

$$P_1=\frac{D_1\times(1+g)}{R_S-g}=\frac{1\times(1+10\%)}{15\%-10\%}=22(\text{元})$$

如果现在用 20 元购买该股票，年末将收到 1 元股利，并且得到 2 元(22 元－20 元)的资本利得。

$$\begin{aligned}\text{总报酬率}&=\text{股利收益率}+\text{资本利得收益率}\\&=1\div20+2\div20=5\%+10\%=15\%\end{aligned}$$

这个例子验证了股票期望报酬率模型的正确性。如果股东要求的必要报酬率大于期望报酬率，就不会进行这种投资；如果股东要求的必要报酬率小于期望报酬率，就会争

购该股票，使得股票价格上涨。

思考题

1. 如何理解货币的时间价值？货币时间价值与利率的区别是什么？

2. 简述年金的概念和种类。

3. 债券价值的影响因素有哪些？

4. 股票的估值和债券的估值有什么异同点？

5. 股利折现模型中的现金流量包括哪两个部分？

6. 时间价值计算的几种特殊情况应分别如何处理？

练习题

1. 某人连续5年每年年初存款10 000元，若银行利率为10%。问：此人在第5年年末能一次取出本利和为多少元？

2. 某人向银行借入一笔款项，银行贷款利率为5%，每年复利一次，银行规定，从第1年至第10年每年年末偿还本息20 000元。问：这笔款项的现值是多少？

3. 某企业于年初向银行借款50万元购买设备，第1年年末开始偿还，每年还款一次，等额偿还分5年还清，银行借款利率为10%。问：每年应还款多少？计算并填写下表。

还款明细表　　金额单位：元

年次	分期付款额	本年利息	应还贷款减少额	应还贷款余额
0	——	——	——	500 000
1		50 000		
2				
3				
4				
5				0
合计				——

4. 某公司拟租赁一间厂房，期限是10年，假设年利率是10%，出租方提出以下几种付款方案：

(1) 立即付全部款项共计20万元；

(2) 从第 4 年开始每年年初付款 4 万元，至第 10 年年初结束；

(3) 第 1 到 8 年，每年年末支付 3 万元，第 9 年年末支付 4 万元，第 10 年年末支付 5 万元。

要求：确定最优付款方案。

5. 某企业于第 1 年年初借款 10 万元，每年年末还本付息额均为 2 万元，连续 8 年还清，请计算借款利率。

6. 假设你有一笔期限为 10 年的房屋抵押贷款，房款为 500 000 元。首付款为房款的 20%，其余每月分期付款，当前贷款月利率为 0.42%。那么按等额本息法、等额本金法两种偿还方式计算的贷款偿还总额分别是多少？（注：采用 Excel 电子表格计算）

7. ABC 公司欲购买债券，2017 年 7 月 1 日市面上有四家债券可供投资：

(1) A 公司 2015 年 7 月 1 日发行，2022 年 6 月 30 日到期的 7 年期债券，债券面值为 1 000 元，票面利率为 8%，每年 6 月 30 日付息一次，到期还本，债券目前的价格为 1 105 元，若等风险投资的必要报酬率为 6%，则 ABC 公司投资购买 A 公司债券的价值与到期收益率为多少？是否应购买？

(2) B 公司 2015 年 7 月 1 日发行，2022 年 6 月 30 日到期的 7 年期债券，债券面值为 1 000 元，票面利率为 8%，单利计息，到期一次还本付息，债券目前价格为 1 231.3 元，若投资人要求的必要报酬率为 6%（复利，按年计息），则 ABC 公司投资购买 B 公司债券的价值与到期收益率（复利，按年计息）为多少？是否应购买？

(3) C 公司 2015 年 7 月 1 日发行，2022 年 6 月 30 日到期的 7 年期纯贴现债券，债券面值为 1 000 元，债券目前的价格为 600 元，期内不付息，到期还本，若等风险的必要报酬率为 6%，则 ABC 公司投资购买 C 公司债券的价值与到期收益率为多少？是否应购买？

(4) D 公司 2015 年 1 月 1 日发行，2019 年 12 月 31 日到期的 5 年期债券，债券面值为 1 000 元，票面年利率为 8%，每半年付息一次，到期还本，债券目前的价格为 1 045.79 元，若等风险投资的必要报酬率为 6%，即 ABC 公司投资的必要报酬率为 6%，则 ABC 公司投资购买 D 公司债券的价值与到期收益率为多少？是否应购买？

8. 某股票投资者拟购买甲公司的股票，该股票刚刚支付的每股股利为 2.4 元，投资的必要报酬率为 12%。

要求：

(1) 假设该股票在未来时间里股利保持不变，当时该股票市价为 15 元，该投资者是否应购买？

(2) 假设该股票股利固定增长，增长率为 4%，则该股票的价值为多少？

案例分析

“赠送玫瑰花”诺言的索赔

拿破仑1797年3月在卢森堡第一国立小学演讲时说了这样一番话:“为了答谢贵校对我,尤其是对我夫人约瑟芬的盛情款待,我不仅今天呈上一束玫瑰花,并且在未来的日子里,只要我们法兰西存在一天,每年的今天我将亲自派人送给贵校一束价值相等的玫瑰花,作为法兰西与卢森堡友谊的象征。”时过境迁,拿破仑穷于应付连绵的战争和此起彼伏的政治事件,最终惨败而被流放到圣赫勒拿岛,把对卢森堡的诺言忘得一干二净。

可卢森堡这个小国对这位“欧洲巨人与卢森堡孩子亲切、和谐相处的一刻”念念不忘,并将其载入史册。1984年底,卢森堡旧事重提,向法国提出违背“赠送玫瑰花”诺言的索赔:要么从1797年起,用3路易作为一束玫瑰花的本金,以5厘复利(即利滚利)计息并清偿这笔“玫瑰花”债;要么法国政府在各大报刊上公开承认拿破仑是个言而无信的小人。

起初,法国政府准备不惜重金赎回拿破仑的声誉,但却又被电脑算出的数字惊呆了——原本3路易的许诺,本息竟高达1 375 596法郎。经苦思冥想,法国政府斟词酌句的答复是:“以后,无论在精神上还是在物质上,法国将始终不渝地对卢森堡大公国的中小学教育事业予以支持与赞助,来兑现我们的拿破仑将军那一诺千金的玫瑰花信誉。”这一措辞最终得到了卢森堡人民的谅解。

这一经典案例常用于道德修养和诚信教育,其实,这一案例从理财学的角度来分析,也能给我们带来很深的思考。

讨论题:

为什么当初的3路易会变成后来的130多万法郎?

第3章 财务分析

学习目标

1. 明确财务分析的目的和作用。
2. 提升解读财务报表的能力。
3. 掌握财务分析的基本框架。
4. 正确理解和使用财务比率。
5. 掌握整体财务报表分析体系与方法。
6. 掌握销售百分比法预测外部融资的基本原理及其应用。

引导案例

公司成长的烦恼

长风公司属于一家制造行业的私营公司，已经有几年的经营历史了。由于拥有多项本企业产品专利，技术创新能力强，虽然企业规模不大，但几年来产品的市场占有率却令人满意。公司董事长兼总经理是从工艺制造领域打拼出来的技术性管理人员，没有受过系统的企业管理培训。进入新的一年，虽然公司的市场占有率尚维持在原有水平，营销部也在积极拓展新市场，但是，公司似乎已经不像以前那样"赚钱"了，而且整个公司发展的势头受到阻滞，甚至有倒退的趋势，尤其是公司现金流似乎也越来越紧张。目前，为了稳固及开拓市场，公司决定引入国外先进技术以升级原有技术。此前公司较少和金融机构打交道，这一次，公司考虑为此进行成立以来的首次长期债务融资。

面临上述情况，公司总经理针对自身短板，几次邀请资深管理专家并召集管理层会议，寻找目前公司面临现状的深层原因并商讨对策。经过几轮认真的研讨，生产、营销、采购、财务、技术、人事等各个部门针对各自的环节都梳理出一些存在的问题，其中不乏管理制度的问题，如生产过程材料成本的节约问题、采购环节定价审批制度问题、营销费用安排制度问题、企业激励奖惩机制问题、财务制度不够健全问题、管理费用大幅上升问题等。管理专家经过深入地了解，听取了各方意见后指出，各个部门提出的问题实质上都反映了公司财务管理体系的问题。公司自成立以来，为了使产品能够挤入市场，所有的工作重心都集中在技术创新、市场拓展上。虽然市场是公司的命脉,但是没有配套的管理,公司的发展必然受到制约。要想实现本公司的可持续发展,企业一定要重整制度,从过去的粗放型经营转变为集约型经营,开源节流。那么,如何做到这些呢?怎样挖掘出企业在整个生产经营环节中的不足呢?专家指出,对企业进行财务分析,深入考察本企业现状,认真反思公司在管理效率、盈利水平控制、现金流管理、资产利用效果等方面存在的问题,是企业要迈出的第一步。在此基础上,通过本企业财务分析指标数据,将公司的整个生产经营环节与行业先进企业比较,从而找出差距,加以改进。

☞思考 在目前的情况下,财务分析到底能为长风公司提供哪些信息?带来哪些改变?如何有效利用财务分析这个工具引领长风公司走上可持续发展之路?

3.1 财务分析概述

3.1.1 财务分析的意义

企业在生产经营过程中,应依据会计准则等会计规范进行会计核算,并编制财务报告。财务报告是企业向会计信息使用者提供信息的主要文件,它反映了企业财务状况、经营成果和现金流量等方面的会计信息,为会计信息使用者进行经济决策提供依据。企业在会计核算和编制财务报告时,必须遵循会计准则,以保证会计信息客观、公允地反映企业的财务状况和经营状况。企业在财务报告中提供的会计信息应当符合会计准则所要求的质量特征,如可靠性、相关性等。由于财务报告主要是通过分类的方法提供各种会计信息,还缺乏一定的综合性,无法全面地反映企业各方面的财务能力,无法反映企业在一定时期内的发展变化趋势,因此,为了提高会计信息的利用程度,需要对这些会计信息做进一步的加工和处理,以便更深入、全面地反映企业的各种财务能力和发展趋势。财务分析的目的是将财务报告相关数据转换成有用的信息,以帮助报告使用人改善决策。

财务分析是以企业的财务报告等会计资料为基础,对企业的财务状况、经营成果和现金流量状况进行分析和评价的一种方法。财务分析是财务管理的重要方法之一,它对财务报告提供的会计信息做进一步加工和处理,为股东、债权人和管理层等会计信息使用者进行财务预测和财务决策提供依据。在实务中,财务分析具有以下重要意义:

① 财务分析是企业评价其经营业绩及财务状况的重要依据。通过财务分析,不但可以了解企业现金流量状况、营运能力、盈利能力和偿债能力,还可以分析比较可能影响财务状况和经营成果的微观因素和宏观因素、主观因素和客观因素。同时,财务分析数据也反映出企业遵守国家的法令、法规等相关情况,使企业能够更加规范、有序的从事生产经营。

② 通过财务分析,可以为企业外部投资者、债权人和其他有关部门和人员提供更加

系统的、完整的会计信息，便于其更加深入地了解企业的财务状况、经营成果和现金流量情况，为其投资决策、信贷决策和其他经济决策提供依据。

③ 财务分析是企业的管理层认识自身、及时了解经营情况及方向、把握市场、挖掘潜力、管理好现金流、找出薄弱环节、规避企业风险等的有力工具。通过财务分析，可以检查企业内部各职能部门和单位完成经营计划的情况，考核各部门和单位的经营业绩，从而客观评价经营者业绩，划清责任界限，促进经营管理者提高管理水平。因此，它是企业建立和健全完善的业绩评价体系，协调各种财务关系，保证企业财务目标顺利实现的重要工具。

3.1.2　财务分析的目的

财务分析的目的取决于人们使用会计信息的目的。虽然财务分析所依据的资料是客观的，但是不同的人所关心的问题侧重面不同，因此，他们进行财务分析的目的也各不相同。会计信息的使用者主要包括债权人、股权投资者、企业管理层、审计师、政府部门等。下面分别介绍不同的会计信息使用者进行财务分析的目的。

1. 债权人财务分析的目的

债权人是指那些给企业提供融资的机构和个人，包括给企业提供贷款的机构或个人及以出售货物或劳务形式提供短期融资的机构或个人。债权人为了保证其债权的安全，非常关注债务人现有资源及未来现金流量的可靠性、及时性和稳定性。为决定是否给企业贷款，债权人需要分析贷款的报酬和风险；为了解债务人的短期偿债能力，债权人需要分析企业的资金流动能力；为了解债务人的长期偿债能力，债权人需要分析其盈利状况和资本结构。

2. 股权投资者财务分析的目的

股权投资者将资金投入企业后，成为企业的所有者，拥有对企业的剩余权益。为决定是否投资，企业的股权投资者需要分析企业的盈利能力；为决定是否转让股份，企业的股权投资者需要分析企业的盈利状况、股价变动和发展前景；为考察经营者业绩，企业股权投资者需要分析资产盈利水平、破产风险和竞争能力；为决定股利分配政策，企业股权投资者则需要分析企业筹资状况。由此可见，股权投资者的财务分析更加全面，包括对企业盈利能力、资产运营能力、财务风险、发展前景等方面的分析与评价。

3. 管理层财务分析的目的

企业管理层主要是指企业的经理，是企业管理的受托责任者。管理层对企业现时的财务状况、盈利能力和未来持续发展能力非常关注，其财务分析的主要目的在于通过财务分析所提供的信息来监控企业的运营活动和财务状况的变化，以便尽早发现问题，采取改进措施。由于他们能够经常地、不受限制地获取会计信息，因此能够更加全面和系统地进行财务分析。管理层往往不是孤立地看待某一事件，而是系统地分析产生这一事件的原因和结果之间的联系，通过财务分析提供有价值的信息，提醒他们企业的经济环境、经营状况和财务状况可能发生的重大变化，以便提前采取应对措施。

4. 注册会计师财务分析的目的

注册会计师需要依据其审计结果对财务报表的公允性发表审计意见。财务分析是审计程序的一部分，对企业进行财务分析可以尽快地发现会计核算中存在的最薄弱环节，以便在审计时重点关注。因为错误和不规范的会计处理会对许多财务、经营和投资关系产生重大影响，对这些关系的分析有时能够揭示其潜在内涵。因此，注册会计师进行财务分析的主要目的是提高审计工作的效率和质量，以便正确地发表审计意见，降低审计风险。

5. 政府部门财务分析的目的

为履行政府职能，政府部门如财政部门、税务部门、统计部门及监管机构等，需要使用企业的会计信息。政府部门进行财务分析的主要目的是更好地了解宏观经济的运行情况和企业的经营活动是否遵守法律法规，以便为其制定相关政策提供决策依据。

3.1.3 财务分析的主要内容

1. 偿债能力分析

偿债能力是指企业偿还到期债务的能力。通过对企业的财务报告等会计资料进行分析，可以了解企业资产的流动性、负债水平及偿还债务的能力，从而评价企业的财务状况和财务风险，为管理者、投资者和债权人提供企业偿债能力的财务信息。

2. 营运能力分析

营运能力是指企业对资产的利用和管理能力。企业的生产经营过程就是利用资产取得收益的过程。资产是企业生产经营活动的经济资源。资产的利用和管理能力直接影响到企业的收益，它体现了企业的经营能力。对营运能力进行分析，可以了解企业资产的保值和增值情况，分析企业资产的利用效率、管理水平、资金周转状况、现金流量情况等，为评价企业的经营管理水平提供依据。

3. 盈利能力分析

获取利润是企业的主要经营目标之一，它也反映了企业的综合素质。企业要生存和发展，必须争取获得较高的利润，这样才能在竞争中立于不败之地。投资者和债权人都十分关心企业的盈利能力，对于盈利能力分析，不能仅看其获取利润的绝对数，还应分析其相对指标。这些都可以通过财务分析来实现。

4. 发展能力分析

无论是企业的管理者还是投资者、债权人，都十分关注企业的发展能力，因为这关系到他们的切身利益。通过对企业发展能力进行分析，可以判断企业的发展潜力，预测企业的经营前景，从而为企业管理者和投资者进行经营决策和投资决策提供重要依据，避免决策失误带来的重大经济损失。

5. 财务综合能力分析

财务综合能力分析将时间发展因素考虑在内。对于任一企业，不仅要利用其单期财务报表全面分析和评价企业各方面的财务状况，对企业风险、收益、成本和现金流量等进行分析和诊断，而且要利用连续若干期的会计信息和财务指标进行分析，了解企业动态的经营活动和财务活动存在的问题，判断企业未来的发展趋势，从而提高企业财务管理水平，改善经营业绩，同时为企业的各方利益相关者决策提供依据。

3.1.4　财务分析的方法

财务分析的方法主要包括比率分析法和比较分析法。

1. 比率分析法

比率分析法是将企业同一时期的财务报表中的相关项目进行对比，得出一系列财务比率，以此来揭示企业财务状况的分析方法。财务比率主要包括构成比率、效率比率和相关比率三大类。

① 构成比率又称结构比率，是反映某项经济指标的各个组成部分与总体之间关系的财务比率，如流动资产与资产总额的比率、流动负债与负债总额的比率等。利用构成比率，可以考察总体中某个部分的形成和安排是否合理，以便协调各项财务活动。

② 效率比率，是反映某项经济活动投入与产出之间关系的财务比率，如资产报酬率、销售净利率等。利用效率比率可以考察经济活动的经济效益，揭示企业的盈利能力。

③ 相关比率，是反映经济活动中某两个或两个以上相关项目比值的财务比率，如流动比率、速动比率等。利用相关比率可以考察各项经济活动之间的相互关系，从而揭示企业的财务状况。

2. 比较分析法

比较分析法是将同一企业不同时期的财务状况或不同企业之间的财务状况进行比较，从而揭示企业财务状况中存在的差异的分析方法。

比较分析法按比较对象可分为：

① 与本企业历史比，即不同时期（3～10 年）的指标相比，也称“趋势分析”。

② 与同类企业比，即与行业平均数或竞争对手比较，也称“横向比较”。

③ 将计划、预算实际执行结果与计划指标比较，也称“预算差异分析”。

3.1.5　财务分析的程序

无论是企业的管理者，还是投资者、债权人，在做出财务评价和经济决策时，都必须进行充分的财务分析。为了保证财务分析的有效进行，必须遵循科学的程序。财务分析的程序一般包括以下几个步骤。

1. 确定财务分析的范围，收集有关的经济资料

财务分析的范围取决于财务分析的目的，它可以是企业经营活动的某一方面，也可以是企业经营活动的全过程。如债权人可能只关心企业偿还债务的能力，不必对企业经营活动的全过程进行分析，而企业的经营管理者则需进行全面的财务分析。财务分析的范围决定了所要收集的经济资料的数量，分析范围小，所需资料也少；全面的财务分析，则需要收集企业各方面的经济资料。

2. 选择适当的分析方法,确定分析指标

财务分析的目的和范围不同,所选用的分析方法和指标也不同。常用的财务分析方法有比率分析法、比较分析法等,这些方法各有特点,在进行财务分析时可以单独使用,也可以结合使用。局部的财务分析可以只选择其中的某一种方法,全面的财务分析则应该综合运用各种方法,以便进行对比,做出客观和全面的财务评价。选择分析方法之后,就要确定分析指标。分析指标是根据财务分析的目的确定的,不同的分析目的所使用的分析指标也不同,如分析偿债能力应当采用流动比率、资产负债率等指标。

3. 进行因素分析,抓住主要矛盾

通过财务分析,可以找出影响企业经营活动和财务状况的各种因素。在诸多因素中,有的是有利因素,有的是不利因素;有的是外部因素,有的是内部因素。在进行因素分析时,必须抓住主要矛盾,即影响企业生产经营活动和财务状况的主要因素,然后才能有的放矢,提出相应的办法,做出正确的决策。

4. 为做出经济决策提供各种建议

财务分析的最终目的是为经济决策提供依据。通过比较与分析,就可以提出各种方案,然后权衡各种方案的利弊与得失,从中选出最佳方案,做出经济决策。这个过程也是一个信息反馈的过程,决策者可以通过财务分析总结经验,吸取教训,以改进工作。

3.1.6 财务分析的基础

财务分析以企业的会计核算资料为基础,通过对会计所提供的核算资料进行加工整理,得出一系列科学的、系统的财务指标,以便进行比较、分析和评价。这些会计核算资料包括日常核算资料和财务报告,但财务分析主要以财务报告为基础,日常核算资料只作为财务分析的一种补充资料。企业的财务报告主要包括资产负债表、利润表、现金流量表、所有者权益(或股东权益)变动表、财务报表附注及其他反映企业重要事项的文字说明。这些财务报表及附注集中、概括地反映了企业的财务状况、经营成果和现金流量情况等财务信息,对其进行财务分析,可以更加系统地揭示企业的偿债能力、营运能力、盈利能力、发展能力等财务状况。下面主要介绍一般企业的三张基本财务报表:资产负债表、利润表和现金流量表。

1. 资产负债表

资产负债表反映企业在某一特定日期的财务状况。它以“资产＝负债＋所有者权益”这一会计等式为依据,按照一定的分类标准和次序,反映企业在某一个时点资产、负债及所有者权益的基本状况。表 3-1 为长航公司 2019 年度的资产负债表。

表 3-1　长航公司资产负债表

2019 年 12 月 31 日　　　　　　金额单位:万元

资产	年末金额	年初金额	负债和股东权益	年末金额	年初金额
流动资产:			流动负债:		
货币资金	980	707	短期借款	820	800
交易性金融资产	160	60	交易性金融负债		
衍生金融资产			衍生金融负债		
应收票据及应收账款	1 330	1 300	应付票据及应付账款	850	628
预付款项	28	28	预收款项	10	40
其他应收款	8	39	合同负债		
存货	1 300	1 160	应付职工薪酬	2	1
合同资产			应交税费	100	80
持有待售资产			其他应付款	38	84
一年内到期的非流动资产	60	40	持有待售负债		
其他流动资产			一年内到期的非流动负债	114	160
流动资产合计	3 866	3 334	其他流动负债		
非流动资产:			流动负债合计	1 934	1 793
债权投资	100	90	非流动负债:		
其他债权投资			长期借款	800	1 000
长期应收款	20	30	应付债券	840	640
长期股权投资	180	60	长期应付款	400	200
其他权益工具投资			预计负债	100	8
其他非流动金融资产			递延所得税负债		
投资性房地产	60	40	其他非流动负债		
固定资产	4 300	3 600	非流动负债合计	2 140	1 848
在建工程	300	282	负债合计	4 074	3 641
生产性生物资产		18	股东权益:		
油气资产			股本	3 000	3 000
无形资产	64	40	其他权益工具		
开发支出			资本公积	480	260
商誉			减:库存股		
长期待摊费用	18	20	其他综合收益		
递延所得税资产			盈余公积	918	440
其他非流动资产			未分配利润	436	173
非流动资产合计	5 042	4 180	股东权益合计	4 834	3 873
资产总计	8 908	7 514	负债和股东权益总计	8 908	7 514

资产负债表是进行财务分析的一张重要财务报表，它提供了企业的资产结构、资产流动性、资金来源状况、负债水平及负债结构等财务信息。使用者通过对资产负债表的分析，可以了解企业的偿债能力、资金营运能力等财务状况，为债权人、投资者及企业管理者提供决策依据。

2. 利润表

利润表也称损益表，是反映企业在一定期间生产经营成果的财务报表。利润表以"利润＝收入－费用"这一会计等式为依据编制而成。通过利润表可以考核企业利润计划的完成情况，分析企业的盈利能力及利润增减变化的原因，预测企业利润的发展趋势，为投资者及企业管理者等的决策提供有用的财务信息。在利润表中，通常按照利润的构成项目来分别列示。表 3-2 为长航公司 2019 年度的利润表。

表 3-2 长航公司利润表

2019 年度　　金额单位:万元

项　目	本年金额	上年金额
一、营业收入	18 742	16 514
减:营业成本	8 380	7 420
税金及附加	1 352	1 124
销售费用	2 740	2 510
管理费用	2 100	1 624
财务费用	650	600
资产减值损失		
信用减值损失		
加:其他收益		
投资收益	126	136
净敞口套期收益		
公允价值变动收益		
资产处置收益		
二、营业利润	3 646	3 372
加:营业外收入	17	19
减:营业外支出	31	40
三、利润总额	3 632	3 351
减:所得税费用	1 102	1 016
四、净利润	2 530	2 335
(一) 持续经营净利润	2 530	2 335
(二) 终止经营净利润		

续表

项 目	本年金额	上年金额
五、其他综合收益的税后净额		
(一) 不能重分类进损益的其他综合收益		
(二) 能重分类进损益的其他综合收益		
六、综合收益总额	2 530	2 335
七、每股收益:		
(一) 基本每股收益/(元/股)	0.63	0.58
(二) 稀释每股收益/(元/股)	0.63	0.58

企业的收入主要包括营业收入、公允价值变动收益、投资收益、资产处置收益、其他收益及营业外收入,费用支出主要包括营业成本、销售费用、管理费用、财务费用、税金及附加、资产减值损失及营业外支出等。总收入减去总费用就是利润总额。企业的利润因收入与费用的不同配比,可以分为三个层次:营业利润、利润总额(税前利润)和净利润。营业利润是营业收入减去营业成本,再扣除税金及附加、销售费用、管理费用、财务费用、资产减值损失,加上公允价值变动收益和投资净收益等得到的利润,营业利润主要反映企业的经营所得;营业利润加上营业外收支净额后就是利润总额,是计算所得税的基础;利润总额扣除所得税费用后的余额就是企业的净利润,这是企业股东可以得到的收益。

3. 现金流量表

现金流量表是以现金及现金等价物为基础编制的财务状况变动表,是企业对外报送的一张重要财务报表。它为财务报表使用者提供企业一定会计期间现金和现金等价物流入和流出的信息,以便报表使用者了解和评价企业获取现金和现金等价物的能力,并据以预测企业未来现金流量。表 3-3 为长航公司 2019 年度的现金流量表。

表 3-3 长航公司现金流量表

2019 年度　　　　金额单位:万元

项 目	本年金额	上年金额(略)
一、经营活动产生的现金流量:		
销售商品、提供劳务收到的现金	20 900	
收到的税费返还	900	
收到其他与经营活动有关的现金	600	
经营活动现金流入小计	22 400	
购买商品、接受劳务支付的现金	13 260	
支付给职工及为职工支付的现金	516	
支付的各项税费	5 100	
支付其他与经营活动有关的现金	930	

续表

项目	本年金额	上年金额(略)
经营活动现金流出小计	19 806	
经营活动产生的现金流量净额	2 594	
二、投资活动产生的现金流量:		
收回投资收到的现金	210	
取得投资收益收到的现金	130	
处置固定资产、无形资产和其他长期资产收回的现金净额	10	
处置子公司及其他营业单位收到的现金净额	10	
收到其他与投资活动有关的现金	12	
投资活动现金流入小计	372	
购建固定资产、无形资产和其他长期资产支付的现金	1 720	
投资支付的现金	160	
取得子公司及其他营业单位支付的现金净额	20	
支付其他与投资活动有关的现金	10	
投资活动现金流出小计	1 910	
投资活动产生的现金流量净额	−1 538	
三、筹资活动产生的现金流量:		
吸收投资收到的现金		
取得借款收到的现金	730	
收到其他与筹资活动有关的现金		
筹资活动现金流入小计	730	
偿还债务支付的现金	685	
分配股利、利润或偿付利息支付的现金	700	
支付其他与筹资活动有关的现金	28	
筹资活动现金流出小计	1 413	
筹资活动产生的现金流量净额	−683	
四、汇率变动对现金及现金等价物的影响		
五、现金及现金等价物净增加额	373	
加:期初现金及现金等价物余额	767	
六、期末现金及现金等价物余额	1 140	

现金流量表反映了企业在一定会计期间的现金流量状况,它将企业的现金流量划分为经营活动产生的现金流量、投资活动产生的现金流量和筹资活动产生的现金流量三类,按照收付实现制原则编制而成,将权责发生制下的盈利信息调整为收付实现制下的

现金流量信息。为了正确地分析现金流量表，必须明确现金流量表中的几个重要概念，即现金、现金等价物和现金流量。

① 现金。现金流量表中的现金是指企业的库存现金及可以随时用于支付的存款，包括库存现金、银行存款和其他货币资金。但是，银行存款和其他货币资金中不能随时用于支付的存款不属于现金，如不能随时支取的定期存款等。

② 现金等价物。现金等价物是指企业持有的期限短、流动性强、易于转换为已知金额现金、价值变动风险很小的投资。现金等价物虽然不是现金，但其支付能力与现金的差别不大，可以视为现金。一项投资被确认为现金等价物必须同时具备四个条件：期限短、流动性强、易于转换为已知金额现金、价值变动风险很小。其中，期限短一般是指从购买日起 3 个月内到期。现金等价物通常包括 3 个月内到期的债券投资等，股权投资变现的金额通常不确定，因而不属于现金等价物。

③ 现金流量。现金流量是企业一定时期内现金和现金等价物的流入和流出的数量，主要包括经营活动产生的现金流量、投资活动产生的现金流量和筹资活动产生的现金流量三类。经营活动是指企业投资活动和筹资活动以外的所有交易和事项，如销售商品、提供劳务、购买商品、接受劳务、支付税款等。投资活动是指企业长期资产的购建和不包括现金等价物范围内的投资及其处置活动，如购建或处置固定资产、对外长期投资或收回投资等。筹资活动是指导致企业资本及债务规模和结构发生变化的活动，如向银行借款或还款、发行债券、发行股票、支付利息或股利等。

3.2　财务比率分析

财务报表中有大量数据，可以组成涉及企业活动各个方面的许多财务比率。

3.2.1　偿债能力分析

偿债能力是指企业偿还各种到期债务的能力。偿债能力分析是企业财务分析的一个重要方面，通过这种分析可以揭示企业的财务风险。企业管理者、债权人及股权投资者都十分重视企业的偿债能力分析。偿债能力分析主要分为短期偿债能力分析和长期偿债能力分析。

1. 短期偿债能力分析

短期偿债能力是指企业偿付流动负债的能力。流动负债是指将在 1 年内或超过 1 年的一个营业周期内需要偿付的债务。这部分负债对企业的财务风险影响较大，如果不能及时偿还，就可能使企业陷入财务困境，面临破产倒闭的危险。在资产负债表中，流动负债与流动资产形成一种对应关系。一般来说，流动负债需要以现金直接偿还，而流动资产是指在 1 年内或超过 1 年的一个营业周期内可变现的资产，因而流动资产就成为偿还流动负债的一个安全保障。因此，可以通过分析流动负债与流动资产之间的关系来判断企业短期偿债能力。通常，评价短期偿债能力的财务比率主要有流动比率、速动比率、现金比率和现金流量比率等。

(1) 流动比率

流动比率是企业流动资产与流动负债的比值。其计算公式为

$$流动比率=流动资产\div流动负债$$

流动资产主要包括货币资金、交易性金融资产、应收及预付款项、存货和1年内到期的非流动资产等，一般用资产负债表中的期末流动资产总额表示；流动负债主要包括短期借款、交易性金融负债、应付及预收款项、各种应交税费、1年内到期的非流动负债等，通常也用资产负债表中的期末流动负债总额表示。根据表3-1长航公司流动资产和流动负债的年末数，该公司2019年末的流动比率为

$$流动比率=3\ 866\div1\ 934=1.999$$

这表明长航公司每有1元的流动负债，就有近2元的流动资产作为安全保障。流动比率是衡量企业短期偿债能力的一个重要财务指标，这个比率越高，说明企业偿还流动负债的能力越强，流动负债得到偿还的保障越大。但是，过高的流动比率也并非是好现象，流动比率过高，也许是因为企业滞留在流动资产上的资金过多，资金未能有效地加以利用，可能会影响企业的盈利能力。

根据发达国家的经验，流动比率在2左右比较合适，长航公司的流动比率约等于2，属于正常范围。实际上，对流动比率的分析应该结合不同的行业特点、流动资产结构及各项流动资产的实际变现能力等因素。有的行业流动比率较高，有的行业较低，不可一概而论。营业周期越短的行业，合理的流动比率越低。在过去很长一段时期里，人们认为生产型企业合理的最低流动比率是2。这是因为流动资产中变现能力最差的存货金额约占流动资产总额的一半，剩下的流动性较好的流动资产至少要等于流动负债，才能保证企业最低的短期偿债能力。但这种认识一直未能从理论上得到证明。最近几十年，企业的经营方式和金融环境发生了很大变化，流动比率有下降的趋势，许多成功的企业其流动比率都低于2。

因此，单凭这种经验判断并不可靠，有时企业流动比率较高，但其短期偿债能力未必很强，流动比率高可能是存货积压或滞销的结果，并且企业也很容易伪造这个比率，以掩饰其偿债能力的不足。如果年终时故意将借款还清，下年初再借入，就可以人为地提高期末流动比率。假设某一公司拥有流动资产20万元、流动负债10万元，则其流动比率为2。如果该公司在年终编制财务报表时，故意还清5万元短期借款，待下年初再借入，则该公司的流动资产就变成了15万元，流动负债变成了5万元，流动比率为3。这样就提高了期末流动比率，粉饰了短期偿债能力。因此，利用流动比率来评价企业短期偿债能力存在一定的局限性。

流动比率有某些局限，在使用时应注意：流动比率假设全部流动资产都可以变为现金并用于偿债，且全部流动负债都需要还清。实际上，有些流动资产的账面金额与变现金额有较大差异，如产成品等；经营性流动资产是企业持续经营所必需的，不能全部用于

偿债；经营性应付项目可以滚动存续，无需动用现金全部结清。因此，流动比率是对短期偿债能力的粗略估计。

(2) 速动比率

从前面的分析可知，流动比率在评价企业短期偿债能力时，存在一定的局限性。如果流动比率较高，但流动资产的流动性较差，则企业的短期偿债能力仍然不强。在流动资产中，交易性金融资产、应收票据、应收账款的变现能力均比存货强，存货需经过销售才能转变为现金，如果存货滞销，则其变现就成问题，所以存货是流动资产中流动性相对较差的资产。一般来说，流动资产扣除存货后的资产称为速动资产，主要包括货币资金、交易性金融资产、应收票据、应收账款等。速动资产与流动负债的比值称为速动比率，也称酸性测试比率。其计算公式为

速动比率＝速动资产÷流动负债＝(流动资产－存货)÷流动负债

通过速动比率来判断企业短期偿债能力，相对于流动比率而言精确度提高了，因为它撇开了变现能力较差的存货。速动比率越高，说明企业的短期偿债能力越强。根据表 3-1 中的有关数据，长航公司 2019 年末的速动比率为

速动比率＝(3 866－1 300)÷1 934＝1.33

根据发达国家经验，一般认为速动比率为 1 时比较合适。长航公司的速动比率为 1.33，应属于正常范围之内。但在实际分析时，用速动比率分析短期偿债能力如同利用流动比率分析一样，应该根据企业性质和其他因素来综合判断，不可一概而论。例如，大量现销的企业几乎没有应收款项，速动比率低于 1 亦属正常。相反，一些应收款项较多的企业，速动比率可能要大于 1。

通常影响速动比率可信度的重要因素是应收账款的变现能力，如果企业的应收账款中，有较大部分不易收回，可能会成为坏账，那么速动比率就不能真实反映企业的偿债能力。因此，在使用速动比率分析企业短期偿债能力时，应结合应收账款账龄结构进行分析。

需要说明的是，用流动资产扣除存货来计算速动资产只是一种粗略的计算，严格来讲，不仅要扣除存货，还应扣除预付账款、1 年内到期的非流动资产和其他流动资产等变现能力较差的项目。

(3) 现金比率

现金比率是企业的现金类资产与流动负债的比值。现金类资产包括库存现金、随时可用于支付的存款和现金等价物等。其计算公式为

现金比率＝(现金＋现金等价物)÷流动负债

根据表 3-1 长航公司的有关数据(假定该公司的交易性金融资产均为现金等价物)，该公司 2019 年末的现金比率为

现金比率＝(980＋160)÷1 934＝0.59

现金比率可以反映企业的直接偿付能力，因为现金是企业偿还债务的最终手段，如果企业现金缺乏，就可能发生支付困难，面临财务危机。因而，现金比率高，说明企业有

较好的支付能力，对偿付债务是有保障的。但是现金比率过高，可能意味着企业拥有过多盈利能力较低的现金类资产，企业的资产未能得到有效地运用。

(4) 现金流量比率

现金流量比率是企业经营活动产生的现金流量净额与流动负债的比值，其计算公式为

现金流量比率＝经营活动产生的现金流量净额÷流动负债

前面介绍的流动比率、速动比率和现金比率都是反映短期偿债能力的静态指标，揭示了企业的现存资源对偿还到期债务的保障程度。现金流量比率则是从动态角度反映本期经营活动产生的现金流量净额足以偿付流动负债的能力。根据表3-1和表3-3的有关数据，长航公司2019年的现金流量比率为

现金流量比率＝2 594÷1 934＝1.34

需要说明的是，经营活动产生的现金流量是过去一个会计年度的经营结果，而流动负债则是未来一个会计年度需要偿还的债务，二者的会计期间不同。因此，这个指标是建立在以过去一年的现金流量来估计未来一年现金流量的假设基础之上的。使用这一财务比率时，需要考虑未来一个会计年度影响经营活动现金流量变动的因素。

2. 长期偿债能力分析

长期偿债能力是指企业偿还长期负债的能力。对于企业的长期债权人和股东来说，他们不仅关心企业短期偿债能力，更关心企业长期偿债能力。因此，在对企业进行短期偿债能力分析的同时，还需分析企业的长期偿债能力，以便债权人和股东全面了解企业的偿债能力及财务风险。反映企业长期偿债能力的财务比率主要有资产负债率、权益乘数、产权比率、利息保障倍数和现金利息保障倍数等。

(1) 资产负债率

资产负债率是企业负债总额与资产总额的比率，它反映企业的资产总额中有多大比例是通过举债取得的。其计算公式为

资产负债率＝负债总额÷资产总额×100％

资产负债率反映总资产中有多大比例是通过负债取得的。它可以衡量企业清算时对债权人利益的保护程度。资产负债率越低，企业偿债越有保证，贷款越安全。资产负债率还代表企业的举债能力，一个企业的资产负债率越低，举债越容易。如果资产负债率高到一定程度，就无人愿意提供贷款了，这表明企业的举债能力已经用尽。

根据表3-1的有关数据，长航公司2019年末的资产负债率为

资产负债率＝4 074÷8 908×100％＝45.73％

这表明2019年长航公司的资产有45.73％来源于举债，或者说，长航公司每45.73元的债务，就有100元的资产作为偿还债务的保障。

对于资产负债率，企业的债权人、股东和管理者往往从不同的角度来评价。

从债权人的角度来看，他们最关心的是其贷给企业资金的安全性。如果这个比率过高，说明在企业的全部资产中，股东提供的资本所占比重太低，企业的财务风险主要由债

权人负担，其贷款的安全性缺乏可靠的保障，所以，债权人总是希望企业的负债比率低一些。

从企业股东的角度来看，他们关心的主要是投资报酬的高低。企业借入的资金与股东投入的资金在生产经营中可以发挥同样的作用，如果企业负债所支付的利率低于资产报酬率，股东就可以利用举债经营取得更多的投资报酬。因此，股东所关心的往往是全部资产报酬率是否超过了借款的利率。企业股东可以通过举债经营的方式，以有限的资本、付出有限的代价取得对企业的控制权，并且获得举债经营的杠杆利益。因此，在财务分析中，资产负债率也被人们称为财务杠杆比率。

站在企业管理者的立场，他们既要考虑企业的盈利，也要顾及企业所承担的财务风险。资产负债率作为财务杠杆比率，不仅反映了企业的长期财务状况，也反映了企业管理层的进取精神。如果企业不利用举债经营或者负债比率很低，则说明企业管理者比较保守，对前途信心不足，利用债权人资本进行经营活动的能力较差。因此，在确定企业的资产负债率时一定要审时度势，充分考虑企业内部各种因素和企业外部的市场环境，在风险与报酬之间权衡利弊与得失，做出正确的财务决策。

(2) 产权比率和权益乘数

产权比率，也称负债股权比率，是负债总额与股东权益总额的比值。其计算公式为

产权比率＝负债总额÷股东权益总额

产权比率反映了债权人所提供的资金与股东所提供资金的比例关系，可以揭示企业的财务风险及股东权益对债务的保障程度。该比率越低，说明企业长期财务状况越好，债权人贷款的安全性越有保障，企业财务风险越小。根据表 3-1 的有关数据，长航公司 2019 年末的产权比率为

产权比率＝4 074÷4 834＝0.84

权益乘数是资产总额与股东权益总额的比值。权益乘数反映了企业财务杠杆的大小，权益乘数越大，说明股东投入的资本在资产中所占比重越小，财务杠杆越大。其计算公式为

权益乘数＝资产总额÷股东权益总额

根据表 3-1 的有关数据，长航公司 2019 年末的权益乘数为

权益乘数＝8 908÷4 834＝1.84

产权比率和权益乘数还可以用资产负债表中负债和资产的期初、期末数的平均数来计算，即

产权比率＝负债平均余额÷股东权益平均余额

权益乘数＝资产平均余额÷股东权益平均余额

(3) 利息保障倍数和现金利息保障倍数

利息保障倍数也称利息所得倍数或已获利息倍数，是息税前利润与利息费用的比值。其计算公式为

$$利息保障倍数=(税前利润+利息费用)\div 利息费用$$
$$=息税前利润\div 利息费用$$

分子中的“利息费用”是指计入本期利润表中财务费用的利息费用；分母中的“利息费用”是指本期的全部应付利息，不仅包括计入利润表中财务费用的利息费用，还包括计入资产负债表固定资产等成本的资本化利息。

根据表3-2的有关数据，假定长航公司的财务费用都是利息费用，并且固定资产成本中不含资本化利息，则长航公司2019年的利息保障倍数为

$$利息保障倍数=(3\ 632+650)\div 650=6.59$$

利息保障倍数反映了企业的经营所得支付债务利息的能力。如果这个比率太低，说明企业难以保证用经营所得来按时按量支付债务利息，这会引起债权人的担心。一般来说，企业的利息保障倍数至少要大于1，否则就难以偿付债务及利息，若长此以往，会导致企业破产倒闭。

但是，在利用利息保障倍数这一指标时必须注意，因为会计采用权责发生制来核算费用，所以本期的利息费用不一定就是当期的实际利息支出，而本期发生的实际利息支出也并非全部是本期的利息费用；同时，本期的息税前利润也并非本期的经营活动所获得的现金。这样，利用上述指标来衡量经营所得支付债务利息的能力就有一定的片面性，不能清楚地反映实际支付利息的能力。为此，可以进一步用现金利息保障倍数来分析经营所得现金偿付利息支出的能力。其计算公式为

$$现金利息保障倍数=(经营活动产生的现金流量净额+现金利息支出+付现所得税)\div 现金利息支出$$

式中，现金利息支出是指本期用现金支付的利息费用；付现所得税是指本期用现金支付的所得税。

由上式可知，现金利息保障倍数反映了企业一定时期经营活动所取得的现金是现金利息支出的多少倍，更明确地表明了企业用经营活动所取得的现金偿付债务利息的能力。根据表3-2和表3-3的有关数据（假设长航公司财务费用都是现金利息支出，并且所得税费用也都是付现所得税），长航公司2019年的现金利息保障倍数为

$$现金利息保障倍数=(2\ 594+650+1\ 102)\div 650=6.69$$

至于以上两个财务比率究竟是多少时才能说明企业偿付利息的能力强，并没有一个确定的标准，通常要根据历年的经验和行业特点来判断。

(4) 现金流量与负债比率

现金流量与负债比率，是指经营活动现金流量净额与负债总额的比率。其计算公式为

$$现金流量与负债比率=经营活动产生的现金流量净额\div 负债总额\times 100\%$$

根据表3-1和表3-3的有关数据，长航公司2019年的现金流量与负债比率为

$$现金流量与负债比率=2\ 594\div 4\ 074\times 100\%=63.67\%$$

一般来讲，该比率中的负债总额采用期末数而非平均数，因为实际需要偿还的是期

末金额，而非平均金额。

该比率表明企业用经营活动产生的现金流量净额偿付全部债务的能力，比率越高，企业偿还负债总额的能力越强。

3. 影响企业偿债能力的其他因素

上述各偿债能力指标，都是根据财务报表数据计算而得。但是，在分析企业偿债能力时，除了使用上述指标以外，还应考虑到其他表外因素对企业偿债能力的影响，这些因素既可影响企业的短期偿债能力，也可影响企业的长期偿债能力。影响企业偿债能力的其他因素有：

① 或有负债。或有负债是企业过去的交易或者事项形成的潜在义务，其存在须通过未来不确定事项的发生与否予以证实。或有负债可能会转化为企业的债务，也可能不会转化为企业的债务，因此，其结果具有不确定性。例如，已贴现未到期的商业承兑汇票、销售的产品可能会发生的质量事故赔偿、诉讼案件和经济纠纷可能败诉导致需赔偿的金额等。这些或有负债在资产负债表编制日还不能确定未来的结果如何，不能作为负债在资产负债表的负债类项目中进行反映。但是，或有负债在将来一旦转化为企业现实的负债，就会对企业的财务状况产生影响，尤其是金额巨大的或有负债项目会增加企业的财务风险，影响企业的偿债能力。因此，在进行偿债能力分析时不能不考虑这一影响因素。

② 担保责任。在经济活动中，企业可能会发生以本企业的资产为其他企业的债务提供法律担保的情况，如为其他企业的银行借款提供担保、为其他企业履行有关经济合同提供法律担保等。如果被担保人不履行合同，这种担保责任就有可能成为企业的负债，增加企业的财务风险。但是，这种担保责任在财务报表中并未得到反映，因此，在进行财务分析时，必须考虑企业是否有巨额的法律担保责任。

③ 可用的银行授信额度。可用的银行授信额度是指银行授予企业的贷款指标，该项授信额度已经得到银行批准，但企业尚未办理贷款手续。对于这种授信额度，企业可以随时使用，从而能够方便、快捷地取得银行借款，提高企业的偿付能力，缓解财务困难。

3.2.2 营运能力分析

营运能力反映了企业的资金周转状况，对此进行分析，可以了解企业的营业状况及经营管理水平。若资金周转状况好，则说明企业的经营管理水平高，资金利用效率高。企业的资金周转状况与供产销各个经营环节密切相关，任何一个环节出现问题，都会影响企业资金的正常周转。资金只有顺利通过各个经营环节，才能完成一次循环。在供产销各环节中，销售有着特殊的意义。因为产品只有销售出去，才能实现其价值，收回最初投入的资金，顺利完成一次资金周转。因此，可以通过产品销售情况与企业资金占用量来分析企业的资金周转状况，评价企业的营运能力。评价企业营运能力常用的财务比率有应收账款周转率、存货周转率、流动资产周转率、固定资产周转率、总资产周转率等。

1. 应收账款周转率

应收账款周转率[①]是企业一定时期赊销收入净额与应收账款平均余额的比率。应收账款周转率是评价应收账款流动性大小的一个重要财务比率，它反映了应收账款在一个会计年度内的周转次数，可以用来分析应收账款的变现速度和管理效率。该比率越高，说明应收账款的周转速度越快、流动性越强。其计算公式为

应收账款周转率＝赊销收入净额÷应收账款平均余额

应收账款平均余额＝(期初应收账款＋期末应收账款)÷2

前式中的赊销收入净额是指销售收入净额扣除现销收入之后的余额；销售收入净额是指销售收入扣除了销售退回、销售折扣及折让后的余额。在利润表中，营业收入就是销售收入。假设长航公司的营业收入全部为赊销收入净额，根据表3-1和表3-2的有关数据，长航公司2019年的应收账款周转率为

应收账款平均余额＝(1 300＋1 330)÷2＝1 315(万元)

应收账款周转率＝18 742÷1 315＝14.25(次)

在市场经济条件下，由于商业信用的普遍应用，应收账款成为企业一项重要的流动资产，应收账款的变现能力直接影响企业资产的流动性。应收账款周转率越高，说明企业收回应收账款的速度越快，坏账损失率降低，资产的流动性提高，企业的短期偿债能力也会得到增强，这在一定程度上可以弥补流动比率低的不利影响。如果企业的应收账款周转率过低，则说明企业收回应收账款的效率低，或者信用政策过于宽松，这样的情况会导致应收账款占用资金数量过多，影响企业资金利用率和资金的正常周转。应收账款周转率过高，也可能是因为企业奉行了比较严格的信用政策，制定的信用标准和信用条件过于苛刻。这样会限制企业销售量的扩大，从而影响企业的盈利水平，这种情况往往表现为存货周转率同时偏低。

用应收账款周转率来反映应收账款的周转情况是比较常见的，如上面计算的长航公司应收账款周转率为14.25次，表明该公司一年内应收账款周转次数为14.25次。也可以用应收账款周转天数来反映应收账款的周转情况。其计算公式为

应收账款周转天数＝365÷应收账款周转率

＝(应收账款平均余额×365)÷赊销收入净额

应收账款周转天数，也称为应收账款平均收账期，表示应收账款周转一次所需的天数。周转天数越短，说明企业的应收账款周转速度越快。根据长航公司的应收账款周转率，计算出的应收账款周转天数为

应收账款周转天数＝365÷14.25＝25.61(天)

长航公司的应收账款平均收账期为25.61天，说明长航公司从赊销产品到收回应收账款的平均天数为25.61天。应收账款平均收账期与应收账款周转率呈反比例变动，对该项指标的分析是企业制定信用政策的一个重要依据。

---

① 此处应收账款实为“应收票据及应收账款”，为顺应习惯称法，此处将其简称为“应收账款”，相关比率亦按此称谓。下同。

2. 存货周转率

存货周转率是企业一定时期的营业成本与存货平均余额的比率。其计算公式为

存货周转率＝营业成本÷存货平均余额

存货平均余额＝(期初存货余额＋期末存货余额)÷2

根据表 3-1 和表 3-2 的有关数据，长航公司 2019 年的存货周转率为

存货平均余额＝(1 160＋1 300)÷2＝1 230(万元)

存货周转率＝8 380÷1 230＝6.81(次)

存货周转率说明了一定时期内企业存货周转的次数，可以反映企业存货的变现速度，衡量企业的销售能力及存货是否过量。存货周转率反映了企业的销售效率和存货使用效率。在正常经营情况下，存货周转率越高，说明存货周转速度越快，企业的销售能力越强，营运资本占用在存货上的金额越少，表明企业的资产流动性较好，资金利用效率较高；反之，存货周转率过低，常常表明企业库存管理不利，销售状况不好，造成存货积压，进而说明企业在产品销售方面存在一定的问题，应当采取积极的销售策略，加快存货的周转速度。但是，有时企业出于特殊的原因会增大存货储备量，如在通货膨胀比较严重的情况下，企业为了降低存货采购成本，可能会提高存货储备量，这种情况导致的存货周转率降低是一种正常现象。一般来说，存货周转率越高越好，但存货周转率过高，也可能说明企业存货管理方面存在一些问题，如存货水平太低，甚至经常缺货，或者采购次数过于频繁，批量太小等。因此，对存货周转率应当结合企业的实际情况，具体问题具体分析。

存货周转状况也可以用存货周转天数来表示。其计算公式为

存货周转天数＝365÷存货周转率＝(存货平均余额×365)÷营业成本

存货周转天数表示存货周转一次所需要的时间，存货周转天数越少，说明存货周转得越快。长航公司存货周转率为 6.81 次，表明一年存货周转 6.81 次，因此，存货周转天数为

存货周转天数＝365÷6.81＝53.60(天)

3. 流动资产周转率

流动资产周转率是营业收入与流动资产平均余额的比率，它反映了企业全部流动资产的利用效率。其计算公式为

流动资产周转率＝营业收入÷流动资产平均余额

流动资产平均余额＝(期初流动资产余额＋期末流动资产余额)÷2

流动资产周转天数＝365÷流动资产周转率

流动资产周转率表明在一个会计年度内企业流动资产周转的次数，它反映了流动资产周转的速度。该指标越高，说明企业流动资产的利用效率越高。流动资产周转天数表明流动资产周转一次需要的时间，也就是流动资产转换成现金平均需要的时间。流动资产周转天数越少，说明企业流动资产的利用效率越高。根据表 3-1 和表 3-2 的有关数

据，长航公司 2019 年的流动资产周转率为

流动资产平均余额＝(3 334＋3 866)÷2＝3 600(万元)

流动资产周转率＝18 742÷3 600＝5.21(次)

流动资产周转天数＝365÷5.21＝70.06(天)

流动资产周转率是分析流动资产周转情况的一个综合指标，流动资产周转得快，可以节约流动资金，提高资金的利用效率。但是，究竟流动资产周转率为多少才算好，并没有一个确定的标准。通常分析流动资产周转率应比较企业历年的数据并结合行业特点。

4. 非流动资产周转率

非流动资产周转率是营业收入与非流动资产平均余额的比率。其计算公式为

非流动资产周转率＝营业收入÷非流动资产平均余额

非流动资产平均余额＝(期初非流动资产余额＋期末非流动资产余额)÷2

非流动资产周转天数＝365÷非流动资产周转率

非流动资产周转率，表明 1 年中非流动资产周转的次数，或者说，每 1 元非流动资产支持的营业收入。非流动资产周转天数表明非流动资产周转一次需要的时间，也就是非流动资产转换成现金平均需要的时间。非流动资产周转率反映非流动资产的管理效率，主要用于投资预算和项目管理分析，以确定投资与竞争战略是否一致，收购和剥离政策是否合理等。

长航公司 2019 年上述三个指标分别为

非流动资产平均余额＝(4 180＋5 042)÷2＝4 611(万元)

非流动资产周转次数＝18 742÷4 611＝4.06(次)

非流动资产周转天数＝365÷4.06＝89.90(天)

5. 总资产周转率

总资产周转率也称总资产利用率，是企业营业收入与资产平均余额的比率。其计算公式为

总资产周转率＝营业收入÷资产平均余额

资产平均余额＝(期初资产余额＋期末资产余额)÷2

总资产周转天数＝365÷总资产周转次数

总资产周转率可用来分析企业全部资产的使用效率。如果这个比率较低，说明企业利用其资产进行经营的效率较差，会影响企业的盈利能力，企业应该采取措施增加销售收入或处置资产，以提高总资产利用率。根据表 3-1 和表 3-2 的有关数据，长航公司 2019 年的总资产周转率为

资产平均余额＝(7 514＋8 908)÷2＝8 211(万元)

总资产周转率＝18 742÷8 211＝2.28(次)

总资产周转天数＝365÷2.28＝160.09(天)

3.2.3 盈利能力分析

盈利能力是指企业获取利润的能力。盈利是企业的重要经营目标，是企业生存和发

展的物质基础，它不仅关系企业所有者的投资报酬，也是企业偿还债务的一个重要保障。因此，企业的债权人、所有者及管理者都十分关心企业的盈利能力。盈利能力分析是企业财务分析的重要组成部分，也是评价企业经营管理水平的重要依据。企业的各项经营活动都会影响盈利，如营业活动、对外投资活动、营业外收支活动等都会引起企业利润的变化。但是，在对企业盈利能力进行分析时，一般只分析企业正常经营活动的盈利能力，不涉及非正常的经营活动。这是因为一些非正常的、特殊的经营活动虽然也会给企业带来收益，但它不是经常的和持续的，因此，不能将其作为企业的一种持续性的盈利能力加以评价。

评价企业盈利能力的财务比率主要有资产报酬率、股东权益报酬率、销售毛利率、销售净利率、成本费用净利率等。对于股份有限公司，还应分析每股利润、每股现金流量、市盈率等。

1. 销售毛利率与销售净利率

① 销售毛利率。销售毛利率也称毛利率，是企业的销售毛利与营业收入的比率。其计算公式为

$$销售毛利率=(销售毛利\div营业收入)\times100\%$$
$$=(营业收入-营业成本)\div营业收入\times100\%$$

销售毛利率反映了企业的营业成本与营业收入的比例关系，销售毛利率越大，说明在营业收入中营业成本所占比重越小，企业通过销售获取利润的能力越强。根据表 3-2 的有关数据，长航公司 2019 年的销售毛利率为

$$销售毛利率=(18\ 742-8\ 380)\div18\ 742\times100\%=55.29\%$$

长航公司 2019 年的销售毛利率为 55.29%，说明每 100 元的营业收入可以为公司创造 55.29 元的毛利。

② 销售净利率。销售净利率是企业净利润与营业收入的比率。其计算公式为

$$销售净利率=净利润\div营业收入\times100\%$$

销售净利率反映了企业净利润占营业收入的比例，它可以评价企业通过销售赚取利润的能力。销售净利率表明企业每 100 元营业收入可实现的净利润是多少。该比率越高，说明企业通过扩大销售获取报酬的能力越强。根据表 3-2 的有关数据，长航公司 2019 年的销售净利率为

$$销售净利率=2\ 530\div18\ 742\times100\%=13.50\%$$

长航公司的销售净利率为 13.50%，说明每 100 元的营业收入可为公司创造 13.50 元的净利润。评价企业的销售净利率时，应比较企业历年的指标，从而判断企业销售净利率的变化趋势。但是，销售净利率受行业特点影响较大，因此，还应该结合不同行业的具体情况进行分析。

2. 资产报酬率

资产报酬率也称资产收益率，是企业在一定时期内的利润额与资产平均余额的比率。资产报酬率主要用来衡量企业利用资产获取利润的能力。在实践中，根据财务分析

的目的不同，利润额可以分为息税前利润和净利润。按照所采用的利润额不同，资产报酬率可分为资产息税前利润率和资产净利率。

① 资产息税前利润率，是指企业一定时期的息税前利润与资产平均余额的比率。其计算公式为

资产息税前利润率＝息税前利润÷资产平均余额×100％

息税前利润是企业支付债务利息和所得税之前的利润总额。企业所实现的息税前利润首先要用于支付债务利息，然后才能缴纳所得税和向股东分配利润。因此，息税前利润可以看作企业为债权人、政府和股东所创造的收益。资产息税前利润率不受企业资本结构变化的影响，它通常用来评价企业利用全部经济资源获取报酬的能力，反映了企业利用全部资产进行经营活动的效率。

② 资产净利率，是指企业一定时期的净利润与资产平均余额的比率。其计算公式为

资产净利率＝净利润÷资产平均余额×100％

净利润是企业股东获得的剩余收益，企业的经营活动、投资活动、筹资活动及国家税收政策的变化都会影响净利润。因此，资产净利率通常用于评价企业对股权投资的回报能力。股东分析企业资产报酬率时通常采用资产净利率。根据表3-1和表3-2的有关数据，长航公司2019年的资产净利率为

资产平均余额＝(7 514＋8 908)÷2＝8 211(万元)

资产净利率＝2 530÷8 211×100％＝30.81％

长航公司的资产净利率为30.81％，说明长航公司每100元的资产可以为股东赚取30.81元的净利润。这一比率越高，说明企业的盈利能力越强。

资产净利率可以进行如下分解：

资产净利率＝(净利润÷营业收入)×(营业收入÷资产平均余额)

＝销售净利率×资产周转率

由上式可知，资产净利率主要取决于资产周转率与销售净利率两个因素。企业的销售净利率越大，资产周转速度越快，资产净利率越高。因此，提高资产净利率可以从两个方面入手：一方面加强资产管理，提高资产利用率；另一方面加强营销管理，增加销售收入，节约成本费用，提高利润水平。

3. 股东权益报酬率

股东权益报酬率也称净资产收益率或权益净利率，是企业一定时期的净利润与股东权益平均余额的比率。其计算公式为

股东权益报酬率＝净利润÷股东权益平均余额×100％

股东权益平均余额＝(期初股东权益余额＋期末股东权益余额)÷2

股东权益报酬率是评价企业盈利能力的一个重要财务比率，它反映了企业股东获取投资报酬的高低。该比率越高，说明企业的盈利能力越强。根据表3-1和表3-2的有关数据，长航公司2019年的股东权益报酬率为

股东权益平均余额＝(3 873＋4 834)÷2＝4 353.50(万元)

股东权益报酬率＝2 530÷4 353.50×100％＝58.11％

长航公司的股东权益报酬率为 58.11％，表明股东每投入 100 元资本，可以获得 58.11 元的净利润。

股东权益报酬率可以进行如下分解：

股东权益报酬率＝资产净利率×平均权益乘数

由上式可知，股东权益报酬率取决于企业的资产净利率和权益乘数两个因素。因此，提高股东权益报酬率可以有两种途径：一是在财务杠杆不变的情况下，通过增收节支，提高资产利用效率以提高资产净利率，从而提高股东权益报酬率；二是在资产利润率大于负债利息率的情况下，通过增大权益乘数，即提高财务杠杆，来提高股东权益报酬率。但是，第一种途径不会增加企业的财务风险，第二种途径则会导致企业的财务风险增大。企业在内外部环境向好的情况下，可以充分利用财务杠杆效应，从而获取更高的权益净利率。

资产净利率是企业盈利能力的关键。虽然股东权益报酬率由资产净利率和财务杠杆共同决定，但提高财务杠杆会同时增加企业风险，往往并不增加企业价值。此外，财务杠杆的提高有诸多限制，企业经常处于财务杠杆不可能再提高的临界状态。因此，提高权益净利率的基本动力是资产净利率。

4. 成本费用净利率

成本费用净利率是企业净利润与成本费用总额的比率。它反映企业生产经营过程中发生的耗费与获得的报酬之间的关系。其计算公式为

成本费用净利率＝净利润÷成本费用总额×100％

式中，成本费用总额是企业为了取得利润而付出的代价，主要包括营业成本、税金及附加、销售费用、管理费用、财务费用和所得税费用等。成本费用净利率越高，说明企业为获取报酬付出的代价越小，企业的盈利能力越强。因此，通过这个比率不仅可以评价企业盈利能力的高低，还可以评价企业对成本费用的控制能力和经营管理水平。根据表 3-2 的有关数据，长航公司 2019 年的成本费用总额为 16 324 万元（8 380＋1 352＋2 740＋2 100＋650＋1 102），则长航公司 2019 年的成本费用净利率为

成本费用净利率＝2 530÷16 324×100％＝15.50％

长航公司的成本费用净利率为 15.50％，说明该公司每耗费 100 元，可以获取 15.50 元的净利润。

5. 每股利润与每股现金流量

① 每股利润。每股利润也称每股收益或每股盈余，是公司普通股每股所获得的净利润，它是股份公司税后利润分析的一个重要指标。每股利润等于净利润扣除优先股股利后的余额，再除以发行在外的普通股平均股数。其计算公式为

每股利润＝(净利润－优先股股利)÷发行在外的普通股平均股数

每股利润是股份公司发行在外的普通股每股所取得的利润，它可以反映公司盈利能力的大小。每股利润越高，说明公司的盈利能力越强。

根据表 3-1 和表 3-2 的有关数据，假定长航公司发行在外的普通股平均股数为 4 000 万股，并且没有优先股，则长航公司 2019 年的普通股每股利润为

每股利润＝2 530÷4 000＝0.63(元)

② 每股现金流量。每股现金流量是公司普通股每股所取得的经营活动的现金流量。每股现金流量等于经营活动产生的现金流量净额扣除优先股股利后的余额，再除以发行在外的普通股平均股数。其计算公式为

每股现金流量＝(经营活动产生的现金流量净额－优先股股利)÷发行在外的普通股平均股数

注重股利分配的投资者应当注意，每股利润的高低虽然与股利分配有密切关系，但它不是决定股利分配的唯一因素。如果某公司的每股利润很高，但是缺乏现金，那么也无法分配现金股利。因此，还有必要分析公司的每股现金流量。每股现金流量越高，说明公司越有能力支付现金股利。根据表 3-1 和表 3-3 的有关数据，长航公司 2019 年的每股现金流量为

每股现金流量＝2 594÷4 000＝0.65(元)

在计算每股利润和每股现金流量时，式中的除数用公司发行在外的普通股平均股数，如果年度内普通股的股数未发生变化，则发行在外的普通股平均股数就是年末普通股总股份数；如果年度内普通股的股数发生了变化，则发行在外的普通股平均股数应当使用按月计算的加权平均发行在外的普通股股数。其计算公式为

加权平均发行在外的普通股股数＝Σ(发行在外的普通股股数×发行在外的月份数)÷12

6. 每股股利与股利支付率

① 每股股利。每股股利等于普通股分配的现金股利总额除以普通股总股份数，它反映了普通股每股分得的现金股利的多少。其计算公式为

每股股利＝(现金股利总额－优先股股利)÷普通股总股份数

每股股利的高低不仅取决于公司盈利能力的强弱，还取决于公司的股利政策和现金是否充裕。倾向于分配现金股利的投资者应当比较分析公司历年的每股股利，从而了解公司的股利政策。

② 股利支付率。股利支付率也称股利发放率，是普通股每股股利与每股利润的比率，它表明股份公司的净收益中有多少用于现金股利的分派。其计算公式为

股利支付率＝每股股利÷每股利润×100％

与股利支付率相关的反映利润留存比例的指标是留存比率，或称收益留存率。其计算公式为

留存比率＝留用利润÷净利润×100％

留存比率反映了企业净利润留存的百分比，因此，它与股利支付率之和等于 1，即

股利支付率＋留存比率＝1

假定长航公司 2019 年度分配的普通股每股股利为 0.41 元，则该公司的股利支付率

和留存比率分别为

股利支付率＝0.41÷0.63×100％＝65.08％

留存比率＝1－65.08％＝34.92％

长航公司的股利支付率为 65.08％，说明长航公司将利润的 65.08％用于支付普通股股利。股利支付率主要取决于公司的股利政策，没有一个具体的标准来判断股利支付率究竟是高好还是低好。一般而言，如果一个公司的现金量比较充裕，并且目前没有更好的投资项目，则可能会倾向于发放现金股利；如果公司有较好的投资项目，则可能会少发现金股利，而将资金用于投资。

7. 市盈率

市盈率是以企业盈利能力为基础的市场估值指标，这个指标并不是直接用于分析企业盈利能力的，而是投资者以盈利能力分析为基础，对公司股票进行价值评估的工具。通过对市盈率的分析，可以判断股票的市场定价是否符合公司的基本面，为投资者的投资活动提供决策依据。

市盈率是指普通股每股股价与每股利润的比率。其计算公式为

市盈率＝每股股价÷每股利润

市盈率是反映公司市场价值与盈利能力之间关系的一个重要财务比率，投资者对这个比率十分重视，将它作为投资决策的重要参考因素之一。资本市场上并不存在一个标准市盈率，对市盈率的分析要结合行业特点和企业的盈利前景。一般来说，市盈率高，说明投资者对该公司的发展前景看好，愿意出较高的价格购买该公司股票，所以，成长性好的公司股票市盈率通常要高一些，而盈利能力差、缺乏成长性的公司的股票市盈率要低一些。但是，也应注意，如果某股票的市盈率过高，则也意味着这只股票具有较高的投资风险。

假定 2019 年年末长航公司的股票价格为每股 15 元，则其股票市盈率为

市盈率＝15÷0.63＝23.81

每股市价实际上反映了投资者对未来收益的预期。然而，市盈率是基于过去年度的收益，因此，如果投资者预期收益从当前水平大幅增长，市盈率将会相当高，也许是 20 倍、30 倍或更多。但是，如果投资者预期收益由当前水平下降，市盈率将会相当低，如 10 倍或更少。成熟市场上的成熟公司有非常稳定的收益，通常其每股市价为每股收益的 10～15 倍。因此，市盈率反映了投资者对公司未来前景的预期，相当于每股收益的资本化。

3.2.4 发展能力分析

发展能力也称成长能力，是指企业在从事经营活动过程中所表现出的增长能力，如规模的扩大、盈利的持续增长、市场竞争力的增强等。反映企业发展能力的主要财务比率有销售增长率、资产增长率、股权资本增长率、利润增长率等。

1. 销售增长率

销售增长率是企业本年营业收入增长额与上年营业收入的比率。其计算公式为

销售增长率＝本年营业收入增长额÷上年营业收入×100％

式中，本年营业收入增长额是指本年营业收入与上年营业收入的差额。销售增长率反映了企业营业收入的变化情况，是评价企业成长性和市场竞争力的重要指标。该比率大于零，表示企业本年营业收入增加；反之，表示企业本年营业收入减少。该比率越高，说明企业营业收入的成长性越好，企业的发展能力越强。根据表 3-2 的有关数据，长航公司 2019 年的销售增长率为

销售增长率＝(18 742－16 514)÷16 514×100％＝13.49％

2. 资产增长率

资产增长率是企业本年度总资产增长额与年初资产总额的比率。该比率反映了企业本年度资产规模的增长情况。其计算公式为

资产增长率＝本年度总资产增长额÷年初资产总额×100％

式中，本年度总资产增长额是指本年度资产年末余额与年初余额的差额。资产增长率是从企业资产规模扩张方面来衡量企业发展能力的。企业资产总量对企业的发展具有重要的影响，一般来说，资产增长率越高，说明企业资产规模增长的速度越快，企业的竞争力会增强。但是，在分析企业资产数量增长的同时，也要注意分析企业资产的质量变化。根据表 3-1 的有关数据，长航公司 2019 年的资产增长率为

资产增长率＝(8 908－7 514)÷7 514×100％＝18.55％

3. 股权资本增长率

股权资本增长率，也称资本积累率，是指企业本年度股东权益增长额与年初股东权益总额的比率。其计算公式为

股权资本增长率＝本年度股东权益增长额÷年初股东权益总额×100％

式中，本年度股东权益增长额是指本年度股东权益年末余额与年初余额的差额。股权资本增长率反映了企业当年股东权益的变化水平，体现了企业资本的积累能力，是评价企业发展潜力的重要财务指标。该比率越高，说明企业资本积累能力越强，企业的发展能力也越好。根据表 3-1 的有关数据，长航公司 2019 年的股权资本增长率为

股权资本增长率＝(4 834－3 873)÷3 873×100％＝24.81％

4. 利润增长率

利润增长率是指企业本年度利润总额增长额与上年利润总额的比率。其计算公式为

利润增长率＝本年度利润总额增长额÷上年利润总额×100％

上式中的本年度利润总额增长额是指本年度利润总额与上年利润总额的差额。利润增长率反映了企业盈利能力的变化，该比率越高，说明企业的成长性越好，发展能力越强。根据表 3-2 的有关数据，长航公司 2019 年的利润增长率为

利润增长率＝(3 632－3 351)÷3 351×100％＝8.39％

上述四项财务比率分别从不同的角度反映了企业的发展能力。需要说明的是，在分析企业的发展能力时，仅用一年的财务比率是不能正确评价企业的发展能力的，只有计

算连续若干年的财务比率，才能正确评价企业发展能力的持续性。

3.3　财务综合分析

3.3.1　财务趋势分析

财务趋势分析是通过比较企业连续几期的财务报表或财务比率，来了解企业财务状况变化的趋势，并以此来预测企业未来财务状况及判断企业的发展前景。一般来说，进行企业财务状况的趋势分析，主要运用比较财务报表、比较百分比财务报表、比较财务比率等方法。

1. 比较财务报表

比较财务报表是指比较企业连续几期财务报表的数据，分析财务报表中各个项目增减变化的幅度及其变化原因，以判断企业财务状况的发展趋势。由于比较财务报表分析法是将连续若干期的财务报表并列放在一起进行比较，因此，这种分析方法也称“水平分析法”。

为了简化说明问题，表 3-1 和表 3-2 中列示了长航公司 2018 和 2019 两年的资产、负债、股东权益、收入、费用和利润等项目的相关状况。运用比较财务报表分析法，就可以对这两年的报表项目逐一进行对比，可得出企业规模、资产增速、负债水平、股东权益变化、财务状况、经营成果等方面的分析结论。

采用比较财务报表分析法时，选择的财务报表期数越多，分析结果的可靠性越高。但是，在比较财务报表时，必须考虑各期数据的可比性。某些特殊原因（如会计政策的变化）会导致某一时期的某项财务数据变化较大，从而使各期数据缺乏可比性。因此，在分析过程中应排除非可比因素，使各期财务数据具有可比性。

2. 比较百分比财务报表

比较百分比财务报表是在比较财务报表的基础上发展而来的。百分比财务报表是将财务报表中的各项数据用百分比来表示。比较财务报表是比较各期报表中的数据，比较百分比财务报表则是比较各项目百分比的变化，以此来判断企业财务状况的发展趋势。可见，这种方法比前者更加直观地反映了企业的发展趋势。比较百分比财务报表既可用于同一企业不同时期财务状况的纵向比较，也可用于不同企业之间或与同行业平均数之间的横向比较。

表 3-4 和表 3-5 分别是长航公司简化比较百分比资产负债表和比较百分比利润表。

表 3-4　长航公司简化比较百分比资产负债表

单位:%

项　目	2018 年末	2019 年末
流动资产	44.37	43.40
非流动资产	55.63	56.60
资产平均余额	100	100
流动负债	23.86	21.71
长期负债	24.60	24.02
负债平均余额	48.46	45.73
股东权益	51.54	54.27
负债及股东权益平均余额	100	100

表 3-5　长航公司简化比较百分比利润表

单位:%

项　目	2018 年末	2019 年末
一、营业收入	100	100
减:营业成本	44.93	44.71
税金及附加	6.81	7.21
销售费用	15.20	14.62
管理费用	9.83	11.21
财务费用	3.63	3.47
资产减值损失		
信用减值损失		
加:其他收益		
投资收益(损失以"—"号填列)	0.82	0.67
公允价值变动收益(损失以"—"号填列)		
资产处置收益(损失以"—"号填列)		
二、营业利润(亏损以"—"号填列)	20.42	19.45
加:营业外收入	0.12	0.09
减:营业外支出	0.24	0.17
三、利润总额(亏损总额以"—"号填列)	20.29	19.38
减:所得税费用	6.15	5.88
四、净利润(亏损以"—"号填列)	14.14	13.50
五、其他综合收益的税后净额		
六、综合收益总额	14.14	13.50
七、每股收益		

从表 3-4 可以看出，和 2018 年比，长航公司 2019 年的资产结构、资本结构都发生了变化。2019 年流动资产比重下降，而非流动资产的比重则呈上升的趋势；流动负债和负债平均余额比重也都有所下降，其中负债平均余额从 2018 年的 48.46%降到 2019 年的 45.73%，股东权益在资金来源中的比重则有上升的趋势，从 2018 年的 51.54%升到 2019 年的 54.27%。这种趋势揭示了长航公司资本结构的变化，因为股东权益的比重上升，所以公司的财务风险有所减小。

从表 3-5 可以看出，和 2018 年比，长航公司 2019 年的营业成本和各项费用比重都发生了变化。在营业成本和各项费用都有所降低的情况下，由于管理费用的比重上升幅度比较大，导致营业利润和净利润等项目反而比 2018 年下降。因此长航公司应该分析管理费用上升的原因，并在下年度工作中加以改进和控制。

3. 比较财务比率

比较财务比率就是将企业连续几期的财务比率进行对比，分析企业财务状况的发展趋势。这种方法实际上是比率分析法与比较分析法的结合。与前面两种方法相比，这种方法更加直观地反映了企业各方面财务状况的变动趋势。表 3-6 中列示了长航公司 2017—2019 年的几项主要财务比率。

表 3-6　长航公司 2017—2019 年部分财务比率比较表

单位：%

项　目	2017 年	2018 年	2019 年
流动比率	1.88	1.86	2.00
速动比率	1.25	1.21	1.33
资产负债率	0.51	0.484 6	0.457 3
应收账款周转率	11.45	13.27	14.25
存货周转率	7.00	6.87	6.81
总资产周转率	2.15	2.18	2.28
资产净利率	33.89	32.35	30.81
权益净利率	60.85	60.80	58.11
销售净利率	15.84	14.82	13.50

通过表 3-6 对长航公司连续三年流动比率、速动比率、资产负债率指标的比较，可以看出该公司负债水平逐年降低，偿债能力逐年增强；应收账款周转率逐年提高，说明企业在市场上的竞争力和回款能力也都在增强；存货周转率逐年下降，企业应分析原因，是否是合理的下降，并应进一步加强存货管理；总资产周转率显示企业资产利用总体效果在逐年提高。通过总资产净利率、权益净利率和销售净利率连续三年的比较，发现该公司盈利能力持续下降，应找出原因并努力扭转。

3.3.2 沃尔评分法

沃尔评分法也称财务比率综合评分法，是指通过对选定的几项财务比率进行评分，然后计算出综合得分，并据此评价企业的综合财务状况的方法。因为最早采用这种方法的是亚历山大·沃尔，故称沃尔评分法。1928 年亚历山大·沃尔在《信用晴雨表研究》和《财务报表比率分析》两本著作中采用评分方法对企业的信用状况进行综合评价，并提出了信用能力指数的概念。他选择了 7 个财务比率，包括流动比率、产权比率、固定资产比率、存货周转率、应收账款周转率、固定资产周转率和股权资本周转率，并且对各项财务比率分别赋以不同的权重，然后以行业平均数为基础确定各项财务比率的标准值，将各项财务比率的实际值与标准值进行比较，得出一个关系比率，将此关系比率与各项财务比率的权重相乘得出总评分，以此来评价企业的信用状况。在沃尔之后，这种方法不断发展，成为对企业进行财务综合分析的一种重要方法。

采用这种财务比率综合评分法的基本步骤如下

① 选择评价指标。在选择财务比率时，需要注意以下三个方面：

a. 财务比率要求具有全面性，即反映企业的偿债能力、营运能力和盈利能力的三类财务比率都应当包括在内。

b. 财务比率应当具有代表性，即要选择能够说明问题的重要的财务比率。

c. 各项财务比率要具有变化方向的一致性。当财务比率增大时，表示财务状况的改善；反之，当财务比率减小时，表示财务状况的恶化。

② 分配已选指标权重和标准评分值。确定指标的标准评分值，即确定各指标的重要性。各指标的标准评分值之和应等于 100 分。在总分 100 分的指标群中，不同的分析者会为各指标安排不同的权重，但一般来说，应根据企业经营活动的性质、企业的生产经营规模、市场形象和分析者的分析目的等因素来确定。

③ 确定财务比率评分值的上下限。规定各项财务比率评分值的上限和下限，即最高、最低评分值，这主要是为了避免个别财务比率的异常对总分造成不合理的影响。

④ 确定各财务比率自身的标准值。财务比率的标准值是指各项财务比率在本企业现时条件下最理想的数值。财务比率的标准值，通常可以参照同行业的平均水平，并经过调整后确定。

⑤ 计算关系比率。计算企业在一定时期各项财务比率的实际值，然后计算出各项比率实际值与标准值的比值，即关系比率。关系比率反映了企业某一财务比率的实际值偏离标准值的程度。

⑥ 计算出各项财务比率的实际得分。实际分数＝实际值÷标准值×权重。式中的"实际值÷标准值"即关系比率，"权重"即前述的评分值。

⑦ 形成评价结果。如果企业得分近于 100 分，说明企业的财务状况良好，达到了预先确定的标准；如果综合得分远远低于 100 分，则说明企业的财务状况较差，应当采取适当的措施加以改善；如果综合得分远远超过 100 分，则说明企业的财务状况很理想。

下面采用财务比率综合评分法，对长航公司 2019 年的财务状况进行综合评价，结果如表 3-7 所示。

表 3-7 长航公司 2019 年财务比率综合评分

财务比率	评分值 (1)	上/下限 (2)	标准值 (3)	实际值 (4)	关系比率 (5)=(4)/(3)	实际得分 (6)=(5)×(1)
流动比率	10	20/5	2.00	2.00	1.00	10.00
速动比率	10	20/5	1.20	1.33	1.11	11.10
资产/负债	12	20/5	1.10	1.19	1.08	12.96
存货周转率	10	20/5	6.50	6.81	1.05	10.50
应收账款周转率	10	20/4	14.00	14.25	1.02	10.20
总资产周转率	10	20/5	2.20	2.28	1.04	10.40
资产净利率	13	30/7	31.50%	30.81%	0.98	12.74
权益净利率	15	30/7	58.33%	58.11%	0.996	14.94
销售净利率	10	20/5	15.5%	13.50%	0.87	8.70
合 计	100					101.54

通过上述计算、比较和加总，长航公司最后的得分是 101.54，非常接近评分值 100，说明该公司总体财务状况良好。

3.3.3 杜邦分析法

杜邦分析法(DuPont Analysis)是利用几种主要的财务比率之间的关系来综合分析企业财务状况的一种综合财务分析方法。具体来说，它是一种用来评价公司盈利能力和股东权益回报水平，从财务角度评价企业绩效的一种经典方法。其基本思想是将企业股东权益报酬率(权益净利率)逐级分解为多项财务比率的乘积，使财务比率分析的层次更清晰、条理更突出，为报表分析者全面仔细地了解企业的经营和盈利状况提供方便。由于这种分析方法最早由美国杜邦公司使用，故名杜邦分析法。

杜邦分析体系分析的起点是权益净利率指标。权益净利率反映了股东财富最大化的企业财务管理目标。针对这个核心指标，杜邦分析法中的几种主要的财务指标关系为

权益净利率=总资产净利率(净利润÷总资产)×权益乘数(总资产÷股东权益)

其中

总资产净利率=销售净利率(净利润÷销售收入)×总资产周转率(销售收入÷总资产)

即

权益净利率=销售净利率×总资产周转率×权益乘数

杜邦分析体系在揭示上述几种关系之后，再将净利润、总资产进行层层分解，这样就可以全面、系统地揭示企业的财务状况及系统内部各个因素之间的相互关系。

根据上述的指标关系，长航公司 2019 年杜邦分析体系可用图 3-1 表示。

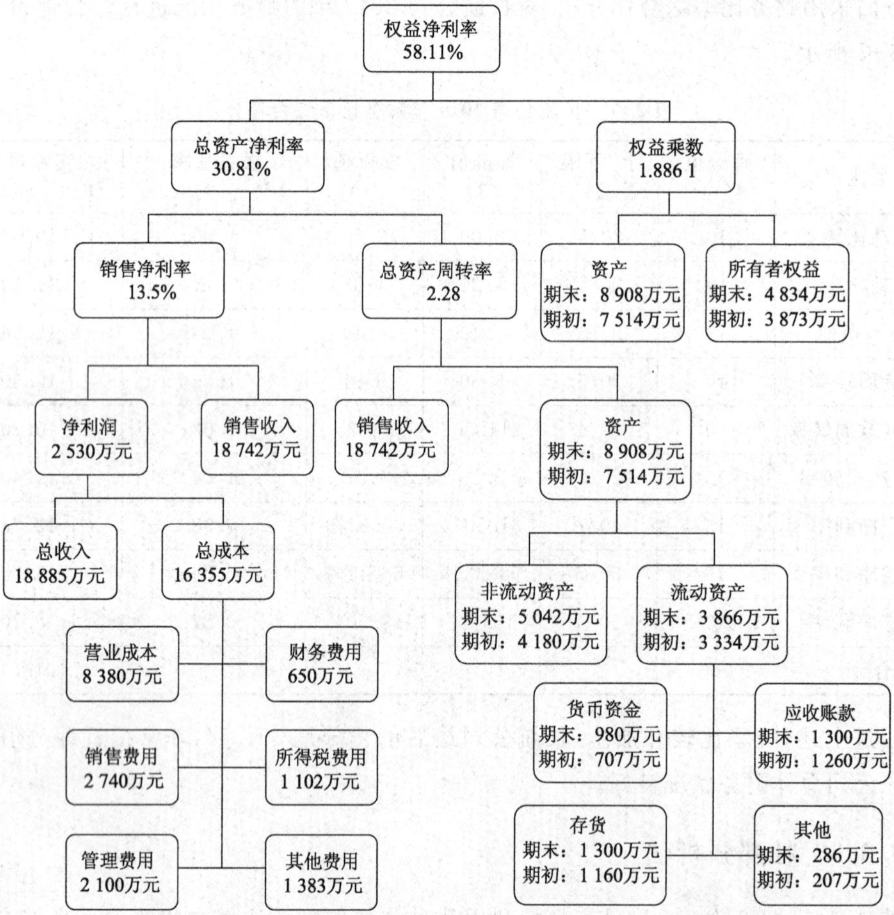

图 3-1　长航公司 2019 年杜邦分析系统图

由图 3-1 可以看出，杜邦分析体系是一个多层次的财务比率分解体系。

① 股东权益报酬率是一个综合性极强、最有代表性的财务比率，是杜邦分析系统的核心。股东权益报酬率反映了股东投入资金的盈利能力，反映了企业筹资、投资和生产运营等各方面经营活动的效率。股东权益报酬率取决于企业资产净利率和权益乘数。

② 权益乘数是资产权益率的倒数。它表明了企业的负债程度，该指标反映了企业资本结构和财务杠杆信息。该指标越大，企业的负债程度越高，其财务杠杆效应也越强。

③ 资产净利率是销售净利率与总资产周转率的乘积，是企业销售成果和资产运营的综合反映，企业的销售收入、成本费用、资产结构、资产周转速度及资金占用量等各种因素，都直接影响资产净利率的高低。要提高资产净利率，可以从企业的销售活动与资产管理两个方面进行分析。

从企业的销售方面看，销售净利率反映了企业净利润与销售收入之间的关系。一般来说，销售收入增加，企业的净利润也会随之增加。但是，要想提高销售净利率，必须一方面提高销售收入，另一方面降低各种成本费用，这样才能使净利润的增长高于销售收入的增长，从而使销售净利率得到提高。

在企业资产方面，要分析企业的资产结构是否合理，即流动资产与非流动资产的比例是否合理。资产结构实际上反映了企业资产的流动性，它不仅关系企业的偿债能力，也会影响企业的盈利能力，同时，结合销售收入，分析企业的资产周转情况。资产周转速度直接影响企业的盈利能力，如果企业资产周转较慢，就会占用大量资金，增加资本成本，减少企业的利润。在对资产周转情况进行分析时，不仅要分析企业总资产周转率，更要分析企业的存货周转率与应收账款周转率，并将其周转情况与资金占用情况结合起来分析。

通过图 3-1 长航公司各项财务比率的计算分析可以看出，长航公司将反映股东财富实现的指标权益净利率进一步分解，从而分别得出企业在盈利能力、营运能力及资本结构等方面的分析评价指标，这些指标数值逐级向下分解，逐步覆盖企业经营活动的每一个环节。各层数指标数据不仅可以分别纵向与本企业各历史时期数据相比较，也可以横向与同行业相应财务比率进行比较，从而实现系统、全面地评价企业经营成果和财务状况的目的。

由此可以看出，杜邦分析法可使财务比率分析的层次更清晰、条理更突出，为外部报表分析者全面仔细地了解企业的经营和盈利状况提供方便。同时，也有助于企业管理层更加清晰地看到权益基本收益率的决定因素，以及销售净利润与总资产周转率、债务比率之间的相互关联关系，给管理层提供了一张明晰的考察公司资产管理效率和是否最大化股东投资回报的路线图。

但是，要说明的是，传统杜邦分析体系虽然被广泛使用，但也存在某些局限性。

首先，总资产净润率并不能准确反映企业经营活动的获利能力。总资产净利率为净利润除以总资产。但是，总资产为全部资产提供者享有，而净利润则专属于股东，两者不匹配。投入与产出不匹配使得该指标不能反映实际的报酬率。

其次，没有区分经营活动损益和金融活动损益。因此，销售净利润率不能准确地反映经营活动的成本费用控制水平，因为它的分子中包括了金融活动下的财务费用，还考虑了所得税的影响。从财务管理角度看，企业的金融资产是尚未投入实际经营活动的资产，应将其与经营资产相区别。与此相应，金融损益也应与经营损益相区别，才能使经营资产和经营损益匹配。因此，正确计量基本盈利能力的前提是区分经营资产和金融资产，区分经营损益和金融损益。

第三，没有区分金融负债与经营负债。负债的成本（利息支出）仅仅是金融负债的成本，经营负债是无息负债。因此，必须区分金融负债与经营负债，利息与金融负债相除，才是真正的平均利息率。此外，区分金融负债与经营负债后，金融负债与股东权益相除，可以得到更符合实际的财务杠杆。经营负债没有固定成本，本来就没有杠杆作用，将其计入财务杠杆，会歪曲杠杆的实际效应。

思考题

1. 财务分析有哪些内容?

2. 速动资产是如何界定的?其深层内涵是什么?

3. 如何进行资产负债表结构分析?

4. 如何进行利润表百分比分析?

5. 为什么说企业的营运能力可以反映出其经营管理水平?企业应当如何提高营运能力?

6. 偿债能力分析的目的与内容各是什么?

7. 比率分析的作用与不足各是什么?

8. 为什么说权益净利率是反映盈利能力的核心指标?

9. 在应用杜邦分析法进行企业财务状况的综合分析时,应当如何分析各项因素对企业权益净利率的影响程度?

案例分析

新事业健康饮品公司财务分析与规划

新事业健康饮品公司为创业型公司,于2017年2月开业,其开业后的报表如表1至表4所示。

表1　新事业公司简化资产负债表

2018年12月31日　　金额单位:千元

资产	年初余额	年末余额	负债和股东权益	年初余额	年末余额
流动资产:			流动负债:		
货币资金	202	230	短期借款	200	420
交易性金融资产			应付票据及应付账款	86	205
应收票据及应收账款	365	562	预收款项	100	180
预付款项			应付职工薪酬	80	143
其他应收款	3	8	应交税费	8	42
存货	1 280	2 300	其他应付款	242	146
其他流动资产	10	60	流动负债合计	716	1 136

续表

资产	年初余额	年末余额	负债和股东权益	年初余额	年末余额
流动资产合计	1 860	3 160	非流动负债：		
非流动资产：			长期借款	150	576
投资性房地产			预计负债		
固定资产	286	402	非流动负债合计	150	576
在建工程			负债合计	866	1 712
长期待摊费用			股东权益：		
其他非流动资产			股本	1 200	1 200
非流动资产合计			资本公积		
资产总计	2 146	3 562	盈余公积	10	67
			未分配利润	70	583
			股东权益合计	1 280	1 850
			负债及股东权益总计	2 146	3 562

表 2　新事业公司利润表

2018 年 12 月　　　　金额单位：千元

项目	本期金额	上期金额
一、营业收入	3 960	2 452
减：营业成本	1 970.40	1 220.10
税金及附加	264.50	169.1
销售费用	607	502
管理费用	300	380
研发费用	66	28
财务费用	12	25
资产减值损失		
加：其他收益		
投资收益		
二、营业利润	740.1	127.8
加：营业外收入	16.9	
减：营业外支出		21
三、利润总额	757	106.8
减：所得税费用	187	26.8
四、净利润	570	80

表3　新事业公司现金流量表

2018年12月　　　　　　　　　　　　　　　　金额单位：千元

项目	本期金额	上期金额
一、经营活动产生的现金流量		
销售商品、提供劳务收到的现金	3 398	略
收到其他与经营活动有关的现金		
经营活动现金流入小计	3 398	
购买商品、接受劳务支付的现金	3 416.5	
支付给职工以及为职工支付的现金	290	
支付的各项税费	222.5	
支付其他与经营活动有关的现金	23	
经营活动现金流出小计	3 952	
经营活动产生的现金流量净额	－554	
二、投资活动产生的现金流量		
收回投资收到的现金		
取得投资收益收到的现金		
投资活动现金流入小计		
购建固定资产、无形资产和其他长期资产支付的现金	120	
投资活动现金流出小计	120	
投资活动产生的现金流量净额	－120	
三、筹资活动产生的现金流量		
吸收投资收到的现金		
取得借款收到的现金	900	
筹资活动现金流入小计	900	
偿还债务支付的现金	254	
分配股利、利润或偿付利息支付的现金		
筹资活动现金流出小计	254	
筹资活动产生的现金流量净额	646	
四、汇率变动对现金及现金等价物的影响		
五、现金及现金等价物净增加额	28	
加：期初现金及现金等价物余额	202	
六、期末现金及现金等价物余额	230	

表 4　2018 年度健康饮品行业主要财务指标

单位：%

项目	行业先进水平	行业平均水平
流动比率	1.86	2.00
速动比率	1.21	1.33
资产负债率	0.484 6	0.457 3
现金比率	0.22	0.20
现金流量比率	1.02	0.74
应收账款周转率	16.45	14.64
存货周转率	6.87	6.66
总资产周转率	2.48	2.28
总资产净利率	32.35	30.81
权益净利率	60.80	58.11
销售净利率	14.82	13.50

讨论题：

(1)根据报表计算新事业公司的偿债能力、营运能力和盈利能力等方面的指标。

(2)对公司前两年的综合财务状况进行杜邦分析。可参照表中 2018 年度行业先进水平和行业平均水平的数据对企业的综合财务状况进行分析判断。

(3)新事业公司 2019 年主要的任务是稳固老市场并开拓新市场，预计 2019 年相对于 2018 年健康饮品的价格不会有波动。通过增加 30%的广告费用，该公司 2019 年可比 2018 年扩大 25%的销量。同时，该公司致力于比上年降低 1%的管理费用。公司还计划尝试新的更为合理的资本结构，拟将资产负债率维持在 55%。公司 2019 年度没有吸收新投资的打算，如果有资金缺口，打算通过银行贷款来补充，目前公司银行贷款的资本成本为 9%(税前)。试为新事业公司 2019 年规划现金流，并从管理者的角度为新事业公司提供综合财务状况和管理水平方面的建议。

第4章　长期计划与财务预测

学习目标

1. 了解销售百分比法预测外部融资的基本原理及其应用。
2. 了解外部融资销售增长比的含义及其应用。
3. 掌握内含增长率的含义与计算。
4. 掌握可持续增长率的计算、分析与应用。

引导案例

德隆神话的破灭

1992年，以冲洗胶卷的“朋友公司”起家并赚得第一桶金的唐氏兄弟，用800万元的注册资本，组建了新疆德隆实业，开始了被称作“德隆神话”的一段传奇。在德隆十多年的发展历程中，唐氏兄弟以资本运作为主要手段，打着产融结合的大旗，经过一系列的并购整合，控股参股多达177家公司，打造了一个资产总值200多亿元，横跨水泥、机电设备、汽车零部件等十余个产业的庞大帝国。其发展速度之快、资产规模之大、产业分布范围之广，都令人瞠目结舌。“德隆神话”“德隆模式”也名噪一时，成为众人关注、研究的对象。

在1996—1997年的两年时间里，德隆先后入主新疆屯河、沈阳合金、湘火炬三家上市公司。在德隆入主后的几年时间里，这三家上市公司主营业务收入的增长令人惊奇。到2003年，新疆屯河在7年的时间里主营业务收入增长了16.81倍，年均增长2.4倍；净利润增长了3.09倍，年均增长44%。沈阳合金在6年的时间里主营业务收入增长了13.61倍，年均增长2.27倍；净利润增长了3.26倍，年均增长54%。湘火炬在6年的时间里主营业务收入增长了82.56倍，年均增长13.76倍；净利润增长了9.47倍，年均增长1.58倍。

然而德隆最终还是垮了。2004年春，银监会向银行系统发布了这样一条风险提示：“当前有德隆等十家企业(其中大部分为民营)运用金融手段过度膨胀，可能给银行造成大量不良贷款。"就是这样一条风险提示，成了"压死骆驼的最后一根稻草"，使得本已因金新信托挤兑风波等事件陷入债务纠纷而资金吃紧的德隆无法继续融资，资金链断裂，庞大的德隆帝国顷刻间兵败如山倒，唐氏兄弟打造中国 GE 的梦想也随之破灭。

利润表上高奏凯歌的德隆为何会一败涂地呢？从德隆"三驾马车"的资产负债表中能够看出一些端倪。伴随着三家上市公司主营业务收入火箭式增长的是资产负债表上债务的激增。同样是在德隆入主之后，三家上市公司银行贷款的累计增长也高达 10 倍，其中绝大部分是短期贷款。但是，德隆的产业链整合未能向其提供足够的现金流。而且，自 2001 年起，德隆也无法再借所控制的上市公司融资。此时，德隆只能靠银行贷款满足自身扩张所需要的现金，其用于并购、参股和新建企业的 60 多亿元资金主要依赖于短期贷款。短贷长投，使德隆的流动性面临着巨大的压力。92%的资产负债率，使德隆看上去几乎与银行无异。紧绷的资金链，经不起银监会的最后一击，最终促成了德隆的溃败。

如何从财务分析的角度看待"德隆神话"呢？增长是企业永恒的话题。在做大做强的口号下，人们关注的增长往往是由利润表反映的主营业务收入增长和净利润增长。但是，这是我们真正需要的增长吗？如何管理公司的增长，使之能持续而不是昙花一现，这是公司增长道路上不得不面对的重要问题。

4.1　长期计划

4.1.1　长期计划的内容

通过对财务报表的分析，了解企业过去的经营状况，对于管理者和投资者来说非常重要，但是决策是面向未来的，预测未来更重要。预测是计划过程中不可缺少的组成部分，但有无数例子表明我们预测未来的能力有限，准确性不高。既然预测未来如此困难，而计划又是建立在预测未来的基础之上，为什么企业还要对计划工作乐此不疲呢？因为预测的真正价值在于有助应变。未来的不确定性越大，预测能够给企业带来的收益越大。

长期计划是指一年以上的计划。该计划为实现企业的长期目标服务，关系到企业的发展远景，其目的是扩大和提升企业的发展能力。长期计划的主要内容是规范企业为实现长期目标所应采取的一些主要行动步骤、分期目标和重大措施及企业各部门在较长时期内应达到的目标和要求。

长期计划一般以战略计划为起点，涉及公司理念、公司经营范围、公司目标和公司战略。长期计划包括经营计划和财务计划。经营计划在已制定的公司战略的基础上，提供详细的实施指导，帮助实现公司目标。财务计划是以货币形式预计计划期内资金的取得与运用和各项经营收支及财务成果的书面文件。这些计划可以按照任何时间跨度制定，但是计划期限的跨度既要服从计划目标的要求，也要考虑未来的可预测程度、企业的经济和技术力量等因素。通常企业制定为期五年的企业计划。

在进行长期计划时，管理者一般需要编制预计财务报表，并在4个方面使用：① 通过预计财务报表，可以评价企业预期经营业绩是否与企业总目标一致以及是否达到了股东的期望水平，如果预计财务报表显示权益净利率远低于行业平均水平，管理者就应该着手调查原因并找出补救方法；② 预计财务报表可以预测拟进行的经营变革将产生的影响；③ 管理者可利用财务报表预测企业未来的融资需求；④ 预计财务报表被用来预测企业未来现金流，因为现金流决定企业的总体价值，因此，管理者通过预测不同经营计划下的实体现金流量和这些计划的资本需求，可选择能使股东价值最大化的计划。

由于本书的重点关注财务管理内容，故此处略去对战略计划和经营计划的详细讨论，而只阐述与财务计划有关的内容。

4.1.2 财务计划的步骤

财务计划是依据企业的发展战略和经营计划，对未来一定期间的财务活动及其结果进行的规范、布置和安排，它规定了企业计划期财务工作的任务和目标及预期的财务状况和经营成果。

财务计划的基本步骤如下：

(1) 确定计划并编制预计财务报表，运用这些预测结果分析经营计划对预计利润和财务比率的影响。这些预测结果还能用于监督实施阶段的经营情况。实施情况一旦偏离计划，管理者能否很快得知，是控制系统好坏的重要标准，也是公司能否在一个变化迅速的世界取得成功的必要因素。

(2) 确认支持长期计划需要的资金，包括购买设备等固定资产以及存货、应收账款、研究开发、主要广告宣传需求的资金。

(3) 预测未来长期可使用的资金，包括预测可从内部产生的和向外部融资的资金。任何财务限制导致的经营约束都必须在计划中体现。这些约束包括对负债率、流动比率、利息保障倍数等的限制。

(4) 在企业内部建立并保持一个控制资金分配和使用的系统，目的是保证基本计划适当展开。

(5) 制定调整基本计划的程序。基本计划在一定的经济预测基础上制订，当基本计划所依赖的经济预测与实际的经济状况不符时，需要对计划及时做出调整。例如，如果实际经济走势强于预测，这些新条件必须在更新的计划里体现，如更高的生产计划额度、更大的市场份额等，并且计划调整得越快越好。因此，此步骤实际上是“反馈环节”，即基于实际情况的变化对财务计划进行修改。

(6) 建立基于绩效的管理层报酬计划。奖励管理层，使其按照股东的想法(即股东价值最大化)经营非常重要。

4.2　财务预测

4.2.1　财务预测的意义和目的

狭义的财务预测仅指估计企业未来的融资需求，广义的财务预测包括编制全部的预计财务报表。

财务预测是融资计划的前提。企业要对外提供产品和服务，必须要有一定的资产。销售增加时，要相应增加流动资产，甚至还需增加固定资产。为取得扩大销售所需增加的资金，企业要筹措资金。这些资金一部分来自利润留存，另一部分来自外部融资。通常，销售增长率较高时利润留存不能满足资金需求，即使获利良好的企业也需外部融资。对外融资，需要寻找提供资金的人，向他们做出还本付息的承诺或提供盈利前景，并使之相信其投资安全并且可以获利，这个过程往往需要较长时间。因此，企业需要预先知道自己的财务需求，提前安排融资计划，否则就可能发生资金周转问题。

财务预测有助于改善投资决策。根据销售前景估计出的融资需求不一定总能满足，因此，就需要根据可能筹措到的资金来安排销售增长以及有关的投资项目，使投资决策建立在可行的基础上。

预测的真正目的是有助于应变。财务预测与其他预测一样都不可能很准确。从表面上看，不准确的预测只能导致不准确的计划，从而使预测和计划失去意义。事实并非如此，预测给人们展现了未来的各种可能的前景，促使人们制订出相应的应急计划。预测和计划是超前思考的过程，其结果并非仅仅是一个资金需要量数字，还包括对未来各种可能前景的认识和思考。预测可以提高企业对不确定事件的反应能力，从而减少不利事件带来的损失，增加有利机会带来的收益。

4.2.2　财务预测的步骤

1. 销售预测

财务预测的起点是销售预测。一般情况下，财务预测将销售预测视为已知数，并把它作为财务预测的起点。销售预测本身不是财务管理的职能，但它是财务预测的基础，销售预测完成后才能开始财务预测。

销售预测对财务预测的质量有重大影响。如果销售的实际状况超出预测很多，企业没有准备足够的资金添置设备或储备存货，就无法满足顾客需求，不仅会失去盈利机会，还会丧失原有的市场份额。相反，销售预测过高，筹集大量资金购买设备并储备存货，则会造成设备闲置和存货积压，使资产周转速度下降，导致权益净利率降低，股价下跌。

2. 估计经营资产和经营负债

通常，经营资产是销售收入的函数，根据历史数据可以分析出该函数关系。根据预计销售收入以及经营资产与销售收入的函数，可以预测所需经营资产的数额。大部分经营负债也是销售收入的函数，亦应预测经营负债的自发增长，这种增长可以减少企业外部融资的数额。

3. 估计各项费用和保留盈余

假设各项费用也是销售收入的函数，可以根据预测销售收入估计费用和损失，并在此基础上确定净利润。净利润和股利支付率共同决定所能提供的资金数额。

4. 估计所需融资

根据预计经营资产总量，减去已有的经营资产、自发增长的经营负债、可动用的金融资产和内部提供的利润留存便可得出外部融资需求。

4.2.3 销售百分比法

销售百分比法是假设资产、负债与销售收入存在稳定的百分比关系，根据预计销售收入和相应的百分比预计资产、负债，然后确定融资需求的一种财务预测方法。

1. 确定资产和负债项目的销售百分比

确定资产和负债项目的销售百分比，可以根据通用的财务报表数据预计，也可以使用经过调整的管理用财务报表数据预计，后者更为方便，也更合理。资产和负债项目占销售收入的百分比，可以根据基数的数据确定，也可以根据以前若干年度的平均数确定。

【例 4-1】 假设甲公司 20×1 年实际销售收入为 6 000 万元，管理用负债资产和利润表的有关数据如表 4-1 所示。假设 20×1 年的各项销售百分比在 20×2 年可以持续，20×2年预计销售收入为 8 000 万元。

要求：以 20×1 年为基期，采用销售百分比法进行预计。

解 各项目销售百分比＝基期资产(负债)÷基期销售收入

根据 20×1 年销售收入(6 000 万元)计算的各项经营资产和经营负债的百分比，如表 4-1 的“销售百分比”栏。

表 4-1 净经营资产的预计 金额单位：万元

项目	20×1 年实际	销售百分比(%)	20×2 年预测
销售收入	6 000		8 000
货币资金(经营)	88	1.47	118
应收票据(经营)	28	0.47	38
应收账款	796	13.27	1 062
预付账款	44	0.73	58
其他应收款	24	0.40	32
存货	238	3.97	318

续表

项目	20×1 年实际	销售百分比(%)	20×2 年预测
一年内到期的非流动资产	154	2.57	206
其他流动资产	16	0.27	22
长期股权投资	60	1.00	80
固定资产	2 476	41.27	3 302
在建工程	36	0.60	48
无形资产	12	0.20	16
长期待摊费用	10	0.17	14
其他非流动资产	6	0.10	8
经营资产合计	3 988	66.47	5 318
应付票据(经营)	10	0.17	14
应付账款	200	3.33	266
预收账款	20	0.33	26
应付职工薪酬	4	0.07	6
应交税费	10	0.17	14
其他应收款	50	0.83	66
其他流动负债	106	1.77	142
长期应付款(经营)	100	1.67	134
经营负债合计	500	8.33	666
净经营资产总计	3 488	58.13	4 650

2. 预计各项经营资产和经营负债

各项经营资产(负债)=预计销售收入×各项目销售百分比

根据 20×2 年预计销售收入(8 000 万元)和各项目销售百分比计算的各项经营资产和经营负债,如表 4-1 的“20×2 年预测”栏所示。

融资总需求=(预计经营资产合计-基期经营资产合计)-
(预计经营负债合计-基期经营负债合计)
=预计净经营资产合计-基期净经营资产合计
= 4 650-3 488= 1 162(万元)

该公司 20×2 年需要融资 1 162 万元,如何筹集该资金取决于它的融资政策。通常,融资的优先顺序如下:① 动用现存的金融资产;② 增加留存收益;③ 增加金融负债;④ 增加股本。

3. 预计可动用的金融资产

假设该公司 20×1 年年底有金融资产 12 万元,均为可动用的金融资产,则

尚需融资＝1 162－12＝1 150(万元)

4. 预计增加的留存收益

留存收益是公司内部的融资来源。只要公司有盈利并且不全部支付股利，留存收益就会使股东权益增长，可以全部或部分满足企业的融资需求。这部分资金的多少，取决于净利润的多少和支付股利率的高低。

留存收益增加＝预计销售收入×计划销售净利润×(1－股利支付率)

假设甲公司20×2年计划销售净利率为4.5％。由于需要的融资额较大，20×2年甲公司不支付股利。

增加留存收益＝8 000×4.5％＝360(万元)

需要外部融资＝1 150－360＝790(万元)

这里需要注意一个问题：该留存收益增加额的计算隐含了一个假设，即计划销售净利润可以涵盖增加的利息。提出该假设的目的是为了摆脱融资预测的数据循环。在融资预测时，需要先确定留存收益的增加额，然后确定需要增加的借款，但是借款的改变反过来又会影响留存收益。其关系如下：股利支付率确定后，留存收益受净利润的影响；净利润受利息费用的影响；利息费用受借款数额的影响；借款增加额要视留存收益增加额而定。为了解决该数据循环问题，一种办法是使用多次迭代法，逐步逼近可以使数据平衡的留存收益和借款增加额，另一种简单的办法是假设计划销售净利率可以涵盖借款增加的利息，先确定留存收益，然后确定借款增加额。此处使用的是后一种处理办法。

5. 预计的增加额

外部融资需求额，可以通过增加借款或增发股本筹集，涉及资本结构管理问题。通常，在目标资本结构允许的情况下，企业会优先使用借款融资。如果不用再增加借款，则需要增发股本。

假设甲公司可以通过借款筹集资金790万元，则

筹集总需求＝动用金融资产＋增加留存收益＋增加借款

＝12＋360＋790＝1 162(万元)

销售百分比法是一种比较简单、粗略的预测方法。首先，该方法假设各项经营资产和经营负债与销售收入保持稳定的百分比，可能与事实不符。其次，该方法假设销售净利率可以涵盖借款利息的增加，也不一定合理。

4.2.4 财务预测的其他方法

为了改进财务预测的质量，有时需要使用更精确的方法。

1. 回归分析

财务预测的回归分析，是利用一系列历史资料求得各项资产负表项目和销售收入的函数关系，然后基于计划销售收入预测资产、负债数量，最后预测融资需求。

通常销售收入与资产、负债等存在线性关系。例如，假设存货与销售收入之间存在线性关系，其直线方程为“存货＝a＋b×销售收入”，根据历史资料和回归分析的最小二

乘法可以求出直线方程系数 a 和 b，然后根据计划销售收入和直线方程预计存货的金额。

完成资产、负债项目的预计后，其他计算步骤与销售百分比法相同。

2. 计算机预测

对于大企业来说，无论是销售百分比法还是回归分析法都显得过于简化。实际上，影响融资需求的变量很多，如产品组合、信用政策、价格政策等。把这些变量纳入预测模型后，计算量大增，手工处理已经很难胜任，需要使用计算机才可完成。

最简单的计算机财务预测是使用“电子表软件”，如 Excel。使用电子表软件时，计算过程和手工预测几乎没有差别。相比之下，其主要优点是预测期间如果是几年或者要分月预测时，计算机要比手工快得多；如果改变一个参数，软件能自动重新计算所有预测数据。

比较复杂的预测是使用交互式财务规划模型，它比电子表软件功能更强，其主要优点是能通过“人机对话”进行“反向操作”。例如，不但可以根据既定的销售水平预测融资需求，还可根据既定资金限额来预测可达到的销售收入。

最复杂的预测是使用综合数据库财务计划系统。该系统建有公司的历史资料库和模型库，用以选择适用的模型并预测各项财务数据。它通常是一个联机实时系统，随时更新数据，可以使用概率技术，分析预测的可靠性；同时它还是一个综合的规划系统，不仅用于资金的预测和规划，而且包括需求、价格、成本及各项资源的预测和规划。即该系统通常是规划和预测结合的系统，能快速生成预计的财务报表，从而支持财务决策。

4.3　增长率与资金需求

由于企业要以发展求生存，销售增长是任何企业都要追求的目标。企业增长的财务意义是资金增长。在销售增长时企业往往需要补充资金，这主要是因为销售增加往往会引起存货和应收账款等资产的增加。销售增长得越多，需要的资金越多。

从资金来源上看，企业增长的实现方式有三种：

(1) 完全依靠内部资金增长。有些小企业无法取得借款，有些大企业不愿意借款，它们主要是靠内部积累实现增长。内部有限的财务资源往往会限制企业的发展，使其无法充分利用扩大企业财富的机会。

(2) 主要依靠外部资金增长。从外部筹资包括增加外债和股东投资，同样可以实现增长，但主要依靠外部资金增长是不能持久的。增加负债会使企业的财务风险增加，筹资能力下降，最终会使借款能力完全丧失；通过增发股票等方式增加股东投资，不仅会分散控制权，而且会稀释每股利益，除非增加投资有更高的报酬率，否则不能增加股东财富。

(3) 平衡增长。平衡增长，即保持目前的财务结构和与此有关的财务风险，按照股东权益的增长比例增加借款，以此支持销售增长。这种增长，一般不会消耗企业的财务资源，是一种可持续增长。

4.3.1 销售增长率与外部融资的关系

1. 外部融资销售增长比

既然销售增长会带来资金需求的增加，那么销售增长和筹资需求之间就存在某种函数关系，根据这种关系，就可以直接计算特定销售增长下的筹资需求。假设它们之间成正比例关系，即两者之间有稳定的百分比(代表每增加 1 元销售收入需要追加的外部融资额)，则该百分比称为“外部融资占销售增长的百分比”，简称“外部融资销售增长比”。

假设可动用的金融资产为 0，经营资产销售增长比、经营负债销售增长比保持不变，则有

外部融资额＝经营资产销售增长比×销售收入增加－经营负债销售增长比×销售收入增加－预计销售收入×预计销售净利率×(1－预计股利支付率)

式中，经营资产销售增长比和经营负债销售增长比可以按通用财务报表的数据计算确定，也可以按管理用财务报表的数据计算确定，后者应该更准确。

上式两边同除以“销售收入增加”，则有

外部融资销售增长比＝经营资产销售增长比－经营负债销售增长比－[(1＋增长率)÷增长率]×预计销售净利率×(1－预计股利支付率)

【例 4-2】 A 公司上年销售收入为 6 000 万元，本年计划销售收入为 8 000 万元，销售增长率为 33.33%。假设经营资产销售增长比为 66.67%，经营负债销售增长比为 6.17%，且两者保持不变，可动用的金融资产为 0，预计销售净利率为 4.5%，预计股利支付率为 30%。

要求：计算外部融资额。

解

外部融资销售增长比＝0.666 7－0.061 7－(1.333÷0.333 3)×4.5%×(1－30%)
＝0.605－0.126
＝0.479

外部融资额＝外部融资销售增长比×销售增长额
＝0.479×2 000
＝958(万元)

如果销售增长 1 000 万元(即销售增长率为 16.7%)，则

外部融资额＝1 000×[0.666 7－0.061 7－(1.167÷0.167)×4.5%×(1－30%)]
＝1 000×0.385
＝385(万元)

外部融资销售增长比不仅可以预计外部融资额，而且可用于调整股利政策和预

计通货膨胀对筹资的影响。

例如，例 4-2 中 A 公司预计销售增长 5%，则

外部融资销售增长比＝0.666 7－0.061 7－(1.05÷0.05)×4.5%×(1－30%)
＝0.605－0.661 5
＝－5.65%

这说明企业不仅没有外部融资需求，还有剩余资金 16.95 万元(即 6 000×5%×5.65%)可用于增加股利或进行短期投资。

又如，预计明年通货膨胀率为 10%，公司销量增长 5%，则销售额含有通胀的增长率为 15.5%，即(1＋10%)×(1＋5%)－1＝15.5%，则

外部融资销售增长比＝0.666 7－0.061 7－(1.155÷0.155)×4.5%×(1－30%)
＝0.605－0.234 7
＝37.03%

企业要按销售名义增长额的 37.03%补充资金，才能满足需求。

即使销量增长为 0，也需要补充资金，以弥补通货膨胀造成的货币贬值损失，即因通货膨胀带来的名义销售增长 10%，则

外部融资销售增长比＝0.666 7－0.061 7－(1.1÷0.1)×4.5%×(1－30%)
＝0.605－0.346 5
＝25.85%

外部融资额＝6 000×10%×25.85%＝155.1(万元)

2. 外部融资需求的敏感分析

外部融资需求的多少，不仅取决于销售增长，还要看销售净利率和股利支付率。在股利支付率小于 1 的情况下，销售净利率越大，外部融资需求越少；在销售净利率大于 0 的情况下，股利支付率越高，外部融资需求越大。销售净利率、股利支付率与外部融资需求的关系如图 4-1 所示。

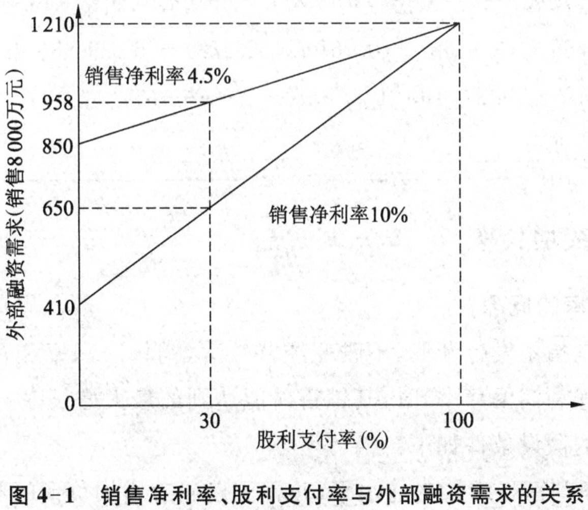

图 4-1　销售净利率、股利支付率与外部融资需求的关系

在例4-2中，企业股利支付率是30%，外部融资需求为958万元。假设预计销售收入仍为8 000万元，若股利支付率为100%，则

外部融资额＝2 000×[0.666 7－0.061 7－(1.333 3÷0.333 3)×4.5%×(1－100%)]
　　　　　＝1 210(万元)

若股利支付率为0，则

外部融资额＝2 000×[0.666 7－0.061 7－(1.333 3÷0.333 3)×4.5%×(1－0)]
　　　　　＝850(万元)

例4-2中，企业的销售净利率为4.5%，外部融资需求为958万元。假设预计销售收入仍为8 000万元，销售净利率为10%，则

外部融资额＝2 000×[0.666 7－0.061 7－(1.333 3÷0.333 3)×10%×(1－30%)]
　　　　　＝650(万元)

4.3.2 内含增长率

销售增长引起的资金需求增长，通过三种途径满足：① 动用金融资产；② 增加内部留存利益；③ 外部融资(包括借款和股权融资，但不包括经营负债的自然增长)。如果企业没有可动用的金融资产，且不能或不打算从外部融资，则只能靠内部积累，这将限制销售的增长。此时的销售增长率为“内含增长率”。

【例4-3】 例4-2中假设外部融资额为0，求销售增长率。

解　0＝经营资产销售增长比－经营负债销售增长比－[(1＋增长率)÷增长率]×预计销售净利率×(1－预计股利支付率)

0＝0.666 7－0.061 7－[(1＋增长率)÷增长率]×4.5%×(1－30%)

增长率＝5.493%

验算：销售收入增加＝6 000×5.493%＝329.58(万元)

外部融资额＝经营资产销售增长比×销售收入增加－经营负债销售增长比×销售收入增加－预计销售收入×预计销售利润率×(1－预计股利支付率)
　　　　　＝(0.666 7×329.58)－(0.061 7×329.58)－[6 329.58×4.5%×(1－30%)]
　　　　　＝219.7－20.3－199.4
　　　　　＝0(万元)

4.3.3 可持续增长率

1. 可持续增长率的概念

可持续增长率是指不发行新股，不改变经营效率(销售净利率和资产周转率)和财务政策(负债/权益比和利润留存率)时，其销售所能达到的最大增长率。

可持续增长率的假设条件如下：

(1) 公司销售净利率将维持当前水平，并且可以涵盖增加负债的利息。

(2) 公司资产周转率将维持当前水平。

(3) 公司目前的资本结构是目标结构,并且打算继续维持下去。

(4) 公司目前的利润留存率是目标留存率,并且打算继续维持下去。

(5) 不愿意或者不打算增发新股(包括股份回购,下同)。

在上述假设条件成立的情况下,销售的增长率与可持续增长率相等。公司的这种增长状态,称为可持续增长或平衡增长。在这种状态下,其资产、负债和股东权益同比例增长,如表 4-2 所示。

表 4-2　可持续增长情况下的资产、负债和股东权益

<table>
<tr><td rowspan="2">年初资产 100 万元</td><td>年初负债 40 万元</td></tr>
<tr><td>年初股东权益 60 万元</td></tr>
<tr><td rowspan="2">新增资产 10 万元</td><td>新增负债 4 万元</td></tr>
<tr><td>新增股东权益 6 万元</td></tr>
</table>

2. 可持续增长率的计算

(1) 根据期初股东权益计算可持续增长率

限制销售增长的是资产,限制资产增长的是资金来源(包括负债和股东权益)。在不增发新股,不改变经营效率和财务政策的情况下,限制资产增长的是股东权益增长。因此,可持续增长率的计算公式可推导如下:

可持续增长率＝股东权益增长率

＝股东权益本期增加÷期初股东权益

＝本期净利润×(本期利润留存率÷期初股东权益)

＝期初权益本期净利率×本期利润留存率

＝(本期净利润÷本期销售收入)×(本期销售收入÷期末总资产)×(期末总资产÷期初股东权益)×本期利润留存率

＝销售净利率×总资产周转次数×期初权益期末总资产乘数×利润留存率

应该注意的是,此处的“权益乘数”使用“期初股东权益”而非“期末股东权益”计算,其余比例均用本期发生额或期末数计算。

【例 4-4】 M 公司 20×1—20×5 年的主要财务数据如表 4-3 所示。

表 4-3　根据期初股东权益计算的可持续增长率

金额单位:万元

年度	20×0	20×1	20×2	20×3	20×4	20×5
收入	909.09	1 000	1 100	1 650	1 375	1 512.5
净利润	45.45	50	55	82.5	68.75	75.63

续表

年度	20×0	20×1	20×2	20×3	20×4	20×5
股利	28.18	20	22	33	27.5	30.25
利润留存	27.27	30	33	49.5	41.25	45.38
股东权益	300	330	363	412.5	453.75	499.23
负债	54.55	60	66	231	82.5	90.75
总资产	354.55	390	429	643.5	536.25	589.88
可持续增长率的计算						
销售净利率		5%	5%	5%	5%	5%
总资产周转次数		2.564 1	2.564 1	2.564 1	2.564 1	2.564 1
期末总资产/期初股东权益		1.3	1.3	1.772 7	1.3	1.3
利润留存率		0.6	0.6	0.6	0.6	0.6
可持续增长率		10%	10%	13.64%	10%	10%
实际增长率		10%	10%	50%	−16.67%	10%

根据可持续增长率(期初股东权益)公式计算如下：

可持续增长率＝销售净利率×期初权益期末总资产乘数×利润率留存率

＝5%×2.564 1×1.3×0.6 ＝10%

实际增长率(20×1 年)＝(本年销售－上年销售)÷上年销售

＝(1 000－909.09)÷909.09 ＝10%

其他年份的计算方法与此相同。

(2) 根据期末股东权益计算的可持续增长率

可持续增长率也可以全部用期末数和本期发生额计算，而不使用期初数。其推导过程如下：

由于企业增长所需资金有增加负债和增加股东权益两个来源，所以

资产增加＝负债增加＋股东权益增加　　(1)

假设总资产周转次数不变(即总资产随销售收入正比例增加)，则有

资产增加÷期末总资产＝销售增加÷基期销售收入

资产增加＝(销售增加÷基期销售收入)×期末总资产　　(2)

假设不增发新股或回购股票，销售净利率不变，则有

股东权益增加＝(基期销售收入＋销售增加)×

(净利润÷销售收入)×利润留存率　　(3)

假设资本结构不变(即负债和股东权益同比例增加)，则有

负债增加＝股东权益增加×(负债÷股东权益)

＝[(基期销售收入＋销售增加)×(净利润÷销售收入)×

利润留存率]×(负债÷股东权益)　　(4)

将式(2)、(3)、(4)代入式(1)，则有

(销售增加÷基期销售收入)×期末总资产

=(基期销售收入+销售增加)×(净利润÷销售收入)×利润留存率+

(基期销售收入+销售增加)×(净利润÷销售收入)×

利润留存率×(负债÷股东权益)

整理以后得

可持续增长率=销售增加÷基期销售收入

$$=\frac{\text{利润存留率}\times\text{销售净利率}\times(1+\text{负债}\div\text{股东权益})}{\text{总资产}\div\text{销售收入}-[\text{利润留存率}\times\text{销售净利率}\times(1+\text{负债}\div\text{股东权益})]}$$

将分子分母同时乘以(销售收入÷总资产)得

$$\text{可持续增长率}=\frac{\text{利润留存率}\times(\frac{\text{净利润}}{\text{销售收入}})\times(\frac{\text{总资产}}{\text{股东权益}})\times(\frac{\text{销售收入}}{\text{总资产}})}{1-\text{利润留存率}\times(\frac{\text{净利润}}{\text{销售收入}})\times(\frac{\text{总资产}}{\text{股东权益}})\times(\frac{\text{销售收入}}{\text{总资产}})}$$

使用例 4-4 数据，根据本公式计算的可持续增长率如表 4-4 所示。

表 4-4　根据期末股东权益计算的可持续增长率

金额单位:万元

年度	20×1	20×2	20×3	20×4	20×5
收入	1 000	1 100	1 650	1 375	1 512.5
净利润	50	55	82.5	68.75	75.63
股利	20	22	33	27.5	30.25
利润留存	30	33	49.5	41.25	45.38
股东权益	330	363	412.5	453.75	499.13
负债	60	66	231	82.5	90.75
总资产	390	429	643.5	536.25	589.88
可持续增长率的计算					
销售净利润	5%	5%	5%	5%	5%
总资产周转次数	2.564 1	2.564 1	2.564 1	2.564 1	2.564 1
期末总资产/期末股东权益	1.181 8	1.181 8	1.560 0	1.181 8	1.181 8
利润留存率	0.6	0.6	0.6	0.6	0.6
可持续增长率	10%	10%	13.64%	10%	10%
实际增长率	10%	10%	50%	−16.67%	10%

根据可持续增长率(期末股东权益)公式计算结果如下:

可持续增长率(20×1 年)=10%

其他年份的计算方法与此相同。

通过比较表 4-3 和表 4-4 可以看出，两个公式计算的可持续增长率一致。

3. 可持续增长率与实际增长率

实际增长率和可持续增长率经常不一致。通过分析两者差异，可以了解企业经营效

率和财务政策有何变化。

沿用例4-4财务数据说明该公司经营效率和财务政策的变化情况。

(1) 20×2年的经营效率和财务政策保持了年初的状态(即20×1年的状态)。20×2年的实际增长率和可持续增长率均为10%,公司处于均衡增长状态。20×2年初的所有者权益为330万元(与20×1年末相同),当年创造了税后净利润55万元,公司留存了33万元,以22万元发放股利。因此所有者权益增加到363万元,增加了10%。由于资本结构不同,负债也增加10%。由于负债和所有者权益均增加10%,使得总资产增加10%。在资金周转率不变的情况下,资产增加10%可以支持销售额增加10%。

(2) 20×3年权益乘数提高,另外3个财务比率保持不变,可持续增长率上升为13.64%,实际增长率上升为50%。这表明提高财务杠杆,即提供了高速增长所需的资金。

(3) 20×4年权益乘数降为高速增长前的水平,另外3个财务比率不变。本年的可持续增长率恢复为10%,实际增长率下降为-16.67%。即归还借款,使财务杠杆恢复到历史正常水平,同时使总资产减少。在资金周转率不变的情况下,资产减少会使销售额下降。

(4) 20×5年的经营效率和财务政策保持了年初状态(即20×4年的状态)。销售增长率与可持续增长率均为10%。

通过上述分析可知,可持续增长率是企业当前经营效率和财务决策的内在增长能力,它和实际增长率之间有如下联系:

(1) 如果某一年的经营效率和财务政策与上年相同,在不增发新股的情况下,则实际增长率、上年的可持续增长率以及本年的可持续增长率三者相等。这种增长状态,在资金上可以永远持续发展下去,可称之为平衡增长。当然,外部条件是公司不断增加的产品能为市场接受。

(2) 如果某一年的可持续增长率计算公式中4个财务比率有一个或多个比率提高,在不增发新股的情况下,则实际增长率就会超过上年的可持续增长率,本年的可持续增长率也会超过上年的可持续增长率。由此可见,超常增长是“改变”财务比率的结果,而不是持续当前状态的结果。企业不可能每年提高这4个财务比率,因此也就不可能使超常增长继续下去。

(3) 如果某一年的可持续增长率计算公式中4个财务比率有一个或多个比率下降,在不增发新股的情况下,则实际增长率就会低于上年的可持续增长率,本年的可持续增长率也会低于上年的可持续增长率。这是超常增长之后的必然结果,公司对此要事先有准备。如果不愿意接受这种现实,继续勉强冲刺,现金周转的危机很快就会来临。

(4) 如果可持续增长率计算公式中的4个财务比率已经达到公司的极限,只有通过发行新股增加资金,才能提高销售增长率。

知识拓展

创业之初的财务预测

财务预测看得出一个初创公司的命运。但是初创公司还没有收入，甚至还没有产品，如何来做财务预测呢？要做好初创公司的财务预测，就必须先看看公司的美好未来都是由什么组成的。

公司里最重要的财务预测是它的“现金流”。初创公司的 CEO 必须清楚自己公司现金流里的每一个数字，千万别想等将来公司做大了，再找个 CFO 来做财务预测，忽视现金流重要性的公司也许根本就活不到那一天。

预测初创公司的现金流是一份细软活，需要 CEO 们静下心来仔细做功课。以下三方面的细节将决定初创公司的财务预测（现金流预测）是否合理、真实、可信。

一、收入的基本假设

预测收入的逻辑很简单，但需要掌握一些信息：① 产品/服务的定价；② 客户人数。把这二者放在时间的框架中看它们如何增长，这便是“收入的预测”。

1. 产品/服务的定价

无论你的公司做的是产品还是服务，都得有基本的定价。假设你生产的是平板电脑：第一步，将零部件加上你希望的利润便得出可能的定价；第二步，和市场上同类产品比较一番，比 iPod 便宜一些，比山寨机昂贵一些，最后定价就出来了。如果计算出来后发现这个价格比生产成本还低，那生意就没法做，这里面肯定存在严重的问题。

2. 客户人数

对于初创公司来说，什么时候进来第一个客户，客户人数到底有多少，这都是令人头痛和迷茫的问题。计算客户人数，万万不可使用“市场占有率”之类的百分比，因为初创公司是小本经营，得精打细算。

仍以一家 MP3 播放器公司为例：如果用分销的方法去销售，就不妨向分销商打听，成熟的分销商可以不费吹灰之力地告诉你，他每月大概可以给你卖出多少 MP3 播放器；如果采取直销，那你必须考虑广告投放。

3. 时间框架

有了产品/服务定价和客户人数的假设之后，再把它们放进一个时间框架里去。一般来说，投资人会要求你做 3～5 年的预测。

初创公司的财务预测最忌讳按“年”来计算，而必须要用“月”来计算。

一旦把数字化整为零按月来计算，无论是对收入还是支出的预测，都会立刻让你对财务预测比较有感觉和把握。比如你需要 3 个月时间设计开发产品，外加3个月时间测试、改进、量产，然后正式投放市场，所以，公司收入最早也要在第7个月实现。也许分销商还有90天的账期，这样的话，收到钱可能要到第10个月。接下来第11个月，收入应该有所增长，第12个月，收入继续增长。按月来做预测，相对会精准许多，因为30天以内能做的事情，还是可以比较容易测算出来的，而如果按年来算，往往只能信口开河地瞎报数字。按月做出来的财务预测不仅可以拿出来和投资人讨论细节，令其信服，更重要的是，还可以用它来对照和指导你每个月的日常运营。

二、成本

计算成本很容易，这里简单地叙述一下需要计算哪些成本。

(1) 固定成本：人员工资、房租、保险、职工福利费、办公费等。

(2) 可变成本：原材料、包装、运输、直接人工成本等。

(3) 销售成本：广告、销售、客户服务的成本。

(4) 设备投入：装修、办公家具、电脑、服务器、生产设备等。

和收入一样，成本也是在时间框架里一点点发生的。如果你将成本细化到每个月，马上就会发现很多成本并不是在公司开张那天一次性付出的。比如你预计需要30台服务器，但是它们并不需要第一天就全部到位，而是随着网站流量的增加一台台增加的，说不定要到第2年、第3年的时候才会达到30台服务器的需求，而那时候公司的收入也许早就实现了！

三、分析和调整

留心找到“收支平衡点”，把收支平衡点之前所有的费用加在一起，就得出了你需要为初创公司准备的资金数目。如果有投资人问你需要多少钱，那就自信地给他这个数字吧，你再也不必支支吾吾、模棱两可了。

此外，你还需要检查主要数据之间的关系和比率，确保能从财务预测的数据中看到初创公司的业务是健康和合理的，必要时还需要调整、平衡收入和成本之间的关键比率。当然，调整的原则依然是回到每月的原始数据里去分析它们的准确性和合理性。

(1) 毛利率。随着时间的延伸和业务扩展，初创公司的毛利率可能会从10%增加到60%，甚至更高，这就是公司的生命力所在。

(2) 营业利润率。初创公司管理成本是相对固定的，随着收入的增长，它占总成本的比例会越来越小，营业利润率便会大大提高。

(3) 增长率和规模。有了财务预测表，初创公司的年增长率也一目了然，你可以看看公司什么时候能达到创业板IPO的标准，公司是否对投资人、股民具有吸引力。

初创公司的财务预测不是一成不变的，每个月都应该进行仔细地对照和监控，并根据运营情况进行相应调整，使之符合现实并更加优化。如果实际情况和预测总是相去甚远，一定要及时找出原因，使情况迅速好转，否则就应该当机立断，停下来重新考虑公司未来的策略。

建议初创公司做两份预测：一份是以上所说的“保守”预测，这样你能对公司的底线做到心中有数；另一份是“乐观”预测，看看在理想的情况下，你是否能够做得更快、更好，“乐观”预测会给你带来无限的工作动力！

初创公司财务预测的关键是对公司未来收入做比较现实的假设。有了它，你再也不会浑浑噩噩地“做一天和尚撞一天钟”，就像是给了你一双火眼金睛，让你看清每一天的任务细节和自己必须踏出的每一个脚印。

思考题

1. 什么是财务计划？如何编制财务计划？
2. 为什么要进行财务预测？如何进行财务预测？
3. 什么是内含增长率？如何估算公司的内含增长率？
4. 什么是可持续增长率？与实际增长率有何区别与联系？

练习题

1. 已知某公司 20×1 年销售收入为 40 000 万元，税后净利润 2 000 万元，发放了股利 1 000 万元，20×1 年 12 月 31 日的资产负债表(简表)如下：

资产负债表(简表)

20×1 年 12 月 31 日　　　　金额单位：万元

资产	期末余额	负债及所有者权益	期末余额
货币资金	1 000	应付账款	3 000
交易性金融资产	1 000	短期借款	1 000
应收账款	3 000	长期借款	9 000
存货	7 000	普通股股本	1 000
固定资产	7 000	资本公积	5 500
可供出售金融资产	1 000	留存收益	500
资产总计	20 000	负债与所有者权益合计	20 000

假设货币资金均为经营资产，预计该公司 20×2 年销售增长 30%，销售净利率提高 10%，股利支付率保持不变。

要求：预测该公司在不保留金融资产情况下的外部融资需求额。

2. 某公司上年销售收入为3 000万元，本年计划销售收入4 000万元，销售增长率为33.33%，假设经营资产销售百分比为66.67%，经营负债销售百分比为6.17%，且二者保持不变，可动用的金融资产为0，预计销售净利率为4.5%，预计股利支付率为30%。

要求：(1) 计算外部融资销售增长比；(2) 计算外部融资额；(3) 如果销售增长500万元（即销售增长率为16.7%），计算外部融资销售增长比和外部融资额。

3. A公司20×1年财务报表主要数据如下表所示。

金额单位：万元

项目	20×1年实际
销售收入	3 200
净利润	160
本期分配股利	48
本期留存利润	112
流动资产	2 552
固定资产	1 800
资产总计	4 352
流动负债	1 200
长期负债	800
负债合计	2 000
实收资本	1 600
期末未分配利润	752
所有者权益合计	2 352
负债及所有者权益总计	4 352

假设A公司资产均为经营性资产，流动负债为经营负债，长期负债为金融负债，不变的销售净利率可以涵盖增加的负债利息。A公司20×2年的增长策略有两种选择：

(1) 高速增长：销售增长率为20%。为了筹集高速增长所需的资金，公司拟提高财务杠杆。在保持20×1年的销售净利率、资产周转率和收益留存率不变的情况下，将权益乘数（总资产÷所有者权益）提高到2。

(2) 可持续增长：维持目前的经营效率和财务政策，不增发新股。

要求：

(1) 假设A公司20×2年选择高速增长策略，请预计20×2年财务报表的主要数据（具体项目同上表），并计算确定20×2年所需的外部筹资额及其构成。

(2) 假设A公司20×2年选择可持续增长策略，请计算确定20×2年所需的外部筹资额及其构成。

案例分析

准确预测现金流

如果企业能够精确预测现金流，就可以保证充足的流动性，将投资收益最大化，借款成本最小化，获得新的信用额度，管理货币汇率风险，并预测财务风险。反之，若现金流预测不准确，企业就会在市场竞争及与银行和其他商业伙伴的合作方面处于不利地位。

“错误的利润预测会让企业在资本市场受到打击，看到这一点，就很容易理解为什么财务预测对于首席执行官和首席财务官来说非常重要。”财务及商业咨询公司 Parson Consulting 的业务主管霍尔说。

预测是一项特别困难的任务，但借助新的科技手段和改良后的模型技术，并督促各个业务部门及时提供全面的预测，企业可以越来越精确地预测现金流，并且精益求精。由于预测所涉及的各种因素完全取决于每个企业具体的业务流程和现金周期，所以没有一种预测方法可以适用于所有的企业。不过，大部分企业的预测目的相似，面临的问题也具有一定的共性，了解并掌握各种各样的预测方法，可以形成一个有用的方案库供企业备选。

1. 受不可控因素影响的企业的现金预测

在变化无常的行业中进行现金预测尤为复杂，如能源行业中的集团公司。安特吉公司是一个能源集团企业，每年的营业收入达到 90 亿美元。公司要预测在长达 5 年的时间里，包括从汇率波动到天气变化在内的各种因素。

公司进行这项预测的目的有两方面。“第一，意外停产所造成的即时现金需求和其他开支，必须通过投资短期欧元和商业票据来解决。”现金经理迈尔斯（Steve Myers）说，“第二，公司长期的运作目标，比如收购、支付股东红利、回购股票等，要求公司利用长期的投资工具管理现金，以达到在低风险的前提下提高现金收益的目的。”

对于短期目标，公司的资金部门准备了一个为期 90 天的滚动现金预算计划，以确定短期投资战略，并为公司的流动资金需求提供充足的准备。为了提高准确性，资金部门确定了诸如采购燃料、纳税、支付红利等经常发生的支付项目，同时确定如购买债券和回购等一次性的大宗支付。各业务部门每周通过电子邮件或者企业内部网邮件，向资金部门提供必要的数据，资金部门每周更新一次现金预测数字，提供最新的信息。

除了短期预测，安特吉公司的公用事业财务部门利用咨询公司 Utilities International Inc. 提供的财务计划模型，做了一个 5 年的预测报告。这份报告为公司提供了全面的财务状况预测，公司可以据此决定是否需要长期的债务融资。财务部每月与业务部协作，将最新的数据输入到模型中，提供最新预测结果。

2. 业务多元化的企业的现金预测

业务多元化或者运营周期性强的公司可能无法做出长期的现金预测。与安特吉公司的五年计划相反,Gehr Enterprises 的预测时间不超过一年。Gehr 是一个多元化的跨国公司,涉足制造业、批发分销、高科技设备销售,同时经营商业和住宅房地产。"一般情况下,如果预测的时间比业务经营的现金周期长,预测的准确性就会降低。"公司副总裁兼首席财务官利夫希兹(David Lifschitz)说,"超过了这个周期,预测更多的是假定条件下的主观猜测——尽管这种猜测有时也很有见地。但就我们的情况而言,虽然一些预测长达 12 个月,但是超过 60 天,预测的准确程度就降低了。"

Gehr 的有些分支机构面对的市场周期性非常强,而另一些分支机构的市场则比较稳定、有规律。"因此,我们利用预测来避免流动资金波动对公司带来的不良影响。"David Lifschitz 说,"现金预测的难易程度与行业和市场的波动性和周期性有关。比如,对大型零售商应收账款的回收受制于消费者的周期性需求,而长期生产合同货款或者房地产的租金回收就有规律得多了。"

3. 提供专业服务的企业的现金预测

专业服务公司的产品线之间通常联系紧密,但他们的业务周期比制造业的企业更难以预测。"一般情况下,我们的业务在第一和第四季度有增长,在夏季下滑,除此之外,在其他的时间里都很不确定。"评估咨询公司 Avail Consulting LLC 的首席财务官洛根(Mary Logan)如是说,"因为我们的业务取决于客户的购买和支付周期,所以要预测现金流常常并不容易。"

企业可以建立准确的模型来提高预测应收账款和费用的准确性。不过这个办法能否有效,很大程度上取决于企业各个职能部门和业务单元能否提供完整的数据支持。首席财务官、资金管理人员和财务分析人员抱怨,由于各个业务单元不能及时地提供准确全面的信息,他们的预测工作常常大打折扣。

Avail 咨询公司负责销售和客户服务的每个经理和主管,每周都要与洛根及公司的首席执行官开一次会,检查反映各项机会、建议及销售信息的渠道是否通畅无阻。会议纪要将在公司内部传阅,从而对与会人员形成一种无形的压力,使他们保持信息提供的及时性和准确性。

公司要求各个部门都提交一份现金流预测报告,从而避免因这些部门不提供必要的信息而对整体预测造成影响。"每个部门提交的年度现金流报告是整个公司年度预算报告的一部分。在每个季度的预测过程中,他们还必须根据要求更新提交的报告。

每个分支机构的总裁都要为现金流的预测负责,他们可以得到准备这些预测报告的财务经理的支持。预测报告提交到公司总部进行合并。这些总裁和他们各自的财务总监都有责任将季度的业绩做到与预测报告相符。如果一整年的结果都超过或者低于预测的数字，他们的奖金就要受到影响了。

销售主管负责长期的销售预测，销售与运营经理则负责对短期预测进行日常的更新和维护。负责赊销的经理和分支机构的财务总监负责监测应收账款账户和更新预测数字。采购主管则负责预测采购与库存数字。

现金流预测常常游离于企业的整体计划和预测之外。所有的预测都必须考虑损益表、资产负债表和现金流量预测表。但很多预测者在预测时只关注费用或者收入，较少关注其他要素。现金流预测必须考虑四个层面：即期现金流（每日到每周），经营性现金流（每月到每季），策略性现金流（每年）及战略性现金流（1 年以上）。在这四个层面中，较长期的现金预测必须综合考虑公司计划有哪些资本投资和收购项目，公司期望的运营回报有多高。但另一方面（短期预测方面），综合的概念却被忽略了。企业可以将每日的现金存量输入模型中，提高整体预测能力，从而达到更高的整合度。

即使是最好的预测系统，都不可能预知行业特有的风险和市场的波动。不过，安特吉公司虽然处于一个受天气影响较大的行业中，却能够准确地进行短期和长期现金预测，并且把两种预测整合到更广泛的业务目标当中，这一点，让那些更容易预判到未来挑战的公司看到了希望。

（资料来源　温素彬. 管理会计[M]. 北京：机械工业出版社，2008.）

讨论题：

(1) 为什么说预测是一项特别困难的任务？

(2) 如何将预测与企业整体目标相结合？

第5章 融资决策

学习目标

1. 掌握股票、债券发行价格和融资租赁租金的计算。
2. 理解各种筹资方式的优缺点。
3. 了解权益资金、负债资金筹集的各种方式。

引导案例

(一) 洛克菲勒借款给梅里特

德国人梅里特兄弟移居美国后,发现了铁矿,就秘密行动,购买土地,并成立了铁矿公司。虽然洛克菲勒也发现了这个铁矿,但梅里特抢得先机,洛克菲勒只好等待时机。尽管也有人出价500万美元,希望受让该铁矿,但是梅里特没有同意。

1883年,美国发生经济危机,梅里特的铁矿也发生资金周转困难的问题。这时,来了一位牧师,承诺借款42万美元,并立下字据:"今有梅里特兄弟借到考尔贷款42万美元整,特立此为证。"

半年后,牧师再次来到,说:"债权人是洛克菲勒,现在需要马上收回贷款。"

"考尔贷款"是一种债权人可以随时收回的低利息贷款,债务人如果不能按照债权人的要求还款,只有宣布破产。

梅里特兄弟无力偿还借款,只好宣布破产,出售资产,价格52万美元,买主就是洛克菲勒。

1901年,洛克菲勒将该铁矿转让,价格7 500万美元。

[**点评**] 资金需求方要讲诚信,资金供给方也要讲诚信;债务融资要讲诚信,股本融资也要讲诚信。

(二) 美国地方之间的引资竞争

1993年,奔驰汽车公司宣布将在美国选定一投资地点建设一家汽车装配工厂,投资3亿美元。有20多个州表示对该项目感兴趣,纷纷推出优惠措施。其中,南卡罗来纳州的优惠措施为：第一，在一定时期内免交财产税、公司税；第二，承担 2 000 名工人的个人培训费；第三，政府负责征用土地（搬迁 100 多个家庭的费用），将土地租给公司使用，租金 1 美元；第四，出资 6 000 万美元修建机场；第五，投资 500 万美元修建展览中心；第六，政府和公共事业部门大量购买该厂生产的汽车。

人们普遍看好南卡罗来纳州，因为奔驰公司已经在该州建立了一家载重卡车生产线，且该州还提出投资 3 500 万美元建立一个培训中心。

奔驰公司向南卡罗来纳州提出的要求是，该州替公司支付 1 500 名工人一年的工资，总额为 4 500 万美元。南卡罗来纳州拒绝了奔驰公司的要求。

奔驰公司最后选择了美国最落后的亚拉巴马州，该州的优惠条件是，提供总价值 3 亿美元的巨额税收优惠计划。

[点评]　融资能够使交易双方都获得利益，但互利不等于利益的平均分配。同时，风险需双方共同分担。项目融资的风险可以由项目发起人、工程承包商、材料供应商、设备供应商、项目产品买主或使用者、债权人来承担。

资金是企业进行生产经营活动的必要条件。企业设立，开展日常生产经营业务，购置设备、材料等生产要素，都需要一定数量的生产经营资金；企业扩大生产规模、开发新产品、提高技术水平，更要追加投资。筹集资金是企业资金运动的起点，是决定资金运动规模和生产经营发展程度的重要环节。通过一定的资金渠道，采取一定的筹资方式，组织资金的供应，保证企业生产经营活动的需要，是企业财务管理的一项重要内容。

5.1　企业筹资概述

5.1.1　企业筹资的概念

企业筹资是指企业根据生产经营、对外投资和调整资本结构等活动对资金的需要，采取适当的方式，获取所需资金的一种行为。资金是企业生存和发展的必要条件。筹集资金既是保证企业正常生产经营的前提，又是谋求企业发展的基础。筹资工作做得好，不仅能降低资本成本，给经营或投资创造较大的可行性或有利的空间，而且能降低财务风险，增大企业经济效益。筹集资金是企业资金运动的起点，它会影响乃至决定企业资金运动的规模及效果。企业的经营管理者必须把握企业何时需要资金、需要多少资金、以何种合理的方式取得资金。

5.1.2　企业筹资的来源与方式

1. 企业筹资的来源

企业资金的来源有两个方面：① 由投资人提供的，称为所有者权益，这部分资金称为权益资金;② 由债权人提供的,称为负债,这部分资金称为负债资金。

2. 企业筹资的方式

企业筹资的方式是指企业筹措资金采用的具体形式,主要有以下六种:

① 吸收直接投资。

② 发行股票。

③ 发行债券。

④ 融资租赁。

⑤ 银行借款。

⑥ 商业信用。

以上这些筹资方式,将在5.2和5.3节做详细介绍。

5.1.3 筹资的基本原则

采取一定的筹资方式,有效地组织资金供应,是一项重要而复杂的工作。为此,企业筹集资金应遵循以下基本原则。

1. 合理性原则

不论采取什么方式筹资,都必须预先合理确定资金的需要量,以需定筹。既要防止筹资不足,影响生产经营的正常进行;又要防止筹资过多,造成资金闲置。

2. 及时性原则

按照资金时间价值的原理,同等数量的资金,在不同时点上具有不同的价值。企业筹集资金应根据资金投放使用的时间来合理安排,使筹资和用资在时间上相衔接。既要避免过早筹资使资金过早到位而形成资金投放前的闲置,又要避免资金到位滞后而丧失资金投放的最佳时机。

3. 效益性原则

不同资金来源的资本成本各不相同,取得资金的难易程度也有差异。筹集资金应从资金需要的实际情况出发,采用合适的方式操作,追求降低成本,谋求最大的经济效益。

4. 优化资金结构原则

企业的自有资金和借入资金要有合适的比例,长期资金和短期资金也应比例适当。资金筹集应注意这两方面的内容,使企业减少财务风险,优化资金结构。

5.2 权益资金筹集

企业的全部资产由两部分构成:投资人提供的所有者权益和债权人提供的负债。所有者权益是企业资金的最主要来源,是企业筹集债务资金的前提与基础。所有者权益是指投资人对企业净资产的所有权,包括投资者投入企业的资本金及企业在经营过程中形成的积累,如盈余公积金、资本公积金和未分配利润等。资本金是企业在工商行政管理部门登记的注册资金，是企业设立时的启动资金，资本金的数额不能低于国家规定的开办此类企业的最低资本数额(法定资本金)。企业通过吸收直接投资、发行股票、内部积累等方式筹集的资金都称为权益资金。权益资金不用还本，因而也称为自有资金或主权资金。

5.2.1　吸收直接投资

吸收直接投资是指非股份制企业按照“共同投资、共同经营、共担风险、共享利润”的原则直接吸收国家、法人、个人、外商投入资金的一种筹资方式。吸收直接投资不以股票为媒介，无需公开发行证券。吸收直接投资中的出资者都是企业的所有者，他们对企业拥有经营管理权，并按出资比例分享利润、承担损失。

1. 吸收直接投资的渠道

企业通过吸收直接投资方式筹集资金的渠道有以下四种：

(1) 吸收国家投资

吸收国家投资是指有权代表国家投资的政府部门或者机构以国有资产投入企业，由此形成国家资本金。

(2) 吸收法人投资

法人投资是指其他企业、事业单位以其可支配的资产投入企业，由此形成法人资本金。

(3) 吸收个人投资

个人投资是指城乡居民或本企业内部职工以其个人合法财产投入企业，形成个人资本金。

(4) 吸收外商投资

外商投资是指外国投资者的资金投入企业，形成外商资本金。由于我国澳港台地区属于单独关税区，港澳台地区投资者向大陆企业投入的资金视同外商资本金。

2. 吸收直接投资的出资方式

吸收直接投资中的投资者可采用现金、实物、无形资产等多种形式出资。其主要出资方式有以下几种：

(1) 现金投资

现金投资是吸收直接投资中最重要的出资形式。企业有了现金，就可获取所需物资、支付各种费用，具有最大的灵活性。因此，企业要尽可能争取投资者采用现金方式出资。

(2) 实物投资

实物投资是指以房屋、建筑物、设备等固定资产和原材料、商品等流动资产进行的投资。实物投资应符合以下条件：① 适合企业生产经营、科研开发等的需要；② 技术性能良好；③ 作价公平合理；④ 实物不能涉及抵押、担保、诉讼冻结。投资实物的作价，除由出资各方协商确定外，也可聘请各方都同意的专业资产评估机构评估确定。

(3) 无形资产投资

无形资产投资是指以商标权、专利权、非专利技术、知识产权、土地使用权等所进行的投资。企业在吸收无形资产投资时应持谨慎态度,避免吸收短期内会贬值的无形资产,避免吸收对本企业利益不大及不适宜的无形资产,还应注意符合法定比例,即吸收无形资产的出资额一般不能超过注册资本的20%(不包括土地使用权),对于高新技术等特殊行业,经有关部门审批最高放宽至30%。

3. 吸收直接投资的程序

企业吸收直接投资,一般要遵循如下程序:

① 确定吸收直接投资所需的资金数量。企业新建或扩大经营规模时,应先确定资金的总需要量及理想的资本结构,然后据以确定吸收直接投资所需的资金数量。

② 寻求投资单位,商定投资数额和出资方式。吸收直接投资中的双方是双向选择的结果。受资单位要选择相宜的投资者,投资单位要选择收益理想或对自身发展有利的受资者。为此,要做好信息交流工作,企业既要广泛了解有关投资者的财力和意向,又要主动传递自身的经营状况和盈利能力,以利于在较多的投资者中寻求最好的合作者。投资单位确定后,双方便可进行具体的协商,确定投资数额和出资方式,落实现金出资计划及实物、无形资产的评估作价。

③ 签署投资协议。企业与投资者商定投资意向和具体条件后,便可签署投资协议,明确双方的权利和责任。

④ 执行投资协议。企业与投资者按协议约定,办好投资交接及有关手续,并在以后确保投资者参与经营管理的权利及盈利分配权利。

4. 吸收直接投资的优缺点

(1) 吸收直接投资的优点

① 筹资方式简便、筹资速度快。吸收直接投资的双方直接接触磋商,没有中间环节。只要双方协商一致,筹资即可成功。

② 有利于提升企业信誉。吸收直接投资所筹集的资金属于自有资金,与借入资金相比,能提升企业的信誉和借款能力。

③ 有利于尽快形成生产能力。吸收直接投资可直接获得现金、先进设备和先进技术,与通过有价证券等间接筹资相比,能尽快地形成生产能力,尽快开拓市场。

④ 有利于降低财务风险。吸收直接投资可以根据企业的经营状况向投资者支付报酬,没有固定的财务负担,比较灵活,所以财务风险较小。

(2) 吸收直接投资的缺点

① 资金成本较高。企业向投资者支付的报酬是根据企业实现的净利润和投资者的出资额计算的,不能减免企业所得税,当企业盈利丰厚时,企业向投资者支付的报酬很高。

② 企业控制权分散。吸收直接投资的新投资者享有企业经营管理权,这会造成原有投资者控制权的分散与减弱。

5.2.2　发行股票

股票是股份公司为筹集主权资金而发行的有价证券，是持股人拥有公司股份的凭证，它表示持股人在股份公司中拥有的权利和应承担的义务。本章仅介绍股票与筹资有关的内容，有关股票的其他内容将在证券投资部分介绍。

股票按股东权利和义务的不同，有普通股和优先股之分。

1. 普通股筹资

普通股是股份公司发行的具有管理权而股利不固定的股票，是股份制企业筹集权益资金的最主要方式。

1）普通股的特点

① 普通股股东对公司有经营管理权。

② 普通股股东对公司有盈利分享权。

③ 普通股股东有优先认股权。

④ 普通股股东有剩余财产要求权。

⑤ 普通股股东有股票转让权。

2）普通股的发行价格

普通股的发行价格可以按照不同情况采取两种办法：一是按票面金额等价发行；二是按高于票面金额的价格发行，即溢价发行。

公司始发股的发行价格与票面金额通常是一致的，增发新股的发行价格则需根据公司盈利能力和资产增值水平加以确定，主要有以下三种计算方式。

（1）以未来股利计算

$$每股价格=\frac{预期股利}{利息率}=\frac{票面价值\times股利率}{利息率}$$

公式中的利息率最好使用金融市场平均利率，也可用投资者的期望报酬率。

（2）以市盈率计算

$$每股价格=每股税后利润\times合适的市盈率$$

（3）以资产净值计算

$$每股价格=\frac{资产总额-负债总额}{普通股总股数}=\frac{所有者权益总额}{普通股总股数}$$

不论采用以上三种方法中的哪一种，如果计算得到的结果低于股票面值，那么股票的发行价格就取股票面值。

3）普通股筹资的优缺点

（1）普通股筹资的优点

① 能提升股份公司的信誉。普通股筹资能增加股份公司主权资金的比重，较多的主权资金为债务人提供了较强的偿债保障，这有助于提升公司的信誉和举债能力。

② 能降低股份公司的风险。普通股既无到期日，又无固定的股利负担，因此不存在不能偿付的风险。

③ 能增强公司经营的灵活性。普通股筹资比发行优先股或债券限制少,它的价值较少因通货膨胀而贬值,普通股资金的筹集和使用都较为灵活。

(2) 普通股筹资的缺点

① 资金成本较高。发行普通股的资金成本一般高于债务资金,一是因为普通股股东期望报酬高,二是因为股利要从税后净利润中支付,且其发行费用高于其他证券。

② 新股东的增加,导致原股东控股权的分散和削弱。

③ 有可能降低原股东的收益水平。

2. 优先股筹资

优先股是股份公司发行的具有一定优先权的股票。它既具有普通股的某些特征,又与债券有相似之处。从法律上讲,企业对优先股不承担还本义务,因此它是企业自有资金的一部分。

1) 优先股的特点

优先股的特点是较普通股有某些优先权利,同时也有一定限制,其"优先"表现在两个方面:

(1) 优先分配股利权

优先股股利的分配在普通股之前,其股利率是固定的。

(2) 优先分配剩余财产权

当企业清算时,优先股的剩余财产请求权位于债权人之后,但位于普通股之前。

2) 优先股筹资的优缺点

(1) 优先股筹资的优点

① 没有固定到期日,不用偿还本金。

② 股利支付率虽然固定,但无约定性。当公司财务状况不佳时,可暂不支付,不像债券到期无力偿还本息有破产风险。

③ 优先股属于自有资金,既能提升公司信誉及借款能力,又能保持原普通股股东的控制权。

(2) 优先股筹资的缺点

① 资金成本高。优先股股利要从税后利润中支付,股利支付虽无约定性且可以延时,但终究是一种较重的财务负担。

② 优先股较普通股限制条款多。

5.2.3 留存收益

留存收益也是权益资金的一种,是指企业的盈余公积、未分配利润等。与其他权益资金相比,留存收益的取得更为简便,无须进行筹资活动,又无筹资费用,因此这种筹资方式既节约了成本,又提升了企业的信誉。留存收益的实质是投资者对企业的再投资,但这种筹资方式受制于企业盈利的多寡及企业的分配政策。

5.2.4　天使投资

1. 天使投资的含义

天使投资(Angel Investment),是权益资本投资的一种形式,是指富有的个人出资协助具有专门技术或独特概念的原创项目或小型初创企业,进行一次性的前期投资。它是风险投资的一种形式,根据天使投资人的投资数量及对被投资企业可能提供的综合资源进行投资。

2. 天使投资的特征

天使投资实际上是风险投资的一种特殊形式,是对于高风险、高收益的初创企业的第一笔投资。一般来说,一个公司从初创到稳定成长期,需要进行三轮投资:第一轮投资大多是来自个人的天使投资,作为公司的启动资金;第二轮投资往往会有风险投资机构进入,为产品的市场化注入资金;最后一轮则基本是上市前的融资,资金来自于大型风险投资机构或私募基金。

对此,投资专家有一个比喻:如果对一个学生投资,私募股权投资着眼于大学生,风险投资机构青睐中学生,而天使投资者则培育萌芽阶段的小学生。

通常,天使投资对回报的期望值并不是很高,10 到 20 倍的回报就足够吸引他们,这是因为他们决定出手投资时,往往在一个行业同时投资 10 个项目,最终只有一两个项目可能获得成功,只有用这种方式,天使投资人才能分散风险。天使投资的特征如下:

① 天使投资的金额一般较小,而且是一次性投入,它对风险企业的审查也并不严格。它更多的是基于投资人的主观判断或者由个人的好恶所决定。通常天使投资是个体或者小型的商业行为,并且见好就收。

② 很多天使投资人本身是企业家,了解创业者面对的难处。天使投资人是起步公司的最佳融资对象。

③ 他们不一定是百万富翁或高收入人士。天使投资人可能是您的邻居、家庭成员、朋友、公司伙伴、供货商或任何愿意投资公司的人士。

④ 天使投资人不但可以带来资金,同时也能带来关系网络。如果他们是知名人士,还可提高公司的信誉。

天使投资往往是一种参与性投资,也被称为增值型投资。投资后,天使投资家往往积极参与被投企业的战略决策和战略设计;为被投企业提供咨询服务;帮助被投企业招聘管理人员;协助公关;设计推出渠道和组织企业推出等。当然,不同的天使投资家对投资后管理的态度不同,一些天使投资人积极参与投资后管理,而另一些则不然。

3. 天使投资与风险投资的区别

天使资本(Angel Capital)是自由投资者或非正式风险投资机构对原创项目构思或小型初创企业进行的一次性的前期投资。天使投资虽是风险投资的一种,但两者有着较大差别。天使投资是一种非组织化的创业投资形式,其资金来源大多是民间资本,而非专业的风险投资商。

天使投资的门槛较低，有时即便是一个创业构思，只要有发展潜力，就能获得资金；而风险投资一般对这些尚未诞生或嗷嗷待哺的“婴儿”兴趣不大。对刚刚起步的创业者来说，既吃不了银行贷款的“大米饭”，又沾不了风险投资“维生素”的光，在这种情况下，只能靠天使投资的“婴儿奶粉”来吸收营养，并茁壮成长。

4. 天使投资种类

美国一般规定天使投资人的总资产在100万美金以上，或者年收入在20万～30万美元。依据项目投资量的大小，可以参考选择天使投资的种类主要包括：

① 支票天使。他们相对缺乏企业经验，仅仅出资，并且投资额较小，每个投资案1万～2.5万美元。

② 增值天使。他们较有经验并参与被投资企业的运作，投资额较大，每个投资案5万～25万美元。

③ 超级天使。他们往往是具有成功经验的企业家，可为新企业提供独到的支持，每个投资案的投资额相对较大，在10万美元以上。

5.3 负债资金筹集

负债是企业所承担的能以货币计量、需以资产或劳务偿付的债务。企业通过银行借款、发行债券、融资租赁、商业信用等方式筹集的资金属于企业的负债。由于负债要归还本金和利息，因而称为企业的借入资金或债务资金。

5.3.1 银行借款

银行借款是指企业根据借款合同向银行或非银行金融机构借入的需要还本付息的款项。

1. 银行借款的种类

(1) 按借款期限长短分

按借款期限长短可分为短期借款和长期借款。短期借款是指借款期限在1年以内的借款；长期借款是指借款期限在1年以上的借款。

(2) 按借款担保条件分

按借款担保条件可分为信用借款、担保借款和票据贴现。

(3) 按借款用途分

按借款用途可分为基本建设借款、专项借款和流动资金借款。

(4) 按提供贷款的机构分

按提供贷款的机构可分为政策性银行贷款和商业性银行贷款。

2. 银行借款的程序

(1) 企业提出借款申请

企业要向银行借入资金，必须向银行提出申请，填写包括借款金额、借款用途、偿还能力、还款方式等内容的“借款申请书”，并提供有关资料。

(2) 银行进行审查

银行对企业的借款申请要从企业的信用等级、基本财务情况、投资项目的经济效益、偿债能力等多方面进行必要的审查，以决定是否提供贷款。

(3) 签订借款合同

借款合同是规定借款单位和银行双方的权利、义务和经济责任的法律文件。借款合同包括基本条款、保证条款、违约条款及其他附属条款等内容。

(4) 企业取得借款

双方签订借款合同后，银行应如期向企业发放贷款。

(5) 企业归还借款

企业应按借款合同的规定按时足额归还借款本息。如因故不能按期归还，应在借款到期之前的 3～5 天内，提出展期申请，由贷款银行审定是否给予展期。

3. 银行借款的信用条件

向银行借款往往附带一些信用条件。

(1) 补偿性余额

补偿性余额是银行要求借款企业在银行中保留一定数额的存款余额，常为借款额的 10%～20%，其目的是降低银行贷款风险，但对借款企业来说，加重了利息负担。

【例 5-1】 某企业按年利率 9%向银行借款 100 万元，补偿性余额比例 10%。

要求：计算企业实际借款利率。

解

$$企业实际借款利率=\frac{名义利率}{1-补偿性余额比例}=\frac{9\%}{1-10\%}=10\%$$

(2) 信贷额度

信贷额度是借款企业与银行在协议中规定的借款最高限额。在信贷额度内，企业可以随时按需要支用借款。但若协议是非正式的，则银行并无必须按最高借款限额保证贷款的法律义务。

(3) 周转信贷协议

周转信贷协议是银行具有法律义务地承诺提供不超过某一最高限额的贷款协议。企业享用周转信贷协议，要对贷款限额中的未使用部分付给银行一笔承诺费。

【例 5-2】 某企业与银行商定的周转信贷额度为 2 000 万元，承诺费为 1%，该企业年度内实际借款额为 1 600 万元。

要求：计算该企业应向银行支付的承诺费。

解

$$应付承诺费=(2\,000-1\,600)\times1\%=4(万元)$$

4. 银行借款的优缺点

(1) 银行借款的优点

① 筹资速度快。与发行证券相比,不需印刷证券、报请批准等,一般所需时间短,可以较快满足资金的需要。

② 筹资的成本低。与发行债券相比,借款利率较低,且不需支付发行费用。

③ 借款灵活性大。企业与银行可以直接接触,商谈借款金额、期限和利率等具体条款。借款后如情况变化可再次协商。到期还款有困难的,如能取得银行谅解,也可延期归还。

(2) 银行借款的缺点

① 筹资数额往往不可能很大。

② 银行会提出对企业不利的限制条款。

5.3.2 发行债券

债券是企业依照法定程序发行的、承诺按一定利率定期支付利息,并到期偿还本金的有价证券,是持券人拥有公司债权的凭证。

1. 债券的种类

(1) 按发行主体分类

按发行主体,债券可分为政府债券、金融债券和企业债券。

政府债券是由中央政府或地方政府发行的债券。政府债券风险小、流动性强。

金融债券是银行或其他金融机构发行的债券。金融债券风险不大、流动性较强、利率较高。

企业债券是由各类企业发行的债券。企业债券风险较大、利率较高、流动性差别较大。

(2) 按有无抵押担保分类

按有无抵押担保,债券可分为信用债券、抵押债券和担保债券。

信用债券又称无抵押担保债券,是以债券发行者自身的信誉发行的债券。政府债券属于信用债券,信誉良好的企业也可发行信用债券。企业发行信用债券往往有一些限制条件,如不准企业将其财产抵押给其他债权人,不能随意增发企业债券,未清偿债券之前股利不能分得过多等。

抵押债券是指以一定抵押品作抵押而发行的债券。当企业不能偿还债券时,债权人可将抵押品拍卖以获取债券本息。

担保债券是指由一定保证人作担保而发行的债券。当企业没有足够资金偿还债券时,债权人可以要求保证人偿还。

(3) 按偿还期限分类

按偿还期限,债券可分为短期债券和长期债券。短期债券是指偿还期在 1 年以内的债券。长期债券是指偿还期在 1 年以上的债券。

(4) 按是否记名分类

按是否记名，债券可分为记名债券和无记名债券。

(5) 按计息标准分类

按计息标准，债券可分为固定利率债券和浮动利率债券。

(6) 按是否标明利息率分类

按是否标明利息率，债券可分为有息债券和贴现债券。

(7) 按是否可转换成普通股分类

按是否可转换成普通股，债券可分为可转换债券和不可转换债券。

2. 债券的发行

国有企业、股份公司、责任有限公司只要具备发行债券的条件，都可以依法申请发行债券。

(1) 发行方式

债券的发行方式有委托发行和自行发行。委托发行是指企业委托银行或其他金融机构承销全部债券，并按总面额的一定比例支付手续费。自行发行是指债券发行企业不经过金融机构直接把债券配售给投资单位或个人。

(2) 发行债券的要素

① 债券的面值。债券面值包括两个基本内容：币种和票面金额。币种可以是本国货币，也可以是外国货币，这取决于债券发行的地区及对象。票面金额是债券到期时偿还本金的金额。票面金额印在债券上，固定不变，到期必须足额偿还。

② 债券的期限。债券从发行之日起至到期日之间的时间称为债券的期限。

③ 债券的利率。债券上一般都注明年利率，利率有固定的，也有浮动的。面值与利率相乘即为年利息。

④ 偿还方式。债券的偿还方式有分期付息、到期还本及到期一次还本付息两种。

⑤ 发行价格。债券的发行价格有三种：一是按债券面值等价发行，等价发行又叫面值发行；二是按低于债券面值折价发行；三是按高于债券面值溢价发行。

债券之所以会偏离面值发行，是因为债券票面利率与金融市场平均利率不一致。如果债券利率大于市场利率，则由于未来利息多计，导致债券内在价值大而应采用溢价发行。如果债券利率小于市场利率，则由于未来利息少计，导致债券内在价值小而应采用折价发行。这是基于债券发行价格应该与它的价值贴近的原理。债券溢价、折价可依据资金时间价值原理算出的内在价值确定。

若每年末支付利息，到期支付面值的债券，其发行价格计算公式为

$$\begin{matrix}\text{债券发行}\\\text{价格}\end{matrix}=\begin{matrix}\text{债券}\\\text{面值}\end{matrix}\times\begin{matrix}\text{按市场利率和债券期限}\\\text{计算的现值系数}\end{matrix}+\begin{matrix}\text{债券应付}\\\text{年利息}\end{matrix}\times\begin{matrix}\text{按市场利率和债券期限}\\\text{计算的年金现值系数}\end{matrix}$$

到期一次还本付息的债券，其发行价格计算公式为

$$\text{债券发行价格}=\begin{matrix}\text{按票面利率和期限计算}\\\text{债券到期的本利和}\end{matrix}\times\begin{matrix}\text{按市场利率和债券期限}\\\text{计算的现值系数}\end{matrix}$$

【例 5-3】 某企业通过发行债券筹资，债券面值 500 元，期限 5 年，发行时市场利率为 10%，每年末付息，到期还本。

要求：分别按票面利率为 8%，10%，12%计算债券的发行价格。

解 若票面利率为 8%：

$$发行价格=500\times8\%\times(P/A,10\%,5)+500\times(P/F,10\%,5)$$
$$=40\times3.7908+500\times0.6209=462.08(元)$$

若票面利率为 10%：

$$发行价格=500\times10\%\times(P/A,10\%,5)+500\times(P/F,10\%,5)$$
$$=50\times3.7908+500\times0.6209=500(元)$$

若票面利率为 12%：

$$发行价格=500\times12\%(P/A,10\%,5)+500\times(P/F,10\%,5)$$
$$=60\times3.7908+500\times0.6209=537.90(元)$$

从计算结果可知，上述三种情况分别以折价、等价、溢价发行。此类问题的市场利率是复利年利率，当债券以单利计息，到期一次还本付息时，即使票面利率与市场利率相等，也不应按面值发行。

【例 5-4】 依例 5-3 的资料，若改成单利计息，到期一次还本付息，其余不变。

要求：分别按票面利率 8%，10%，12%计算债券的发行价格。

解 若票面利率为 8%：

$$发行价格=500\times(1+5\times8\%)\times(P/F,10\%,5)$$
$$=700\times0.6209=434.63(元)$$

若票面利率为 10%：

$$发行价格=500\times(1+5\times10\%)\times(P/F,10\%,5)$$
$$=750\times0.6209=465.68(元)$$

若票面利率为 12%：

$$发行价格=500\times(1+5\times12\%)\times(P/F,10\%,5)$$
$$=800\times0.6209=496.72(元)$$

3. 债券筹资的优缺点

(1) 债券筹资的优点

① 债券利息作为财务费用在税前列支，而股票的股利需由税后利润发放，利用债券筹资的成本较低。

② 债券持有人无权干涉企业的经营管理，因而不会减弱原有股东对企业的控制权。

③ 债券利率在发行时就已确定，如遇通货膨胀，则实际减轻了企业负担；如企业盈利情况较好，由财务杠杆作用可使原有投资者获取更大的收益。

(2) 债券筹资的缺点

① 筹资风险高。债券筹资有固定到期日,要承担还本付息的义务。当企业经营不善时,会减少原有投资者的股利收入,甚至会因不能偿还债务而导致企业破产。

② 限制条件多。债券持有人为保障债权的安全,往往要在债券合同中签订保护条款,这对企业造成较多约束,影响企业财务的灵活性。

③ 筹资数量有限。债券筹资的数额一般比银行借款大,但它筹集的毕竟是债务资金,数额也不能太大,否则会影响企业信誉,也会因资金结构变差而导致总体资金成本的提高。

5.3.3　融资租赁

租赁是承租人向出租人交付租金,出租人在契约或合同规定的期限内将资产的使用权让渡给承租人的一种经济行为。

1. 租赁的种类

租赁的种类很多,按租赁的性质可分为经营性租赁和融资性租赁两大类。

(1) 经营性租赁

经营性租赁,又称服务性租赁。它是由承租人向出租人交付租金,由出租人向承租人提供资产使用及相关的服务,并在租赁期满时由承租人把资产归还给出租人的租赁。经营性租赁通常为短期租赁,其特点如下:

① 资产所有权属于出租人,承租人仅为获得资产使用权,并非为了融资。

② 经营租赁是一个可解约的租赁,承租企业在租期内可按规定提出解除租赁合同。

③ 租赁期短,一般只是租赁物使用寿命期的一小部分。

④ 出租企业向承租企业提供资产维修、保养及人员培训等服务。

⑤ 租赁期满或合同中止时,租赁资产一般归还给出租人。

(2) 融资性租赁

融资性租赁,又称财务租赁、资本租赁。它是承租人为融通资金而向出租人租用由出租人出资按承租人要求购买的租赁物的租赁。它是以融物为形式,融资为实质的经济行为,是出租人为承租人提供信贷的信用业务。融资性租赁通常为长期租赁,其特点如下:

① 资产所有权形式上属于出租方,但承租方能实质性地控制该项资产,并有权在承租期内取得该项资产的所有权。承租方应把融资租入资产作为自有资产对待,如需要在资产账户上做记录、要计提折旧。

② 融资租赁是一种不可解约的租赁,租赁合同比较稳定,在租赁期内,承租人必须连续交纳租金,非经双方同意,中途不得退租。这样既能保证承租人长期使用该项资产,又能保证出租人收回投资并有所得益。

③ 租赁期长,租赁期一般是租赁资产使用寿命期的绝大部分。

④ 出租方一般不提供维修、保养方面的服务。

⑤ 租赁期满，承租人可选择留购、续租或退还，通常由承租人留购。

2. 融资租赁的形式

融资租赁有以下三种形式：

(1) 直接租赁

直接租赁是指承租人直接向出租人租入所需要的资产。直接租赁的出租人主要是制造厂商、租赁公司。直接租赁是融资租赁中最为普遍的一种，是融资租赁的典型形式。

(2) 售后回租

售后回租是指承租人先把其拥有主权的资产出售给出租人，然后再将该项资产租回的租赁。这种租赁方式既使承租人通过出售资产获得一笔资金，以改善其财务状况，满足企业对资金的需要；又使承租人通过回租保留了企业对该项资产的使用权。

(3) 杠杆租赁

杠杆租赁是由资金出借人为出租人提供部分购买资产的资金，再由出租人购入资产租给承租人的方式。因此，杠杆租赁涉及出租人、承租人和资金出借人三方。从承租人的角度来看，它与其他融资租赁形式并无多大区别。从出租人的角度来看，它只支付购买资产的部分资金(20％～40％)，其余部分(60％～80％)是向资金出借人借来的。在杠杆租赁方式下，出租人具有三重身份，即资产所有权人、出租人、债务人。出租人既向承租人收取租金，又向借款人偿还本息，其间的差额就是出租人的杠杆收益。从资金出借人的角度来看，他向出租人借出资金是由出租人以租赁物为抵押的，他的债权对出租人没有追索权，但对租赁物有第一留置权。即当承租人不履行支付租金义务时，资金出借人不能向出租人追索债务，但可向法院申请执行其担保物权。该项租赁物被清偿的所得，首先用以清偿资金出借人的债务，如有剩余再给出租人。

3. 融资租赁的程序

(1) 做出租赁决策

当企业需要长期使用某项设备而又没有购买该项设备所需资金时，一般有两种选择：一是筹措资金购买该项设备；二是融资租入该项设备。孰优孰劣？可以通过现金流量的分析计算做出合适的抉择。

(2) 选择租赁公司

当企业决定采用融资租赁方式取得某项设备时，即应开始选择租赁公司，并根据对融资条件、租赁费率等有关资料的比较分析，择优选定。

(3) 办理租赁委托

当企业选定租赁公司后，便可向其提出申请，办理委托。这种委托包括填写“租赁申请书”及提供财务状况的文件资料。

(4) 签订购货协议

租赁公司受理租赁委托后，即由租赁公司与承租企业的一方或双方选择设备的制造商或销售商，与其进行技术与商务谈判，签订购货协议。

(5) 签订租赁合同

租赁合同由承租企业与租赁公司签订。租赁合同用以明确双方的权利与义务,它是租赁业务最重要的文件,具有法律效力。融资租赁合同的内容包括一般条款和特殊条款两部分。

(6) 办理验货及投保

承租企业收到租赁设备,要进行验收。验收合格后签发租赁设备收据及验收合格证,并提交租赁公司,租赁公司据以向制造商或销售商付款。同时,承租企业向保险公司办理投保事宜。

(7) 交付租金

承租企业在租赁期内按合同规定的租金数额、交付日期、交付方式,向租赁公司交付租金。

(8) 租赁期满的设备处理

融资租赁合同期满,承租企业可按合同规定对租赁设备留购、续租或退还。一般来说,租赁公司会把租赁设备在期满时以低价甚至无偿转给承租企业。

4. 融资租赁租金的计算

融资租赁租金是承租企业支付给租赁公司让渡租赁设备的使用权或价值的代价。租金的数额大小、支付方式对承租企业的财务状况有直接的影响,也是租赁决策的重要依据。

1) 租金的构成

① 租赁资产的价款,包括设备的买价、运杂费及途中保险费等。

② 利息,即租赁公司所垫资金的应计利息。

③ 租赁手续费,包括租赁公司承办租赁业务的营业费用及应得到的利润。租赁手续费的高低由租赁公司与承租企业协商确定,一般以租赁资产价款的某一百分比收取。

2) 租金的支付方式

① 按支付时期长短,可分为年付、半年付、季付、月付。

② 按每期支付租金的时间,可分为先付租金和后付租金。先付租金指在期初支付;后付租金指在期末支付。

③ 按每期支付金额,可分为等额支付和不等额支付。

3) 租金的计算方法

融资租赁租金计算方法较多,常用的有平均分摊法和等额年金法。

(1) 平均分摊法

平均分摊法是指先以商定的利息率和手续费率计算出租赁期间的利息和手续费,然后连同租赁设备的购置成本的应摊销总额按租金支付次数平均计算出每次应付租金数额的方法。

平均分摊法下,每次应付租金数额的计算公式为

$$R=\frac{(C-S)+I+F}{n}$$

式中，R 为每次应付租金数额；C 为租赁设备的购置成本；S 为期满时由租入方留购并支付给出租方的转让价；I 为租赁期间利息；F 为租赁期间手续费；n 为租赁期间租金支付次数。

【例 5-5】 某企业向租赁公司租入一套设备，设备原价 100 万元，租期 5 年，预计租赁期满租入企业支付的转让价为 5 万元。假设年利率为 10%，手续费为设备原价的 2%，租金每年末支付一次。

要求：计算该企业每年应付租金的数额。

解 $R=\frac{(100-5)+[100\times(1+10\%)^5-100]+100\times2\%}{5}=31.61$（万元）

(2) 等额年金法

等额年金法是运用年金现值的计算原理计算每次应付租金的方法。在这种方法下，要将利息率和手续费率综合在一起确定一个租费率，作为贴现率。这种方法与平均分摊法相比，计算更复杂，但因为考虑了资金的时间价值，结论更具客观性。

等额年金法下，每次应付租金数额的计算公式为

$$R=\frac{C-S\cdot(P/F,i,n)}{(P/A,i,n)}$$

式中，R 为每次期末应付租金数额；C 为租赁设备的购置成本；S 为期满时由租入方留购并支付给出租方的转让价；i 为租费率；n 为租赁期间支付租金次数。

关于这一公式的正确使用，应注意如下三点：

第一，这一公式假定每期租金是期末支付的，即租金是普通年金。假如每期租金是期初支付的，即租金是即付年金，那么计算公式应为

$$R=\frac{C-S\cdot(P/F,i,n)}{(P/A,i,n-1)+1}$$

第二，公式中的 i 是租费率，它是综合了资金利息率和租赁手续费率后由租赁双方认可的，它比纯粹的借款利率要高些。若租赁手续费在租赁开始一次付清，也即各期租金不含手续费时，租费率与租金利息率相同。

第三，公式中分子、分母的 i 表示的量相同，都是租费率，否则会造成租赁期结束时账面余额与预计残值不一致。

【例 5-6】 沿用例 5-5 的资料。

要求：分别对以下三种情况用等额年金法计算该企业每年应付租金额。

(1) 租费率为 12%，租金在每年年末支付。

(2) 租费率为 12%，租金在每年年初支付。

(3) 租金在每年年末支付，但租赁手续费在租入设备时一次付清。

解 设三种情况下每年应付租金额分别为 R_1，R_2，R_3，则

$$R_1=\frac{100-5\times(P/F,12\%,5)}{(P/A,12\%,5)}=\frac{100-5\times0.567\,4}{3.604\,8}\approx26.95\text{（万元）}$$

$$R_2=\frac{100-5\times(P/F,12\%,5)}{(P/A,12\%,4)+1}=\frac{100-5\times0.567\ 4}{3.037\ 3+1}\approx24.07(\text{万元})$$

$$R_3=\frac{100-5\times(P/F,10\%,5)}{(P/A,10\%,5)}=\frac{100-5\times0.620\ 9}{3.790\ 8}\approx25.56(\text{万元})$$

5. 融资租赁的优缺点

(1) 融资租赁的优点

① 融资租赁的实质是融资，当企业资金不足，举债购买设备困难时，更显示其“借鸡生蛋，以蛋还鸡”的优势。

② 融资租赁的资金使用期限与设备寿命周期接近，比一般借款期限要长，因此承租企业偿债压力较小；在租赁期内租赁公司一般不得收回出租设备，设备使用有保障。

③ 融资与融物的结合，减少了承租企业直接购买设备的中间环节和费用，有助于迅速形成生产能力。

(2) 融资租赁的缺点

① 资金成本高。融资租赁的租金比举债利息高，因此总的财务负担重。

② 不一定能享有设备残值。

5.4 混合性筹资

前面介绍的投入资本、发行普通股、发行债券、融资租赁和商业信用等筹资方式，所筹集资金要么是权益资金，要么是负债资金，具有单一属性。混合性筹资是指兼具权益资金筹集和负债资金筹集双重属性的筹资，通常包括发行优先股筹资、发行可转换债券筹资。此外，本节还附带介绍认股权证的相关内容。

5.4.1 发行优先股

优先股是介于普通股和债券之间的一种混合证券，作为一种股权资本，其优先权主要表现在：① 优先股股东领取股息先于普通股股东；② 对企业剩余财产的索偿权先于普通股股东，但次于债权人。优先股股息一般事先确定，这一点与债券相同。但企业对这种股息的支付却带有随意性，并非必须支付。即使不支付优先股股息，也不会像债券那样使企业陷入濒临破产的境地。优先股股息与普通股红利的相同之处是两者都在税后支付，即股息支付不能获得税收利益。

1. 优先股的特征

优先股一般具有以下几个方面的特征：① 优先分配固定的股利；② 优先分配企业剩余财产；③ 优先股股东一般无表决权；④ 优先股可由企业赎回。

2. 优先股的种类

企业为了保障优先股股东的利益，通常对优先股规定某些附属条件。优先股通常有以下几种类型。

(1) 累积优先股和非累积优先股

累积优先股是指任何一年度未支付的股利都可以递延到以后年度一起发放。也就是说,当企业的税后利润不足以支付优先股股利时,未支付的股利可以累积到下一年度支付。在累积分派的优先股股利未补足之前,不得分派普通股股利。例如,某企业连续两年没有发放10%的优先股股利,如果优先股的总面额为100万元,那么企业就积欠了20万元的优先股股利,在没有支付完20万元的优先股股利之前,企业不能支付普通股股利。

非累积优先股是指股利当年结清,如果当年未能分派或分派不足,以后年度不再补发。从投资者角度来看,此类股票风险大且收益率低,因此在实际中很少发行此类优先股。

(2) 参与优先股和非参与优先股

参与优先股是指优先股股东在获得定额股息后,还有权与普通股股东一起参加企业剩余利润的分配,即优先股股东可以获得双重分红权。这种优先股又进一步分为全部参加优先股和部分参加优先股,其中全部参加优先股可与普通股股东等额地参与剩余利润的分配,部分参加优先股则只能按规定在一定限额内参与剩余利润的分配。

非参与优先股是指除了按规定分得当期的固定股利外,无权再参与对当期剩余利润的分配。可以看出,非参与优先股是一般意义上的优先股,其"优先"的体现不是在股利的多少上,而是在分配顺序上。

(3) 可赎回优先股和不可赎回优先股

可赎回优先股是指在优先股的发行条款中设有赎回条款,当赎回的条件出现时,企业有权按预定的价格和方式赎回已发行的优先股。一般认为,优先股是企业的永久性资本来源,但是可赎回优先股却不具有这种性质,它可以依照股票发行时所附的赎回条款,由企业出价提前赎回。这种优先股与可转换优先股的权利恰好相反,可转换优先股的选择权在优先股股东,可赎回优先股的选择权在企业。

不可赎回优先股是指发行后根据规定不能赎回的优先股。企业如果要收回这类优先股,只能在证券市场上按市场价格收购,或者以其他证券调换。

3. 发行优先股筹资的优缺点

(1) 发行优先股筹资的优点

① 优先股筹资没有到期日,不需要偿还本金,可以视为一种永久性的资本。只有在对企业有利时,企业才会提前收回优先股,这就增强了企业利用资金的灵活性。

② 股利的支付既固定,又有一定的弹性。一般来说,优先股都采用固定股利,但对固定股利的支付并不构成企业的法定义务。当企业的经营状况良好、利润较多时,支付给优先股的股利是固定不变的;当企业的经营状况不佳、利润较少时,企业又可以暂时不支付优先股股利,这极大地保护了普通股股东的权益。

③ 增强企业的举债能力。优先股与普通股一样,属于权益性资本,发行优先股有利

于企业巩固资本的基础，提升企业的信誉，提高企业的举债能力。

(2) 发行优先股筹资的缺点

① 优先股筹资的资本成本较高。优先股的股利要从企业的税后利润中支付，因此不能得到税收优惠。尽管优先股的资本成本低于普通股，但还是高于债券。

② 由于优先股在股利分配和财产清偿等方面拥有优先权，所以在企业收益不多时，普通股股东的收益就会受到影响。

③ 优先股筹资对企业具有一定的限制。如企业不能连续 3 年拖欠优先股的股利，企业有盈利必须首先给优先股股东分配股利，企业举债额度较大时要事先征求优先股股东的意见等。

5.4.2 发行可转换债券

可转换债券是指由企业发行并规定债券持有人在一定期限内按约定的条件可将其转换为发行公司股票的债券。

1. 可转换债券的特性

从筹资企业的角度看，发行可转换债券具有债务与权益筹资的双重属性，属于一种混合性筹资。利用可转换债券筹资，企业赋予可转换债券持有人可将其转换为企业股票的权利。因此，对发行公司而言，在可转换债券转换之前需要定期向持有人支付利息。如果在规定的转换期内，持有人未将可转换债券转换为股票，发行公司还需要到期偿付本金，在这种情形下，可转换债券筹资与普通债券筹资相类似，具有债券筹资属性。如果在规定的转换期限内，持有人将可转换债券转换为股票，则发行公司将债券负债转化为股东权益，从而具有股权筹资属性。

2. 可转换债券的发行条件

根据我国证监会《上市公司证券发行管理办法》的规定，上市公司发行可转换债券，应当符合下列条件：

① 最近 3 个会计年度连续盈利，加权平均净资产收益率不低于 6%。

② 本次发行后，累积债券余额不超过最近一期期末净资产额的 40%。

③ 最近 3 个会计年度实现的年均可分配利润不低于公司债券 1 年的利息。

3. 可转换债券的要素

(1) 转换期

我国可转换债券的转换期最短为 1 年，最长为 6 年。上市公司发行可转换债券，在发行结束后 6 个月内，持有人可以依据约定的条件随时将其转换为股票。

(2) 转换价格

转换价格指募集说明书事先约定的可转换公司债券转换为每股股份所支付的价格。该价格应不低于募集说明书公告日前 20 个交易日该公司股票交易的均价和前一交易日的均价。

(3) 转换比率

可转换债券的转换比率是指每份可转换债券所能转换的股票数，它等于可转换债券的面值除以转换价格。

4. 发行可转换债券筹资的优缺点

(1) 发行可转换债券筹资的优点

① 有利于降低资本成本。可转换债券的利率通常低于普通债券，故在转换前可转换债券的资本成本低于普通债券；转换为股票后，又可节省股票发行成本，从而降低企业筹资的资本成本。

② 有利于筹集更多的资金。可转换债券的转换价格通常高于发行时的股票价格，因此，可转换债券转换后，其筹资额大于当时发行股票的筹资额，此外也有利于稳定该公司的股价。

③ 有利于调整资本结构。可转换债券是一种具有债券筹资和股权筹资双重性质的筹资方式。可转换债券在转换前属于发行公司的一种债务，若发行公司希望可转换债券持有人转股，还可以借助于利益诱导促其转换，借以调整资本结构。

④ 有利于避免筹资损失。当企业的股票价格在一段时期内连续超过转换价格某一幅度时，发行公司可按事先约定的价格赎回未转换的可转换债券，从而避免筹资上的损失。

(2) 发行可转换债券筹资的缺点

① 转股后可转换债券筹资将失去利率较低的好处。

② 若确需股票筹资，但股价并未上升，可转换债券持有人不愿转股时债务压力大。

③ 若可转换债券转股时股价高于转换价格，则发行公司遭受筹资损失。

④ 回售条款的规定可能使发行公司遭受损失。当公司的股票价格在一段时期内连续低于转换价格并达到一定幅度时，可转换债券持有人可按事先约定的价格将所持有债券回售公司，从而使发行公司受损。

5.4.3 发行认股权证

1. 认股权证的特点

认股权证是由股份有限公司发行的可认购其股票的一种买入期权。它赋予持有者在期限内以事先约定的价格购买发行公司一定股份的权利。

对筹资公司而言，发行认股权证是一种特殊的筹资手段。认股权证本身含有期权条款，其持有者在认购股份之前，对发行公司既不拥有债权也不拥有股权，而只是拥有股票认购权。

尽管如此，发行公司可以通过发行认股权证筹得现金，也可以用于公司成立时对承销商的一种补偿。

2. 认股权证的种类

在国内外的企业筹资实务中，认股权证的形式多种多样，可划分为不同的种类。

（1）长期与短期认股权证

认股权证按允许认股的期限分为长期认股权证和短期认股权证。长期认股权证的认股期通常持续几年，有的是永久性的。短期认股权证的认股期比较短，一般在 90 天以内。

（2）单独发行与附带发行的认股权证

认股权证按发行方式可分为单独发行的认股权证和附带发行的认股权证。单独发行的认股权证是指不依附于其他证券而独立发行的认股权证。附带发行的认股权证是指依附于债券、优先股、普通股或短期票据而发行的认股权证。

（3）备兑认股权证与配股权证

备兑认股权证是每份备兑证按一定比例含有几家企业的若干股份。配股权证是确认股东配股权的证书，它按股东的持股比例定向派发，赋予股东以优惠价格认购发行公司一定份数新股的权利。

3. 认股权证的作用

（1）为企业筹集额外的现金

认股权证不论是单独发行还是附带发行，大都能为发行公司筹集一笔额外现金，从而增强企业的资本实力和营运能力。

（2）促进其他筹资方式的运用

单独发行的认股权证有利于企业将来发行股票；附带发行的认股权证可促进其所依附证券提高发行的效率。

思考题

1. 什么是筹资渠道及筹资方式？企业的筹资渠道和筹资方式有哪些？
2. 企业筹资的动机是什么？
3. 确定企业筹资时机时，应考虑哪些因素？
4. 比较分析股票筹资和债券筹资的优缺点。
5. 债券的发行价格主要受哪些因素的影响？
6. 利用商业信用政策，在何种情况下应放弃折扣？
7. 什么是信用额度和周转信贷协定？二者有什么区别？

练习题

1. 伟邦公司 2019 年度实现销售收入 100 万元，获得税后净利 8 万元，发放股利 6 万元。年末资产负债表如下：

资产负债表

2019年12月31日　　　金额单位:万元

资产		负债及所有者权益	
现金	2	短期借款	1
应收账款	8	应付账款	8
存货	14	长期债券	6
固定资产净值	15	实收资本	15
无形资产	1	留存收益	10
资产合计	40	权益合计	40

该公司预计2020年销售收入增长到120万元,现有设备足以满足生产增长的需要,销售净利率、股利发放率仍保持2019年水平。

要求:用销售百分比法预测伟邦公司2020年需要追加多少资金?

2. 某企业拟发行每股面值10元,股利率保持5%的股票,当前市场利率为2%。

要求:确定该股票的发行价格。

3. W公司去年普通股每股税后利润为0.25元,今年W公司打算增发新股筹资,以市盈率为20计算。

要求:确定该股票的发行价格。

4. 某企业股本总额1 000万元,负债总额4 000万元,资产总额8 000万元,企业发行的普通股每股面值10元。

要求:确定新股发行价格。

5. 某企业按年利率5%向银行借款500万元,补偿性余额比例为15%。

要求:计算企业实际借款利率。

6. 某企业与银行商定的周转信贷额度为1 000万元,承诺费率为3%,该企业年度内实际借款额为900万元。

问:该企业应向银行支付多少承诺费?

7. 企业拟发行面值为100元的债券一批。该债券期限5年,单利计息,票面利率5%,到期一次还本付息。

要求:计算市场利率分别为4%,5%,6%时的发行价格。

8. 企业向租赁公司租赁一套设备,设备原价500万元,租赁期10年,期满时企业支付的转让价为10万元,借款年利率按8%计算,租赁手续费为设备原价的3%,租金在每年末支付一次。

要求:按下列情况分别计算每年应交租金金额数(答案精确到0.01万元):

(1)采用平均分摊法。

(2)采用等额年金法,手续费在租入时一次付清。

(3)采用等额年金法,手续费摊入租金,租赁双方商定租费率为10%。

(4)采用等额年金法,条件同(2),但每年租金要求在年初支付。

9. 甲公司向乙企业购入一批商品,约定付款办法为(3/10,n/60)。

要求:计算甲公司放弃现金折扣成本率。

案例分析

美国“硅谷”天使投资

美国的天使投资已经有很长的历史,天使投资总量绝对不亚于风险投资。统计资料显示,美国天使投资资金总量与风险投资的资金总量几乎相等,但是天使投资的创业公司数量则是风险投资的创业公司数量的 10 倍以上。

1. 依靠“天使投资”的传统产业

2007 年全美国天使投资总额为 260 亿美元,风险投资为 300 亿美元;同年天使投资的创业公司总数为 57 000 家,风险投资的创业公司总数为 3 928 家。如果按平均每笔资金量来算,显然,天使投资应该是大部分创业公司的启动资金提供者,而风险投资则是接力者。

虽然美国有十分发达的风险投资市场,但绝大部分投资于种子期的资金,并非来自风险投资,而是来自被称为“创业天使”的天使投资者。当今很多商业巨头,如贝尔电话公司、福特汽车等,也都曾从天使投资那里获得启动的资金。

1874 年贝尔作为天使投资者投资并创建了贝尔科技,造就了如今庞大的电信帝国;1903 年,5 个天使投资者给亨利·福特投资了 4 万美元,后来便造就了一个庞大的汽车王国。

“创业者是这个时代最牛的人,而天使投资人是这个时代最牛的人后面最牛的人。”著名天使投资人徐小平说。提及天使投资,就不能不提及其发源地美国,现阶段这里活跃的“天使”已经超过 30 万人。

2. 离不开“天使投资”的硅谷

硅谷之所以成为美国高科技创新创业最活跃的地方,在相当大程度上得益于本地“无处不在”的天使投资。在硅谷,许多人在餐桌上就开出一张几万美元的支票给另一个刚刚认识的人,获得他所创办的一家连办公室都还没有的公司的几百万股“股票”,甚至就连这些“股票”本身也要等到一个礼拜后才能在律师的帮助下完成过户手续。

天使投资已经成为硅谷创业中最为密不可分的一个环节。一方面,每一位创业者的背后都有几个天使投资人的身影;另一方面,这些创业者创业成功之后往往亲自担当天使投资人的角色,给其他创业者以支持。

思考题：

(1) 天使投资对于初创企业的发展和成功起到什么样的作用？

(2) 如何理解“创业者是这个时代最牛的人，而天使投资人是这个时代最牛的人后面最牛的人”？

(3) 天使投资具有不同于传统风险投资的哪些特征？

(4) 美国“硅谷”天使投资对中国发展创新企业有什么启示？

第6章 资本成本和资本结构

学习目标

1. 理解资本结构理论并掌握其主要内容。
2. 掌握资本成本、杠杆及资本结构优化的计算。
3. 理解资本成本、杠杆效应及资本结构的概念。
4. 了解资金时间价值与资本成本的联系与区别。

引导案例

大宇资本结构的神话

韩国第二大企业集团——大宇集团，在1999年11月1日正式向新闻界宣布，该集团董事长金宇中及14名下属公司的总经理决定辞职，以表示“对大宇的债务危机负责，并为推行结构调整创造条件”。韩国媒体认为，这意味着“大宇集团解体进程已经完成”“大宇集团已经消失”。大宇集团于1967年开始奠基立厂，其创办人金宇中当时是一名纺织品推销员。经过30年的发展，通过政府的政策支持、银行的信贷支持和在海内外的大力购并，大宇成为直逼韩国最大企业——现代集团的庞大商业帝国，跻身于国际知名品牌行列。1998年底，大宇集团总资产高达640亿美元，营业额占韩国GDP的5%，业务涉及贸易、汽车、电子、通用设备、重型机械、化纤、造船等众多行业；国内所属企业曾多达41家，海外公司数量创下过600家的记录，鼎盛时期，海外雇员多达几十万。大宇是“章鱼足式”扩张模式的积极推行者，认为企业规模越大，就越能立于不败之地，即所谓的“大马不死”。据报道，1993年金宇中提出“世界化经营”战略时，大宇在海外的企业只有15家，而到1998年底已增至600多家，相当于每3天增加一个企业。更让韩国人为大宇着迷的是，在韩国陷入金融危机的1997年，大宇不仅没有被危机困倒，反而在国内的集团排名中由第4位上升到第2位，金宇中本人也被美国《幸福》杂志评为亚洲风云人物。

1997年底韩国发生金融危机后，其他企业集团都开始收缩，但大宇仍然我行我素，结果债务越背越重。尤其是1998年初，韩国政府提出“五大企业集团进行自律结构调整”方针后，其他集团把结构调整的重点放在改善财务结构方面，努力减轻债务负担。大宇却认为，只要提高开工率，增加销售额和出口就能躲过这场危机。因此，它继续大量发行债券，进行“借贷式经营”。1998 年大宇发行的公司债券达 7 万亿韩元(约 58.33 亿美元)。1998 年第 4 季度，大宇的债务危机已初露端倪，在各方援助下才避过债务灾难。此后，在严峻的债务压力下，大梦方醒的大宇虽做出了种种努力，但为时已晚。1999 年 7 月中旬，大宇向韩国政府发出求救信号；7 月 27 日，大宇因“延迟重组”，被韩国 4 家债权银行接管；8 月 11 日，大宇在压力下屈服，割价出售两家财务出现问题的公司；8 月 16 日，大宇与债权人达成协议，在 1999 年底前，将出售盈利最佳的大宇证券公司，以及大宇电器、大宇造船、大宇建筑公司等，大宇的汽车项目资产才免遭处理。“8 月 16 日协议”的达成，表明大宇已处于破产清算前夕，遭遇“存”或“亡”的险境。由于在此后的几个月中，依然经营不善，资产负债率仍然居高不下，大宇最终不得不走向本文开头所述的那一幕。

[点评] 大宇集团的举债经营所产生的财务杠杆效应是消极的，不仅难以提高企业的盈利能力，反而因巨大的偿付压力使企业陷于难以自拔的财务困境。从根本上说，大宇集团的解散，是其财务杠杆消极作用影响的结果。

为了使企业价值最大化，除了要降低企业的生产和经营成本支出，资本成本也要达到最小。在企业筹集的资金中，各类资金占全部资金的比例形成了资本结构，也就是资本成本计算中所使用的“权数”。资本结构的变化，即“权数”的变化，会引起加权平均资本成本的变化，从而影响投资决策。在资本结构决策中，资本成本和杠杆效应这两个重要概念是决策理论的基础。

6.1 资本结构理论

资本结构理论是证券投资理论体系中的一个重要组成部分。该理论体系的主要目标就是实现企业的价值最大化或者股东财富的最大化，研究的主要对象是资本结构中权益资本与中长期债务资本的构成比例对企业总价值的影响，同时试图为企业找出最为合适的资本结构、融资方式或者融资工具。

6.1.1 资本结构理论概述

资本结构的概念有狭义和广义之分。狭义的资本结构就是指长期的资本结构，即长期资本中权益资本与债务资本的比例和构成关系，也就是通常所说的资本结构。而广义的资本结构是由 Masulis(1988)提出的，他认为资本结构涵盖了一个公司的各种负债，包括公募证券、私募证券、银行借款、纳税义务、养老金支出、往来债务、租约、管理层和员工的递延补偿、绩效保证、产品的售后服务及其他的或有负债。Masulis(1988)对资本结构的定义代表了一个公司资产的主要权利，这些资产不仅包括长期资本，还包括短期资本。

早期的资本结构理论包括净收入理论、净经营收入理论、折中理论等。美国著名的金融学家莫迪里亚尼(Modigliani)和米勒(Miller)于 1958 年发表的《资本成本、公司理财和投资理论》中提出的 MM 定理正式标志着现代资本结构理论的诞生。MM 定理承接了净收入理论、净经营收入理论及折中理论等传统的资本结构理论,后面的学者在研究中逐渐放宽 MM 定理中的假设条件,针对不同的影响企业总价值的因素发展出了形形色色的资本结构理论。

20 世纪 70 年代以后,有效市场假说理论受到越来越多的质疑,新凯恩斯主义学派登上了学术舞台,他们以信息不对称理论、委托—代理理论为基础提出了新资本结构理论。新资本结构理论抛弃了现代资本结构理论中只注重税收、破产等外部因素对企业最优资本结构的影响,通过信息不对称理论中的信号、动机、激励及契约等内部因素来分析资本结构的构成。新资本结构理论对现代资本结构理论的最大继承和贡献,就是将现代资本结构理论中的权衡理论成功地转化为结构或制度设计等。

20 世纪 80 年代中期以后,资本结构理论有了更进一步的发展,以管理控制学派和资本结构产品市场学派为代表的后资本结构理论受到了理论界的广泛关注。这一理论突破了新凯恩斯学派中信息不对称理论的束缚,又兼容了上述新资本结构理论中的成果,从行业竞争、公司控制等新的学术视角对资本结构理论进行了解释和分析。

6.1.2　资本结构理论的主要内容

1. 早期的资本结构理论

最早对资本结构理论进行研究的经济学家是美国的杜兰德(Durand,1952)。杜兰德于 1952 年发表的《企业债务和股东权益成本:趋势和计量问题》中系统地总结了公司资本结构的三种理论,即净收入理论、净经营收益理论和折中理论。这三种理论采取边际分析方法,从收益的角度来研究企业资本结构的选择问题,它们的区别仅在于假设条件和具体方法的不同。

(1) 净收益理论

净收益理论认为,随着企业负债总额的增加,企业的财务杠杆会不断提高,产生税盾效应,进而降低企业的加权平均资本成本,增加企业的总价值和市场价值。因此,该理论认为企业应当尽可能利用负债融资来优化其资本结构。

净收益理论认为,当债务资本为 100%,也就是说,当企业的资产负债率达到 100%时,企业的价值就会达到最大值,因此企业应该最大限度利用其债务资本,通过不断地降低企业的资本成本来提高其市场价值。因此,净收益理论有一个隐含的假设前提条件,就是财务杠杆的提高不会增加企业的风险。但在现实中,随着债务成本的增加,企业的支付压力会不断增大,融资风险也会上升,使得企业的财务困境成本大幅上升。因此,净收益理论与现实存在很大的差距。

(2) 净经营收入理论

净经营收入理论认为,无论企业的财务杠杆如何变化,企业的加权平均资本成本是固定不变的,因此,企业的市场价值也不会因为其财务杠杆的变化而变化。该理论的假设条件是企业加权平均成本及负债融资成本固定不变,负债融资的增加将增加企业的经营风险,从而使股东要求更多的权益资本收益。因此,权益资本成本会随财务杠杆的提高而增加。同时,负债融资的财务杠杆作用也变大,这样加权平均总成本仍保持不变,企业价值也不会受财务杠杆变动的影响。该理论假设负债利率也是固定的,但投资者对企业负债的态度却发生了变化,投资者将以一个固定的加权资本成本来估计企业的息税前利润。

(3) 折中理论

折中理论是以上两种理论的折中,该理论介于上述两种理论之间。折中理论认为,企业的债务成本、权益成本和加权平均总成本不是固定不变的,企业在一定限度内的债务比例是必要和合理的,负债比率低于100%的某种资本结构可以使企业价值最大化。因为财务杠杆虽然会导致权益资本成本上升,但只要没有超过一定限度,权益资本成本的上升就能被债务的低成本所抵消,因此财务杠杆不会带来明显的风险增长,由于$K_d < K_e$(K_d表示债务成本,K_e表示权益成本),K_w(加权平均总成本)会随着负债B的增加而逐渐下降,从而使企业的市场价值上升,并且可能在此限度内达到最高点。折中理论认为,确实存在一个可以使企业市场价值达到最大化的最佳资本结构,这一资本结构可以通过财务杠杆的运用来确定。在最佳资本结构上,负债的实际边际成本与权益资本的边际成本才相同。

2. 现代资本结构理论

(1) MM定理及修正模型

MM定理主要由以下三个命题组成:

命题1:企业的价值只与企业所有资产的预期收益和企业所对应的资本化率有关,而与企业的资本结构无关。这一命题说明企业的价值是其全部预期收益的资本化,资本化率可以适用于处于同样风险下的纯股权资本企业。

命题2:股权的预期报酬会随着企业资本负债率的提高而增加。由于企业的加权平均资本成本与其负债水平无关,因此在资本结构中引入债务资本后,股权成本也会随之增加,同时,抵消低成本的债权资本会带来降低加权平均资本的作用。

命题3:在任何情况下,企业的投资决策完全不受融资工具类型的影响,与股权资本化率是无关的。

从这三个命题可以看出,MM定理认为在完美的市场中,任何试图通过改变资本结构来影响企业市场价值的努力都是徒劳的,这说明企业的价值取决于企业的资源配置方式,而与其资本结构无关。一个追求价值最大化的企业应该在现代财务管理的要求下寻求有效的资源配置方式,而不是试图改变资本结构。

MM定理虽然在理论界产生了巨大的影响,但是却没有通过实际的检验。它与当时一些流行的观点相悖,因而受到众多经济学家的批评。1963年,莫迪里亚尼(Modigliani)和米勒(Miller)在其发表的论文《公司所得税及资本成本:一个纠正》中对"MM定理"进行了修正,他们引入公司所得税的影响。修正后的MM理论认为,企业的债务利息可以在税前扣除，所以负债可以起到税收挡板的作用。企业负债越多，其资本成本就越小，企业价值也就越大。由此可以认为，对于企业来说，其最好的选择是 100% 的负债。从结论来看，修正后 MM 定理的结论和传统资本结构理论中的净收益理论的结论是相同的，但二者研究的出发点不同，假设前提也不同，因此不能相提并论。应该说修正后的 MM 定理在理论界的影响更大。但是，从实际情况来看，引入企业所得税的 MM 理论仍然不符合事实。

(2) 米勒模型

鉴于 MM 定理的上述局限性，1977 年米勒在其发表的《负债和税收》中提出了米勒模型，该模型对 MM 定理进行了修正和完善。米勒模型不仅在 MM 定理中引入企业所得税，而且考虑到个人所得税的影响，在此基础上，米勒重新研究了公司提高负债比例、追求税盾收益的制约因素。通过研究，米勒解释了企业负债不能无限增加的原因，证明了个人所得税会在一定程度上抵消负债的税收收益，并且认为在债券市场均衡的条件下，单个公司的负债率和市场价值都由宏观因素决定，公司资本结构的变化与公司价值是无关的，这一论述使 MM 定理更加符合实际。但是，在米勒模型中，除了个人所得税和企业所得税因素外，MM 定理的其他假设条件也都进行了保留。

(3) 权衡理论

经过修正后的 MM 定理还有一定的局限性，因为它忽略了负债经营的风险和额外的成本。但在现实经济中，提高负债会增加企业的财务风险。因此，为了对上述资本结构理论上的局限性进行弥补，资本结构理论领域中出现了税差学派和破产成本学派。这两学派分别从两类税收和财务杠杆所导致的破产成本出发对企业的资本结构进行了研究，主要的代表人物有 Robichek(1967)、Kraus(1973)、Rubinmstein(1973)及 Myers(1984)。随后 Myers(1984) 将以上两个学派的观点综合在一起，形成了权衡理论，这一理论于其 1984 年在《财务杂志》上发表的《资本结构之谜》一文中集中论述。Mayers(1984)在 MM 定理的基础上放宽了假设条件，将税收、破产成本和企业资本结构综合在一起进行研究。

权衡理论认为，如果保持企业的资产和投资计划不变，企业的最优负债率可以看作是由负债的成本和收益之间的替代所决定的。企业的资本结构会在利息的税收挡板价值与各种财务困境成本之间取得均衡。企业被假定为用负债代替权益，或者用权益代替负债，直至企业的价值最大化。

权衡理论的发展可以分为两个阶段，即前期权衡理论和后期权衡理论。前期权衡理论主要在负债的预期边际税收利益与负债的预期边际成本之间进行权衡，在此主要引入“财务危机成本”的概念。而后期权衡理论是在前期权衡理论的基础上引入“代理成本”的研究成果，以及非负债税盾的概念。

6.2 资本成本及计算

6.2.1 资本成本的概念

企业从事生产经营活动必须要用资金，在市场经济条件下又不可能无偿使用资金，因此，企业除了必须节约使用资金外，还必须分析把握各种来源的资金的使用代价。

资本成本，又称资金成本，它是企业为筹集和使用长期资金而付出的代价。资本成本包括资金筹集费和资金占用费两部分。

1. 资金筹集费

资金筹集费是指企业为筹集资金而付出的代价。如向银行支付的借款手续费，向证券承销商支付的发行股票、债券的发行费等。筹资费用通常是在筹措资金时一次支付的，在用资过程中不再发生，可视为筹资总额的一项扣除。

2. 资金占用费

资金占用费主要包括资金时间价值和投资者要考虑的投资风险报酬两部分，如向银行借款所支付的利息、发放股票的股利等。资金占用费与筹资金额的大小、资金占用时间的长短有直接联系。

资本成本是在商品经济条件下，资金所有权与资金使用权分离的产物。资本成本是资金使用者对资金所有者转让资金使用权利的价值补偿，有时也可以用如下思维方式考虑问题：投资者的期望报酬就是受资者的资本成本。

资本成本与资金时间价值既有联系，又有区别。联系在于两者考察的对象都是资金；区别在于资本成本既包括资金时间价值，又包括投资风险价值。

资本成本是企业选择筹资的来源和方式，拟定筹资方案的依据，也是评价投资项目可行性的衡量标准。

资本成本可以用绝对数表示，也可以用相对数表示。资本成本用绝对数表示即为资本总成本，它是筹资费用和用资费用之和。由于它不能反映用资多少，所以较少使用。资本成本用相对数表示即为资本成本率，它是资金占用费与筹资净额的比率。一般讲，资本成本多指资本成本率，其计算公式为

$$\text{资本成本率}=\frac{\text{资金占用费}}{\text{筹资总额}-\text{资金筹集费}}$$

由于资金筹集费一般以筹资总额的某一百分比计算，因此，上述计算公式也可表示为

$$\text{资本成本率}=\frac{\text{资金占用费}}{\text{筹资总额}\times(1-\text{筹资费率})}$$

企业以不同方式筹集的资金所付出的代价一般是不同的，企业总的资本成本是由各

项个别资本成本及资金比重所决定的。因此，对资本成本的计算必须从个别资本成本的计算开始。

6.2.2　个别资本成本

个别资本成本是指各种筹资方式所筹资金的成本，主要包括银行借款成本、债券成本、优先股成本、普通股成本和留存收益成本。

1. 银行借款资本成本

银行借款资本成本的计算公式为

$$K_1=\frac{I_1(1-t)}{P_1(1-f_1)}=\frac{i_1(1-t)}{1-f_1}$$

式中，K_1 为银行借款资本成本；I_1 为银行借款年利息；P_1 为银行借款筹资总额；t 为所得税税率；f_1 为银行借款筹资费率；i_1 为银行借款年利息率。

2. 债券资本成本

债券资本成本的计算公式为

$$K_2=\frac{I_2(1-t)}{P_2(1-f_2)}=\frac{B\cdot i_2(1-t)}{P_2(1-f_2)}$$

式中，K_2 为债券资本成本；I_2 为债券年利息；P_2 为债券筹资总额；t 为所得税税率；f_2 为债券筹资费率；B 为债券面值总额；i_2 为债券年利息率。

【例 6-1】 某企业发行债券 1 000 万元，筹资费率为 2%，债券利息率为 10%，所得税税率为 30%。

要求：计算该债券资本成本率。

解　债券资本成本率

$$K_2=\frac{10\%\times(1-30\%)}{1-2\%}\approx7.14\%$$

【例 6-2】 某企业发行债券 1 000 万元，面额 1 000 元，按溢价 1 050 元发行，票面利率为 10%，所得税税率为 30%，发行筹资费率为 1%。

要求：计算该债券资本成本率。

解　债券资本成本率

$$K_2=\frac{1\,000\times10\%\times(1-30\%)}{1\,050\times(1-1\%)}\approx6.73\%$$

3. 优先股资本成本

优先股资本成本的计算公式为

$$K_3=\frac{D}{P_3(1-f_3)}$$

式中，K_3 为优先股资本成本；D 为优先股年股利额；P_3 为优先股筹资总额；f_3 为优先股筹资费率。

【例 6-3】 某公司发行优先股，每股 10 元，年支付股利 1 元，发行费率为 3%。

要求：计算该优先股资本成本率。

解 优先股资本成本率

$$K_3=\frac{1}{10\times(1-3\%)}\approx10.31\%$$

4. 普通股资本成本

普通股资本成本的计算公式为

$$K_4=\frac{D_1}{P_4(1-f_4)}+G$$

式中，K_4 为普通股资本成本；D_1 为预期第一年普通股股利；P_4 为普通股筹资总额；f_4 为普通股筹资费率；G 为普通股年股利增长率。

【例 6-4】 某公司发行普通股，每股面值 10 元，以溢价 12 元发行，筹资费率为 4%，第一年末预计股利率为 10%，以后每年增长 2%。

要求：计算该普通股资本成本率。

解 普通股资本成本率

$$K_4=\frac{10\times10\%}{12\times(1-4\%)}+2\%\approx10.68\%$$

5. 留存收益资本成本

一般企业都不会把盈利以股利形式全部分给股东，且在宏观政策上也不允许这样做，因此，企业只要有盈利，总会有留存收益。留存收益是企业的可用资金，它为普通股股东所有，其实质是普通股股东对企业的追加投资。留存收益资本成本可以参照市场利率，也可以参照机会成本，更多的是参照普通股股东的期望收益，即普通股资本成本，但它不会发生筹资费用。其计算公式为

$$K_5=\frac{D_1}{P_4}+G$$

式中，K_5 为留存收益资本成本，其余同普通股。

【例 6-5】 某公司留用利润 50 万元，其余条件与例 6-4 相同。

要求：计算该留存收益资本成本率。

解 留存收益资本成本率

$$K_5=\frac{10\times10\%}{12}+2\%\approx10.33\%$$

6.2.3 综合资本成本

在实际工作中，企业筹措资金往往同时采用几种不同的方式。综合资本成本就是指

一个企业采用各种不同筹资方式总的平均资本成本，它是以各种资本所占的比重为权数，对各种资本成本进行加权平均计算出来的，所以又称加权平均资本成本。其计算公式为

$$K_W = \sum_{j=1}^{n} K_j W_j$$

式中，K_W 为综合资本成本（加权平均资本成本）；K_j 为第 j 种资金的资本成本；W_j 为第 j 种资金占全部资金的比重。

【例 6-6】 某企业共有资金 1 000 万元，其中银行借款占 50 万元，长期债券占 250 万元，普通股占 500 万元，优先股占 150 万元，留存收益占 50 万元，各种来源资金的资本成本率分别为 7%，8%，11%，9%，10%。

要求：计算综合资本成本率。

解　综合资本成本率

$$K_W = \frac{50\times7\%+250\times8\%+500\times11\%+150\times9\%+50\times10\%}{1\ 000}$$

$$=9.7\%$$

上述综合资本成本率的计算中所用权数是按账面价值确定的。采用账面价值权数，容易从资产负债表上取得数据，但当债券和股票的市价与账面值相差过多时，计算得到的综合资本成本显得不客观。

计算综合资本成本也可选择采用市场价值权数和目标价值权数。市场价值权数是指债券、股票等以当前市场价格来确定的权数，这样做比较能反映当前实际情况，但因市场价格变化不定而难以确定。目标价值权数是指债券、股票等以未来预计的目标市场价值确定的权数，但未来市场价值只能是估计的。概括地说，以上三种权数分别有利于了解过去、反映现在、预知未来。在计算综合资本成本时，如无特殊说明，则要求采用账面价值权数。

6. 2. 4　边际资本成本

边际资本成本是指资金每增加一个单位而增加的成本。当企业需要追加筹措资金时，应考虑边际资本成本的高低。企业追加筹资，可以只采用某一种筹资方式，但这对保持或优化资本结构不利。当筹资数额较大，资本结构又有既定目标时，应通过边际资本成本的计算来确定最优的筹资方式的组合。

下面举例说明边际资本成本的计算和应用。

【例 6-7】 华东公司现有资金 1 000 万元，其中长期借款 100 万元，长期债券 200 万元，普通股 700 万元。公司考虑扩大经营规模，拟筹集新的资金。经分析认为，目前的资本结构是最优的，希望筹集新资金后能保持目前的资本结构。经测算，随筹资额的增加，各种资本成本的变动情况如表 6-1 所示。

表 6-1　华东公司筹资资料

资金种类	目标资本结构/%	新筹资的数额范围/元	资本成本/%
长期借款	10	0～50 000 ＞50 000	6 7
长期债券	20	0～140 000 ＞140 000	8 9
普通股	70	0～210 000 210 000～630 000 ＞630 000	10 11 12

1. 计算筹资总额的分界点(突破点)

根据目标资本结构和各种个别资本成本变化的分界点(突破点),计算筹资总额的分界点(突破点)。其计算公式为

$$BP_j=\frac{TF_j}{W_j}$$

式中,BP_j 为筹资总额的分界点;TF_j 为第 j 种个别资本成本的分界点;W_j 为目标资本结构中第 j 种资金的比重。

华东公司的筹资总额分界点如表 6-2 所示。

表 6-2　筹资总额分界点计算表

资金种类	资本结构/%	资本成本/%	新筹资的数额范围/元	新筹资总额分界点/元
长期借款	10	6 7	0～50 000 ＞50 000	0～500 000 ＞500 000
长期债券	20	8 9	0～140 000 ＞140 000	0～700 000 ＞700 000
普通股	70	10 11 12	0～210 000 210 000～630 000 ＞630 000	0～300 000 300 000～900 000 ＞900 000

在表 6-2 中,新筹资总额分界点是指引起某资金种类资本成本变化的分界点。如长期借款,筹资总额不超过 50 万元,资本成本为 6%;超过 50 万元,资本成本就要增加到 7%。所以,当筹资总额在 50 万元左右时,尽量不要超过 50 万元。然而要维持原有的资本结构,必然要多种资金按比例同时筹集,单考虑某个别资本成本是不成立的,必须考虑综合的边际资本成本。

2. 计算各筹资总额范围的边际资本成本

根据表 6-2 计算结果可知,共有 4 个分界点,应有 5 个筹资范围。计算 5 个筹资范围的边际资本成本,结果如表 6-3 所示。

表 6-3　边际资本成本计算表

序号	筹资总额范围/元	资金种类	资本结构/%	资本成本/%	边际资本成本/%
1	0～300 000	长期借款	10	6	0.6
		长期债券	20	8	1.6
		普通股	70	10	7.0
第一个筹资范围的边际资本成本＝0.6%＋1.6%＋7.0%＝9.2%					
2	300 000～500 000	长期借款	10	6	0.6
		长期债券	20	8	1.6
		普通股	70	11	7.7
第二个筹资范围的边际资本成本＝0.6%＋1.6%＋7.7%＝9.9%					
3	500 000～700 000	长期借款	10	7	0.7
		长期债券	20	8	1.6
		普通股	70	11	7.7
第三个筹资范围的边际资本成本＝0.7%＋1.6%＋7.7%＝10.0%					
4	700 000～900 000	长期借款	10	7	0.7
		长期债券	20	9	1.8
		普通股	70	11	7.7
第四个筹资范围的边际资本成本＝0.7%＋1.8%＋7.7%＝10.2%					
5	900 000 以上	长期借款	10	7	0.7
		长期债券	20	9	1.8
		普通股	70	12	8.4
第五个筹资范围的边际资本成本＝0.7%＋1.8%＋8.4%＝10.9%					

华东公司可以按照表 6-3 的结果规划追加筹资，尽量不要由一段范围突破到另一段范围。

6.3　杠杆原理

杠杆原理是物理学中的概念，财务管理中用杠杆原理来描述一个量的变动会引起另一个量的更大变动。财务管理中的杠杆有经营杠杆、财务杠杆和综合杠杆。

6.3.1　经营杠杆

1. 经营杠杆效应

企业在生产经营中会出现一种现象：在单价和成本水平不变的条件下，销售量的增长会引起息税前利润以更大的幅度增长，这就是经营杠杆效应。经营杠杆效应产生的原因是，当销售量增加时，变动成本将同比增加，销售收入也同比增加，但固定成本总额不变，单位固定成本以反比例降低，这就导致单位产品成本降低，每单位产品利润增加，于是利润比销量增加得更快。

考察东明集团连续3年的销量、利润资料,如表6-4所示。

表6-4 东明集团盈利情况资料

金额单位:元

项目	第一年	第二年	第三年
单价	150	150	150
单位变动成本	100	100	100
单位边际贡献	50	50	50
销售量	10 000	20 000	30 000
边际贡献	500 000	1 000 000	1 500 000
固定成本	200 000	200 000	200 000
息税前利润(EBIT)	300 000	800 000	1 300 000

由表6-4可见,从第一年到第二年,销售量增加了100%,息税前利润增加了166.67%;从第二年到第三年,销售量增加了50%,息税前利润增加了62.5%。利用经营杠杆效应,企业在可能的情况下适当增加产销量会取得更多的盈利,这就是经营杠杆利益。但我们也必须认识到,当企业遇上不利使销售量下降时,息税前利润会以更大的幅度下降,即经营杠杆效应也会带来经营风险。

2. 经营杠杆系数及其计算

经营杠杆系数,也称经营杠杆率(Degree of Operational Leverage,DOL),是指息税前利润的变动率相对于销售量变动率的倍数。其定义公式为

$$\text{经营杠杆系数(DOL)}=\frac{\text{息税前利润变动率}}{\text{销售量变动率}}=\frac{\dfrac{\Delta \text{EBIT}}{\text{EBIT}_0}}{\dfrac{\Delta x}{x_0}}$$

按表6-4资料,可以算得东明集团第二年经营杠杆系数为1.666 7,第三年经营杠杆系数为1.250 0。利用上述DOL的定义公式计算经营杠杆系数,必须掌握利润变动率与销售量变动率,但这是事后反映,不便于利用DOL进行预测。为此,我们设法推导出一个只需用基期数据计算经营杠杆系数的公式。

以下标"0"表示基期数据,下标"1"表示预测期数据,推导如下:

$$\text{DOL}=\frac{\dfrac{\Delta \text{EBIT}}{\text{EBIT}_0}}{\dfrac{\Delta x}{x_0}}=\frac{\text{EBIT}_1-\text{EBIT}_0}{\text{EBIT}_0}\times\frac{x_0}{x_1-x_0}$$

$$=\frac{\text{cm}\cdot(x_1-x_0)}{\text{EBIT}_0}\times\frac{x_0}{x_1-x_0}=\frac{\text{Tcm}_0}{\text{EBIT}_0}=\frac{\text{基期边际贡献}}{\text{基期息税前利润}}$$

式中,cm表示单位边际贡献;Tcm表示边际贡献,下标"0"表示基期。

用DOL计算公式不仅可以算出第二、第三年的经营杠杆系数,也可算出第四年的经

营杠杆系数，根据表 6-4 资料，第四年的经营杠杆系数 $DOL=\frac{1\ 500\ 000}{1\ 300\ 000}=1.153\ 8$。

6.3.2　财务杠杆

1. 财务杠杆效应

企业在核算普通股每股利润时会出现一种现象：在资金构成不变的情况下，息税前利润的增长会引起普通股每股利润以更大的幅度增长，这就是财务杠杆效应。财务杠杆效应产生的原因是，当息税前利润增长时，债务利息不变，优先股股利不变，进而导致普通股每股利润比息税前利润增加得更快。

假设东明集团年债务利息 100 000 元，所得税税率为 30%，普通股 100 000 股，连续 3 年普通股每股利润资料如表 6-5 所示。

表 6-5　东明集团普通股每股利润资料

金额单位：元

项目	第一年	第二年	第三年
息税前利润(EBIT)	300 000	800 000	1 300 000
债务利息	100 000	100 000	100 000
税前利润	200 000	700 000	120 000
所得税	60 000	210 000	360 000
税后利润	140 000	490 000	840 000
普通股每股利润(EPS)	1.4	4.9	8.4

由表 6-5 可见，从第一年到第二年，EBIT 增加了 166.67%，EPS 增加了 250%；从第二年到第三年，EBIT 增加了 62.5%，EPS 增加了 71.43%。利用财务杠杆效应，企业适度负债经营，在盈利条件下可能给普通股股东带来更多的得益，这就是财务杠杆利益。但我们也必须认识到，当企业遇上不利使盈利下降时，普通股股东的得益会以更大的幅度减少，即财务杠杆效应也会带来财务风险。

2. 财务杠杆系数及其计算

财务杠杆系数，也称财务杠杆率(Degree of Financial Leverage，DFL)，是指普通股每股利润的变动率相对于息税前利润变动率的倍数。其定义公式为

$$财务杠杆系数(DFL)=\frac{普通股每股利润变动率}{息税前利润变动率}=\frac{\Delta EPS/EPS_0}{\Delta EBIT/EBIT_0}$$

按表 6-5 资料，可以算得东明集团第二年财务杠杆系数为 1.500 0，第三年财务杠杆系数为 1.142 9。利用上述 DFL 的定义公式计算财务杠杆系数，必须掌握普通股每股利润变动率与息税前利润变动率，但这是事后反映，不便于利用 DFL 进行预测。为此，我们设法推导出一个只需用基期数据计算财务杠杆系数的公式。

推导如下：

$$\mathrm{DFL}=\frac{\Delta \mathrm{EPS}/\mathrm{EPS}_0}{\Delta \mathrm{EBIT}/\mathrm{EBIT}_0}$$

$$=\frac{\dfrac{(\mathrm{EBIT}_1-I)\times(1-t)-E}{n}-\dfrac{(\mathrm{EBIT}_0-I)\times(1-t)-E}{n}}{\dfrac{(\mathrm{EBIT}_0-I)\times(1-t)-E}{n}}\div\frac{\mathrm{EBIT}_1-\mathrm{EBIT}_0}{\mathrm{EBIT}_0}$$

$$=\frac{(\mathrm{EBIT}_1-\mathrm{EBIT}_0)\times(1-t)}{(\mathrm{EBIT}_0-I)\times(1-t)-E}\times\frac{\mathrm{EBIT}_0}{\mathrm{EBIT}_1-\mathrm{EBIT}_0}$$

$$=\frac{\mathrm{EBIT}_0}{\mathrm{EBIT}_0-I-\dfrac{E}{1-t}}$$

$$=\frac{\text{基期息税前利润}}{\text{基期息税前利润}-\text{债务利息}-\dfrac{\text{优先股股利}}{1-\text{所得税税率}}}$$

式中，I 为债务利息；t 为所得税税率；E 为优先股股利；n 为普通股股数。

对于无优先股的股份制企业或非股份制企业，上述财务杠杆系数的计算公式可简化为

$$\mathrm{DFL}=\frac{\mathrm{EBIT}_0}{\mathrm{EBIT}_0-I}=\frac{\text{基期息税前利润}}{\text{基期税前利润}}$$

用 DFL 计算公式不仅可以算出东明集团第二、第三年的财务杠杆系数，也可算出第四年的财务杠杆系数。根据表 6-5 资料，第四年的财务杠杆系数为

$$\mathrm{DFL}=\frac{1\ 300\ 000}{1\ 300\ 000-100\ 000}=1.083\ 3$$

6.3.3 综合杠杆

1. 综合杠杆效应

由于存在固定的生产经营成本，会产生经营杠杆效应，即销售量的增长会引起息税前利润以更大的幅度增长；由于存在固定的财务成本（债务利息和优先股股利），也会产生财务杠杆效应，即息税前利润的增长会引起普通股每股利润以更大的幅度增长。一个企业同时存在固定的生产经营成本和固定的财务成本，两种杠杆效应会共同发生，从而产生连锁作用，销售量的变动将使普通股每股利润以更大幅度变动。综合杠杆效应就是经营杠杆和财务杠杆的综合效应。

2. 综合杠杆系数及其计算

综合杠杆系数，也称复合杠杆系数，又称总杠杆系数（Degree of Total Leverage, DTL），它是指普通股每股利润的变动率相对于销售量变动率的倍数。其定义公式为

$$\text{综合杠杆系数(DTL)}=\frac{\text{普通股每股利润变动率}}{\text{销售量变动率}}=\frac{\dfrac{\Delta \mathrm{EPS}}{\mathrm{EPS}_0}}{\dfrac{\Delta x}{x_0}}$$

以上计算公式可以继续推导如下：

$$\begin{aligned}
DTL &= \frac{\Delta EPS/EPS_0}{\Delta x/x_0} \\
&= \frac{\Delta EBIT/EBIT_0}{\Delta x/x_0} \times \frac{\Delta EPS/EPS_0}{\Delta EBIT/EBIT_0} \\
&= DOL \times DFL \\
&= \frac{Tcm_0}{EBIT_0} \times \frac{EBIT_0}{EBIT_0 - I - \dfrac{E}{1-t}} \\
&= \frac{Tcm_0}{EBIT_0 - I - \dfrac{E}{1-t}}
\end{aligned}$$

可见，综合杠杆系数可以由经营杠杆系数与财务杠杆系数相乘得到，也可以由基期数据直接计算得到。根据东明集团表 6-4、表 6-5 资料，计算各年 DTL 如下：

第二年：
$$DTL = 1.666\,7 \times 1.5 = 2.500\,0$$

或
$$DTL = \frac{500\,000}{300\,000 - 100\,000} = 2.500\,0$$

第三年：
$$DTL = 1.25 \times 1.142\,9 = 1.428\,6$$

或
$$DTL = \frac{1\,000\,000}{800\,000 - 100\,000} = 1.428\,6$$

第四年：
$$DTL = 1.153\,8 \times 1.083\,3 = 1.250\,0$$

或
$$DTL = \frac{1\,500\,000}{1\,300\,000 - 100\,000} = 1.250\,0$$

6.4　资本结构及其优化

6.4.1　资本结构的概念

资本结构是指企业各种来源的长期资金的构成及其比例关系。资本结构是否合理会影响企业资本成本的高低、财务风险的大小及投资者的得益，它是企业筹资决策的核心问题。企业资金来源多种多样，但总的来说可分成权益资金和债务资金两类，资本结构问题主要是负债比率问题，适度增加债务可能会降低企业资本成本，获取财务杠杆利益，同时也会给企业带来财务风险。

6.4.2　资本结构的优化

资本结构的优化意在寻求最优资本结构，使企业综合资本成本最低、企业风险最小、企业价值最大。下面介绍 3 种常用的优化资本结构的方法。

1. 比较综合资本成本

当企业对不同筹资方案做选择时，可以采用比较综合资本成本的方法选定一个资本结构较优的方案。

【例 6-8】 某企业计划年初的资本结构如下。

资金来源金额：普通股 6 万股（筹资费率为 2%），共 600 万元；长期债券年利率 10%（筹资费率为 2%），共 400 万元；长期借款年利率 9%（无筹资费用），共 200 万元。资金总额合计 1 200 万元。

普通股每股面额 100 元，今年期望股息为 10 元，预计以后每年股利率将增加 3%。该企业所得税税率为 40%。

该企业现拟增资 300 万元，有以下两种方案可供选择。

甲方案：发行长期债券 300 万元，年利率为 11%，筹资费率为 2%。普通股每股股息增加到 12 元，以后每年需增加 4%。

乙方案：发行长期债券 150 万元，年利率为 11%，筹资费率为 2%，另以每股 150 元发行股票 150 万元，筹资费率为 2%，普通股每股股息增加到 12 元，以后每年仍增加 3%。

要求：(1) 计算年初综合资本成本。

(2) 试做出增资决策。

解 (1) 计算年初综合资本成本：

$$普通股资本成本=\frac{10}{100\times(1-2\%)}+3\%\approx13.20\%$$

$$长期债券资本成本=\frac{10\%\times(1-40\%)}{1-2\%}\approx6.12\%$$

$$长期借款资本成本=9\%\times(1-40\%)=5.4\%$$

$$\begin{aligned}综合资本成本&=13.20\%\times\frac{600}{1\ 200}+6.12\%\times\frac{400}{1\ 200}+5.4\%\times\frac{200}{1\ 200}\\&=9.54\%\end{aligned}$$

(2) 比较两种方案，做出增资决策。

甲方案：

$$普通股资本成本=\frac{12}{100\times(1-2\%)}+4\%\approx16.24\%$$

$$旧债券资本成本\approx6.12\%$$

$$长期借款资本成本=5.4\%$$

$$新债券资本成本=\frac{11\%\times(1-40\%)}{1-2\%}\approx6.73\%$$

$$\begin{aligned}综合资本成本&=16.24\%\times\frac{600}{1\ 500}+6.12\%\times\frac{400}{1\ 500}+5.4\%\times\frac{200}{1\ 500}+6.73\%\times\frac{300}{1\ 500}\\&\approx10.19\%\end{aligned}$$

乙方案：

$$旧普通股资本成本=\frac{12}{100\times(1-2\%)}+3\%\approx15.24\%$$

$$旧债券资本成本\approx6.12\%$$

$$长期借款资本成本=5.4\%$$

$$新债券资本成本=\frac{11\%\times(1-40\%)}{1-2\%}\approx6.73\%$$

$$新普通股资本成本=\frac{12}{150\times(1-2\%)}+3\%\approx11.16\%$$

$$\begin{aligned}综合资本成本&=15.24\%\times\frac{600}{1\,500}+6.12\%\times\frac{400}{1\,500}+5.4\%\times\frac{200}{1\,500}+\\&\quad 6.73\%\times\frac{150}{1\,500}+11.16\%\times\frac{150}{1\,500}\\&=10.24\%\end{aligned}$$

由以上计算结果可知，甲方案的综合资本成本低于乙方案，应采用甲方案增资。

2. 比较普通股每股利润

从普通股股东的得益这一角度考虑资本结构的优化，可以采用比较普通股每股利润的方法。

【例 6-9】 某企业现有权益资金 500 万元(普通股 50 万股，每股面值 10 元)。企业拟再筹资 500 万元，现有三种方案可供选择。A 方案：发行年利率为 9%的长期债券；B 方案：发行年股息率为 8%的优先股；C 方案：增发普通股 50 万股。预计当年可实现息税前盈利 100 万元，所得税税率 30%。

要求：选择最优资本结构。

解　各方案的每股利润分别为

$$EPS_A=\frac{(100-500\times9\%)\times(1-30\%)}{50}=0.77(元)$$

$$EPS_B=\frac{100\times(1-30\%)-500\times8\%}{50}=0.60(元)$$

$$EPS_C=\frac{100\times(1-30\%)}{50+50}=0.70(元)$$

由以上计算结果可知，A 方案的每股利润最大，应采用 A 方案筹资。

3. 无差别点分析

无差别点分析是对不同资本结构的获利能力做出分析。无差别点是指使不同资本结构的每股利润相等的息税前利润点，这一点是两种资本结构优劣的分界点。无差别点分析可称 EBIT - EPS 分析。

【例 6-10】 某企业现有资本结构全部为普通股，共 100 万元，每股 10 元，折合 10 万股。现拟增资 20 万元，有甲、乙两种筹资方案可供选择。甲方案：发行普通股

2 万股，每股 10 元。乙方案：发行普通股 1 万股，每股 10 元；另发行债券 10 万元，债券年利率为 10%。该企业所得税税率为 40%。

要求：做 EBIT－EPS 分析。

解 设 x 为该企业的息税前利润，则

$$EPS_{甲}=\frac{x\times(1-40\%)}{10+2}$$

$$EPS_{乙}=\frac{(x-10\times10\%)\times(1-40\%)}{10+1}$$

令 $EPS_{甲}=EPS_{乙}$，得

$$\frac{x\times0.6}{12}=\frac{(x-1)\times0.6}{11}$$

$$x=12(万元)$$

此时，
$$EPS_{甲}=EPS_{乙}=0.6(元)$$

由此可知，当企业息税前利润小于 12 万元时，应选择甲方案增资；大于 12 万元时，应选择乙方案增资。

上述三种优化资本结构的方法都有一定的局限性。首先，它们都仅对有限个方案选出最优方案，因此只能是“较优”，不可能是“最优”。其次，它们与财务管理的总目标——股东财富最大化不可能完全一致。在第一种方法下，综合资本成本低，并不能保证股东财富最大化；在第二、三种方法下，假定普通股每股利润越大，则普通股股价越高，股东财富越大，但事实上普通股股价并不仅取决于每股利润，而是受很多因素的影响。

上述三种优化资本结构的方法适用于不同的情况。比较综合资本成本适用于个别资本成本已知或可计算的情况；比较普通股每股利润适用于息税前利润可明确预见的情况；无差别点分析适用于息税前利润不能明确预见，但可估测大致范围的情况。

思考题

1. 解释下列名词术语：资本成本、筹资总额分界点、边际贡献、经营杠杆、复合杠杆、资本结构、筹资无差别点。
2. 简述资本成本的内容和财务意义。
3. 经营杠杆和经营风险的关系是什么？
4. 财务杠杆和财务风险的关系是什么？
5. 经营杠杆和财务杠杆是如何发挥综合作用的？
6. 谈谈你对负债经营的认识。
7. 筹资无差别点分析有哪两种表达方式？它说明了什么问题？

练习题

1. 某企业发行面值为 500 元，票面利率为 10%，偿还期为 5 年的长期债券。该债券的筹资费率为 2%，所得税税率为 30%。

要求：计算此债券的资本成本率。

2. 某企业发行面值为 50 元、年股利率为 15% 的优先股股票，发行该优先股股票的筹资费率为 4%。

要求：计算优先股的资本成本率。

3. 某企业发行普通股股票，每股发行价格为 10 元，筹资费率为 5%，预计第一年末股利为 1 元，年股利增长率为 2%。

要求：计算普通股的资本成本率。

4. 某企业留用利润 500 万元，预计普通股下一期股利率为 15%，以后每年股利增长率为 1%。该普通股每股面值 5 元，发行价 8 元。

要求：计算留存收益的资本成本率。

5. 某企业共有资金 2 000 万元，其中银行借款 100 万元，长期债券 500 万元，普通股 1 000 万元，留存收益 400 万元，以上 4 种资金的资本成本率依次为 5%，6%，12%，11%。

要求：计算该企业的综合资本成本率。

6. 某企业目前拥有长期资金 160 万元，其中长期借款 20 万元，长期债券 60 万元，普通股 80 万元。经分析，企业目前的资本结构是最佳的，并认为筹集新资金后仍应保持这一结构。企业拟考虑筹集新资金，扩大经营，各个别资本成本随筹资额增加而变动的情况如下表所示。

资金来源	新筹资的数额范围	资本成本/%
长期借款	5 万元内 5 万元以上	5 6
长期债券	7.5 万元内 7.5 万元以上	7 8
普通股	15 万元内 15 万元以上	10 12

要求：计算该企业新筹资总额的分界点，编制边际资本成本规划表。

7. 已知某公司 2002 年产销 A 产品 10 万件，单价 100 元，单位变动成本 80 元，固定成本总额 100 万元，公司负债总额 1 000 万元，年利率为 5%，所得税税率为 40%。

要求：

(1) 计算边际贡献。

(2) 计算息税前利润。

(3) 计算经营杠杆系数。

(4) 计算财务杠杆系数。

(5) 计算综合杠杆系数。

8. 某企业年初的资本结构如下表所示：

资金来源	金额/万元
长期债券(年利率6%)	500
优先股(年股息率10%)	100
普通股(8万股)	400
合计	1 000

普通股每股面值50元，今年期望每股股息5元，预计以后每年股息率将增加2%，发行各种证券的筹资费率均为1%，该企业所得税税率为30%。

该企业拟增资500万元，有两个备选方案可供选择：方案一，发行长期债券500万元，年利率为8%，此时企业原普通股每股股息将增加到6元，以后每年的股息率仍可增加2%；方案二，发行长期债券200万元，年利率为7%，同时以每股60元发行普通股300万元，普通股每股股息将增加到5.5元，以后每年的股息率仍将增长2%。

要求：

(1) 计算该企业年初综合资本成本率。

(2) 分别计算方案一、方案二的综合资本成本率并做出决策。

9. 3M公司拟筹资1 000万元开发新品，现有A、B两个备选方案。有关资料如下表所示。

筹资方式	A方案		B方案	
	投资额/万元	资本成本率/%	投资额/万元	资本成本/%
长期投资	200	6	150	5
债券	300	8	250	7
普通股	500	10	600	12
合计	1 000		1 000	

要求：(1) 分别计算A、B方案的综合资本成本率。

(2) 设开发该项新品的投资报酬率为9.5%，3M公司应选择哪一方案筹资？

10. 某企业计划年初的资本结构如下表所示：

资金来源	金额/万元
长期借款(年利率10%)	200
长期债券(年利率12%)	300
普通股(5万股，面值100元)	500
合 计	1 000

本年度该企业拟考虑增资 200 万元，有两种筹资方案：甲方案：发行普通股 2 万股，面值 100 元；乙方案：发行长期债券 200 万元，年利率 13%。

增资后预计计划年度息税前利润可达到 120 万元，所得税税率 40%，问该企业应采用哪一方案筹资？

要求：分别用比较每股利润及无差别点法分析两种方法决策。

案例分析

华宇药业资本结构优化

我国医药行业自 1978 年以来以年均 16.6% 的速度增长，可以说医药行业的竞争相当激烈，并且部分市场还存在不正当竞争。因此，企业只有合理安排资金，培育自己的核心竞争力，才能在竞争中不被淘汰。

华宇药业股份有限公司（以下简称“华宇公司”）成立于 2009 年，其注册资本为 1 000 万元，经营范围主要包括化学原料药、化学制剂药、抗生素、生化制品、物流配送及相关咨询服务。公司自成立以来虽无亏损现象发生，但经营业绩一般，与同行业比较盈利能力较低。因此，为了在激烈的竞争中不致被淘汰，公司必须不断挖掘自身的潜力，扩大市场份额，提高企业价值。

华宇公司自成立以来一直无长期债务，其资金全部由普通股资本组成，股票账面价值为 1 000 万元。2010 年公司息税前盈余为 300 万元，目前适用的企业所得税税率为 25%，无风险报酬率为 8%，平均风险股票必要报酬率为 15%，股票的 β 系数为 1。

但是随着公司的发展，公司财务总监认为目前的资本结构不合理，可通过发行债券购回部分股票，寻找加权平均资本成本最低的最佳资本结构，于是向总经理提出改善公司目前资本结构的建议。但总经理不同意，他认为目前公司的资本结构没有什么不妥之处。

思考题：确定最优资本结构的意义何在？应按照什么样的思路来确定最优资本结构？

第7章 资本预算

学习目标

1. 了解投资项目的分类。
2. 理解资本预算相关的概念及程序。
3. 掌握投资项目现金流量的构成及计算,理解税负与折旧对现金流量的影响。
4. 掌握资本预算决策方法和决策规则。
5. 掌握固定资产更新决策分析方法。
6. 了解多个投资方案组合的决策方法。
7. 掌握风险投资决策方法。

引导案例

卡尔伐公司资本预算

卡尔伐公司(The Culver Company)五金分部是一个盈利的、多种经营的制造公司。该公司5年前以7 500美元的价格购买了一台机器。这台机器在购买时预期寿命为15年,在第15年末预计残值为零。采用直线折旧法,现在账面价值为5 000美元。分部经理报告,可用12 000美元(包括安装费)购置一台寿命期为10年的新机器,这样其销售额将从每年1 000美元增加到11 000美元。此外,它将减少劳动和原材料的消耗量,足以使经营成本从7 000美元减到5 000美元。这台新机器预计第10年末的残值为2 000美元。旧机器的当前市场价值为1 000美元,税率为40%,按季支付,公司的资本成本率为10%。

思考 卡尔伐公司应不应该购买这台新机器?

7.1　资本预算概述

7.1.1　企业投资的意义

企业投资是指公司对现在所持有资金的一种运用,如投入经营资产或购买金融资产,或者是取得这些资产的权利,其目的是在未来一定时期内获得与风险相匹配的报酬。在市场经济条件下,公司能否把筹集到的资金投放到报酬高、回收快、风险小的项目上去,对企业的生存和发展十分重要。

① 企业投资是实现财务管理目标的基本前提。企业财务管理的目标是不断提高企业价值,为股东创造财富。因此,要采取各种措施增加利润、降低风险。企业要想获得利润,就必须进行投资,在投资中获得效益。

② 企业投资是公司发展生产的必要手段。在科学技术、社会经济迅速发展的今天,企业无论是维持简单再生产还是实现扩大再生产,都必须进行一定的投资。要维持简单再生产,就必须及时对所使用的机器设备进行更新,对产品和生产工艺进行改造,不断提高职工的科学技术水平等;要实现扩大再生产,就必须新建、扩建厂房,增添机器设备,增加职工人数,提高人员素质等。企业只有通过一系列的投资活动,才能创造增强实力、广开财源的不可缺少的条件。

③ 企业投资是公司降低经营风险的重要方法。公司把资金投向生产经营的关键环节或薄弱环节,可以使各种生产经营能力配套、平衡,形成更大的综合生产能力。如把资金投向多个行业,实行多元化经营,则更能增加公司销售和盈余的稳定性。这些都是降低公司经营风险的重要方法。

7.1.2　投资项目类型

根据不同的划分标准,企业投资可进行如下分类。

1. 直接投资与间接投资

按投资与企业生产经营的关系,企业投资可分为直接投资和间接投资两类。直接投资是指投资主体将资金投入生产经营领域,以获取利润的投资活动,如购买原材料、购置设备、建设厂房等。直接投资扩大了生产能力,增加了实物资产存量,能为最终产品生产和提供劳务创造物质基础,是经济增长的重要条件。间接投资又称证券投资,是指把资金投入证券等金融资产,以取得利息、股利或资本利得收入的投资。在非金融性企业中,直接投资所占比重很大。随着我国金融市场的完善和多渠道筹资的形成,企业间接投资将越来越广泛。

2. 长期投资与短期投资

按投资回收时间的长短,企业投资可分为短期投资和长期投资两类。短期投资又称流动资产投资,是指能够并且也准备在一年以内收回的投资,主要是指对现金、应收账款、存货、短期有价证券等的投资。长期投资则是指一年以上才能收回的投资,主要是指对厂房、机器设备等固定资产的投资,也包括对无形资产和长期有价证券的投资。由于长期投资中固定资产所占的比重较大,因此,长期投资有时专指固定资产投资。

3. 对内投资和对外投资

根据投资的方向,企业投资可分为对内投资和对外投资两类。对内投资是指把资金投向公司内部,购置各种生产经营用资产的投资。对外投资是指公司以现金、实物、无形资产等方式或者以购买股票、债券等有价证券方式对其他单位的投资。对内投资都是直接投资,对外投资主要是间接投资,也可以是直接投资。

4. 初创投资和后续投资

根据投资在生产过程中的作用,企业投资可分为初创投资和后续投资。初创投资是在创建新企业时所进行的各种投资。它的特点是投入的资金通过建设形成企业的原始资产,为企业的生产、经营创造必要的条件。后续投资则是指为巩固和发展企业再生产所进行的各种投资,主要包括为维持企业简单再生产所进行的更新性投资,为实现扩大再生产所进行的追加性投资,为调整生产经营方向所进行的转移性投资等。

5. 独立投资、互斥投资和互补投资

投资按投资项目之间的相互关系,可以分为独立投资、互斥投资和互补投资。独立投资也称非相关性投资,是不会因其他投资的采纳或放弃而受到影响的投资。例如,购置机器和建造厂房是各自独立投资的项目,它们之间存在着相互依赖关系,但不能相互取代。此时,只要独立投资项目本身可行,即可以接受。互斥投资也称互不相容投资,是指采纳或放弃某一项投资,就会显著地影响其他投资,或者其他投资的采纳或放弃,会使某一项投资受到显著的影响。例如,某公司正在考虑投资于两个计算机系统中的一个,那么选择其中一个系统就意味着放弃另外一个系统。因此,互斥投资有取必有舍,不能同时并存。互补投资是指可同时进行、相互配套的投资,如港口和码头、油田和油管都属于互相补充的投资。

这种投资分类与投资决策密切相关,对于独立投资无须考虑其他投资的影响,对于互斥投资必须在多种投资方案中做出选择,对于互补投资必须考虑各种投资方案的相互配套。就这三种投资类型的风险和收益来说,独立投资的风险和收益是独立的,互斥投资的风险和收益不仅是独立的,而且取决于投资项目的正确选择,互补投资的风险和收益与各配套项目是否能有效互相补充相关。

7.1.3 资本预算的概念及特点

资本预算(Capital Budgeting)又称长期投资决策,是对长期投资项目未来各期的现金流入与现金流出进行详细分析,并对投资项目是否可行做出判断的过程。资本预算是一种必要的管理工具,在企业财务管理过程中占有非常重要的地位,它所涉及的项目通常要支出大量资金,对企业会产生较长时间的影响。一项资本预算的失误,会给企业带来重大损失，影响企业的财务状况和现金流量，甚至导致企业破产。所以，新创企业必须综合考虑资金的时间价值、投资的风险价值、资本成本及现金流量等问题，并通过适当的指标来评价投资项目的预期效益。

资本预算的特点：

① 影响时间长。长期投资项目发挥作用的时间比较长，投入的资金需要几年、十几年，甚至几十年才能收回。因此，长期投资对企业今后长期的经济效益，甚至对企业的命运有着决定性的影响。

② 投资数额大。企业投资所需资金数额多少不等，但就企业内部长期投资而言，所需资金一般较多。因此，长期投资对企业的现金流量和财务状况有很大的影响。

③ 发生频率低。与短期投资相比，长期投资的发生不太频繁，特别是大规模的长期投资，这使财务人员有比较充足的时间对长期投资进行可行性研究。

④ 变现能力差。长期投资一旦完成，要想改变是相当困难的，不是无法实现，就是代价太大，这是因为厂房和机器设备等固定资产及其他长期资产的变现能力较差，用途也不易改变。

鉴于资本预算的上述特点，创业企业在进行投资之前，应首先对投资项目进行分析评价，从财务的角度分析投资项目的可行性，以做出合理的决策。

7. 1. 4　资本预算的程序

作为一个完整的决策过程，资本预算必须包括项目投资的各个阶段，即事前决策、事中实施和事后监督与评价。一般来说，资本预算过程包括七个步骤。

1. 寻找并确定投资机会

在企业中，各个部门、各个级别的管理人员（包括工人）都会提出相应的资本性支出建议。例如，新产品开发建议通常是由营销部门提出的，而固定资产更新建议通常是由生产部门提出的。无论投资建议是由哪个部门提出的，都需要有高效的管理信息系统，以保证投资信息的传递。并且，各种投资建议都必须与企业的战略相一致，以避免对那些与公司战略相矛盾的投资项目做不必要的分析。例如，处于竞争环境中的高科技企业，可能不会愿意降低研究与开发支出以实现短期的高利润。

2. 估测各个投资项目的收益、成本和风险

企业在确定可行的投资机会之后，下一步就是分析、估测各个投资机会的成本与收益，并考虑与此相关的风险，为选择投资项目提供财务数据。企业必须充分认识到，准确地估测投资项目的成本与收益是非常消耗时间的过程，而且可能是资本预算决策过程中最困难的一个部分，因为所有的估测都建立在假设的基础之上，与现实可能会有很大的出入。

3. 选择投资项目

在获取各个投资项目的收益、成本和风险资料之后，企业就可以采取一定的财务评价指标，对各个投资项目的风险与报酬做出评估，从而选择最有利的投资项目。这里，选择投资项目的基本原则仍然是要使投资项目的投资报酬率大于或等于企业资金的边际资本成本。

估测投资方案的收益与风险和选择投资方案，是资本预算决策过程中最主要的两个步骤，也是本章介绍的重点。

4. 制订资本预算计划

企业在选定投资方案以后，就要以文本的方式，将最终决策变成可实行的投资计划(或资本预算)。制订资本预算计划时，通常需要说明的内容包括：

① 投资的必要性及其对企业经营的影响；

② 投资项目的技术可行性评价；

③ 项目投资的各个阶段及所需要经历的时间；

④ 各阶段投资的金额估计；

⑤ 各阶段投资金额筹集的方式和渠道及资本成本的测算；

⑥ 投资项目的收益估计；

⑦ 投资项目的财务可行性评价。

5. 实施项目投资

项目投资的实施，首先是要筹集资金。企业应当根据资本预算(投资计划)中制订的筹资方案，及时足额地筹集资金，以顺利实施投资方案。

6. 进行项目监测

对投资项目进行监测，可以评价企业在选择投资方案过程中，对各种投资机会的收益、成本与风险的估测是否准确，判断是否要根据现实情况对投资计划加以修订和调整。例如，在筹资过程中，如果资本市场发生剧烈变化，使得资金筹措困难或资本成本大幅上升，从而使原先有利可图的投资方案变得无利可图，乃至亏损，那么，企业就有必要调整其投资计划；在项目建设过程中，如果产品市场发生重大变化，原先预计的收益会大幅减少，企业也必须考虑修订投资计划。

7. 实施事后审计

资本预算的事后审计是对投资项目的最终结果与预测结果进行比较。要实施有效的事后审计，通常需要一定的时间，如2—3年。事后审计的重要性在于它可以对投资方案确定阶段所采取的政策进行必要的修订，并提供能够更加准确估计投资方案的收益、成本和风险的方法。

7.2 投资项目现金流量估计

在资本预算决策中，评价项目盈利的财务指标不再是利润，而是现金流量。估计投资项目的预期现金流量是资本预算的首要环节，实际上也是分析投资方案时最重要、最困难的一个步骤。

7.2.1　现金流量的概念与构成

1. 现金流量的概念

所谓现金流量，在资本预算中是指一个项目所引起的在未来一定期间内所发生的现金支出和现金收入的增加额。这里的“现金”是广义的现金，它不仅包括各种货币资金，而且包含与项目相关的非货币资源的变现价值(或重置成本)。例如，一个项目需要使用原有的厂房、设备和材料等，则相关的现金流量是指它们的变现价值，而不是它们的账面价值。

现金流量是一个统称，具体包括现金流出量、现金流入量和现金净流量三个概念。其中，现金流出量是指由于实施某一投资项目而引起的企业现金支出的增加量，如购买机器设备的现金支出、垫支的流动资金等；现金流入量是指特定投资项目实施所引起的企业现金收入的增加量，如新增的税后利润、折旧等；而现金净流量则是指一定期间内现金流入量与现金流出量的差额。现金净流量可以按一年计，也可以按整个项目存续的有效期计。当现金流入量大于现金流出量时，现金净流量为正数；反之，现金净流量为负数。

2. 现金流量的构成

投资项目的现金流量一般由初始现金流量、营业现金流量和终结现金流量三个部分构成。

(1) 初始现金流量

初始现金流量，是指项目开始投资时发生的现金流量，是项目的投资支出，故也称初始投资。其具体包括：

① 固定资产投资，主要包括厂房、设备等固定资产的购入或建造成本、运输成本和安装、调试成本等。

② 垫支的营运资本，是指项目投产前后分次或一次投放于原材料、在产品、产成品等流动资产的投资增加额。这些资金一经投入，便在整个投资期限内围绕企业的生产经营活动进行周而复始的循环周转，直至项目终结时才退出收回，并转作他用。

③ 其他投资费用，是指与投资项目运转相关的各项费用支出，如人员培训费、谈判费、注册费等。

④ 原有固定资产的变价收入，主要是指在固定资产更新改造时，对原有固定资产变卖所得的现金净收入。

⑤ 所得税效应，即出售旧设备变价收入的税赋损益。按规定，出售资产(如旧设备)时，如果出售价高于原价或账面净值，就应缴纳所得税，多缴的所得税构成项目现金流出量；如果出售价低于原价或账面净值，形成损失，则可抵减应纳税所得额，少交所得税，形成项目现金流入量。

(2) 营业现金流量

营业现金流量，即经营期现金净流量，指项目投产后，在其有效年限内，由于正常的生产经营活动所引起的现金流量。这种现金流量通常以年为单位进行计算，一般包括以下几项：

① 营业现金收入，是指项目投产后生产产品或提供劳务而使企业每年增加的现金销售收入。这是经营期最主要的现金流入项目。

② 经营成本，又称为付现成本，是指用现金支出的各种成本和费用，如材料费用、人工费用、设备修理费用等。这是经营期最主要的现金流出项目。由于企业每年支付的总成本中，一部分是付现成本，另一部分是非付现成本，包括固定资产折旧费、无形资产摊销费等，而无形资产摊销费往往数额不大或是不经常发生，为简化起见通常忽略不计。因此，付现成本可以用当年的营业成本减固定资产折旧后得到。

③ 交纳的各项税款，是指项目投资后依法缴纳的、单独列示的各项税款，主要是所得税。

因此，企业每年营业现金净流量可用以下公式计算：

年营业现金净流量＝营业收入－付现成本－所得税
＝营业收入－(营业成本－折旧)－所得税
＝营业收入－营业成本－所得税＋折旧
＝税后净利＋折旧

(3) 终结现金流量

终结现金流量，是指项目终结时所发生的现金流量，主要包括：固定资产的残值或变价收入；回收原垫支的营运资本；停止使用的土地变价收入等。

7.2.2 估算现金流量的一般原则

投资项目所需要的资本支出及该投资项目每期产生的净现金流量涉及许多变量，因此需要企业相关部门(如销售部门、产品开发部门、技术部门、生产部门、成本管理部门和财务会计部门)共同参与，配合完成。

在确定投资方案的现金流量时，应遵循的基本原则：只有增量的现金流量，才是与投资项目相关的现金流量。所谓增量现金流量，是指接受或拒绝某个投资方案后，企业总现金流量因此发生的变动。只有实施某个投资项目引起的现金流入量增加额，才是该项目的现金流入量；只有实施某个投资项目引起的现金流出量增加额，才是该项目的现金流出量。

为正确计算投资方案的增量现金流量，需要正确判断哪些支出会引起企业总现金流量的变动，哪些支出不会引起企业总现金流量的变动。在进行判断时，要注意以下几个问题。

1. 区分相关成本和非相关成本

相关成本是指与特定决策有关的、在分析评价时必须加以考虑的成本。例如，差额成本、未来成本、重置成本和机会成本等都属于相关成本。与之相反，与特定决策无关的、在分析评价时不需加以考虑的成本则是非相关成本。例如，沉没成本、过去成本、账面成本等就属于非相关成本。如果不加区分，将非相关成本也纳入投资项目的总成本，则一个有利的项目可能因此变得不利，一个较好的项目可能变为一个较差的项目，从而造成决策的失误。

例如，某企业 2010 年拟建一个车间，经专家论证共需投资 500 万元，并请一家管理咨询公司做过可行性研究，支付咨询费 10 万元。后来因为公司有了更好的投资机会，该项目被搁置，且该笔咨询费作为费用已在当年入账处理。2 年后该项目拟重新上马，在进行投资分析时，这 10 万元是否仍是相关成本呢？当然不是。这 10 万元支出已经发生，属于沉没成本，不管企业是否新建这个车间，它都无法收回，与企业未来的总现金流出量无关。

2. 不要忽视机会成本

在投资方案的选择中，如果选择了某一个投资方案作为最优方案，就必然要放弃其他的方案。这种由于放弃其他方案而丧失的潜在利益就是被选用的最优方案的机会成本。机会成本尽管并不构成实际的现金流出，但它减少了获得收益的机会，因此也是项目的相关成本。

例如，上述企业新建车间的投资方案，需要占用企业拥有的一块土地。在进行投资分析时，必须考虑这块土地的其他用途所能获得的收益，即利用这块土地建造车间的机会成本。假设这块土地出售可得 100 万元，则新建车间的机会成本是 100 万元。

值得注意的是，无论这块土地当时是以 20 万元还是 30 万元购得的，都应以现行市场价格作为这块土地的机会成本。机会成本不是一种支出或费用，而是失去的收益。这种收益不是实际发生的，而是潜在的。机会成本在决策中的意义，在于它有助于全面考虑可能采取的各种方案，以便寻求最有利的方案。

3. 考虑对公司其他部门或产品的影响

当公司采纳一个新的项目后，该项目可能对公司的其他部门或产品造成有利或不利的影响。例如，新建生产线生产的新产品上市后，原有其他产品的销量可能减少，而且整个公司的销售额也许不会增加甚至下降。因此，公司在判断和估算现金流量时，不应直接将新产品的销售收入作为增量收入来处理，而应扣除其他部门因此而减少的销售收入，以两者之差作为新建项目的现金流量。当然，也可能发生相反的情况，新产品上市后将促进其他部门的销售增长。具体情形则要看新项目与原有部门是竞争关系还是互补关系。

当然，诸如此类的交互影响，事实上很难准确计量。但决策者在进行投资决策分析时仍要将其考虑在内。

4. 考虑对净营运资本的影响

净营运资本是指增加的流动资产与增加的流动负债之间的差额。在一般情况下，公司因项目投资导致现金流量增加时，它对货币资金、应收账款、存货等流动资金的需求也会随之增加，公司必须筹措新的资金以满足这种额外的资金需求。但是，公司的扩张也会导致应付账款与一些应付费用等流动负债的同时增加，从而降低公司流动资金的实际需要。

当投资方案的寿命周期快要结束时，公司将与项目有关的存货出售，应收账款变为现金，应付账款和应付费用也随之偿付，营运资本恢复到原有水平。通常，在进行投资分析时，假定开始投资时筹措的营运资本在项目结束时收回。

7.2.3 现金流量与会计利润

在会计核算中，企业按照权责发生制计量收入和费用，并以收入减去费用后得到的利润来评价企业的经济效益。但在资本预算决策中一般不是以利润作为评价项目经济效益高低的基础，而是以现金流入作为项目的收入、以现金流出作为项目的支出、以现金净流量作为项目的净收益来进行评价。其主要原因介绍如下。

1. 采用现金流量有利于科学地考虑时间价值因素

资本预算具有长期性，要实现科学的决策必须考虑资金的时间价值，将不同时点的现金收入或支出调整到同一时点进行汇总和比较，这就要求决策时弄清每笔预期收入款项和支出款项的具体时间。而利润的计量遵循权责发生制原则，其收入与费用的确认不考虑现金实际收到和支出的时间。

利润与现金流量的差异具体表现在以下几个方面：① 购置固定资产付出大量现金时不计入成本；② 将固定资产的价值以折旧或折耗的形式逐期计入成本时，却又不需要付出现金；③ 计算利润时不考虑垫支的流动资产的数量和回收的时间；④ 只要销售行为已经确定，就计算为当期的销售收入，尽管其中有一部分并未于当期收到现金；⑤ 项目寿命终了时，以现金的形式回收的固定资产残值和垫支的流动资产在计算利润时也得不到反映。

可见，要在资本预算中考虑时间价值的因素，就不能利用利润来衡量项目的优劣，而必须采用现金流量。

2. 采用现金流量使投资决策更符合客观实际

在资本预算中，应用现金流量能更科学、更客观地评价投资方案的优劣，而利润则明显地存在不科学、不客观的成分。这是因为：① 利润的计算没有一个统一的标准，在一定程度上要受存货估价、费用摊配和不同折旧计提方法的影响。因而，净利的计算比现金流量的计算有更大的主观随意性，作为决策的主要依据不太可靠。② 利润反映的是某一会计期间“应计”的现金流量，而不是实际的现金流量。若以未实际收到现金的收入作为收益，具有较大风险，容易高估投资项目的经济效益，存在不科学、不合理的成分。

3. 现金流动状况比盈亏状况更重要

在资本预算中，对项目效益的评价是以假设其收回的资本再投资为前提的。利润反映项目的盈亏状况，但有利润的年份不一定能产生多余的现金用来进行其他项目的再投资。一个项目能否维持下去，不取决于一定期间是否盈利，而取决于有没有现金用于各种支付。

7.2.4　所得税和折旧对现金流量的影响

所得税是企业的一种现金流出，它取决于利润大小和税率高低，而利润大小受折旧方法的影响，因此，讨论所得税问题必然会涉及折旧问题。前面部分未讨论所得税问题，是因为在那种情况下折旧与现金流量无关，自然也不必讨论折旧问题。折旧对投资决策产生影响，实际是所得税存在引起的。因此，这两个问题要放在一起讨论。

1. 税后成本和税后收入

对企业来说，绝大部分费用项目都可以抵减所得税，所以支付的各项费用应以税后的成本为基础来观察。凡是可以减免税负的项目，其实际支付的数额并不是企业真正的成本，而应将因此减少的所得税考虑进去。这种扣除了所得税影响后的费用净额，称为税后成本。

税后成本的一般计算公式为

$$税后成本=支出金额\times(1-税率)$$

式中，“支出金额”是指按税法规定可以抵免税负的成本费用，不包括购置固定资产支付的价款。

【例 7-1】　某公司目前的损益状况如表 7-1 所示。该公司正在考虑一项广告计划，每月需支付费用 3 000 元，公司适用所得税税率为 25%，问该项广告的税后成本是多少？

表 7-1　公司损益状况表

金额单位：元

项目	目前（不做广告）	做广告方案
销售收入	20 000	20 000
成本和费用	6 000	6 000
新增广告		3 000
税前利润	14 000	11 000
所得税费用(25%)	3 500	2 750
税后净利	10 500	8 250
新增广告税后成本		2 250

从表 7-1 可以看出，该项广告的税后成本为每月 2 250 元。这一结论是正确无误的，两个方案（不做广告与做广告）的唯一差别是广告费 3 000 元，它使净利润减少 2 250 元。

与税后成本相对应的概念是税后收入。由于税的作用，企业营业收入的金额有一部分会流出企业，企业实际得到的现金流入是税后收入，计算公式为

$$税后收入=收入金额\times(1-税率)$$

式中，收入金额是指根据税法规定需要纳税的收入，不包括项目结束时收回垫支资金等现金流入。

2. 折旧的抵税作用

众所周知，增加成本会减少利润，从而使所得税减少。如果不计提折旧，企业的所得税将会增加许多。折旧可以起到减少税负的作用，这种作用被称为“折旧抵税”或“税收挡板”。

【例 7-2】 假设有甲公司和乙公司，全年销售收入、付现费用均相同，所得税税率为 25%。两者的区别是甲公司有一项可计提折旧的资产，每年折旧额相同。两家公司的现金流量如表 7-2 所示。

表 7-2 两家公司的现金流量

金额单位：元

项目	甲公司	乙公司
销售收入	20 000	20 000
费用：		
付现营业费用	10 000	10 000
折旧	3 000	0
合计	13 000	10 000
税前利润	7 000	10 000
所得税费用(25%)	1 750	2 500
税后净利	5 250	7 500
营业现金流入：		
税后净利	5 250	7 500
折旧	3 000	0
合计	8 250	7 500

甲公司利润虽然比乙公司少 2 250 元，但现金净流入却多出 750 元，其原因在于有 3 000 元的折旧计入成本，使应税所得减少 3 000 元，从而少纳税 750 元(3 000×25%)。这笔现金保留在企业里，不必缴出。从增量分析的观点来看，由于增加了一笔 3 000 元折旧，企业获得 750 元的现金流入。折旧对税负的影响可按下式计算：

税负减少额＝折旧额×税率＝3 000×25%＝750(元)

3. 税后现金流量

在加入所得税因素以后，营业净现金流量的计算有三种方法。

(1)根据直接法计算

根据现金流量的定义，所得税费用是一项现金流出量，应当作为每年营业现金净流

量的一个扣减项。因此，其计算公式为

营业现金净流量＝营业收入－付现成本－所得税

(2)根据间接法计算

企业每年现金增加主要来自两个方面：一是当年增加的净利；二是计提的折旧，以现金形式从销售收入中扣回，留在企业里。因此，现金净流量的计算公式应为

营业现金净流量＝税后净利＋折旧

这一计算公式与上式是一致的，完全可以由上式直接推导出来，即

营业现金净流量＝营业收入－付现成本－所得税
＝营业收入－(营业成本－折旧)－所得税
＝营业利润＋折旧－所得税
＝税后净利＋折旧

(3)根据所得税对收入和折旧的影响计算

如前所述，由于所得税的影响，现金流量并不等于项目实际的收支金额，因此，现金流量应当按下式计算：

营业现金净流量＝税后收入－税后成本＋折旧抵税
＝营业收入×(1－税率)－付现成本×(1－税率)＋折旧×税率

这一公式也可以由上述公式直接推导出来，即

营业现金净流量＝税后净利＋折旧
＝(营业收入－营业成本)×(1－税率)＋折旧
＝[营业收入－(付现成本＋折旧)]×(1－税率)＋折旧
＝营业收入×(1－税率)－付现成本×(1－税率)－折旧×(1－税率)＋折旧
＝营业收入×(1－税率)－付现成本×(1－税率)＋折旧×税率

上述三个公式，最常用的是第三个，因为企业的所得税是根据企业总利润计算的。在决定某个项目是否投资时，往往使用差额分析法确定现金流量，并不知道整个企业的利润及与此有关的所得税，这就限制了前两个公式的使用；而第三个公式并不需要知道企业的利润是多少，所以使用起来比较方便。尤其是有关固定资产更新的决策，通常不知道或没有办法直接计量某项资产给企业带来的收入和利润，以至于根本无法使用前两个公式。

【例7-3】　甲公司准备购入一台设备以扩大生产能力，现有A、B两个方案可供选择。A方案需投资10 000元，设备使用寿命5年，采用直线法计提折旧，5年后设备无残值；5年中每年新增营业销售收入6 000元，付现成本2 000元。B方案需投资12 000元，采用直线法计提折旧，设备使用寿命也是5年，5年后有残值收入2 000元；5年中每年新增营业收入8 000元，付现成本第一年为3 000元，以后随着设备陈旧将逐年增加修理费400元，另需垫支营运资本2 000元。假设公司适用所得税税率为25%，试计算两个方案的现金流量。

解 为便于计算现金流量，必须先计算两个方案的折旧额：

A 方案每年的折旧额＝10 000÷5＝2 000(元)

B 方案每年的折旧额＝(12 000－2000)÷5＝2 000(元)

然后，再计算两个方案的营业现金流量，并结合初始现金流量和终结现金流量编制两个方案的全部现金流量计算表，如表 7-3 和表 7-4 所示。

表 7-3 投资项目的营业现金流量

金额单位：元

年 份	1	2	3	4	5
A 方案：					
营业收入(1)	6 000	6 000	6 000	6 000	6 000
付现成本(2)	2 000	2 000	2 000	2 000	2 000
折旧(3)	2 000	2 000	2 000	2 000	2 000
税前利润(4)＝(1)－(2)－(3)	2 000	2 000	2 000	2 000	2 000
所得税(5)＝(4)×25%	500	500	500	500	500
税后利润(6)＝(4)－(5)	1 500	1 500	1 500	1 500	1 500
营业现金净流量(7)＝(6)＋(3)	3 500	3 500	3 500	3 500	3 500
B 方案：					
营业收入(1)	8 000	8 000	8 000	8 000	8 000
付现成本(2)	3 000	3 400	3 800	4 200	4 600
折旧(3)	2 000	2 000	2 000	2 000	2 000
税前利润(4)＝(1)－(2)－(3)	3 000	2 600	2 200	1 800	1 400
所得税(5)＝(4)×25%	750	650	550	450	350
税后利润(6)＝(4)－(5)	2 250	1 950	1 650	1 350	1 050
营业现金净流量(7)＝(6)＋(3)	4 250	3 950	3 650	3 350	3 050

表 7-4 投资项目的现金流量

金额单位：元

年 份	0	1	2	3	4	5
A 方案：						
固定资产投资	－10 000					
营业现金净流量		3 500	3 500	3 500	3 500	3 500
现金流量合计	－10 000	3 500	3 500	3 500	3 500	3 500
B 方案：						
固定资产投资	－12 000					

续表

年　份	0	1	2	3	4	5
垫支营运资本	－2 000					
营业现金净流量		4 250	3 950	3 650	3 350	3 050
收回垫支营运资本						2 000
残值收入						2 000
现金流量合计	－14 000	4 250	3 950	3 650	3 350	7 050

在表 7-3 和表 7-4 中，年份“0”表示第一年年初，年份“1”表示第一年年末，年份“2”表示第二年年末，依此类推。另外，在现金流量的计算中，为了简化计算，一般假设各年的投资都是在年初一次性投入的，每年的营业现金流量都是在各年年末一次性取得的，而终结现金流量也是在最后一年的年末一次性发生的。

7.3　资本预算方法

对项目投资的评价，通常使用两类指标：一类是非贴现指标，即没有考虑货币时间价值因素的指标，主要包括投资回收期、平均报酬率等；另一类是贴现指标，即考虑了货币时间价值因素的指标，主要包括净现值、现值指数、内含报酬率等。根据分析评价指标的类别，项目投资决策的方法也相应地分为非贴现的静态分析法和贴现的动态分析法两种。

7.3.1　静态分析法

1. 投资回收期法

投资回收期是指以投资项目营业净现金流量抵偿原始总投资所需要的时间，即回收初始投资所需要的时间，通常以“年”来表示，记作 PP(Payback Period)。其计算方法分以下两种情况：

① 如果投资项目每年的营业现金净流量相等，则投资回收期可按以下公式计算：

$$投资回收期=\frac{原始投资额}{年营业现金净流量}$$

② 如果每年的营业现金净流量不相等，或项目初始投资是分期投入的，则需逐年累计各年的现金净流量，直至等于项目初始投资额，其所经历的时间就是投资回收期。用等式表示，即为

$$投资回收期=\left(\begin{matrix}累计现金净流量开始\\出现正值的年份数\end{matrix}-1\right)+\frac{年初尚未回收的投资额}{当年现金净流量}$$

【例 7-4】 根据例 7-3 资料，计算 A、B 两个方案的投资回收期。

解 A 方案每年的现金净流量相等，故

$$PP_A=\frac{10\ 000}{3\ 500}=2.857(\text{年})$$

B 方案每年的现金净流量不等，所以应先计算其各年尚未回收的投资额，如表 7-5 所示。

表 7-5 现金净流量累计表

金额单位：元

年度	每年现金净流量	年末尚未回收的投资额
1	4 250	9 750
2	3 950	5 800
3	3 650	2 150
4	3 350	0
5	7 050	

$$PP_B=(4-1)+\frac{2\ 150}{3\ 350}=3.642(\text{年})$$

应用投资回收期法评估投资项目时，公司必须事先确定一个标准或期望的回收期(称为基准回收期)，并进行比较，其决策规则如下：如果计算所得的投资回收期小于基准回收期，则项目可行；如果计算所得的投资回收期大于基准回收期，则项目不可行；如果是多个项目的互斥决策，则选择其中回收期最短的项目。

本例中，若甲公司确定的基准回收期为 4 年，则 A、B 两方案均是可行的，但 A 方案的回收期更短，因此该公司应选择实施 A 方案。

投资回收期法的优点：计算简便，反映直观，易于理解；可以用于衡量投资项目的相对风险。一般来说，投资回收期越短，说明该项投资未来的风险越小；反之，则说明其未来的风险越大。

投资回收期法的缺点：没有考虑货币的时间价值；没有考虑回收期后的现金流量，不能反映项目的盈利能力。事实上，具有战略意义的投资项目通常早期收益较低，后期收益较高。投资回收期法容易导致决策者的急功近利。例 7-5 清楚地说明了这一点。

【例 7-5】 假设有两个方案的预计现金流量如表 7-6 所示，试计算投资回收期，并比较优劣。

表 7-6　两个方案的预计现金流量

金额单位:元

项目	0	1	2	3	4
甲方案现金流量	−10 000	3 000	7 000	7 000	7 000
乙方案现金流量	−10 000	3 000	7 000	9 000	10 000

两个方案的投资回收期相同,都是 2 年,如果用投资回收期法进行评价,两个方案一样,但实际上乙方案明显优于甲方案。

2. 会计收益率法

会计收益率(Accounting Rate of Return,ARR)是指投资项目的年平均净收益与项目原始投资额的比率,计算公式为

$$会计收益率=\frac{年平均净收益}{原始投资额}\times 100\%$$

该指标反映单位投资额每年能给企业所创造的净收益。一般而言,会计收益率越高,说明投资效益越好,反之,则说明投资效益越差。其决策规则如下:如果会计收益率大于必要报酬率(必要报酬率通常由公司事先自行确定或根据行业标准确定),则项目可行;如果会计收益率小于必要报酬率,则项目不可行;如果是多个项目的互斥决策,则选择会计收益率最高的项目。

根据例 7-3 资料, A、B 两个方案的会计收益率计算如下:

$$ARR_A=\frac{1\ 500}{10\ 000}\times 100\%=15\%$$

$$ARR_B=\frac{(2\ 250+1\ 950+1\ 650+1\ 350+1\ 050)\div 5}{14\ 000}\times 100\%=11.79\%$$

例 7-3 中,若甲公司确定的必要报酬率为 10%,则 A、B 两方案均是可行的,但 A 方案的会计收益率更高,因此该公司应选择实施 A 方案。

会计收益率法的优点是简单、明了、易于掌握,且该指标不受投资方式、有无回收额及净现金流量大小等条件的影响,能够说明各投资方案的收益水平。其主要缺点是没有考虑资金时间价值,忽略了现金流动的时间分布,以净收益为计算基础,而不是以现金流量为计算基础,难以正确反映投资项目的真实效益。

7.3.2　动态分析法

1. 净现值法

净现值是指投资项目未来现金流入的现值与未来现金流出的现值之间的差额,记作 NPV(Net Present Value)。其计算公式为

$$NPV=\sum_{t=0}^{n}\frac{I_t}{(1+i)^t}-\sum_{t=0}^{n}\frac{O_t}{(1+i)^t}$$

式中,n 为投资的年限;I_t 为第 t 年的现金流入量;O_t 为第 t 年的现金流出量;i 为预定的

贴现率。

净现值法的决策规则为接受净现值不为负数的资本预算项目。如净现值大于零，即贴现后现金流入大于贴现后现金流出，说明该投资项目的报酬率大于预定的贴现率，该项目可行；如净现值小于零，即贴现后现金流入小于贴现后现金流出，说明该投资项目的报酬率小于预定的贴现率，该项目不可行。在有多个备选方案的互斥选择决策中，应选用净现值是正值中的最大者。

根据例 7-3 资料，假设贴现率为 10%，A、B 两个方案的净现值计算如下：

A 方案每年的现金净流量相等，净现值为

$$\begin{aligned}NPV_A &= 3\,500\times(P/A,10\%,5)-10\,000\\&=3\,500\times3.791-10\,000\\&=3\,268.5(\text{元})\end{aligned}$$

B 方案每年的现金净流量不等，净现值为

$$\begin{aligned}NPV &= \frac{4\,250}{(1+10\%)^1}+\frac{3\,950}{(1+10\%)^2}+\frac{3\,650}{(1+10\%)^3}+\frac{3\,350}{(1+10\%)^4}+\\&\quad\frac{7\,050}{(1+10\%)^5}-14\,000\\&=2\,533.2(\text{元})\end{aligned}$$

例 7-3 中，A、B 两方案的净现值均大于 0，则 A、B 两方案均是可行的，但 A 方案的净现值更高，因此该公司应选择实施 A 方案。

净现值法的优点主要体现在：第一，把未来各期的现金净流量进行了折现，考虑了货币的时间价值；第二，通常以项目所要求的最低报酬率或资本成本作为折现率，考虑并强调了项目的机会成本；第三，考虑了项目的风险因素，因为折现率的大小与风险大小有关，风险越大，折现率就越高。

净现值法也存在缺点，主要表现在：第一，计算净现值时所采用的折现率没有明确的标准，具有一定的主观性；第二，不能反映投资项目的实际报酬率水平，当各项目投资额不等时，仅用净现值无法确定投资方案的优劣。

2. 内部收益率法

内部收益率(Internal Rate of Return，IRR)是指使净现值等于零时的折现率，又称为内部报酬率或内含报酬率等。一个投资项目的内部收益率意味着在考虑货币时间价值的基础上，到项目终结时，各期净现金流量的现值恰好收回初始投资，此时净现值为零。这个使净现值等于零的折现率，就是该投资方案实际可能达到的报酬率，即预期收益率。其计算公式为

$$\sum_{t=0}^{n}\frac{I_t}{(1+\text{IRR})^t}-\sum_{t=0}^{n}\frac{O_t}{(1+\text{IRR})^t}=0$$

内含收益率的计算，因各年现金净流量是否相等而有所不同。如果各年的现金净流量相等，则先计算年金现值系数；然后查年金系数表，在相同的期数内，找出与上述年金现值系数相邻近的较大和较小的两个贴现率；最后，采用插值法计算出项目的内含收

益率。

例 7-3 中，A 方案属于这种情况，内部收益率的计算过程如下：

$$\text{年金现值系数}=\frac{\text{原始投资额}}{\text{每年的现金净流量}}$$

$$=10\,000\div 3\,500=2.857$$

查年金现值系数表，A 方案的内部收益率应该在 20%～25%之间，用插值法计算如下：

折现率	年金现值系数
20%	2.991
?	2.857
25%	2.689

（20%～?：x；20%～25%：5%；2.991～2.857：0.134；2.991～2.689：0.302）

$$\frac{x}{5\%}=\frac{0.134}{0.302}$$

$$x=2.22\%$$

则
$$IRR_A=20\%+2.22\%=22.22\%$$

如果各年的现金净流量不相等，则需要采用“逐步测试法”计算内含收益率。首先估计一个贴现率，用它来计算方案的净现值。如果净现值为正数，说明方案本身的收益率高于估计的贴现率，应提高贴现进一步测试；如果净现值为负数，说明方案本身的收益率低于估计的贴现率，应降低贴现进一步测试。经过多次测试，寻找出使净现值接近于零的贴现率，即为方案本身的内含收益率。

例 7-3 中，B 方案的内部收益率测试过程如下：

设 $i=15\%$，

$$NPV=\frac{4\,250}{(1+15\%)^1}+\frac{3\,950}{(1+15\%)^2}+\frac{3\,650}{(1+15\%)^3}+\frac{3\,350}{(1+15\%)^4}+\frac{7\,050}{(1+15\%)^5}-14\,000$$
$$=505.45(\text{元})$$

设 $i=18\%$，

$$NPV=\frac{4\,250}{(1+18\%)^1}+\frac{3\,950}{(1+18\%)^2}+\frac{3\,650}{(1+18\%)^3}+\frac{3\,350}{(1+18\%)^4}+\frac{7\,050}{(1+18\%)^5}-14\,000$$
$$=-531.85(\text{元})$$

$$IRR_B=15\%+\frac{505.45}{505.45+531.85}\times(18\%-15\%)=16.46\%$$

内部收益率法的决策规则为接受 IRR 超过投资者要求收益率的项目。在只有一个方案采纳与否的决策中，内部收益率大于或等于企业的资本成本或必要报酬率时就采纳，反之，则拒绝；在有多个备选方案的互斥选择决策中，应选用内部收益率超过资本成本或必要报酬率最多的投资项目。

例 7-3 中，如甲公司要求的收益率是 10%，则 A、B 两方案均是可行的，但 A 方案的内部收益率更高，因此该公司应选择实施 A 方案。

内部收益率法考虑了资金时间价值，能从动态的角度直接反映投资项目的实际收益率，且不受行业基准收益率高低的影响，比较客观，概念也易于理解。但这种方法的计算过程比较复杂，特别是每期现金流入量不相等的投资项目，一般要经过多次测算才能求得。此外，当投资支出和投资收入交叉发生时，可能导致多个内部收益率的出现，会给决策带来困难，甚至做出错误结论。

3. 现值指数法

现值指数(Profitability Index，PI)，是指投资项目未来现金流入量现值与现金流出量现值的比率，是反映项目投资回收或获利能力的一个相对指标，亦称获利指数、现值比率。其计算公式为

$$PI = \sum_{t=0}^{n} \frac{I_t}{(1+i)^t} \div \sum_{t=0}^{n} \frac{O_t}{(1+i)^t}$$

根据例 7-3 资料，假设贴现率为 10%，A、B 两个方案的现值指数计算如下：

$$PI_A = \frac{13\ 269}{10\ 000} = 1.33$$

$$PI_B = \frac{16\ 533}{14\ 000} = 1.18$$

现值指数法是根据项目的现值指数是否大于 1 来评价投资项目的，其决策规则如下：如果计算所得的现值指数大于 1(PI>1)，则表明投资项目贴现后的收益高于投资支出，项目可行；如果计算所得的现值指数小于 1(PI<1)，则表明投资项目贴现后的收益不能抵补投资支出，项目不可行；如果是多个项目的互斥决策，则现值指数越大，投资效益越好。

例 7-3 中，A、B 两个方案的现值指数均大于 1，都是可行的，但由于 A 方案的现值指数更大，则应当选择 A 方案。

现值指数法的优点是考虑了货币的时间价值，能够真实地反映投资项目的盈亏程度，而且由于采用了相对数形式，从而克服了不同投资规模项目间的净现值缺乏可比性的问题；缺点是仍然无法反映投资项目本身可能达到的实际报酬水平，并且概念含糊不清，不便于理解。

7.4 项目投资决策

7.4.1 固定资产更新决策

固定资产更新是指对技术上或经济上不宜继续使用的旧固定资产，用新的固定资产更换，或用先进的技术对原有设备进行局部改造。固定资产更新决策就是对这种投资进行分析并做出决策。

1. 新旧设备使用寿命相同的情况

在新旧设备尚可使用年限相同的情况下，可以采用差量分析法来计算一个方案比另一个方案增减的现金流量，这种计算方法比较简单。

假设有两个不同投资期的方案 A 和方案 B，差量分析法的基本步骤如下（Δ 表示增减量）：

① 将两个方案的现金流量进行对比，Δ 现金流量=方案 A 的现金流量－方案 B 的现金流量；

② 根据各期的 Δ 现金流量，计算两个方案的 Δ 净现值；

③ 根据 Δ 净现值做出判断，如果 Δ 净现值≥0，则选择方案 A；否则，选择方案 B。

【例 7-6】 某公司考虑用一台新的效率更高的设备来代替旧设备，以减少成本，增加收益。新旧设备均采用直线法折旧，公司的所得税税率为 25%，资金成本为 10%，不考虑营业税影响，其他情况如表 7-7 所示。试做出该公司是继续使用旧设备，还是对其进行更新的决策。

表 7-7　设备更新的相关数据

金额单位:元

项目	旧设备	新设备
原价	50 000	80 000
可用年限	10	4
已用年限	6	0
尚可使用年限	4	4
税法规定残值	0	8 000
目前变现价值	20 000	80 000
每年可获得的收入	40 000	60 000
每年付现成本	20 000	18 000
每年折旧额	5 000	18 000

解　(1) 计算初始投资的差量。

$$\Delta 初始投资=80\ 000-20\ 000=60\ 000(元)$$

(2) 计算各年营业现金流量的差量，如表 7-8 所示。

表 7-8　各年营业现金流量差量

金额单位:元

项　目	第 1 年	第 2 年	第 3 年	第 4 年
Δ销售收入(1)	20 000	20 000	20 000	20 000
Δ付现成本(2)	−2 000	−2 000	−2 000	−2 000
Δ折旧额(3)	13 000	13 000	13 000	13 000
Δ税前利润(4)=(1)−(2)−(3)	9 000	9 000	9 000	9 000
Δ所得税(5)=(4)×25%	2 250	2 250	2 250	2 250
Δ税后净利(6)=(4)−(5)	6 750	6 750	6 750	6 750
Δ营业现金净流量(7)=(6)+(3)	19 750	19 750	19 750	19 750

(3) 计算两方案现金流量的差量,如表 7-9 所示。

表 7-9　两个方案现金流量差量

金额单位:元

项　目	第 0 年	第 1 年	第 2 年	第 3 年	第 4 年
Δ初始投资	−60 000				
Δ营业现金净流量		19 750	19 750	19 750	19 750
Δ终结现金流量					8 000
Δ现金流量	−60 000	19 750	19 750	19 750	27 750

(4) 计算净现值的差量。

$$
\begin{aligned}
\Delta NPV &= 19\ 750\times(P/A,10\%,3)+27\ 750\times(P/F,10\%,4)-60\ 000 \\
&= 19\ 750\times2.486\ 9+27\ 750\times0.683\ 0-60\ 000 \\
&= 8\ 069.53(\text{元})
\end{aligned}
$$

因为固定资产更新后,将增加净现值 8 069.53 元,故应进行更新。

【例 7-7】　某公司有一台设备,购于 3 年前,现在考虑是否需要更新。该公司所得税税率为 25%,其他有关资料如表 7-10 所示。

表 7-10　某公司设备情况

金额单位:美元

项　目	旧设备	新设备
原价	60 000	50 000
税法规定残值(10%)	6 000	5 000
税法规定使用年限(年)	6	4
已用年限	3	0
尚可使用年限	4	4

续表

项　目	旧设备	新设备
每年操作成本	8 600	5 000
两年末大修支出	28 000	
最终报废残值	7 000	10 000
目前变现价值	10 000	
每年折旧额：	直线法	年数总和法
第一年	9 000	18 000
第二年	9 000	13 500
第三年	9 000	9 000
第四年	0	4 500

假设两台设备的生产能力相同，并且未来可使用年限相同，则可通过比较其现金流出的总现值，判断各方案的优劣(见表 7-11)。更换新设备的现金流出总现值为 46 574.88 元，比继续使用旧设备的现金流出总现值 43 336.5 元要多出 3 238.38 元。因此，继续使用旧设备较好。如果未来的尚可使用年限不同，则需要将总现值转换成平均年成本，然后进行比较。

表 7-11　某公司设备现金流量

金额单位：元

项目	现金流量	时间	系数(10%)	现值
继续用旧设备：				
旧设备变现价值	－10 000	0	1	－10 000
旧设备变现损失减税	(10 000－33 000)×0.25＝－5 750	0	1	－5 750
每年付现操作成本	－8 600×(1－0.25)＝－6 450	1～4	3.170	－20 446.50
每年折旧抵税	9 000×0.25＝2 250	1～3	2.487	5 595.75
两年末大修支出	－2 800×(1－0.25)＝－21 000	2	0.826	－17 346
残值变现收入	7 000	4	0.683	4 781
残值变现收入纳税	－(7 000－6 000)×0.25＝－250	4	0.683	－170.75
合计				－43 336.50
更换新设备：				
设备投资	－50 000	0	1	－50 000
每年付现操作成本	－5 000×(1－0.25)＝－3 750	1～4	3.170	－11 887.50
每年折旧抵税：				
第一年	18 000×0.25＝4 500	1	0.909	4 090.50

续表

项目	现金流量	时间	系数(10%)	现值
第二年	13 500×0.25=3 375	2	0.826	2 787.75
第三年	9 000×0.25=2 250	3	0.751	1 689.75
第四年	4 500×0.25=1 125	4	0.683	768.38
残值收入	10 000	4	0.683	6 830
残值净收入纳税	−(10 000−5 000)×0.25=−1 250	4	0.683	−853.75
合计				−46 574.88

2. 新旧设备使用寿命不同的情况

在例 7-6 中，新旧设备尚可使用的年限相同。而多数情况下，新设备的使用年限要长于旧设备，此时的固定资产更新问题就演变成两个或两个以上寿命不同的投资项目的选择问题。

对于寿命不同的项目，不能对它们的净现值、内部报酬率及获利指数进行直接比较。为了使投资项目的各项指标具有可比性，应使其在相同的寿命期内进行比较，此时可采用年均净现值法。

【例 7-8】 例 7-6 中，假设新设备的使用年限为 8 年，每年可获销售收入 45 000 元，仍采用直线法折旧，期末无残值，其他条件不变。试做出该公司是继续使用旧设备，还是对其进行更新的决策。

解 (1) 计算新旧设备的营业现金净流量，如表 7-12 所示。

表 7-12 新旧设备的营业现金净流量

金额单位:元

项　目	旧设备(第 1～4 年)	新设备(第 1～8 年)
销售收入(1)	40 000	45 000
付现成本(2)	20 000	18 000
折旧额(3)	5 000	10 000
税前利润(4)=(1)−(2)−(3)	15 000	17 000
所得税(5)=(4)×25%	3 750	4 250
税后净利(6)=(4)−(5)	11 250	12 750
营业现金净流量(7)=(6)+(3)	16 250	22 750

(2) 计算新旧设备的现金流量，如表 7-13 所示。

表 7-13　新旧设备的现金流量

金额单位:元

项　目	旧设备		新设备	
	第 0 年	第 1～4 年	第 0 年	第 1～8 年
初始投资	−20 000		−80 000	
营业现金净流量		16 250		22 750
终结现金流量		0		0
现金流量	−20 000	16 250	−80 000	22 750

(3) 计算新旧设备的净现值。

$$NPV_{旧}=-20\ 000+16\ 250\times(P/A,10\%,4)=-20\ 000+16\ 250\times3.170$$
$$=31\ 512.5(元)$$

$$NPV_{新}=-80\ 000+22\ 750\times(P/A,10\%,8)=-80\ 000+22\ 750\times5.335$$
$$=41\ 371.25(元)$$

通过以上计算很容易得出应更新设备的结论,但这个结论是错误的。因为新旧设备的使用寿命不同,不能进行直接比较。可使用年均净现值法将两个方案放到同一个寿命期内进行比较,使各种指标具有可比性。

年均净现值法是把投资项目在寿命期内总的净现值转化为每年的平均净现值,并进行比较分析的方法。

年均净现值法的计算公式为

$$ANPV=\frac{NPV}{(P/A,i,n)}$$

式中,ANPV 表示项目年均净现值。

根据年均净现值的计算公式,可得上例中两种方案的年均净现值为

$$ANPV_{旧}=\frac{31\ 512.5}{3.17}=9\ 941(元)$$

$$ANPV_{新}=\frac{41\ 371.25}{5.335}=7\ 755(元)$$

从计算结果可以看出,继续使用旧设备的年均净现值比使用新设备的年均净现值高,所以应该继续使用旧设备。

由年均净现值法的原理还可以推导出年均成本法。当使用新旧设备的未来收益相同,但准确数字不好估计时,可以比较年均成本,并选取年均成本最小的项目。年均成本是把项目的总现金流出转化为每年的平均现金流出值,其计算公式为

$$AC=\frac{C}{(P/A,i,n)}$$

式中,AC 表示年均成本;C 表示项目总成本的现值。

7.4.2 资本限额决策

资本限额是指企业可以用于投资的资金总量有限，不能投资于所有可接受的项目。这种情况在很多公司都存在，尤其是那些以内部融资为经营策略或外部融资受到限制的公司。

在有资本限额的情况下，为了使企业获得最大利益，应该选择那些使净现值最大的投资组合，可以采用的方法有获利指数法和净现值法。

1. 采用获利指数法的步骤

第一步，计算所有项目的获利指数，并列出每个项目的初始投资额。

第二步，接受所有 PI≥1 的项目。如果资本限额能够满足所有可接受的项目，则决策过程完成。

第三步，如果资本限额不能满足所有 PI≥1 的项目，那么就要对第二步进行修正。修正的过程是，对所有项目在资本限额内进行各种可能的组合，然后计算出各种可能组合的加权平均获利指数。

第四步，接受加权平均获利指数最大的投资组合。

2. 采用净现值法的步骤

第一步，计算所有项目的净现值，并列出每个项目的初始投资额。

第二步，接受所有 NPV≥0 的项目。如果资本限额能够满足所有可接受的项目，则决策过程完成。

第三步，如果资本限额不能满足所有 NPV≥0 的项目，那么就要对第二步进行修正。修正的过程是，对所有项目在资本限额内进行各种可能的组合，然后计算出各种可能组合的净现值合计数。

第四步，接受净现值合计数最大的投资组合。

【例 7-9】 某公司有 5 个可供选择的项目 A、B、C、D、E，5 个项目彼此独立，公司的初始投资限额为 400 000 元。详细情况如表 7-14 所示。

表 7-14 某公司的 5 个投资项目

金额单位：元

投资项目	初始投资	获利指数 PI	净现值 NPV
A	120 000	1.56	67 000
B	150 000	1.53	79 500
C	300 000	1.37	111 000
D	125 000	1.17	21 000
E	100 000	1.18	18 000

为选出最优的项目组合，可列出 5 个项目的所有投资组合（n 个相互独立的投资

项目的可能组合共有 2^n-1 种)，在其中寻找满足资本限额要求的各种组合，并计算它们的加权平均获利指数和净现值合计，从中选择最优方案。

以上 5 个项目的所有投资组合共有 31 种，其中满足初始投资限额为 400 000 元条件的有 16 种，将这 16 种组合列于表 7-15 中，并分别计算它们的加权平均获利指数和合计净现值。

表 7-15　某公司的 16 种投资组合

序号	项目组合	初始投资/元	加权平均获利指数	净现值合计/元	优先级排序
1	A	120 000	1.168	67 000	13
2	AB	270 000	1.367	146 500	3
3	AD	245 000	1.221	88 000	10
4	AE	220 000	1.213	85 000	11
5	ABD	395 000	1.420	167 500	1
6	ABE	370 000	1.412	164 500	2
7	ADE	345 000	1.266	106 000	7
8	B	150 000	1.199	79 500	12
9	BD	275 000	1.252	100 500	8
10	BE	250 000	1.240	97 500	9
11	BDE	375 000	1.297	118 500	5
12	C	300 000	1.278	111 000	6
13	CE	400 000	1.323	129 000	4
14	D	125 000	1.053	21 000	15
15	DE	225 000	1.098	39 000	14
16	E	100 000	1.045	18 000	16

表中，投资组合 ABE 有 30 000 元资金没有用完，在计算加权平均获利指数时，可以假设这些剩余资金不再进行投资而作为现金持有，即将这部分剩余资金的获利指数看作 1(其余项目组合也如此)，则组合 ABE 的加权平均获利指数可按以下方法计算：

$$PI_{ABE}=\frac{120\ 000}{400\ 000}\times 1.56+\frac{150\ 000}{400\ 000}\times 1.53+\frac{100\ 000}{400\ 000}\times 1.18+\frac{30\ 000}{400\ 000}\times 1$$
$$=1.412$$

从上表可以看出，项目组合 ABD 的加权平均获利指数和净现值合计均为最大，因此，用获利指数法和净现值法得到的结论一致，项目 ABD 是最优投资组合。

7.4.3 风险投资决策

前面讨论投资评价及决策时，假定现金流量是确定的，即可以确知现金收支的金额及发生时间。实际上，客观世界充满了不确定性，每一投资项目都有一定的风险。由于投资决策涉及的时间比较长，投资支出、每年的现金流量、最低的投资收益率等都是预测和估算的，任何预测都有实现和不实现两种情况，即带有某种程度的不确定性和一定的风险性。如果决策面临的不确定性和风险较小，可以忽略它们的影响，把决策仍视为确定情况下的决策。如果决策面临的不确定性和风险比较大且足以影响方案的选择，则在决策过程中，必须对它们充分考虑并进行计量，以保证决策的科学性和客观性。

在进行基于风险的投资项目决策时，常用的方法是净现值法。影响净现值法的因素是现金流量和折现率。只有现金流量和折现率相匹配时，才能进行正确的决策。在对项目进行风险调整时，可将有风险的现金流量调整为无风险的现金流量，使其与无风险的折现率匹配；或者是保留有风险的现金流量，而将无风险的折现率调整为有风险的折现率，使之相匹配。因此，这就形成了基于风险投资项目分析的两种常用方法：风险调整贴现率法和调整现金流量法。前者是根据项目的风险程度调整净现值模型的分母，后者是根据项目的风险程度调整净现值模型的分子。

1. 风险调整贴现率法

风险调整贴现率法是将与特定投资项目有关的风险报酬加入资本成本或企业要求达到的报酬率中，构成按风险调整的折现率，并据此进行投资决策分析的方法。该方法是投资风险决策中最常用的方法。其基本思路如下：对高风险的投资项目，采用较高的折现率计算净现值；对低风险的投资项目，采用较低的折现率计算净现值。

风险调整折现法的关键在于风险调整折现率的确定，通常有以下两种方法。

(1) 按风险报酬率模型来调整折现率

前已指出，一项投资的总报酬率可分为无风险报酬率和风险报酬率两部分，即

$$R=R_F+b\times CV$$

因此，特定项目按风险调整的折现率可按下式计算

$$K_i=R_i=R_F+b_i\times CV_i$$

式中，K_i 表示项目 i 按风险调整的折现率；R_F 表示无风险报酬率；b_i 表示项目 i 的风险报酬系数；CV_i 表示项目 i 的变异系数。

【例 7-10】 假定国库券的年利率为 6%，某投资项目的变异系数为 3%，其风险报酬系数为 0.8，则该投资项目考虑风险因素后的预期报酬率是多少？

解 $R_i=K_i=R_F+b_i\times CV_i=6\%+0.8\times3\%=8.4\%$

(2) 按资本资产定价模型来调整折现率

按资本资产定价模型确定的折现率公式为

$$K_i=R_F+\beta_i(R_M-R_F)$$

式中，β_i 表示项目 i 不可分散风险的 β 系数；R_M 表示所有项目平均的折现率或必要的报酬率。

资本资产定价模型是在有效的证券市场中建立的，实物资本市场不可能像证券市场那样有效，但其基本逻辑关系一样。我们可以借助这个模型将项目要求的收益率按项目风险的大小确定下来。

【例 7-11】 假定国库券的年利率为 6%，市场平均报酬率为 14%，甲项目的 β 系数为 2，乙项目的 β 系数为 1.5，则

$$甲项目的风险调整折现率=6\%+2\times(14\%-6\%)=22\%$$

$$乙项目的风险调整折现率=6\%+1.5\times(14\%-6\%)=18\%$$

按风险调整的折现率确定下来后，便可以结合具体投资项目预期的带有不确定性的现金流量，通过计算相应指标对投资项目做出评价。

按风险调整的折现率调整以后，具体的评价方法与无风险的情况基本相同。这种方法对风险高的项目采用较高的折现率，对风险低的项目采用较低的折现率，简单明了，便于理解，因此被广泛采用。但这种方法把时间价值和风险报酬混在一起，并据此对现金流量进行折现，意味着风险随着时间推移而加大，这种人为的假定风险一年比一年大，是不合理的。

2. 调整现金流量法

这种方法的基本思路是由于不确定性或风险的客观存在，使得投资项目各年的现金流量变得不确定，这时可以按照一定方法将有风险情况下的现金流量调整为无风险情况下的现金流量，然后根据无风险折现率进行折现，计算有关的评价指标，并进行财务评价。在按风险调整现金流量中，最常用的方法是肯定当量法。即先按风险程度调整投资项目的预期现金流量，然后用一个系数（约当系数）把有风险的现金流量调整为无风险的现金流量，最后利用无风险折现率来评价不确定性投资项目。其计算公式为

$$风险调整后的净现值=\sum_{t=0}^{n}\frac{\alpha_t\times 现金流量期望值}{(1+无风险报酬率)^t}$$

式中，α_t 表示第 t 年现金流量的约当系数，在 0～1 之间。约当系数是肯定的现金流量和与之相当的、不肯定的期望现金流量的比值。在进行项目评价时可根据各年现金流量风险的大小选用不同的肯定当量系数。当现金流量确定时，可取 $\alpha_t=1.00$；当现金流量的风险很小时，可取 $1.00>\alpha_t\geqslant 0.80$；当现金流量风险一般时，可取 $0.80>\alpha_t\geqslant 0.40$；当现金流量风险很大时，可取 $0.40>\alpha_t>0$。

一般根据标准离差率来确定约当系数，因为标准离差率较好地衡量了风险大小。约当系数的选用因人而异，敢于冒险的投资者会选用较高的约当系数，而不愿冒险的投资者可能选用较低的约当系数。变异系数与约当系数的经验对照关系如表 7-16 所示。

表 7-16 变异系数与约当系数的经验对照关系

变异系数	约当系数
0.01～0.07	1
0.08～0.15	0.9
0.16～0.23	0.8
0.24～0.32	0.7
0.33～0.42	0.6
0.43～0.54	0.5
0.55～0.70	0.4
⋮	⋮

当约当系数确定后，就可根据经计算取得的投资项目未来各年现金流量的变异系数资料，将各年不肯定的现金流量转化成肯定的现金流量，然后根据前面介绍的分析方法进行评价分析。

【例 7-12】 假设某公司准备进行一项投资，其各年的现金流量和分析人员确定的肯定当量系数如表 7-17 所示，无风险折现率为 10%，试判断此项目是否可行。

表 7-17 投资项目资料表

时　间	第 0 年	第 1 年	第 2 年	第 3 年	第 4 年
现金净流量/元	−20 000	6 000	8 000	10 000	8 000
约当系数	1.0	0.95	0.9	0.85	0.8

解 根据以上资料，用净现值法进行评价。

$$\begin{aligned}NPV &= 0.95\times 6\,000\times(P/F,10\%,1)+0.9\times 8\,000\times(P/F,10\%,2)+0.85\times\\&\quad 10\,000\times(P/F,10\%,3)+0.8\times 8\,000\times(P/F,10\%,4)-20\,000\\&=1\,889.2(\text{元})\end{aligned}$$

在按风险程度对现金流量进行调整后，计算出的净现值大于零，故该投资可行。采用肯定当量法对现金流量进行调整，克服了调整折现率法夸大远期风险的缺点。但如何合理地确定肯定当量系数却是一个十分困难的问题，因为变异系数与约当系数之间的对照关系并没有公认的客观标准。

思考题

1. 在进行投资项目的现金流量估计时，需要考虑哪些因素？
2. 税负和折旧对现金流量有什么影响？
3. 什么是现金流量？如何估算一个投资项目的现金流量？

4. 为什么在资本预算中要以现金流量为评价基础?

5. 什么是资本预算的静态分析法?基本的指标有哪些?其决策规则是什么?

6. 什么是资本预算的动态分析方法?基本的指标有哪些?其决策规则是什么?

7. 什么是按风险调整折现率法?其基本思路是什么?有何不足?

8. 什么是肯定当量法?其基本思路是什么?有何长处?

练习题

1. 你正在分析一项价值 250 万元、残值 50 万元的资产,购入后从其折旧中可以得到税后收益。该资产折旧期为 5 年。

(1) 假设所得税税率为 25%,估计每年从该资产折旧中可得到的税收收益。

(2) 假设资本成本率为 10%,估计这些税收收益的现值。

2. 甲企业拟建设一套生产设备,预计建设期为 1 年,所需原始投资 100 万元于建设起点一次投入。该设备预计使用寿命为 4 年,使用期满报废清理时残值 5 万元。该设备折旧方法采用双倍余额递减法。该设备投产后每年增加净利润 30 万元。假定适用的行业基准折现率为 10%。

要求:

(1) 计算项目计算期内各年的净现金流量。

(2) 计算该项目的净现值、净现值率及获利指数。

(3) 利用净现值指标评价该投资项目的财务可行性。

3. 明茂公司现正进行某一项目的投资可行性分析。该项目的初始固定资产投资额为 500 万元,假设建设期为零,固定资产建成后,为了使之能够运转,需垫付流动资金 100 万元,该项目建成后能够有效使用 6 年,按直线法计提折旧,期满残值为 40 万元。项目建成投入使用后,每年可增加销售收入 360 万元,同时付现成本增加 200 万元,企业所得税税率为 25%。初始垫付的流动资金在项目终结时全部收回。企业项目投资的必要收益率为 10%。

要求:通过计算说明明茂公司是否应投资该项目。

4. 盛大公司原有设备一套,购置成本为 300 万元,预计使用 10 年,已使用 5 年,残值率为 10%,公司用直线法提取折旧。现盛大公司拟购买新设备替换原设备,以提高生产率,降低成本。新设备购置成本为 400 万元,使用年限 5 年,同样用直线法计提折旧,预计残值为购置成本的 10%。使用新设备后公司每年的销售额可以从 1 000 万元上升到 1 200 万元。每年付现成本将从 800 万元上升到 900 万元。公司如购置新设备,旧设备出售可得收入 95 万元。假设该企业的所得税税率为 25%,资金成本为 10%。

要求:通过计算说明该设备是否应该更新。

5. A、B 两个互斥项目,建设期均为零。A 项目投资 40 000 元,经营期限 6 年,每年末产生的净现金流量依次为 13 000 元、8 000 元、14 000 元、12 000 元、11 000 元和 15 000

元。B项目投资20 000元，经营期限3年，每年末净现金流量依次为7 000元、13 000元和12 000元。折现率为15%。

要求：确定A、B两个投资项目的优劣。

6. 假设某公司准备进行一项投资，其各年的现金净流量和分析人员确定的约当系数如下表所示，公司的资本成本率为10%，分析该项目是否可行。

项目	第0年	第1年	第2年	第3年	第4年
现金净流量/元	−30 000	7 000	9 000	12 000	15 000
约当系数	1.0	0.95	0.9	0.85	0.80

案例分析

伟达相机项目投资决策

伟达相机制造厂是生产相机的中型企业，该厂生产的相机质量优良，价格合理，长期以来供不应求。为扩大生产能力，企业准备新建一条生产线。负责这项投资决策工作的总会计师经过调查研究，获得如下有关资料：

1. 该生产线的原始投资为12.5万元，分两年投入。第一年初投入10万元，第二年初投入2.5万元。第二年末项目完工可正式投产使用。投产后每年可生产相机1 000部，每部销售价格为300元，每年可获销售收入30万元，投资项目可使用5年，5年后残值可忽略不计。在投资项目经营期初要垫支流动资金2.5万元，这笔资金在项目结束时可全部收回。

2. 该项目生产的产品总成本构成如下：材料费用20万元，制造费用2万元，人工费用3万元，折旧费用2万元。总会计师通过对各种资金来源进行分析，得出该厂加权平均资金成本为10%，所得税税率为25%。

3. 厂部中层干部意见：① 经营副总经理认为，在项目投资和使用期间，通货膨胀率大约在10%，将对投资项目各有关方面产生影响；② 基建处处长认为，由于受物价变动的影响，初始投资将增长10%，投资项目终结后，设备残值也将增加到37 500元；③ 生产处处长认为，由于物价变动的影响，材料费用每年将增加14%，人工费用也将增加10%；④ 财务处处长认为，扣除折旧后的制造费用，每年将增加4%，折旧费用每年仍为20 000元；⑤ 销售处处长认为，产品销售价格预计每年可增加10%。

讨论题：

(1) 分析确定影响伟达相机投资项目决策的各因素。

(2) 根据影响伟达相机投资项目决策的各因素，计算投资项目的净现金流量、净现值等。

(3) 根据分析计算结果，确定伟达相机项目投资决策。

第8章　短期资产管理

学习目标

1. 理解营运资本的概念、特点，了解营运资本的管理要求和管理方法。

2. 理解持有现金的动机，掌握最佳现金持有量决策的基本方法，熟悉现金的日常管理。

3. 理解应收账款的功能与成本，掌握应收账款信用政策的确定，熟悉应收账款的收账方法。

4. 理解存货的功能与成本，掌握存货决策的基本模型及其扩展，熟悉存货控制方法。

引导案例

四川长虹怎么了

20世纪末以来，国内家电行业生产能力过剩，需求下滑，迫使许多家电企业把目光转向海外市场。中国最大的彩电生产商四川长虹急于开拓海外市场，与名不见经传的美国APEX(Apex Digital)公司开始合作。从2002年起，美国APEX公司将四川长虹电视机运入美国市场。2002年，四川长虹以全球销售1 129万台和出口398万台彩电夺得销量和出口两项第一。四川长虹在2001年的彩电出口量仅为12万台，一年内增长了33倍多。四川长虹2002年的出口额达7.6亿美元，其中依靠美国APEX的出口额占了近7亿美元。2003年，四川长虹出口额达8亿美元左右，其中美国APEX公司占6亿美元。

但是，一车车运出去的彩电却没能为四川长虹带回大把的美元，美国APEX公司总是以质量或货未收到为借口，拒付或拖欠货款。

四川长虹2003年年报披露，截至2003年年末，公司应收账款为49.85亿元人民币，其中来自美国APEX公司的应收账款为44.46亿元。

四川长虹2004年年报显示，公司自上市以来首次亏损。公司全年亏损36.81亿元人民币，报告期内大额计提资产减值准备是四川长虹巨亏的主要原因。四川长虹对美国APEX公司所欠货款按个别认定法计提坏账准备金额折合人民币25.97亿元，该项估计对2004年的利润总额影响约22.36亿元。

2004年12月14日，四川长虹在美国洛杉矶高等法院起诉美国APEX公司。一场被舆论认为是近年来中国企业在国外涉案金额最大的应收账款官司正式上演。

思考 为什么应收账款的管理对企业非常关键？对于如此巨额的海外应收账款，四川长虹理应如何建立信用管理与风险防范制度？从四川长虹的这场灾难中可以吸取什么教训？

8.1 营运资本管理

不论创业企业是制造业企业还是商业企业，企业财务活动都是筹集资金、运用资金和分配资金的活动，同时也是企业资金运动的全过程。企业资金运动的全过程实质是用价值形式反映的生产经营的全过程，对于工业企业来讲，企业经营就是“购买原材料—生产产品—销售产品”的过程，商业企业经营就是“进货—销售”的过程。无论是工业企业还是商业企业，其经营的最终目的都是为了实现资金的增值，而资金只有在有效配置与运用的过程中才能实现增值。因此，如何配置和运用企业有限的资金发挥最大效益，提高企业生产经营效益，是创业企业面临的重要挑战。

8.1.1 营运资本的概念

营运资本有广义和狭义之分。广义的营运资本是指总营运资本，简单来说，就是一个企业流动资产的总额；狭义的营运资本则是指净营运资本，是流动资产减去流动负债的差额。营运资本的管理既包括流动资产的管理，也包括流动负债的管理。

1. 流动资产

流动资产是指可以在一年以内或超过一年的一个营业周期内变现或运用的资产。流动资产具有占用时间短、周转快、易变现等特点。企业拥有较多的流动资产，可以在一定程度上降低财务风险。流动资产按实物形态可分为以下几类：

① 现金，是指可以立即用来购买物品、支付各项费用或用来偿还债务的交换媒介或支付手段，主要包括库存现金和银行活期存款，有时也把即期或到期的票据看作现金。现金是流动资产中流动性最强的资产，可直接支用，也可以立即投入流通。拥有大量现金的企业具有较强的偿债能力和承担风险的能力。但因为现金不会带来报酬或只有较低的报酬，所以，财务管理比较健全的企业，都不会保留过多的现金。

② 短期投资，是指各种能随时变现或转卖的有价证券及不超过一年的其他投资，主要是指有价证券投资。企业进行有价证券投资，一方面能带来比较好的收益；另一方面又能增强企业资产的流动性，降低企业的财务风险。因此，适当持有有价证券是一种比较好的财务策略。

③ 应收及预付款项，是指企业在生产经营过程中所形成的应收而未收的或预先支付

的款项，包括应收账款、应收票据、其他应收款和预付货款。在商品经济条件下，为了增强市场竞争能力，企业拥有一定数量的应收及预付款项是不可避免的，企业应力求加速账款的回收，减少坏账损失。

④ 存货，是指企业在生产经营过程中为销售或者耗用而储存的各种资产，包括商品、产成品、半成品、在产品、原材料、辅助材料、低值易耗品、包装物等。存货在流动资产中占的比重较大，加强存货的管理与控制，使存货保持在最优水平上，成为财务管理的一项重要内容。

2. 流动负债

流动负债是指需要在一年或者超过一年的一个营业周期内偿还的债务。流动负债又称短期融资，具有成本低、偿还期短的特点，必须认真进行管理。流动负债按不同标准可做不同分类，现介绍其最常见的分类方式：

① 按应付金额是否确定为标准，可把流动负债分成应付金额确定的流动负债和应付金额不确定的流动负债。

应付金额确定的流动负债是指那些根据合同或法律规定，到期必须偿付，并有确定金额的流动负债，如短期借款、应付票据、应付账款、应付短期融资券等。

应付金额不确定的流动负债是指那些要根据企业生产经营状况，到一定时期才能确定的流动负债或应付金额需要估计的流动负债，如应交税金、应交利润、应付工资、应付产品质量担保债务等。

② 按流动负债的形成情况为标准，可以分为自然性流动负债和自发性流动负债。

自然性流动负债是指不需要正式安排，由于结算程序的原因自然而然形成的那部分流动负债。在企业生产经营过程中，由于法定结算程序的原因，使一部分应付账款的支付时间晚于形成时间，这部分已形成但尚未支付的款项便成为企业的流动负债。因为它不需要做正规安排，是自然形成的，所以称为自然性流动负债。

自发性流动负债是指由财务人员根据企业对短期资金的需求情况，通过人为安排所形成的流动负债，如银行短期借款、应付短期融资券等。

8.1.2　营运资本的特点

为了有效地管理企业的营运资金，必须了解营运资金的特点，以便更有针对性地进行管理。营运资金一般具有如下特点：

1. 周转具有短期性

企业占用在流动资产上的资金，周转一次所需时间较短，通常会在一年或一个生产经营周期内收回，对企业影响的时间比较短。根据这一特点，营运资金可以用商业信用、银行短期借款等短期筹资方式来解决。

2. 实物形态具有易变现性

短期投资、应收账款、存货等流动资产一般具有较强的变现能力。如果由于意外情况，企业出现资金周转不灵、现金短缺时，便可迅速变卖这些资产，以获取现金，这对财务上应对临时性资金需求具有重要意义。

3. 数量具有波动性

流动资产的数量会随着企业内外条件的变化而变化,时高时低,波动很大。季节性企业如此,非季节性企业也是如此。随着流动资产数量的变动,流动负债的数量也会相应发生变动。

4. 占用形态具有变动性

企业营运资金的实物形态是经常变化的,一般在现金、材料、在产品、产成品、应收账款、现金之间按顺序变化。企业筹集资金后,一般都以现金的形式存在于企业,为了保证生产经营正常进行,必须拿出一部分现金去采购材料,这样,有一部分现金转化为材料,材料投入生产后,当产品尚未最后完工脱离加工过程以前,便形成在产品和自制半成品,在产品进一步加工完成后,就成为准备出售的产成品。产成品一经出售,有的可直接获得现金,有的则因赊销而形成应收账款。经过一定时期后,应收账款通过收现转化为现金。总之,流动资金每次循环都要经过采购、生产、销售的过程,并表现为现金、材料、在产品、产成品、应收账款等具体形态。为此,在进行流动资产管理时,必须在营运资金的各种占用形态上,合理配置资金数额,以促进资金周转的顺利进行。

5. 来源具有灵活多样性

企业筹集长期资金的方式一般比较少,只有吸收直接投资、发行股票、发行债券、银行长期借款等方式。而企业筹集营运资金的方式则灵活多样,通常有银行短期借款、短期融资券、商业信用、应交税金、应交利润、应付工资、应付费用、预收货款、保留盈余、票据贴现等。

8.1.3 营运资本的管理要求

营运资本的管理就是对企业流动资产和流动负债的管理。它既要保证有足够的资金满足生产经营的需要,又要保证能按时按量偿还各种到期债务。企业营运资金管理的基本要求如下:

1. 合理确定并控制流动资金的需要量

企业流动资金的需要量取决于企业经营规模和流动资金的周转速度,同时也受市场及供、产、销情况的影响。企业应综合考虑各种因素,合理确定流动资金的需要量,既要保证企业经营的需要,又不能因安排过量而浪费。平时也应控制流动资金的占用,将其纳入计划预算的良性范围内。

2. 合理确定流动资金的来源构成

企业应选择合适的筹资渠道及方式,力求以最小的代价谋取最大的经济利益,并使筹资与日后的偿债能力等合理配合。

3. 加快资金周转,提高资金效益

当企业的经营规模一定时,流动资产周转的速度与流动资金需要量成反方向变化。企业应加强内部责任管理,适度加速存货周期,缩短应收账款的收款周期,延长应付账款的付款周期，以改善资金的利用效果。

8.1.4　营运资本的管理方法

加强营运资本管理就是加强对流动资产和流动负债的管理，主要是加快现金、存货和应收账款的周转速度，尽量减少资金的过分占用，降低资金占用成本；利用商业信用，解决资金短期周转困难问题，同时在适当的时候向银行借款，利用财务杠杆，提高权益资本报酬率。企业营运资金的管理方法如下：

1. 规避风险

有些创业企业为了实现利润或销售更多产品，经常采用赊销形式，片面追求销售业绩，可能会忽视对应收账款的管理，造成管理效率低下。例如，对赊销的现金流动情况及信用状况缺乏控制，未能及时催收货款，容易出现货款被拖欠从而造成账面利润高于实际资金的现象。对此，企业财务部门应加强对赊销和预购业务的控制，制定相应的应收账款、预付货款控制制度，加强对应收账款的管理，及时收回应收账款，降低风险，从而提高企业资金使用效率。

2. 增加价值

会计利润是当期收入和费用成本配比的结果。在任何收入水平下，企业都要做好对内部成本、费用的控制，并做好预算，加强管理力度，减少不必要的支出，这样才能提高利润，增加企业价值。

3. 提高效率

财务管理应站在企业全局的角度，构建科学的预测体系，进行科学预算。预算包括销售预算、采购预算、投资预算、人工预算、费用预算等。这些预算使企业能预测风险，及时得到资金的各种信息，及时采取措施防范风险、提高效益。同时，这些预算可以协调企业各部门的工作，提高内部协作的效率。销售部门在销售、费用等预算的指导下，还可事先对市场有一定了解，把握市场变化，减少存货的市场风险。

4. 完善制度

(1) 明确内部管理责任制

很多企业认为催收货款是财务部门的事，与销售部门无关，其实这是一种错误的观点。事实上，销售人员应对催收应收账款负主要责任。如果销售人员在提供赊销商品时，还要承担收回应收账款的责任，那么他就会谨慎对待每一项应收账款。

(2) 建立客户信用档案

企业应在财务部门中设置风险管理员，通过风险管理员对供应商、客户的信用情况进行深入调查和建档，并进行信用等级设置，对处于不同等级的客户实行不同的信用政策，减少购货和赊销风险。风险管理员可根据以下方面信息对供应商、客户进行信用等级评定：① 企业的注册资本；② 偿还账款的信用情况；③ 有无拖欠税款而被罚款的记录；④ 有无拖欠供货企业货款的情况；⑤ 其他企业的综合评价。

(3) 实施审批制度

对不同信用规模、不同信用对象实施不同的审批级别。一般可设置三级审批制度。由销售经理、财务经理和风险管理员、总经理三级审核。销售部门如采用赊销方式，应先由财务部门根据赊销带来的经济利益与产生的成本风险进行衡量，可行时再交总经理审核。这样可以提高决策的效率，降低企业经营的风险。

(4) 加强补救措施

一旦发生货款拖欠现象，财务部门应要求销售人员加紧催收货款，同时风险管理员要降低该企业的信用等级；拖欠严重的，销售部门应责令销售人员与该企业取消购销业务。

(5) 建立企业内部控制制度

企业应建立主要包括存货、应收账款、现金、固定资产、管理费用等的一系列控制制度。对违反控制制度的，要给予相关责任人以惩罚。

(6) 严格控制开支

对各种开支采用计划成本核算，对各种容易产生浪费的开支要采取严格的控制措施。例如，很多企业业务招待费在管理费用中占据很大比例，导致部分招待费在计征所得税时无法全额税前扣除。对此，企业应该要求销售人员控制招待费支出，并由财务部门按月销售收入核定适当的招待费标准。

总之，营运资本管理在企业销售及采购业务中处于重要地位，对企业利润目标的实现会产生重大影响。营运资本管理应是对销售工作的控制而不是限制，它的宗旨是促进销售部门降低销售风险，提高利润水平。所以，企业领导人应重视企业的资本营运管理工作。

8.2 现金和有价证券

现金是可以立即投入流动的交换媒介。它的首要特点是普遍的可接受性，即可以有效地立即用来购买商品、货物、劳务或偿还债务。因此，现金是企业中流动性最强的资产。属于现金内容的项目包括企业的库存现金、各种形式的银行存款和银行本票、银行汇票。

有价证券是企业现金的一种转换形式。有价证券变现能力强，可以随时兑换成现金。企业有多余现金时，常将现金兑换成有价证券，当现金流出量大于流入量需要补充现金时，再出让有价证券换回现金。在这种情况下，有价证券就成了现金的替代品。获取收益是持有有价证券的原因。这里讨论有价证券是将其视为现金的替代品，即“现金”的一部分。

现金持有不足常会导致企业经营风险增加，影响企业健康发展，而现金持有量过多，将会降低现金作为一项资产的收益率水平。如何在现金的流动性与收益性之间做出合理的选择是现金管理的基本目标。因此，企业必须合理确定现金持有量，使现金数量平衡，尽量避免因资金短缺造成的损失及现金闲置，提高资金收益率。

8.2.1　持有现金的动机

在确定现金持有量时，首先需要了解企业为什么要持有一定数额的现金。一般而言，企业持有现金的动机包括以下三个方面：

1. 交易性动机

交易性动机是指满足日常业务的现金支付需要。企业经常取得收入，也经常发生支出，两者不可能同步同量。收入多于支出，形成现金置存；收入少于支出，需要借入现金。企业必须维持适当的现金余额，才能使业务活动正常地进行下去。

2. 预防性动机

预防性动机是指持有现金以防发生意外的支付。企业有时会出现意想不到的开支，现金流量的不确定性越大，预防性现金的数额也就应越大；反之，企业现金流量的可预测性强，预防性现金数额则可小些。此外，预防性现金数额还与企业的借款能力有关，如果企业能够很容易地随时借到短期资金，也可以减少预防性现金的数额；若非如此，则应增加预防性现金数额。

3. 投机性动机

投机性动机是指持有现金用于不寻常的购买机会，如遇有廉价原材料或其他资产供应的机会，便可用手头现金大量购入；再如，在适当时机购入价格有利的股票和其他有价证券，等等。当然，除了金融和投资公司外，一般地讲，其他企业专为投机性动机而特殊持有现金的不多，遇到不寻常的购买机会，也常设法临时筹集资金。但拥有相当数额的现金，确实能为突然的大批采购提供方便。

8.2.2　现金的日常管理

1. 现金管理的有关规定

① 现金的适用范围。这里的现金是指人民币现钞，企业用现金从事交易，只能在一定范围内进行。该范围包括：支付职工工资、津贴；支付个人劳务报酬；根据国家规定颁发给个人的科学艺术、文化艺术、体育等各种奖金；支付各种劳保、福利费用及国家规定的对个人的其他支出；向个人收购农副产品和其他物资的价款；出差人员必须随身携带的差旅费；结算起点（1 000 元）以下的零星支出；中国人民银行规定需要支付现金的其他支出。

② 库存现金限额。企业的库存现金，由其开户银行根据企业的实际需要核定限额，一般以 3～5 天的零星开支额为限。

③ 不得坐支现金。即企业不得从本单位的人民币现金收入中直接支付交易款。现金收入应于当日终了时送存开户银行。

④ 不得出租、出借银行账户。

⑤ 不得签发空头支票和远期支票。

⑥ 不得套用银行信用。

⑦ 不得保管账外公款，包括不得将公款以个人名义存入银行及保存银行账外现金等各种形式的账外公款。

2. 加强现金收支预算管理

现金收支管理的目的在于及时平衡现金收支，经常保持与生产经营活动相适应的合理的现金流量，提高现金使用效率。为达到这一目的，应当注意做好以下几方面工作。

① 力争现金流量同步。如果企业能尽量使它的现金流入与现金流出发生的时间趋于一致，就可以使其所持有的交易性现金余额降到最低水平。这就是所谓的现金流量同步。

② 使用现金浮游量。从企业开出支票，收票人收到支票并存入银行，至银行将款项划出企业账户，中间需要一段时间。现金在这段时间的占用称为现金浮游量。在这段时间里，尽管企业已开出了支票，却仍可动用在活期存款账户上的这笔资金。不过，在使用现金浮游量时，一定要控制好使用的时间，否则会发生银行存款的透支。

③ 加速收款。这主要指缩短应收账款的时间。虽然发生应收账款会增加企业资金的占用，但它又是必要的，因为它可以扩大销售规模，增加销售收入。问题的关键在于如何既利用应收账款吸引顾客，又缩短收款时间。这就需要在两者之间找到适当的平衡点，并需实施妥善的收账策略。

④ 推迟应付账款的支付。推迟应付账款的支付，是指企业在不影响自己信誉的前提下，尽可能地推迟应付款的支付期，充分运用供货方所提供的信用优惠。如遇企业急需现金，甚至可以放弃供货方的折扣优惠，在信用期的最后一天支付款项。

8.2.3 最佳现金持有量

现金管理除了做好日常收支工作，加快现金流转速度外，还需控制好现金持有规模，即确定适当的现金持有量。下面是几种确定最佳现金持有量的方法。

1. 成本分析模式

成本分析模式是通过分析持有现金的成本，寻找持有成本最低的现金持有量。企业持有现金，将会产生三种成本，分别为机会成本、管理成本及短缺成本。

(1) 机会成本

现金作为企业的一项资金占用，是有代价的，这种代价就是它的机会成本。现金资产的流动性极佳，但营利性极差。持有现金就不能投入生产经营活动，失去因此可能获得的收益。企业为了经营业务，有必要持有一定的现金，以应付意外的现金需要。但现金拥有量过多，机会成本大幅度上升，就不合算了。

(2) 管理成本

企业拥有现金，会发生管理费用，如管理人员工资、安全措施费等。这些费用是现金的管理成本。管理成本是一种固定成本，与现金持有量之间无明显的比例关系。

(3) 短缺成本

现金的短缺成本是指因缺乏必要的现金,不能应付业务开支所需,而使企业蒙受损失或为此付出的代价。现金的短缺成本随现金持有量的增加而下降,随现金持有量的减少而上升。

上述三项成本之和为最小的现金持有量,就是最佳现金持有量。如果把以上三种成本线放在一张图内(如图 8-1 所示),就能表现出持有现金的总成本(总代价),找出最佳现金持有量的点:机会成本线向右上方倾斜,短缺成本线向右下方倾斜,管理成本线为平行于横轴的平行线,总成本线便是一条抛物线,该抛物线的最低点即为持有现金的最低总成本。这一点之后,机会成本上升的代价大于短缺成本下降的好处;这一点之前,短缺成本上升的代价大于机会成本下降的好处。这一点对应的横轴上的量,即为最佳现金持有量。

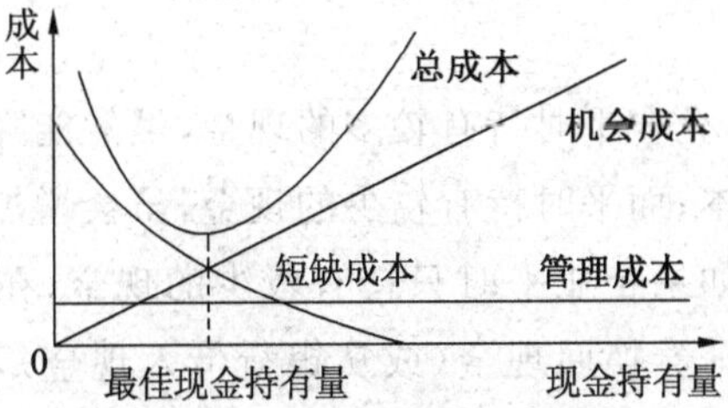

图 8-1　持有现金的总成本

具体计算最佳现金持有量时,可以先分别计算出各种方案的机会成本、管理成本、短缺成本之和,再从中选出总成本之和最低的现金持有量,即为最佳现金持有量。

【例 8-1】 某企业有 4 种现金持有方案,它们各自的机会成本、管理成本、短缺成本如表 8-1 所示。

表 8-1　现金持有方案

金额单位:元

方案	甲	乙	丙	丁
现金平均持有量	25 000	50 000	75 000	100 000
机会成本	3 000	6 000	9 000	12 000
管理成本	20 000	20 000	20 000	20 000
短缺成本	12 000	6 750	2 500	0

注:机会成本率即该企业的资本收益率为 12%。

解　这 4 种方案的总成本计算结果如表 8-2 所示。

表 8-2 现金持有总成本

金额单位:元

方案	甲	乙	丙	丁
机会成本	3 000	6 000	9 000	12 000
管理成本	20 000	20 000	20 000	20 000
短缺成本	12 000	6 750	2 500	0
总成本	35 000	32 750	31 500	32 000

将以上各方案的总成本加以比较可知,丙方案的总成本最低,也就是说,当企业平均持有 75 000 元现金时,各方面的总代价最低,对企业最合算,故 75 000 元为该企业的最佳现金持有量。

2. 存货模式

通过上面的分析可知,企业平时持有较多的现金,虽然能降低现金的短缺成本,但也会增加现金占用的机会成本;而平时持有较少的现金,虽会增加现金的短缺成本,却能减少现金占用的机会成本。如果企业平时只持有较少的现金,在有现金需要时(如手头的现金用尽),通过出售有价证券换回现金(或从银行借入现金),便能既满足现金的需要,既能避免短缺成本的增加,又能降低机会成本。因此,适当的现金与有价证券之间的转换,是企业提高资金使用效率的有效途径。这与企业奉行的营运资金政策有关,采用宽松的投资政策,保留较多的现金则转换次数少;而经常进行大量的有价证券与现金的转换,会增加转换交易成本。因此,如何确定有价证券与现金的每次转换量,是一个需要研究的问题。这可以应用现金持有量的存货模式解决。

现金持有量的存货模式又称鲍曼模型,是威廉·鲍曼(William Baumol)提出的用以确定目标现金持有量的模型。

企业每次以有价证券转换回现金是要付出代价的(如支付经纪费用),这被称为现金的交易成本。现金的交易成本与现金转换次数、每次的转换量有关。假定现金每次的交易成本是固定的,在企业一定时期现金使用量确定的前提下,每次以有价证券转换回现金的金额越大,企业平时持有的现金量便越大,转换的次数便越少,现金的交易成本就越低;反之,每次转换回现金的金额越低,企业平时持有的现金量便越低,转换的次数会越多,现金的交易成本就越高,即现金交易成本与持有量成反比。在现金成本构成图上,可以将现金的交易成本与现金的短缺成本合并为同一条曲线,反映与现金持有量相关的总成本。这样,现金的成本构成可重新表现,如图 8-2 所示。

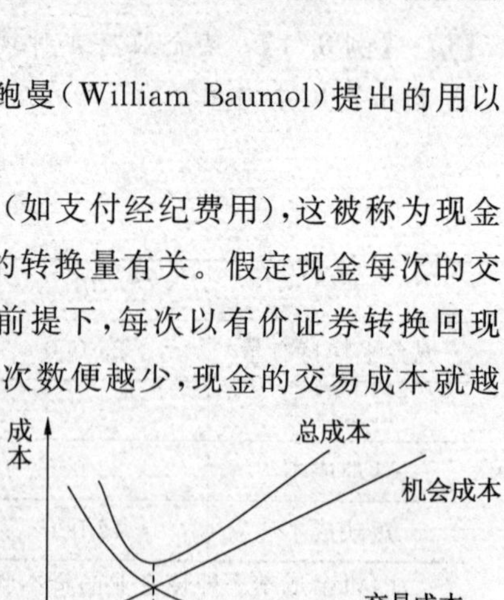

图 8-2 现金的成本构成

在图 8-2 中,现金的机会成本和交易成本是两条随现金持有量呈不同方向发展的曲线，两条曲线交叉点对应的现金持有量，即为总成本最低的现金持有量，它可以运用现金持有量存货模式求出。以下通过举例，说明现金持有量存货模式的应用。

假设某企业的现金使用量是均衡的，以 C 代表初始现金持有量，以 $\frac{C}{2}$ 代表各期的现金平均持有量。于是，企业需要合理地确定 C，以使现金的相关总成本最低。解决这一问题先要明确三点：

(1) 一定期间内的现金需求量，用 T 表示。

(2) 每次出售有价证券以补充现金所需的交易成本，用 F 表示。一定时期内出售有价证券的总交易成本为

$$\text{交易成本}=\frac{T}{C}\times F$$

(3) 持有现金的机会成本率，用 K 表示。一定时期内持有现金的总机会成本为

$$\text{机会成本}=\frac{C}{2}\times K$$

【例 8-2】 某企业一年的现金需求量为 5 200 000 元。该企业有几种确定初始现金持有量 C 的方案，每种方案对应的机会成本和交易成本如表 8-3、表 8-4 所示。

要求：确定最佳现金持有量。

表 8-3　现金持有的机会成本

金额单位：元

初始现金持有量 C	平均现金持有量 $\frac{C}{2}$	机会成本 $=\frac{C}{2}\times K(K=0.1)$
600 000	300 000	30 000
400 000	200 000	20 000
300 000	150 000	15 000
200 000	100 000	10 000
100 000	50 000	5 000

表 8-4　现金持有的交易成本

金额单位：元

现金总需求 T	初始现金持有量 C	交易成本 $=\frac{T}{C}\times F(F=1\ 000)$
5 200 000	600 000	8 667
5 200 000	400 000	13 000
5 200 000	300 000	17 333
5 200 000	200 000	26 000
5 200 000	100 000	52 000

解 计算出各种方案的机会成本和交易成本，将它们相加，就可以得到各种方案的总成本。

$$总成本=机会成本+交易成本=\frac{C}{2}\times K+\frac{T}{C}\times F$$

该企业各种初始现金持有量方案的总成本如表8-5所示。

表8-5 现金持有的总成本

金额单位：元

初始现金持有量	机会成本	交易成本	总成本
600 000	30 000	8 667	38 667
400 000	20 000	13 000	33 000
300 000	15 000	17 333	32 333
200 000	10 000	26 000	36 000
100 000	5 000	52 000	57 000

表8-5显示，当企业的初始现金持有量为300 000元时，现金总成本最低。

以上结论是通过分别对各种初始现金持有量方案进行成本计算得出的。此外，也可以利用公式求出成本最低的现金持有量，这一现金持有量称为最佳现金持有量，以C^*表示。

由图8-2可知，最佳现金持有量C^*是机会成本线与交易成本线交叉点所对应的现金持有量，因此C^*应当满足机会成本=交易成本，即

$$\frac{C^*}{2}\times K=\frac{T}{C^*}\times F$$

整理后，可得出

$$C^{*2}=\frac{2T\times F}{K}$$

等式两边分别取平方根，有

$$C^*=\sqrt{\frac{2T\times F}{K}}$$

本例中，$T=5\ 200\ 000$元，$F=1\ 000$元，$K=0.1$，利用上述公式即可计算出最佳现金持有量为

$$C^*=\sqrt{(2\times 5\ 200\ 000\times 1\ 000)\div 0.1}=322\ 490(元)$$

为了验证这一结果的正确性，可以计算出比322 490元略高和略低的初始现金持有量的成本，比较它们的高低，如表8-6所示。

表 8-6 现金持有的总成本

金额单位:元

初始现金持有量	机会成本	交易成本	总成本
335 000	16 750	15 522	32 272
330 000	16 500	15 758	32 258
322 490	16 125	16 125	32 250
310 000	15 500	16 774	32 274
305 000	15 250	17 049	32 299

表 8-6 说明,不论初始现金持有量是高于还是低于 322 490 元,总成本都会上升,所以 322 490 元是最佳的现金持有量。

现金持有量的存货模式是一种简单、直观的确定最佳现金持有量的方法,但它的主要缺点是需假定现金的流出量稳定不变,实际上这种情况很少有。相比而言,那些适用于现金流量不确定的控制最佳现金持有量的方法显得更具普遍应用性。

8.3 应收账款

应收账款是指因对外销售产品、材料、提供劳务及其他原因,应向购货单位或接受劳务的单位及其他单位收取的款项,包括应收销售款、其他应收款、应收票据等。

8.3.1 应收账款的功能与成本

1. 应收账款的功能

① 促进销售。企业销售产品时可以采用两种基本的方式,即现销与赊销。显然,现销对企业有利,赊销对客户有利。在竞争激烈的市场经济条件下,促销已经成为企业的一项重要的工作内容。企业促销的手段虽然多种多样,但在银根紧缩、市场疲软、资金匮乏的情况下,赊销的促销作用是十分明显的,特别是在企业销售新产品、开拓新市场时,赊销就更加具有重要的意义。这是因为购货方一方面可以在不付款的情况下得到自己需要的商品,降低了在商品质量、性能等方面存在问题的风险;另一方面,购货方可以在一定时期内减少自己的资金占用。

② 减少存货。由于赊销具有促销功能,可以促进产品的销售,从而降低存货中产成品的数量,这有利于缩短产成品的库存时间,降低产成品存货的管理费用、仓储费用和保险费用等各方面的支出。因此,当企业产成品存货过多时,就可以考虑采用较为优惠的信用条件进行赊销,以减少存货,节约各项支出。

2. 应收账款的成本

企业持有应收账款，也要付出一定的代价，这种代价即为应收账款的成本。其内容包括：

① 机会成本。应收账款的机会成本是指将资金投资于应收账款而不能进行其他投资所丧失的投资利益。这一成本的大小通常与企业维持赊销业务所需要的资金数量、资金成本率有关。其计算公式为

应收账款机会成本＝维持赊销业务所需要的资金×资金成本率

维持赊销业务所需要的资金＝应收账款平均余额×(变动成本÷销售收入)

＝应收账款平均余额×变动成本率

应收账款平均余额＝赊销收入净额÷360×平均收账天数

＝平均每日赊销额×平均收账天数

② 管理成本。应收账款的管理成本是指对应收账款进行日常管理的各项开支，主要包括对顾客信用状况进行调查的费用、收集各种信息的费用、账簿的记录费用、收账费用及其他费用。

③ 坏账成本。坏账成本是指因应收账款无法收回而给企业带来的损失。坏账成本一般与应收账款数额呈同方向变化，即应收账款越多，坏账成本越高。基于此，为规避坏账成本给企业生产经营活动的稳定性带来不利影响，企业应合理提取坏账准备。其计算公式为

坏账成本＝赊销额×预计坏账损失率

8.3.2 应收账款信用政策的确定

应收账款赊销的效果好坏，依赖于企业的信用政策。信用政策包括信用标准、信用条件和收账政策等。

1. 信用标准

信用标准，是指顾客获得企业的交易信用所应具备的最低条件，通常以预计的坏账损失率表示。对预计坏账损失率低的客户，给予较宽松的标准；对预计坏账损失率高的客户，给予较严格的标准。

企业在设定某一顾客的信用标准时，往往先要运用“5C”系统评估其赖账的可能性。所谓“5C”系统，是评估顾客信用品质的五个方面，即品质(Character)、能力(Capacity)、资本(Capital)、抵押(Collateral)和条件(Condition)。

① 品质。品质是指顾客的信誉，即履行偿债义务的可能性。企业必须设法了解顾客过去的付款记录，看其是否有按期如数付款的一贯做法，以及与其他供货企业的关系是否良好。这一点经常被视为评价顾客信用的首要因素。

② 能力。能力是指顾客的偿债能力，即其流动资产的数量和质量，以及它们与流动负债的比例。顾客的流动资产越多，则其转换为现金支付款项的能力越强。同时，还应注意顾客流动资产的质量，看是否有存货过多、过时或质量下降等影响其变现能力和支

付能力的情况。

③ 资本。资本是指顾客的财务实力和财务状况，表明顾客可能偿还债务的背景。

④ 抵押。抵押是指顾客拒付款项或无力支付款项时能用作抵押的资产。这对于不知底细或信用状况有争议的顾客尤为重要。一旦收不到这些顾客的款项，便以抵押品抵补。如果这些顾客提供足够的抵押，就可以考虑向他们提供相应的信用。

⑤ 条件。条件是指可能影响顾客付款能力的经济环境。例如，万一出现经济不景气，会对顾客的付款产生什么影响，顾客会如何做等，这需要了解顾客在过去困难时期的付款历史。

2. 信用条件

信用条件是指企业对客户支付货款所提出的付款要求和条件，主要包括信用期限、折扣期限及现金折扣等。信用条件的基本表现方式一般是赊销时在信用订单上加以注明，如“2/10，n/30”就是一项信用条件，它表明，若客户能够在发票开出后 10 天内付款，可以享受 2%的现金折扣；如果放弃折扣优惠，则全部款项必须在 30 天内付清。在此，30 天为信用期限，10 天为折扣期限，2%为现金折扣率。

企业提供比较优惠的信用条件往往能增加销售量，但同时也会增加现金折扣成本、收账成本和应收账款机会成本及管理成本。在进行信用条件决策时，要综合考虑上述因素，先计算增加的收益，再计算增加的成本，最后根据两者的比较，选择最大可能增加企业利润的信用条件。

(1) 收益的增加(信用成本前收益)

信用成本前收益＝赊销净额－变动成本－有变化的固定成本

赊销净额＝赊销额－销售折扣、折让

(2) 信用成本

应收账款机会成本＝维持赊销业务占用资金×资金成本率

维持赊销业务所需要的资金＝应收账款平均余额×变动成本率

应收账款平均余额＝年赊销额÷360×平均收账天数

坏账成本＝赊销额×预计坏账损失率

另外，收账费用通常是已知的。

信用成本后收益＝信用成本前收益－信用成本

所以，信用政策的决策原则是选择信用成本后收益最大的方案。

【例 8-3】 A 公司预测的年度赊销额为 3 000 万元，其信用条件是“n/30”，变动成本率为 60%，资本成本率为 20%。假设企业收账政策不变，固定成本总额不变。该企业设有两个信用条件的备选方案：甲方案维持“n/30”的信用条件，预计的坏账损失率为 2%，收账费用为 30 万元；乙方案将信用条件放宽到“n/60”，预计年赊销额可达到 3 300 万元，坏账损失率为 4%，收账费用为 37 万元。各方有关数据如表 8-7 所示。

表 8-7 信用条件备选方案

金额单位:万元

项目	甲方案(n/30)	乙方案(n/60)
年赊销额	3 000	3 300
应收账款平均余额	250	550
维持赊销业务占用资金	250×60%=150	550×60%=330
预计坏账损失率(%)	2	4
坏账损失	3 000×2%=60	3 300×4%=132
收账费用	30	37

要求:比较分析甲、乙方案。

解 根据以上资料计算该公司备选甲、乙方案信用成本,如表 8-8 所示。

表 8-8 信用成本计算

金额单位:万元

项目	甲方案(n/30)	乙方案(n/60)
年赊销额	3 000	3 300
减:变动成本	3 000×60%=1 800	3 300×60%=1 980
信用成本前收益	1 200	1 320
信用成本		
减:应收账款机会成本	150×20%=30	330×20%=66
坏账损失	60	132
收账费用	30	37
小计	120	235
信用成本后收益	1 080	1 085

由表 8-8 可知,乙方案的信用成本后收益高,应选择此方案。

下面进一步讨论现金折扣与折扣期限决策评价的有关问题。

【例 8-4】 根据例 8-3 资料,如果企业选择了乙方案,但为了加速应收账款的回收,决定将信用条件改为"2/10,1/20,n/60"(丙方案)。假设有 60%的客户(按赊销额计算)利用 2%的折扣,15%的客户利用 1%的折扣,其余客户放弃折扣于信用期限届满时付款。坏账损失占赊销额的比例降为 2%,收账费用降为 30 万元。

要求:编制决策分析评价表。

解 根据上述资料计算有关指标如下:

应收账款周转天数=60%×10+15%×20+25%×60=24(天)

应收账款平均余额=3 300÷360×24=220(万元)

维持赊销业务所占用资金=220×60%=132(万元)

应收账款机会成本=132×20%=26.40(万元)

坏账损失=3 300×2%=66(万元)

收账费用=30(万元)

现金折扣成本=3 300×(2%×60%+1%×15%)=44.55(万元)

根据以上资料编制决策分析评价表如表 8-9 所示。

表 8-9　决策分析评价表

金额单位:万元

项目	乙方案(*n*/60)	丙方案(2/10,1/20,*n*/60)
年赊销额	3 300	3 300
减:变动成本	1 980	1 980
信用成本前收益	1 320	1 320
减:现金折扣	—	44.55
应收账款机会成本	66	26.40
坏账损失	132	66
收账费用	37	30
信用成本后收益	1 085	1 153.05

计算结果表明,采用丙方案虽然增加了现金折扣,但由于应收账款机会成本、坏账损失、收账费用均有较大降低,使企业的收益增加了 68.05 万元(1 153.05－1 085),因此,应选择丙方案。

3. 收账政策

收账政策是企业对客户违反信用条件,拖欠甚至拒付账款所采取的策略和措施,是客户未按事先约定在信用期内付款时企业所采取的事后补救方法。一般情况下,客户会在企业规定的信用期到来之前支付货款,只有当客户的付款期超过了信用期限,企业才需要采取行动催收。因此,收账政策有时仅指企业催收逾期应收账款的程序。

一般来讲,拖欠时间越长的款项,收回账款的可能性越小,形成坏账的可能性越大。对此,企业应实施严密的监督,随时掌握账款回收情况。通过编制账龄分析表可对应收账款回收情况进行监督。账龄分析表是一张能显示应收账款在外天数(账龄)长短的报告,其格式如表 8-10 所示。

表 8-10　应收账款账龄分析表

应收账款账龄	账户数量	金额/万元	百分率/%
信用期内	200	8	40
超过信用期 1～20 天	100	4	20

续表

应收账款账龄	账户数量	金额/万元	百分率/%
超过信用期 21～40 天	50	2	10
超过信用期 41～60 天	30	2	10
超过信用期 61～80 天	20	2	10
超过信用期 81～100 天	15	1	5
超过信用期 100 天以上	5	1	5
合计	420	20	100

表 8-10 显示，有价值 120 000 元的应收账款已超过信用期，占全部应收账款的 60%。其中拖欠时间较短的(20 天内)有 40 000 元，占全部应收账款的 20%，这部分欠款收回的可能性很大；拖欠时间较长的(21～100 天)有 70 000 元，占全部应收账款的 35%，这部分欠款的回收有一定难度；拖欠时间很长的(100 天以上)有 10 000 元，占全部应收账款的 5%，这部分欠款有可能成为坏账。对不同拖欠时间的欠款，企业应采取不同的收账方法，制定出经济、可行的收账政策。

企业在选取收账政策时，应视逾期时间长短、欠缴金额大小、不同的客户、不同的产品参考信用条件，灵活运用。对于逾期时间较短的客户，可通过信函、电话等方式催收；对于情形较严重者，可派人面谈，必要时还可提请有关部门仲裁或提请诉讼等。

企业催收账款必然会发生一些收账费用，通常情况下收账费用越大，收账措施越有利，收回的款项就越多，坏账损失的比例就越小，但是收账费用的支出和坏账损失的减少并不一定成比例。一般情况是，开始花费一些收账费用，应收账款和坏账损失稍有减少；收账费用继续增加，应收账款和坏账损失明显减少；当收账费用达到某一限度后，应收账款和坏账损失的减少就不再明显。因此，制定收账政策需要在增加收账费用与减少坏账损失机会成本之间进行权衡，若前者小于后者，则说明制定的收账政策可取。

【例 8-5】 B 公司现采用的收账政策和拟改变的收账政策的有关数据资料如表 8-11 所示。

要求：假设有价证券的利率(机会成本率)为 20%，根据表 8-11 中的资料，计算两种方案的收账总成本，并进行对比分析。

表 8-11 收账政策数据资料表

项目	现采用收账政策	拟改变收账政策
年收账费用/万元	8	12
平均收账期/天	72	45
坏账损失占赊销额比例/%	3	2
赊销额/万元	560	560
变动成本率/%	60	60

解　收账政策分析评价表如表 8-12 所示。

表 8-12　收账政策分析评价表

金额单位:万元

项目	现采用收账政策	拟改变收账政策
赊销额	560	560
应收账款周转率/次	360÷72=5	360÷45=8
应收账款平均余额	560÷5=112	560÷8=70
维持赊销业务占用资金	112×60%=67.2	70×60%=42
应收账款机会成本	67.2×20%=13.44	42×20%=8.4
坏账损失	560×3%=16.8	560×2%=11.2
收账费用	8	12
收账总成本	38.24	31.6

计算结果表明,拟改变收账政策发生的收账总成本较现采用收账政策的收账总成本降低了 6.64 万元(38.24—31.6),因此,应改变收账政策。

8.4　存货

存货是指企业在生产经营过程中为销售或耗用而储备的物资,包括材料、燃料、低值易耗品、在产品、半成品、产成品、协作件、商品等。企业存货占流动资产的比重较大,一般为 40%～60%。存货利用的效益,对企业财务状况的影响极大。因此,加强存货的规划与控制,使存货保持在最优水平,便成为财务管理的一项重要内容。

8.4.1　存货的功能与成本

1. 存货的功能

如果工业企业能在生产投料时随时购入所需的原材料,或者商业企业能在销售时随时购入该项商品,就不需要存货。但实际上,企业总有储存存货的需要,并因此占用或多或少的资金。这种存货的需要有以下两方面原因:

第一,保证生产或销售的经营需要。实际上,企业很少能做到随时购入生产或销售所需的各种物资,即使是市场供应量充足的物资也是如此。这不仅因为不时会出现某种材料的市场断货,还因为企业通常距供货点较远,需要经过必要的途中运输且可能出现运输故障。一旦生产或销售所需物资短缺,生产经营将被迫停止,造成损失。为了避免或减少出现停工待料、停业待货等事故,企业需要储存存货。

第二,出自价格的考虑。零购物资的价格往往较高,而整批购买在价格上常有优惠。

但是，过多的存货会占用较多的资金，并且会增加包括仓储费、保险费、维护费、管理人员工资在内的各项开支。存货占用资金是有成本的，占用过多会使利息支出增加并导致利润的损失，各项开支的增加更直接使成本上升。进行存货管理，就是要权衡存货成本与存货效益，使两者实现最佳结合。这也是存货管理的目标。

2. 存货的成本

要持有一定数量的存货，必定会有一定的成本支出。存货成本主要包括以下三种：

① 采购成本。采购成本由买价、运杂费等构成。采购成本一般与采购数量成正比例变化。为降低采购成本，企业应研究材料的供应情况，货比三家，价比三家，争取采购质量好、价格低的材料物资。

② 订货成本。订货成本是指为订购材料、商品而发生的成本。订货成本一般与订货的数量无关，而与订货的次数有关。企业想要降低订货成本，需要大批量采购，以减少订货次数。

③ 储存成本。储存成本是指物资储存过程中发生的仓储费、搬运费、保险费、占用资金支付的利息费等。一定时期内的储存成本总额，等于该时期内平均存货量与单位储存成本之积。企业要想降低储存成本，就需要小批量采购，以减少储存数量。

此外，企业还应考虑由于物资储存过多、时间过长而发生的变质与毁损的损失，以及由于物资储存过少不能满足生产和销售的需要而造成的损失。

8.4.2 存货决策

存货的决策涉及四项内容：决定进货项目、选择供应单位、决定进货时间和决定进货批量。决定进货项目和选择供应单位是销售部门、采购部门和生产部门的职责。财务部门要做的是决定进货时间和决定进货批量。按照存货管理的目的，需要通过确定合理的进货批量和进货时间，使存货的总成本最低，这个批量称为经济批量。确定了经济批量，就很容易规划最适宜的进货时间。

1. 经济批量

经济批量（Economic Order Quantity，EOQ）又称经济订货量，是指一定时期储存成本和订货成本总和最低的采购批量。

从前述存货成本的构成可以发现，储存成本和订货成本与订货量密切相关。订货量越大，企业储存的存货就越多，这会使存货储存成本上升；与此同时，由于订货次数减少，总订货成本会降低。反之，降低订购批量能降低储存成本，但由于订货次数增加，总订货成本将会上升。图8-3对两种成本与订货量之间的关系进行了描述。可见，随着订购批量的变化，这两种成本此消彼长。确定经济批量的目的，就是要寻找使这两种成本之和最小的订购批量，也即图8-3中的 Q^* 点。

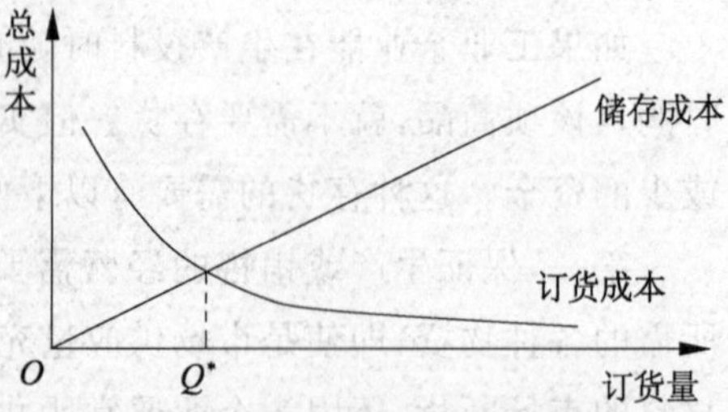

图 8-3　存货成本与订货量之间的关系

(1) 基本经济批量模型

基本经济批量模型需要设立的假设条件如下：

① 企业能够及时补充存货，即需要订货时便可立即取得足够存货。

② 能集中到货，而不是陆续入库。

③ 不允许缺货，即无缺货成本，这是因为良好的存货管理不应该出现缺货成本。

④ 没有固定订货成本和固定储存成本。

⑤ 需求量稳定，并且能预测。

⑥ 存货供应稳定且单价不变。

⑦ 企业现金充足，不会因现金短缺而影响进货。

在上述假设的基础上，以 A 表示全年需求量，Q 表示每批订货量，F 表示每批订货成本，C 表示每件存货的年储存成本，则有

$$\text{订购批数}=\frac{A}{Q}$$

$$\text{平均库存量}=\frac{Q}{2}$$

$$\text{订货成本}=F\times\frac{A}{Q}$$

$$\text{储存成本}=C\times\frac{Q}{2}$$

$$\text{总成本}(T)=F\times\frac{A}{Q}+C\times\frac{Q}{2}$$

令上式的一阶导数等于 0，即

$$T'=\left(F\times\frac{A}{Q}+C\times\frac{Q}{2}\right)'=\frac{C}{2}-\frac{AF}{Q^2}=0$$

可得

$$\text{经济批量}(Q)=\sqrt{\frac{2AF}{C}}$$

$$\text{经济批数}\left(\frac{A}{Q}\right)=\sqrt{\frac{AC}{2F}}$$

$$\text{总成本}(T)=\sqrt{2AFC}$$

【例 8-6】 华宇公司全年需要甲零件 1 200 件，每次订货的成本为 400 元，每件存货的年储存成本为 6 元。

要求：计算华宇公司的经济批量及此时的存货总成本。

解　① 公式法。最常用的方法是利用上述公式进行计算。

$$\text{经济批量}(Q)=\sqrt{\frac{2AF}{C}}=\sqrt{\frac{2\times 1\,200\times 400}{6}}=400(\text{元})$$

$$\text{经济批数}\left(\frac{A}{Q}\right)=\sqrt{\frac{AC}{2F}}=\sqrt{\frac{1\,200\times 6}{2\times 400}}=3(\text{批})$$

$$总成本(T)=\sqrt{2AFC}=\sqrt{2\times1\ 200\times400\times6}=2\ 400(元)$$

② 逐批测试法。当存货数量少、业务较为简单时，可以分别采用不同的订货量逐批测试，由此确定总成本最小的订购批量，如表 8-13 所示。

表 8-13　经济批量逐批测试表

项目	各种批量					
订购批数/批	1	2	3	4	5	6
订购批量/件	1 200	600	400	300	240	200
年储存成本/元	3 600	1 800	1 200	900	720	600
年订货成本/元	400	800	1 200	1 600	2 000	2 400
年总成本合计/元	4 000	2 600	2 400	2 500	2 720	3 000

从表 8-13 中可见，当每批订货为 400 件，一年订货 3 次时，全年总成本最低，为 2 400 元。因此，华宇公司每次订货 400 件最佳。

③ 图示法。将不同批量的成本信息以曲线的形式描绘在直角坐标系中，这是更为直观的做法。

现根据例 8-6 的资料，将华宇公司的有关数据描绘在直角坐标系中，如图 8-4 所示。

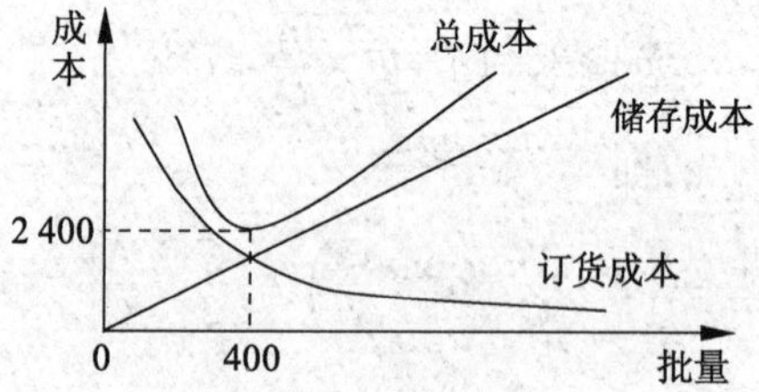

图 8-4　经济批量的图示法

从图 8-4 中可以看出，经济批量也就是总成本曲线的最低点对应的订货量，总成本最低点正好是订货成本线和储存成本线相交处，即经济批量应为 400 件，此时总成本最低，为 2 400 元。

(2) 有数量折扣的经济批量模型

基本经济批量模型假设存货采购单价不随批量而变动。但事实上，许多企业在销售时都有数量折扣，即对大批量采购在价格上给予一定的优惠。在这种情况下，除考虑订货成本和储存成本外，还应考虑采购成本。

【例 8-7】 根据例 8-6 的资料，假设所需零件的每件价格为 10 元，但如果一次订购超过 600 件，可给予 2% 的批量折扣，请问应以多少批量订货？

解 此时如果确定最优订货批量，就要按以下两种情况分别计算三种成本的合计数。

① 按经济批量采购，不取得数量折扣。在不取得数量折扣，按经济批量采购时的总成本合计应为

$$
\begin{aligned}
\text{总成本} &= \text{订货成本}+\text{储存成本}+\text{采购成本} \\
&= \frac{1\ 200}{400}\times 400+\frac{400}{2}\times 6+1\ 200\times 10 \\
&= 14\ 400(\text{元})
\end{aligned}
$$

② 不按经济批量采购，取得数量折扣。如果想取得数量折扣，每批至少应当采购 600 件，此时三种成本的合计为

$$
\begin{aligned}
\text{总成本} &= \text{订货成本}+\text{储存成本}+\text{采购成本} \\
&= \frac{1\ 200}{600}\times 400+\frac{600}{2}\times 6+1\ 200\times 10\times(1-2\%) \\
&= 14\ 360(\text{元})
\end{aligned}
$$

将以上两种情况进行对比可知，订购量为 600 件时总成本最低。

2. 再订货点

为了保证生产和销售的正常进行，工业企业必须在材料用完之前订货，商品流通企业应在商品售完之前订货。那么，究竟在上一批购入的存货还有多少时，订购下一批货物呢？这就是再订货点的控制问题。

再订货点，就是订购下一批存货时本批存货的储存量。图 8-5 对再订货点的操作进行了直观反映。

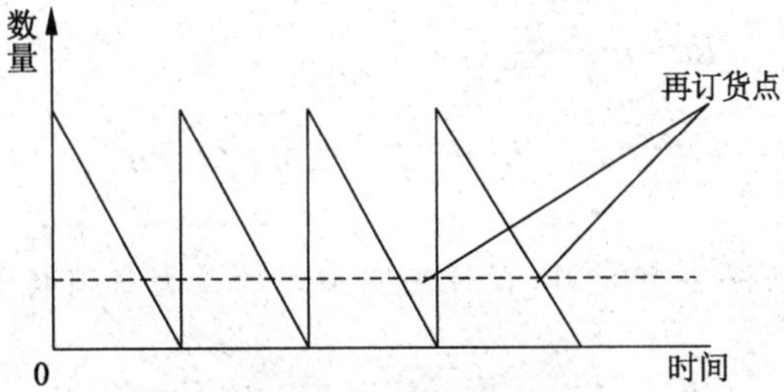

图 8-5　再订货点

要确定再订货点，必须考虑如下因素：① 平均每天的耗用量，以 n 表示；② 从发出订单到货物验收完毕所用的时间，以 t 来表示。

再订货点 R 可用下式计算：

$$R=nt$$

【例 8-8】　光明公司每天正常耗用乙零件 10 件，订货的提前期为 20 天。要求：计算其再订货点。

解　再订货点　　　$R=nt=10\times 20=200$(件)

因此，在光明公司的存货储存量降到 200 件时，应当开始进行存货采购。

3. 保险储备

保险储备(Safety Stock)又称安全储备，是指为防止存货使用量突然增加或者交货期延误等不确定情况所持有的存货储备，用 S 来表示。保险储备的作用和意义可用图 8-6 来说明。

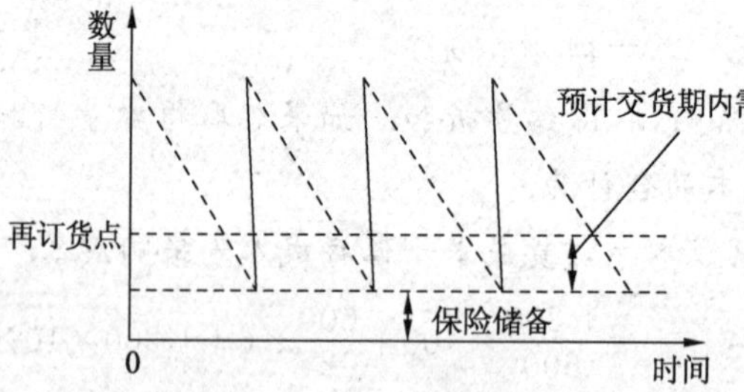

图 8-6 保险储备

保险储备的水平由企业预计的最大日消耗量和最长收货时间所确定，可能的日消耗量越大、收货时间越长，企业应当持有的保险储备水平也就越高。保险储备 S 的计算公式为

$$S=\frac{1}{2}(mr-nt)$$

式中，m 表示预计的最大日消耗量，r 表示预计的最长收货时间。

保险储备的存在不会影响经济订货批量的计算，但会影响再订货点的确定。考虑保险储备情况下的再订货点的计算公式为

$$\begin{aligned}R&=nt+S\\&=nt+\frac{1}{2}(mr-nt)=\frac{1}{2}(mr+nt)\end{aligned}$$

【例 8-9】 根据例 8-8 资料，预计光明公司的最大日消耗量为 12 件，预计最长收货时间为 25 天。

要求：计算光明公司的保险储备和再订货点。

解 保险储备

$$\begin{aligned}S&=\frac{1}{2}(mr-nt)\\&=\frac{1}{2}\times(12\times25-10\times20)\\&=50(件)\end{aligned}$$

再订货点

$$\begin{aligned}R&=nt+S=\frac{1}{2}(mr+nt)\\&=10\times20+50\\&=\frac{1}{2}\times(12\times25+10\times20)\\&=250(件)\end{aligned}$$

8.4.3　存货控制

存货控制是指在日常生产经营过程中，按照存货计划的要求，对存货的使用和周转、调节和监督。存货控制的方法主要有如下几种，创业人员可根据实际情况选择运用。

1. 存货的归口分级控制

存货的归口分级控制，是加强存货日常管理的一种重要方法。这一管理方法包括如下三项内容：

① 在企业管理层领导下，财务部门对存货资金实行统一管理。企业必须加强对存货资金的集中、统一管理，促进供、产、销互相协调，实现资金使用的综合平衡，加快资金周转的速度。财务部门的统一管理主要包括如下几方面的工作：a. 根据国家财务制度和企业具体情况，制定企业资金管理的各种制度；b. 认真测算各种资金占用数额，汇总编制存货资金计划；c. 把有关计划指标进行分解，落实到有关单位和个人；d. 对各单位的资金使用情况进行检查和分析，统一考核资金的使用情况。

② 实行资金的归口管理。根据使用资金和管理资金相结合、物资管理和资金管理相结合的原则，每项资金由哪个部门使用，就归哪个部门管理。各项资金归口管理的分工如下：a. 原材料、燃料、包装物等资金归供应部门管理；b. 在产品和自制半成品占用的资金归生产部门管理；c. 产成品资金归销售部门管理；d. 工具用具占用的资金归工具部门管理；e. 修理用备件占用的资金归设备动力部门管理。

③ 实行资金的分级管理。各归口的管理部门要根据具体情况将资金计划指标进行分解，分配给所属单位或个人，层层落实，实行分级管理。具体分解过程如下：a. 原材料资金计划指标可分配给供应计划、材料采购、仓库保管、整理准备各业务组管理；b. 在产品资金计划指标可分配给各车间、半成品库管理；c. 成品资金计划指标可分配给销售、仓库保管、成品发运各业务组管理。

2. ABC 分类控制

存货 ABC 分类控制是意大利经济学家巴雷特于 19 世纪首创的，是一种实际应用较多的方法。经过不断地发展和完善，ABC 法已经广泛用于存货管理、成本管理和生产管理。

ABC 分类控制是指按照一定的标准，将企业存货划分为 A、B、C 三类，分别采用分品种重点管理、分类别一般控制和按总额灵活掌握的存货管理方法。存货分类的标准主要有两个：金额标准和品种数量标准，其中金额标准是基本的，品种数量标准仅供参考。划分时按照企业确定的标准，通过列表、计算、排序等具体步骤确定各种物品所属类别。通过对存货进行这样的分类，可以使企业分清主次，采取相应的对策进行经济有效的管理和控制。

运用 ABC 分类控制法一般分为以下四个步骤：

第一步，根据每一种存货在一定期间内（一般为一年）的耗用量乘以价格计算出该种存货的资金耗用总额。

第二步，计算每一种存货资金耗用总额占全部存货资金耗用总额的百分比，并按大小顺序排列，编成表格。

第三步，根据事先制定好的标准，把最重要的存货划为A类，把一般存货划为B类，把不重要的存货划为C类。一般而言，金额百分比累加到70%以上的存货为A类，金额百分比在70%～90%的存货为B类，其余为C类。

第四步，对A类存货实施重点控制，对B类存货实施次重点控制，对C类存货实施一般性的控制。

【例8-10】 甲公司共有21种材料，总金额为1 200 000元，按金额多少的顺序排列并按上述原则将其划分成A、B、C三类，列在表8-14中。

表8-14　甲公司21种材料分类

材料名称	年耗用量/千克	单价/元	年耗用金额/元	各类存货金额/元	各类存货比重/%	分类
#1	12 000	40	480 000	840 000	70	A
#2	12 000	30	360 000			
#3	5 000	18	90 000	240 000	20	B
#4	4 000	18	72 000			
#5	4 000	12	48 000			
#6	2 000	15	30 000			
#7	2 000	9	18 000	120 000	10	C
#8	2 000	6.5	13 000			
#9	2 000	6.2	12 400			
#10	2 000	6.1	12 200			
#11	2 000	6	12 000			
#12	2 000	5.4	10 800			
#13	2 000	4.05	8 100			
#14	2 000	3.9	7 800			
#15	3 000	2.1	6 300			
#16	2 000	2.1	4 200			
#17	2 000	1.8	3 600			
#18	2 000	1.6	3 200			
#19	2 000	1.65	3 300			
#20	2 000	1.35	2 700			
#21	2 000	1.2	2 400			
合计			1 200 000	1 200 000	100	

思考题

1. 什么是营运资本？营运资本的特点和内容是什么？

2. 营运资本管理需要注意哪些问题？

3. 企业为什么要持有现金？现金的日常管理包括哪些内容？

4. 应收账款的管理目标有哪些？应收账款信用政策包括哪些主要内容？

5. 储备存货的原因和相关成本有哪些？说说存货决策需要考虑的主要问题。

练习题

1. 某企业预计全年需要现金 6 000 万元，现金与有价证券的转换成本为每次 100 元，有价证券的利息率为 30%，则最佳现金余额是多少？

2. 某企业预测的年度赊销收入净额为 4 800 万元，其信用条件是 $n/30$，变动成本率为 65%，机会成本率为 20%。假设企业的收账政策不变，固定成本不变。该企业备有 A、B、C 三个备选方案。A 方案信用条件为 $n/30$；B 方案将信用条件放宽至 $n/60$；C 方案将信用条件放宽至 $n/90$，其赊销额分别为 4 800 万元、5 000 万元和 5 600 万元；坏账损失率分别为 1.5%、3%和 5%；收账费用分别为 26 万元、36 万元和 59 万元。

要求：

(1)试选择最佳方案。

(2)如果将最佳方案的信用条件改为“2/10，1/20，$n/50$”(D 方案)，估计约有 50%的客户利用 2%的折扣，20%的客户利用 1%的折扣，其余客户放弃折扣于信用期限届满时付款。坏账损失率降为 1.2%，收账费用降为 26 万元，其他不变。试比较后选择最佳方案。

3. 某企业全年需要某种零件 5 000 件，每次订货成本为 300 元，每件年储存成本为 3 元，最佳经济批量是多少？如果每件价格 35 元，一次订购超过 1 200 件可得到 2%的折扣，则企业应选择以多大批量订货？

4. 假设某企业原材料的保险储备量为 100 件，交货期为 10 天，每天原材料的耗用量为 5 件，则企业的再订货点是多少？

案例分析

燕京啤酒的营运资本状况

2013 年,中国啤酒行业的产量为 506.15 亿升。啤酒行业作为酒水行业中成熟度最高的品种,行业整体需求疲软,竞争格局已经稳定,啤酒企业微利生存。行业的增长方式处于转型期,结构性增长和精细化管理成为啤酒企业转型的重点。

2015 年,北京燕京啤酒集团公司(以下简称"燕京啤酒")实现了正的净利润,然而主营业业务收入增长率为−7%,净利润增长率为−21%。营业收入和净利润的缩水与宏观经济环境有一定关系,同时也与其自身的经营密不可分。2015 年,燕京啤酒的营运资金达到了近 15 亿元,而净现金需求却居高不下,营运资金中很大一部分由存货构成。燕京啤酒内部营运资金管理的深入分析也许可以为我们找出公司业绩不振的原因提供一条思路。

燕京啤酒资产负债构成如表 1 所示。

表 1　燕京啤酒 2013—2015 年年度报告期内公司资产与负债构成

项目	2015 年 12 月 31 日		2014 年 12 月 31 日		2013 年 12 月 31 日	
	金额/亿元	比例/%	金额/亿元	比例/%	金额/亿元	比例/%
货币资金	17.44	9.56	17.32	9.15	16.09	8.51
应收票据	—	0.00	—	0.00	0.03	0.02
应收账款	1.32	0.73	1.35	0.71	1.23	0.65
预付账款	1.11	0.61	1.83	0.97	2.39	1.26
其他应收款	0.57	0.31	0.55	0.29	0.98	0.52
存货	38.54	21.13	40.81	21.56	40.50	21.42
其他流动资产	1.10	0.60	1.59	0.84	1.97	1.04
流动资产合计	60.09	32.94	63.45	33.52	63.19	33.43
长期股权投资	1.69	0.93	1.66	0.88	1.60	0.85
固定资产净额	104.66	57.37	105.88	55.93	102.04	53.97
在建工程	1.69	0.93	4.58	2.42	9.00	4.76
非流动资产合计	122.34	67.06	12.59	6.65	125.86	66.57
资产总计	182.43	100.00	189.31	100.00	189.05	100.00
短期借款	8.51	4.66	15.91	8.40	13.15	6.96
应付票据	0.02	0.01	—	0.00	0.04	0.02
应付账款	10.23	5.61	10.02	5.30	10.81	5.72

续表

项目	2015年12月31日		2014年12月31日		2013年12月31日	
	金额/亿元	比例/%	金额/亿元	比例/%	金额/亿元	比例/%
预收账款	6.44	3.53	6.19	3.27	8.37	4.43
应交税费	1.57	0.86	1.41	0.74	1.76	0.93
其他流动负债	—	0.00	—	0.00	21.07	11.14
流动负债合计	45.32	24.84	54.35	28.71	58.80	31.10
负债合计	45.49	24.94	55.52	29.33	59.65	31.55
营运资金	14.76	8.09	9.10	4.81	4.39	2.32

2015年燕京啤酒、青岛啤酒营运资金及相关指标的比较如表2所示。

表2 2015年燕京啤酒、青岛啤酒营运资金及相关指标比较

金额单位:亿元

项目	燕京啤酒	青岛啤酒
流动资产	60.09	118.87
流动负债	45.32	97.53
营运资金	14.76	21.34
财务费用	0.51	−3.00
净现金需求	2.43	−1.32
应收账款周转天数/天	8	4
存货周转期/天	190	49
应付账款周转天数/天	49	74
现金周期/天	149	−21

讨论题:

通过分析燕京啤酒的营运资金结构、周转速度、净现金需求等情况,说明燕京啤酒营运资金的特点及对经营业绩的影响。

第9章　短期筹资管理

学习目标

1. 理解营运资本筹资政策的概念、种类及短期筹资的特点。
2. 理解商业信用筹资的特点与具体形式，掌握应付账款的成本计算和利用现金折扣的决策方法，了解应付票据和预收账款的特点。
3. 了解短期借款筹资的种类、特点、取得程序及企业对银行的选择，熟悉短期借款的信用条件、利率及其支付方法。

引导案例

短期筹资渠道单一的风险

2008年太子奶集团陷入前所未有的资金链断裂、企业流动性缺失的困境。太子奶集团是国内知名的发酵奶生产商，其在经营模式上一直采取"先打款，后发货"的模式，凭借品牌影响，并吸收供应商的货款来购买原材料，组织生产，之后发货，如此往复。

作为一家知名的民营企业，太子奶号称年销售额达到30亿元人民币，并在2007年宣称，得到了摩根士丹利、高盛等外资投行的支持，资产总额达到10亿元左右。为了抓住奶制品行业不断升温的黄金时期，增强其生产能力，太子奶在湖南株洲、北京密云、湖北黄冈、江苏昆山、四川成都、河南许昌等地先后新建了生产基地。但实际上，湖南株洲总部直到2008年才搬入新址，而成都基地几乎没有生产能力。这意味着，虽然从2002年起太子奶就开始兴建基地，但至今还没能把基建这个无底洞填满。太子奶这种长期利用商业信用进行短期资金融通的模式，几年来一直未变。其特点是筹资方便，筹资成本较低，但这种资金期限短，数量有限，造成了很大的不稳定性。一旦经营环境发生变化，对公司的经营影响是致命的。

2008年，受雪灾、地震、金融动荡、国家宏观调控及三鹿奶粉事件案的影响，一部分经营商从2008年7月开始停止向太子奶打款。太子奶集团长期以来依靠的资金链断裂，企业流动性缺失，生产难以为继。

☞思考　1. 从太子奶的事件中我们可以吸取什么教训?

2. 太子奶应该如何增加短期资金的筹资渠道,规避风险?

9.1　营运资本筹资政策

企业的营运资金一般可以分为临时性(波动性)营运资金和永久性(长期性)营运资金。临时性营运资金是指因季节性或临时性需求及循环型波动而占用在流动资产上的资金,如销售旺季增加的应收账款和存货;永久性营运资金是指满足企业长期稳定需求(最低需求)而占用在流动资产上的资金,它是为维持企业日常生产经营而持有的,这部分流动资产具有一定的稳定性,如保险储备中的存货和现金等。永久性营运资金与固定资产相似,其所占用的资金是长期的,并且随着时间的推移而增加。永久性流动资产和固定资产,统称为永久性资产。

因此,企业的资金需求也分为临时性资金需求和永久性资金需求两部分。临时性资金需求一般是指通过短期负债筹资来满足企业临时性流动资产需要;永久性资金需求一般是指通过长期负债和权益资本来满足企业永久性流动资产和固定资产的需要。

从营运资金与长、短期资金来源的关系来看,有以下三种营运资本筹资政策:配合型营运资本筹资政策、激进型营运资本筹资政策和保守型营运资本筹资政策。

9.1.1　配合型筹资政策

配合型营运资本筹资政策的特点:正常情况下,筹资组合遵循的是短期资产由短期资金来融通,长期资产由长期资金来融通的原则。即每一项资产将与一种与它的到期日大致相同的融资工具相对应,对于临时性流动资产,运用临时性流动负债筹集资金满足其需求;对于永久性流动资产,运用长期性负债、自发性负债和权益资本筹资满足其需要,如图9-1所示。

企业在短期资金需求处于波谷时不介入任何流动负债,即除自发性负债以外没有其他流动负债;当企业短期资金处于波峰时,企业举借各种临时性负债进行短期筹资。这种政策要求企业融资计划严密,使现金流动与预期一致。

这种政策的基本思想是将资产与负债的期间相匹配,以降低企业不能偿还到期债务的风险并尽可能降低债务的资本成本。但事实上,由于资产使用寿命的不确定性,以及企业外部环境的诸多不可控因素,往往做不到资产与负债的完全配合。例如,一旦生产经营高峰期内的销售没有达到预期的结果,或者未能及时取得销售现金收入,便会发生偿还临时性负债的困难。因此,配合型营运资本筹资政策是一种理想的营运资本筹资政策,对企业资金使用有较高要求。如果企业能够驾驭资金的使用,采用收益和风险配合的这种政策是有利的。

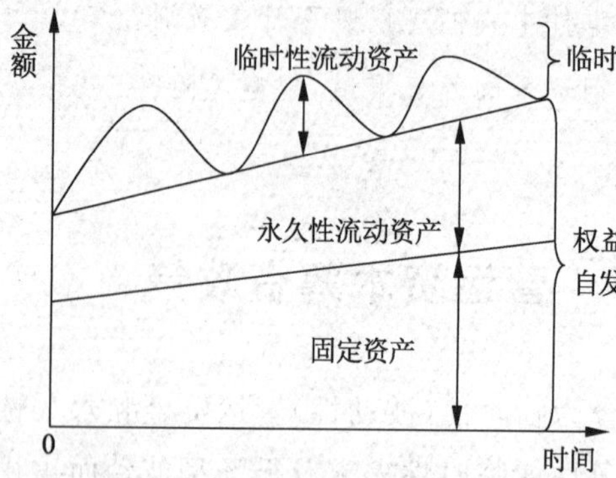

图 9-1　配合型筹资政策

9.1.2　激进型筹资政策

激进型营运资本筹资政策的特点：临时性负债不但融通临时性资产的资金需要，还解决部分永久性资产的资金需要，如图 9-2 所示。

这是一种高风险、低成本、高盈利的政策。图 9-2 中，虚线越低，所冒风险越大。激进型营运资本筹资政策的主要目的是追求高利润，但采取这种政策，一方面降低了企业的流动资产比率，增大了偿债风险；另一方面由于短期负债利率的多变性，增加了盈利的不确定性。这种政策策略适用于长期资金来源不足或短期负债成本较低的企业。

一方面，由于临时性负债的资金成本一般低于长期负债和权益资本的成本，因此采用临时性负债在企业全部资金来源中所占比重较大的激进型筹资政策，企业的资本成本较低。另一方面，为了满足永久性资产的长期资金需要，企业必然要在临时性负债到期后举债或申请债务展期，这样，企业会更为经常地举债和还债，这不仅加大了筹资难度和风险，还可能面临由于短期负债利率的变动而增加企业资金成本的风险，因此该政策是一种收益性和风险性均较高的营运资金筹资政策。喜欢冒险的企业在融资时会采用这种政策。

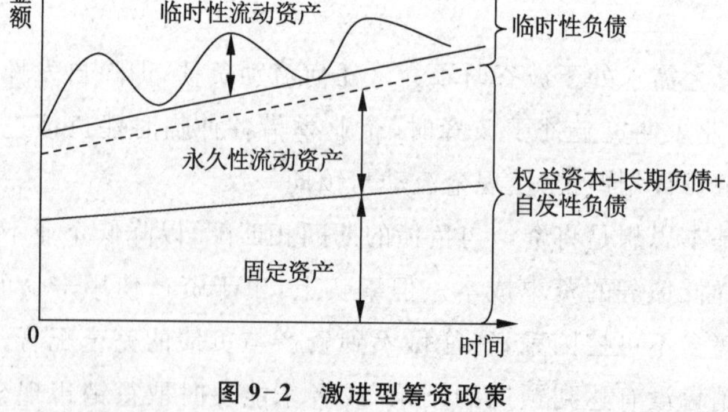

图 9-2　激进型筹资政策

9.1.3　保守型筹资政策

保守型营运资本筹资政策的特点：企业主要利用长期资金来满足永久性流动资产、

固定资产和一部分甚至全部的临时性流动资金需求的政策，即临时性负债只融通部分临时性流动资产的资金需要，另一部分临时性流动资产和永久性资产，则有长期性负债、自发性负债和权益资本作为资金来源，如图 9-3 所示。

保守型营运资本筹资政策的显著优点是，企业利用长期资金将不受市场短期利率波动的影响，也不会因短期债务到期不能及时偿还或者被迫举借新债来偿还旧债。因此，这是一种低风险的营运资本筹资政策。但是，由于长期资金的成本高于短期资金成本，所以这又是一种高成本的筹资政策，它会使企业的利润减少。图 9-3 中，虚线位置越高，筹资政策越保守。较为保守的企业会使用这种政策。

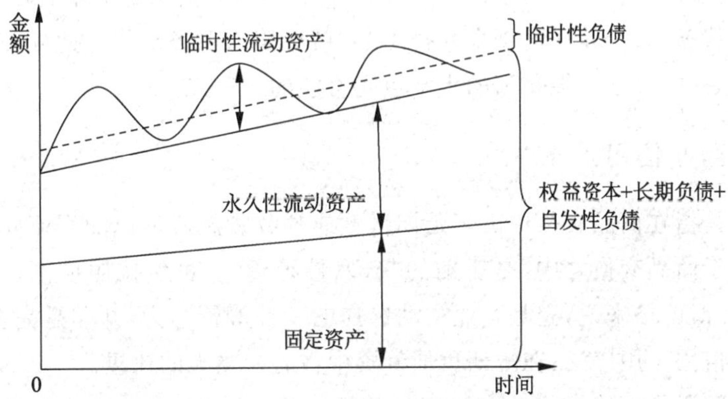

图 9-3　保守型筹资政策

上述各种政策究竟孰优孰劣，并无绝对标准，企业应结合自身的实际情况，灵活运用各种策略。但企业采取的营运资本筹资政策，应符合以下原理：

① 匹配原理。即资金来源的期限与流动资产的期限相匹配。

② 风险收益原理。提倡使用短期资金作为企业部分资金来源的理由是，短期资金的期望成本低于长期资金的期望成本。

③ 过剩变现力原理。企业应避免承担过大的财务风险，这要求资产应有较好的变现力。因为企业的资金需求是很难准确预测的，因此，选择保留一定过剩的变现力有助于防备最坏的情况发生。当然这种过剩的变现力会增加企业的资本成本，因而也要加以控制。

9.2　短期筹资

9.2.1　短期负债筹资的特点

短期负债筹资所筹集资金的可使用时间较短，一般不超过 1 年。短期负债筹资具有如下一些特点：

① 筹资速度快，容易取得。长期负债的债权人为了保护自身利益，往往要对债务人进行全面的财务调查，因而筹资所需时间一般较长且不易取得。短期负债在较短时间内即可归还，故债权人顾虑较少，容易取得。

② 筹资富有弹性。举借长期负债，债权人或有关方面经常会向债务人提出很多限制性条件或管理规定；而短期负债的限制则相对宽松，使筹资企业的资金使用较为灵活、富有弹性。

③ 筹资成本低。一般地讲，短期负债的利率低于长期负债，短期负债筹资的成本也就较低。

④ 筹资风险高。短期负债筹资需在短期内偿还，因而要求筹资企业在短期内拿出足够的资金偿还债务，若企业届时资金安排不当，就会陷入财务危机。此外，短期负债利率的波动比较大，一时高于长期负债的水平也是可能的。

9.2.2 商业信用

商业信用是指在商品交易中由于延期付款或预收货款所形成的企业间的借贷关系。商业信用产生于商品交换之中，是所谓的“自发性筹资”。虽然按照惯例，经常把它们归入自发性负债，但严格来说，它是企业主动选择的一种筹资行为，并非是完全不可控的自发行为。商业信用运用广泛，在短期负债筹资中占有相当大的比重。

商业信用筹资最大的优越性在于容易取得。首先，对于多数企业来说，商业信用是一种持续性的信贷形式，且无须正式办理筹资手续。其次，如果没有现金折扣或使用不带息票据，商业信用筹资不负担成本。其缺点在于放弃现金折扣时所付出的成本较高。

商业信用的具体形式有应付账款、应付票据、预收账款等。

1. 应付账款

应付账款是企业购买货物暂未付款而欠对方的账项，即卖方允许买方在购货后一定时期内支付货款的一种形式。卖方利用这种方式促销，而对买方来说，延期付款则等于向卖方借用资金购进商品，可以满足短期的资金需要。

与应收账款相对应，应付账款也有付款期、折扣等信用条件。应付账款可以分为：免费信用，即买方企业在规定的折扣期内享受折扣而获得的信用；有代价信用，即买方企业放弃折扣付出代价而获得的信用；展期信用，即买方企业超过规定的信用期推迟付款而强制获得的信用。

(1)应付账款的成本

倘若买方企业购买货物后在卖方规定的折扣期内付款，便可以享受免费信用，这种情况下企业没有因为享受信用而付出代价。

【例 9-1】 某企业按“2/10，n/30”的条件购入货物 10 万元。

如果该企业在 10 天内付款，便可享受 10 天的免费信用期，并获得折扣 0.2 万元（10×2%），免费信用额为 9.8 万元（10－0.2）。

倘若买方企业放弃折扣，在 10 天后（不超过 30 天）付款，该企业便要承受因放弃折扣而造成的隐含利息成本。一般而言，放弃现金折扣的成本可由下式求得：

$$放弃现金折扣总成本=\frac{折扣百分比}{1-折扣百分比}\times\frac{360}{信用期-折扣期} \tag{9-1}$$

运用上式，该企业放弃折扣所负担的成本为

$$\frac{2\%}{1-2\%}\times\frac{360}{30-10}=36.7\%$$

以上公式表明，放弃现金折扣的成本与折扣百分比的大小、折扣期的长短同方向变化，与信用期的长短反方向变化。可见，如果买方企业放弃折扣而获得信用，其代价是较高的。然而，企业在放弃折扣的情况下，推迟付款的时间越长，其成本便会越小。

(2)利用现金折扣的决策

在附有信用条件的情况下，因为获得不同信用要负担不同的代价，买方企业便要在利用哪种信用之间做出决策。一般来说，如果能以低于放弃折扣的隐含利息成本(实质是一种机会成本)的利率借入资金，便应在现金折扣期内用借入的资金支付货款，享受现金折扣。例如例 9-1 中，若同期的银行短期借款年利率为 12%，则买方企业应利用更便宜的银行借款在折扣期内偿还应付账款；反之，企业应放弃折扣。

如果在折扣期内将应付账款用于短期投资，所得的投资收益率高于放弃折扣的隐含利息成本，则应放弃折扣而去追求更高的收益。当然，假使企业放弃折扣优惠，也应将付款日推迟至信用期内的最后一天(如例 9-1 中的第 30 天)，以降低放弃折扣的成本。

如果企业因缺乏资金而欲展延付款期(如例 9-1 中将付款日推迟到第 50 天)，则需在降低了的放弃折扣成本与展延付款带来的损失之间做出选择。展延付款带来的损失主要是指因企业信誉恶化而丧失供应商乃至其他贷款人的信用，或日后招致苛刻的信用条件。

如果面对两家以上提供不同信用条件的卖方，应通过衡量放弃折扣成本的大小，选择信用成本最小(或所获利益最大)的一家。例如，例 9-1 中另有一家供应商提出“1/20，*n*/30”的信用条件，其放弃折扣的成本为

$$放弃折扣成本=\frac{1\%}{1-1\%}\times\frac{360}{30-20}=36.4\%$$

与例 9-1 中“2/10，*n*/30”的信用条件相比，后者的信用成本较低。

2. 应付票据

应付票据是企业进行延期付款商品交易时开具的反映债权债务关系的票据。根据承兑人的不同，应付票据分为商业承兑汇票和银行承兑汇票两种。支付期最长不超过 6 个月。应付票据可以带息，也可以不带息。应付票据的利率一般比银行借款的利率低，且不用保持相应的补偿余额和支付协议费，所以应付票据的筹资成本低于银行借款成本。但是应付票据到期必须归还，如若延期便要交付罚金，因而风险较大。

3. 预收账款

预收账款是卖方企业在交付货物之前向买方预先收取部分或全部货款的信用形式。

对于卖方来讲，预收账款相当于向买方借用资金后用货物抵偿。预收账款一般用于生产周期长、资金需求量大的货物销售。

此外，企业往往还存在一些在非商品交易中产生，但亦为自发性筹资的应付费用，如应付职工薪酬、应交税费、其他应付款等。应付费用使企业受益在前、费用支付在后，相当于享用了收款方的借款，一定程度上缓解了企业的资金需求压力。应付费用的期限具有强制性，不能由企业自由斟酌使用，但通常不需花费代价。

9.2.3 短期借款

短期借款是指企业向银行或其他非银行金融机构借入的期限在 1 年以内的借款。在短期负债筹资中，短期借款的重要性仅次于商业信用。短期借款可以根据企业的需要安排，便于灵活使用，且取得亦较简便。但其突出的缺点是短期内要归还，特别是在带有诸多附加条件的情况下更使风险加剧。

1. 短期借款的种类

目前我国的短期借款按照目的和用途分为若干种，主要有生产周转借款、临时借款、结算借款等。按照国际通行做法，短期借款还可依偿还方式的不同，分为一次性偿还借款和分期偿还借款；依利息支付方法的不同，分为收款法借款、贴现法借款和加息法借款；依有无担保，分为抵押借款和信用借款等。

企业在申请借款时，应根据各种借款的条件和自身需要加以选择。

2. 借款的取得

企业举借短期借款，首先必须提出申请，经贷款机构审查同意后，借贷双方签订借款合同，注明借款的用途、金额、利率、期限、还款方式、违约责任等；然后企业根据借款合同办理借款手续；借款手续办理完毕，企业便可取得借款。

3. 借款的信用条件

按照国际通行做法，银行发放短期借款往往带有一些信用条件。

(1) 信贷限额

信贷限额是银行对借款人规定的无担保贷款的最高额。信贷限额的有效期限通常为 1 年，但根据情况也可延期 1 年。一般来讲，企业在批准的信贷限额内，可随时使用银行借款。但是，银行并不承担必须提供全部信贷限额的义务。如果企业信誉恶化，即使银行曾同意过按信贷限额提供贷款，企业也可能得不到借款。这时，银行不需承担法律责任。

(2) 周转信贷协定

周转信贷协定是银行具有法律义务地承诺为企业提供不超过某一最高限额的贷款协定。在协定的有效期内，只要企业的借款总额未超过最高限额，银行就必须满足企业任何时候提出的借款要求。企业享用周转信贷协定，通常要就贷款限额的未使用部分付给银行一笔承诺费(Commitment Fee)。

例如，某周转信贷额为 1 000 万元，承诺费率为 0.5%，借款企业年度内使用了 600 万元，余额400万元，借款企业该年度就要向银行支付承诺费2万元（400×0.5%）。这是银行向企业提供此项贷款的一种附加条件。

周转信贷协定的有效期通常超过1年，但实际上贷款每个月发放一次，所以这种信贷具有短期和长期借款的双重特点。

(3) 补偿性余额

补偿性余额是银行要求借款企业在银行中保持占贷款限额或实际借用额一定百分比（一般为10%～20%）的最低存款余额。从银行的角度讲，补偿性余额可降低贷款风险，补偿遭受的贷款损失。对于借款企业来讲，补偿性余额则提高了借款的有效年利率。

例如，某企业按年利率8%向银行借款10万元，银行要求维持贷款限额15%的补偿性余额，那么企业实际可用的借款只有8.5万元，该项借款的有效年利率则为

$$有效年利率=\frac{10\times 8\%}{8.5}=9.4\%$$

(4) 借款抵押

银行向财务风险较大的企业或对其信誉不甚有把握的企业发放贷款，有时需要有抵押品担保，以降低自己蒙受损失的风险。借款的抵押品通常是借款企业的股票、债券和房屋等。银行接受抵押品后，将根据抵押品的面值决定贷款金额，一般为抵押品面值的30%～90%。这一比例的高低，取决于抵押品的变现能力和银行的风险偏好。抵押借款的成本通常高于非抵押借款，这是因为银行主要向信誉好的客户提供非抵押贷款，而将抵押贷款看成一种风险投资，故而收取较高的利率；同时银行管理抵押贷款要比管理非抵押贷款困难，为此往往另外收取手续费。

从企业的角度来说，向贷款人提供抵押品，会限制其财产的使用和将来的借款能力。

(5) 偿还条件

贷款的偿还有到期一次偿还和在贷款期内定期（每月、季）等额偿还两种方式。一般来讲，企业不希望采用后一种偿还方式，因为这会提高借款的有效年利率；而银行不希望采用前一种偿还方式，因为这会加重企业的财务负担，增加企业的拒付风险，同时会降低实际贷款利率。

(6) 其他承诺

银行有时还要求企业为取得贷款而做出其他承诺，如及时提供财务报表、保持适当的财务水平（如特定的流动比率）等。如企业违背所做出的承诺，银行可要求企业立即偿还全部贷款。

4. 短期借款利率及其支付方法

短期借款的利率多种多样，利息支付方法也不一，银行将根据借款企业的情况选用。

(1) 借款利率

借款利率分为以下三种：

① 优惠利率。优惠利率是银行向财力雄厚、经营状况好的企业贷款时采用的利率，为贷款利率的最低限。

② 浮动优惠利率。这是一种随其他短期利率的变动而浮动的优惠利率，即随市场条件的变化而随时调整变化的优惠利率。

③ 非优惠利率。银行贷款给一般企业时收取的高于优惠利率的利率。这种利率经常在优惠利率的基础上加一定的百分比。例如，银行按高于优惠利率1%的利率向某企业贷款，若当时的最优利率为8%，则向该企业贷款收取的利率即为9%；若当时的最优利率为7.5%，向该企业贷款收取的利率即为8.5%。非优惠利率与优惠利率之间差距的大小，由借款企业的信誉、与银行的往来关系及当时的信贷状况所决定。

(2) 借款利息的支付方法

一般来讲，借款企业可以用三种方法支付银行贷款利息。

① 收款法。收款法是在借款到期时向银行支付利息的方法。银行向工商企业发放的贷款大都采用这种方法收息。

② 贴现法。贴现法是银行向企业发放贷款时，先从本金中扣除利息部分，而到期时借款企业则要偿还贷款全部本金的一种计息方法。采用这种方法，企业可利用的贷款额只有减去利息部分后的差额，因此贷款的有效年利率高于报价利率。

例如，某企业从银行取得借款10 000元，期限1年，年利率(即报价利率)为8%，利息额800元(10 000×8%)。按照贴现法付息，企业实际可利用的贷款为9 200元(10 000－800)，该项贷款的有效年利率为

$$有效年利率=\frac{800}{10\ 000-800}\times 100\%=8.7\%$$

③ 加息法。加息法是银行发放分期等额偿还贷款时采用的利息收取方法。在分期等额偿还贷款的情况下，银行将根据报价利率计算的利息加到贷款本金上，计算出贷款的本息和，并要求企业在贷款期内分期偿还本息和的金额。由于贷款分期均衡偿还，借款企业实际上只平均使用了贷款本金的半数，却支付了全额利息。这样，企业所负担的有效年利率便高于报价利率大约1倍。

例如，某企业借入(名义)年利率为12%的贷款20 000元，分12个月等额偿还本息。该项借款的有效年利率为

$$有效年利率=\frac{20\ 000\times 12\%}{20\ 000\div 2}\times 100\%=24\%$$

5. 企业对银行的选择

随着金融信贷业的发展，可向企业提供贷款的银行和非银行金融机构增多，企业有可能在各贷款机构之间做出选择，以对自己最为有利。

选择银行时，重要的是要选择适宜的借款种类、借款成本和借款条件，此外还应考虑下列有关因素：

(1) 银行对贷款风险的政策

通常银行对其贷款风险有着不同的政策，有的倾向于保守，只愿承担较小的贷款风险；有的富于开拓精神，敢于承担较大的贷款风险。

(2) 银行对企业的态度

通常,不同银行对企业的态度不一样。有的银行会积极地为企业提供建议,帮助分析企业潜在的财务问题,提供良好的服务,乐于为具有发展潜力的企业发放大量贷款,在企业遇到困难时帮助其渡过难关;也有的银行很少提供咨询服务,在企业遇到困难时一味地为清偿贷款而施加压力。

(3) 贷款的专业化程度

一些大银行设有不同的专业部门,分别处理不同类型、不同行业的贷款。企业与这些拥有丰富专业化贷款经验的银行合作,会更多地受益。

(4) 银行的稳定性

稳定的银行可以保证企业的借款不致中途发生变故。银行的稳定性取决于它的资本规模、存款水平波动程度和存款结构。一般来讲,资本雄厚、存款水平波动小、定期存款比重大的银行稳定性好;反之,则稳定性差。

思考题

1. 营运资本筹资政策的主要类型包括哪些?其各自特点是什么?
2. 商业信用筹资包括哪些具体形式?应付账款筹资应当考虑哪些成本?
3. 简述短期借款筹资的种类。
4. 在选择贷款银行时,企业应考虑的因素有哪些?
5. 试对短期借款和商业信用进行优缺点对比分析。

练习题

1. 某公司按“2/20,n/40”的信用条件购入价值 30 000 元的原材料,并在第 40 天支付货款,请计算该公司的商业信用资本成本率。

2. 某公司以贴现方式借入 1 年期贷款 15 万元,名义利率为 10%,这笔贷款的有效利率是多少?如果公司以分期付款方式借入这笔贷款,分 12 个月等额偿还,那么有效利率又是多少?

案例分析

某医药公司的信用政策

某医药公司是一家经销药材的批发商，它的主要任务是把药材分销到各地药房。由于该公司的大多数客户面临着资产变现难的问题，他们经常在规定的信用期后付款，所以该公司一直有一个相对长的平均收账期。另外，由于多数药房面临财务困境，有可能倒闭，因此该医药公司的坏账损失节节升高。为了避免这些问题继续出现，该公司正在考虑制定一个更为严格的信用标准，以保持平均收账期，并把坏账损失保持在可容忍的范围以内。该公司总经理召集财务、销售有关人员，研究修改现行的信用政策和收账政策。财务部门设计了甲和乙两个信用政策的备选方案，并提供有关数据如表1所示。

表1　信用政策的备选方案

项目	现行信用政策	甲方案	乙方案
年销售额/万元	2 700	2 600	2 400
收账费用/万元	10	20	40
平均收账天数/天	120	90	60
坏账损失率/%	3	2.5	2

表中坏账损失率是指预计年度坏账占销售额的百分比。已知该医药公司的销售毛利率为20%，应收账款投资要求的最低报酬率为15%。假设不考虑所得税的影响。

讨论：

甲、乙两个方案哪个方案更优？

第 10 章 股利政策

学习目标

1. 掌握利润分配的顺序。
2. 掌握常见的股利政策。
3. 理解股利理论的主要内容。
4. 了解股票分割与股票股利的区别。
5. 了解股票回购的动机与方式。

引导案例

汪某的苦恼

现实困扰着汪某参与投资的某有限责任公司，该公司注册资金 80 万，汪某投资 15 万，其他 3 位股东投资 65 万。公司主要经营电子产品的销售，汪某对电子产品不了解，也就不参与公司的具体经营。公司成立 5 年了，没有给汪某分过一次红利。汪某询问起来，主持工作的张某称公司没有盈利，没有红利给股东分配。汪某在股东会上提出分配红利，但其他股东认为现在经济困难，公司要发展，不能分配红利。汪某了解到公司其实一直在盈利，他查看了公司 2018 年的财务报表，2018 年度实现利润总额 200 万，缴纳所得税 50 万，税后净利 150 万元。提取法定盈余公积金 15 万元，可供投资者分配的利润 135 万元。年末资产负债表中的货币资金为 70 万元，另有 20 万的应收票据将于 2019 年 4 月份到期。于是汪某再次提出分配红利，否则将依法要求公司收购其股权，其中包括其股份的价值和应该分配给他的红利。张某却声称："企业下一年打算筹建新项目，需要 50 万元资金，我们创业不能只顾眼前利益，如果只求一味地分红，你的公司就只能永远是家不起眼的小公司。"汪某斩钉截铁地说道："五年连续盈利，却一直没有给我分配过红利，这严重侵害了我的权益。依据《公司法》的有关规定，我请求公司按照合理的价格收购我的股权！"

[点评] 利润分配搞不好，企业就会丧失经营活力，甚至最终导致合伙人分道扬镳。该问题一方面是股东之间发生的利益冲突和情感对抗，另一方面是公司的存活与发展，

请你站在公司的立场考虑一下，该公司 2018 年是否应该发放股利？应该发放多少？以何种形式发放？选择何时发放？要回答这一系列的问题，就必须对企业的股利政策进行研究。

10.1 股利及其分配

利润分配就是对企业所实现的经营成果进行分割与派发的活动。企业利润分配的基础是净利润，即企业缴纳所得税后的利润。利润分配决策是股东当前利益与企业未来发展之间权衡的结果，它将引起企业的资金存量与股东权益规模及结构的变化，也将对企业内部的筹资活动和投资活动产生影响。

10.1.1 利润分配的原则

利润分配是企业的一项重要工作，它关系到企业、投资者等有关各方的利益，涉及企业的生存与发展。因此，在利润分配的过程中，应遵循以下原则：

(1) 依法分配原则

企业利润分配的对象是企业缴纳所得税后的净利润，这些利润是企业的权益，企业有权自主分配。为了规范企业的利润分配行为，维护各利益相关者的合法权益，国家颁布了相关法规。这些法规规定了企业利润分配的基本要求、一般程序和重要比例，企业的利润分配必须依法进行。

(2) 分配与积累并重原则

企业的利润分配必须坚持积累与分配并重的原则。企业通过经营活动赚取收益，既要保证企业简单再生产的持续进行，又要不断积累企业扩大再生产的财力基础。恰当处理分配与积累之间的关系，留存一部分净收益以供未来分配之需，能够增强企业抵抗风险的能力，同时，也可以提高企业经营的稳定性与安全性。

(3) 兼顾各方利益原则

企业的利润分配必须兼顾各方面的利益。企业是经济社会的基本单元，企业的利润分配涉及国家、企业股东、债权人、职工等多方面的利益。正确处理它们之间的关系，协调其矛盾，对企业的生存、发展是至关重要的。企业在进行利润分配时，应当统筹兼顾，维护各利益相关者的合法权益。

(4) 投资与收益对等原则

企业进行利润分配应当体现“谁投资谁受益”、收益大小与投资比例相对等的原则。这是正确处理投资者利益关系的关键。企业在向投资者分配利润时，应本着平等一致的原则，按照投资者投资额的比例进行分配，不允许任何一方随意多分多占，以从根本上实现利润分配的公开、公平和公正，保护投资者的利益。

10.1.2　利润分配程序

根据《公司法》及相关法律制度规定，公司净利润的分配应按照下列顺序进行。

1. 弥补以前年度亏损

企业在提取法定公积金之前，应先用当年利润弥补亏损。企业年度亏损可以用下一年度的税前利润弥补，下一年度不足弥补的，可以在五年之内用税前利润连续弥补，连续五年未弥补的亏损则用税后利润弥补。其中，税后利润弥补亏损可以用当年实现的净利润，也可以用盈余公积金转入。

2. 提取法定盈余公积金

根据《公司法》的规定，法定盈余公积金的提取比例为当年税后利润（弥补亏损后）的10%。当年法定盈余公积金的累积额已达注册资本的50%时，可以不再提取。法定盈余公积金提取后，根据企业的需要，可用于弥补亏损或转增资本，但企业用盈余公积金转增资本后，法定盈余公积金的余额不得低于转增前公司注册资本的25%。提取法定盈余公积金的目的是为了增加企业内部积累，以利于企业扩大再生产。

3. 提取任意盈余公积金

根据《公司法》的规定，公司从税后利润中提取法定盈余公积金后，经股东会或股东大会决议，还可以从税后利润中提取任意盈余公积金。这是为了满足企业经营管理的需要，控制向投资者分配利润的水平，以及调整各年度利润分配的波动。

4. 向股东（投资者）分配股利（利润）

根据《公司法》的规定，公司弥补亏损和提取公积金后所余税后利润，可以向股东（投资者）分配股利（利润）。其中，有限责任公司股东按照实缴的出资比例分取红利，全体股东约定不按照出资比例分取红利的除外；股份有限公司按照股东持有的股份比例分配红利，但股份有限公司章程规定不按照持股比例分配的除外。

需要强调的是，如果公司违反上述利润分配顺序，在抵补亏损和提取法定公积金之前向股东分配利润的，必须将违反规定发放的利润退还公司。

10.1.3　股利支付形式

股份有限公司分配股利的形式一般有现金股利、股票股利、财产股利和负债股利等，后两种形式应用较少。我国有关法律规定，股份有限公司只能采用现金股利和股票股利两种形式。

1. 现金股利

现金股利是股份有限公司以现金的形式从公司净利润中分配给股东的投资报酬，也称“红利”或“股息”。现金股利是股份有限公司最常用的股利分配形式。优先股通常有固定的股息率，在公司经营正常并有足够利润的情况下，优先股的年股利额是固定的。例如，某公司发行的优先股面值为 1 元，固定股息率为 10%，那么在正常情况下，每股优先股可分得 0.1 元的现金股利。普通股没有固定的股息率，发放现金股利的次数和金额主要取决于公司的股利政策和经营业绩等因素。西方国家的许多公司按季度发放现金股利，一年发放 4 次。我国公司一般半年或一年发放一次现金股利。由于现金股利是从公司实现的净利润中支付给股东的，支付现金股利会减少公司的留用利润，因此发放现金股利并不会增加股东的财富总额。但是，不同的股东对现金股利的偏好是不同的，有的股东希望公司发放较多的现金股利，有的股东则不愿意公司发放过多的现金股利。现金股利的发放会对股票价格产生直接的影响，在除息日之后，一般来说股票价格会下跌。例如，某公司宣布每股发放 1.25 元现金股利，如果除息日的前一交易日股票收盘价为 18.75 元/股，则除息日股票除权后的价格应为 17.50 元/股。

2. 股票股利

股票股利是指企业以股票形式发放的股利，即按股东股份的比例发放股票作为股利的一种形式。可以用于发放股票股利的，除了当年可供分配的利润外，还有公司的盈余公积金和资本公积金。它不会引起公司资产的流出或负债的增加，不影响公司的资产、负债及所有者权益总额的变化，不直接增加股东的财富，而只涉及股东权益内部结构的调整，即将未分配利润转为股本(面值)或资本公积(超面值溢价)。它不改变公司股东权益总额，只是改变股东权益的构成。但是股票股利会增加市场上流通的股票数量，从而使股票价格相应下降。

对于企业来说，分配股票股利不会增加其现金流出量，因此如果企业现金紧张或者需要大量的资金进行投资，可以考虑采用股票股利形式。但应当注意的是，一直实行稳定的股利政策的企业，因发放股票股利而扩张了股本，如果以后继续维持原有的股利水平，势必会增加未来的股利支付，这实际上向投资者暗示本企业的经营业绩在今后将大幅度增长，从而会导致股价上扬。但如果以后业绩不能大幅增长，每股利润因股本扩张而被摊薄，就可能导致股价下跌。

(1)股票股利发放的意义

发放股票股利虽不直接增加股东的财富，也不增加公司的价值，但对股东和公司都有特殊意义。

对股东来说，股票股利的优点主要有：

① 派发股票股利后，理论上每股市价会成比例下降，但实务中这并非必然结果。因为市场和投资者普遍认为，发放股票股利往往预示着公司会有较大的发展和成长，这样的信息传递会稳定股价或使股价下降比例减少甚至不降反升，股东便可以获得股票价值相对上升的好处。

② 由于股利收入和资本利得税率的差异，如果股东把股票股利出售，还会给他带来资本利得纳税上的好处。

对公司来讲，股票股利的优点主要有：

① 发放股票股利不需要向股东支付现金，在再投资机会较多的情况下，公司就可以为再投资提供成本较低的资金，从而有助于公司的发展。

② 发放股票股利可以降低公司股票的市场价格，有利于促进股票的交易和流通，吸

引更多的投资者。

③ 股票股利的发放可以传递公司未来发展前景良好的信息，从而增强投资者的信心，在一定程度上稳定股票价格。

(2)发放股票股利对每股收益和每股市价的影响

发放股票股利后，如果盈利总额和市盈率不变，会由于普通股股数增加而引起每股收益和每股市价的下降。发放股票股利对每股收益和每股市价的影响，可以通过对每股收益、每股市价的调整直接算出。

$$发放股票股利后的每股收益=\frac{发放股票股利前的每股收益}{1+股票股利发放率}$$

$$发放股票股利后的每股市价=\frac{股利分配权转移日的每股市价}{1+股票股利发放率}$$

我国上市公司在实施利润分配方案时，可以单独实施发放现金股利或股票股利的分配方案，也可以实施现金股利与股票股利的组合方案，或者同时伴随由资本公积转增股本的方案。由于股票股利与转增都会增加股本数量，但每个股东持有股份的比例并未改变，结果导致每股价值被稀释，从而使股票交易价格下降。

在除权(除息)日，上市公司发放现金股利与股票股利股票的除权参考价为

$$除权参考价=\frac{股权登记日收盘价-每股现金股利}{1+送股率+转增率}$$

【例10-1】 A公司于2019年4月15日公告2018年年度权益分派方案：以公司现有总股本60 000万股为基数，向全体股东每10股送红股3.5股，派发现金红利0.65元(含税)，同时，以资本公积金向全体股东每10股转增5.5股。分红前该公司总股本为60 000万股，面额1元，股本为60 000万元。权益分派股权登记日为2019年4月21日，除权除息日为2019年4月22日。已知公司2019年4月21日股票收盘价为53.65元，2019年4月22日的开盘价为28.21元。

解 从该上市公司的利润分配及资本公积转增股本实施公告披露的信息得知，该公司的股利分配包括现金股利分配和股票股利分配。而转增股本则是将资本公积转为股本，对企业而言属于所有者权益内项目之间的调整，对股东而言可以按照其所持有股份的比例获得相应的转增股份。从股东持有的股份数量上看，公司发放股票股利与从资本公积转增股本都会使股东具有相同的股份增持效果。股票股利与转增不同的是派发的股票股利来自未分配利润，股东需要缴纳所得税。

该公司每股送0.35股，派发现金红利0.065元(含税，送股和现金红利均按10%代扣代缴个人所得税)，转增0.55股。则：

(1) 每10股派发现金红利0.65元，发放现金股利总额=60 000×0.065=3 900(万元)。发放现金股利3 900万元，使公司的现金和未分配利润同时减少3 900万元，从而使现金流出企业，并减少了公司所有者权益，但不影响股本总额。

(2) 每10股派送3.5股股票股利，发放股票股利增加的股本=60 000×0.35=21000(万元)。

我国上市公司是按照股票面值从未分配利润转入股本的，即减少未分配利润 21 000 万元，同时增加股本 21 000 万元，只是改变了所有者权益内部结构，不影响公司所有者权益总额。

(3) 每 10 股转增 5.5 股，资本公积转增的股本＝60 000×0.55＝33 000（万元）。

资本公积转增股本，减少资本公积 33 000 万元，同时增加股本 33 000 万元，只是改变了所有者权益的内部结构，不影响所有者权益总额。

(4) 对股东而言，全体股东实际收到的现金股利＝60 000×[0. 065－(0. 065＋0. 35)×10％]＝60 000×0. 0235＝1 410 万元，缴纳的现金股利所得税 390 万元；全体股东在收到 21 000 万股股票股利的同时，缴纳的股票股利所得税 2100 万元。

该公司股权登记日(2019 年 4 月 21 日)收盘价为 53. 65 元，则

$$
\begin{aligned}
\text{除权参考价} &= (53.65-0.065)\div(1+0.35+0.55)\\
&= 28.203(\text{元})
\end{aligned}
$$

而事实上，该公司除息日(2019 年 4 月 22 日)的开盘价为 28. 21 元，公司股票的市场价格降低了 25. 44 元(53. 65－28. 21)，这有利于促进股票的交易和流通。

10. 1. 4 股利发放程序

股份有限公司分配股利必须遵循法定的程序，一般是先由董事会提出股利分配预案，然后提交股东大会决议通过才能进行分配。股东大会决议通过股利分配预案之后，要向股东宣布发放股利的方案，并确定股权登记日、除息日和股利发放日，这几个日期对分配股利是非常重要的。

1. 宣告日

宣告日就是股东大会决议通过并由董事会宣告发放股利的日期。公司董事会应先提出利润分配预案，并提交股东大会表决，利润分配方案经股东大会表决通过之后，董事会才能对外公布。在宣布股利分配方案时，应明确股利分配的年度、分配的范围、股利分配的形式、分配的现金股利金额或股票股利的数量，并公布股权登记日、除息日和股利发放日。

2. 股权登记日

股权登记日是有权领取本期股利的股东资格登记截止日期。公司规定股权登记日是为了确定股东能否领取本期股利。因为股票是经常流动的，所以确定这个日期很有必要。只有在股权登记日这一天登记在册的股东才有资格领取本期股利，而在这天没有登记在册，即使是在股利发放日之前买入股票的股东，也无权领取本次分配的股利。在信息技术环境下，股权登记极其方便、快捷，一般在股权登记日交易结束的当天即可打印出股东名册。

3. 除息日

除息日也称除权日，是指从股价中除去股利的日期，即领取股利的权利与股票分开

的日期。在除息日之前的股票价格中包含了本次股利，在除息日之后的股票价格中不再包含本次股利，因此投资者只有在除息日之前购买股票，才能领取本次股利，在除息日当天或以后购买股票，则不能领取本次股利。除息日对股票价格有重要的影响，除息日股票价格因除权而相应下降，除息日股票的开盘参考价为前一交易日的收盘价减去每股股利。我国上市公司的除息日通常是登记日的下一个交易日。

4. 股利发放日

股利发放日，也称股利支付日，是公司将股利正式支付给股东的日期。在这一天，公司应通过邮寄等方式将股利支付给股东。目前公司可以通过证券登记结算系统将股利直接划入股东在证券公司开立的资金账户。

【例 10-2】 Z上市公司2015年度利润分配方案已于公司2016年6月16日召开的2015年度股东大会审议通过。股东大会决议以公司2015年12月31日总股本(100亿股)为基数，每股派发现金股利人民币0.10元(含税)，共分配现金股利人民币10亿元。股权登记日为2016年7月18日，除息日为2016年7月19日，现金红利发放日为2016年7月26日。发放范围为截至2016年7月18日下午上海证券交易所收市后，在中国证券登记结算有限责任公司上海分公司(以下简称"中登上海分公司")登记在册的本公司全体A股股东。

与我国上市公司不同，在美国的上市公司通常按季度发放股利，并把除息日确定在股权登记日之前的两个交易日。例如，在美国纳斯达克上市交易的W公司在2016年第一个季度股利公告显示：公告日，2016年1月9日；除息日，2016年2月16日和17日；登记日，2016年2月18日；股利支付日，2016年3月11日。在登记日的前两个交易日(即除息日)之前购买了公司的股票，才能成为本次股利的派发对象。如果是在除息日这两天或之后买入了股票，股利的发放对象依然是卖出股票的人。

10.2　股利理论

股利分配的核心问题是如何权衡公司股利支付决策与未来长期增长之间的关系，以实现公司价值最大化的财务管理目标。围绕公司股利政策是否影响公司价值这一问题，主要有两类不同的股利理论：股利无关论和股利相关论。

10.2.1　股利无关论

股利无关论认为股利分配对公司的市场价值(或股票价格)不会产生影响。这一理论是米勒(Merton Miller)与莫迪格利安尼(Franco Modigliani)于1961年在下面列举的一些假设基础之上提出的：① 公司的投资政策已确定且已经为投资者所理解；② 不存在股票的发行和交易费用；③ 不存在个人或公司所得税；④ 不存在信息不对称；⑤ 经理与外部投资者之间不存在代理成本。

上述假设描述的是一种完美资本市场，因而股利无关论又被称为完全市场理论。股利无关论认为：

(1) 投资者并不关心公司股利的分配

若公司留存较多的利润用于再投资，会导致公司股票价格上升；此时尽管股利较低，但需用现金的投资者可以出售股票换取现金。若公司发放较多的股利，投资者又可以用现金再买入一些股票以扩大投资。也就是说，投资者对股利和资本利得并无偏好。

(2) 股利的支付比率不影响公司的价值

既然投资者不关心股利的分配，公司的价值就完全由其投资政策及其获利能力所决定，公司的盈余在股利和保留盈余之间的分配并不影响公司的价值，既不会使公司价值增加，也不会使公司价值降低(即使公司有理想的投资机会又支付了高额股利，也可以募集新股，新投资者会认可公司的投资机会)。

10.2.2 股利相关论

股利无关理论是在完美资本市场的一系列假设下提出的，如果放宽这些假设条件，股利政策就会显现出对公司价值(或股票价格)产生的影响。股利相关理论认为，企业的股利政策会影响股票价格和公司价值。主要观点有以下几种：

① "一鸟在手"理论。该理论认为，留存收益再投资给投资者带来的收益具有较大的不确定性，并且投资的风险随着时间的推移会进一步加大，因此，厌恶风险的投资者会更喜欢现金股利，而不愿将收益留存在公司内部，去承担未来的投资风险。该理论认为，公司的股利政策与公司的股票价格是密切相关的，即当公司支付较高的股利时，公司的股票价格会随之上升，公司价值将得到提高。

② 信号传递理论。该理论认为，在信息不对称的情况下，公司可以通过股利政策向市场传递有关公司未来获利能力的信息，从而影响公司的股价。一般来讲，预期未来获利能力强的公司，往往愿意通过相对较高的股利支付水平吸引更多的投资者。对于市场上的投资者来讲，股利政策的差异或许是反映公司预期获利能力的有价值的信号。如果公司连续保持较为稳定的股利支付水平，那么投资者会对公司未来的盈利能力与现金流量抱有乐观的预期。如果公司的股利支付水平突然发生变动，那么股票市价也会对这种变动做出反应。

③ 税差理论。该理论认为，现金股利税和资本利得税之间存在的税差主要表现在两方面：一是税率差，出于保护和鼓励资本市场投资的目的，股利收益税率一般高于资本利得税率，致使股东偏好资本利得而不是派发现金股利；二是股东在支付税金的时间上存在差异，股利收入在收到股利时纳税，而资本利得在出售股票获得收益时才纳税，也就是说，资本利得可以给股东带来延迟纳税的好处。因此，在不考虑出售股票产生的交易成本的情况下，企业应选择低现金股利比率的分配政策，以提高留存收益再投资的比率，使股东在实现未来的资本利得中享有税收优惠。

④ 客户效应理论。客户效应理论是对税差理论的进一步扩展,研究处于不同税收等级的投资者对待股利分配态度的差异。该理论认为,投资者不仅对资本利得和股利收益有偏好,投资者本身因所处不同等级的边际税率,对企业股利政策的偏好也是不同的。收入高的投资者因其边际税率较高,表现出偏好低股利支付率的股票,希望少分现金股利或不分现金股利,以更多的留存收益进行再投资,从而提高所持有的股票价格;收入低的投资者及享有税收优惠的养老基金投资者表现出偏好高股利支付率的股票,希望企业支付较高且稳定的现金股利。

投资者的边际税率差异性导致其对待股利政策态度的差异性。边际税率高的投资者会选择实施低股利支付率的股票,边际税率低的投资者则会选择实施高股利支付率的股票。这种投资者依据自身边际税率而显现出的对实施相应股利政策股票的选择偏好现象,被称为“客户效应”。因此,客户效应理论认为,公司在制定或调整股利政策时,不应该忽视股东对股利政策的需求。

⑤ 代理理论。该理论认为,股利政策有助于减缓管理者与股东之间的代理冲突,即股利政策是协调股东与管理者之间代理关系的一种约束机制。代理理论认为,股利的支付能够有效地降低代理成本。首先,股利的支付减少了管理者对自由现金流量的支配权,这在一定程度上可以抑制公司管理者的过度投资或在职消费行为,从而保护外部投资者的利益;其次,较多的现金股利发放,减少了内部融资,促使公司进入资本市场寻求外部融资,公司将接受资本市场上更多的、更严格的监督,这样便通过资本市场的监督减少了代理成本。因此,高水平的股利政策降低了企业的代理成本,但同时增加了外部融资成本,理想的股利政策应当使两种成本之和最小。

10.3 股利政策及其选择

10.3.1 股利政策的内容

股利政策是确定公司的净利润如何分配的方针和策略。公司的净利润是公司从事生产经营活动所取得的剩余收益,是股东对公司进行投资应得的投资报酬。从权益上讲,公司实现的净利润属于全体股东的权益,无论是以现金股利的形式给股东分红,还是作为留用利润留在公司内部,都属于股东的财富。公司将净利润以现金股利的形式分配给股东,股东可以用这些现金进行其他的投资或者用于消费;公司将净利润留存在公司内部,实际上是股东对公司进行再投资。因此,无论如何分配都没有改变净利润是股东财富的性质。但是,通过前面的股利理论分析可知,公司如何分配利润对股东财富具有现实的影响。这样,股利政策就成为公司财务管理的一项重要政策。

在实践中,公司的股利政策主要包括四项内容:① 股利分配形式的确定,即采用现金股利还是股票股利;② 股利支付率的确定;③ 每股股利的确定;④ 股利分配时间的确定,即何时分配和多长时间分配一次。

其中，每股股利与股利支付率的确定是股利政策的核心内容，它决定了公司的净利润中有多少以现金股利的形式发放给股东，有多少以留用利润的形式对公司进行再投资。一般来说，投资者对每股股利的变动会比较敏感，如果公司各年度之间的每股股利相差较大，就给市场传递了公司经营业绩不稳定的信号，不利于公司股票价格的稳定。

10.3.2 股利政策的影响因素

企业的利润分配涉及企业相关各方的切身利益，在现实生活中，企业的股利分配是在种种因素制约下进行的，采取何种股利政策虽然是由管理层决定的，但是实际上在其决策过程中会受到诸多主观与客观因素的影响。在确定分配政策时，应当考虑各种相关因素的影响，主要包括法律、公司、股东及其他因素。

1. 法律因素

为了保护债权人和股东的利益，法律法规就公司的利润分配做出如下规定：

① 资本保全约束。规定公司不能用资本[包括实收资本(或股本)和资本公积]发放股利，目的在于维持企业资本的完整性，保护企业完整的产权基础，防止企业减少资本结构中的所有者权益的比例，以保障债权人的利益。

② 资本积累约束。规定公司必须按照一定的比例和基数提取各种公积金，股利只能从企业的可供分配利润中支付。此处可供分配利润包含公司当期的净利润按照规定提取各种公积金后的余额和以前累积的未分配利润。另外，在进行利润分配时，一般应当贯彻“无利不分”的原则，即当企业出现年度亏损时，一般不进行利润分配。

③ 超额累积利润约束。由于股东接受股利缴纳的所得税高于其进行股票交易的资本利得税，于是许多国家规定公司不得超额累积利润，如果公司为了避税而使得盈余的保留超过了法律认可的水平，将被加征额外税额。

④ 偿债能力约束。现金股利是企业现金的支出，而大量的现金支出必然会影响公司的偿债能力。因此，公司在确定股利分配数量时，一定要考虑现金股利分配对偿债能力的影响，确定在分配后公司仍能保持较强的偿债能力，以维持公司的信誉和借贷能力，从而保证公司的正常资金周转。

2. 公司因素

公司基于短期经营和长期发展的考虑，在确定利润分配政策时，需要关注以下因素：

① 现金流量。由于会计规范的要求和核算方法的选择，公司盈余与现金流量并非完全同步，净收益的增加不一定意味着可供分配的现金流量的增加。公司在进行利润分配时，要保证正常的经营活动对现金的需求，以维持资金的正常周转，使生产经营得以有序进行。

② 资产的流动性。企业支付现金股利会减少其现金持有量，降低资产的流动性，而保持一定的资产流动性是企业正常运转的必备条件。

③ 盈余的稳定性。一般来讲，公司的盈余越稳定，其股利支付水平也就越高。

④ 投资机会。如果公司的投资机会多，对资金的需求量大，那么它就很可能会考虑采用低股利支付水平的分配政策；相反，如果公司的投资机会少，对资金的需求量小，那么它就很可能倾向于采用较高股利支付水平的分配政策。

⑤ 筹资因素。如果公司具有较强的筹资能力，随时能筹集到所需资金，那么它会具有较强的股利支付能力。另外，留存收益是企业内部筹资的一种重要方式，它同发行新股或举债相比，不需花费筹资费用，同时增加了公司权益资本的比重，降低了财务风险，便于低成本取得债务资本。

⑥ 其他因素。由于股利的信号传递作用，公司不宜经常改变其利润分配政策，应保持一定的连续性和稳定性。此外，利润分配政策还会受到其他公司的影响，如不同发展阶段、不同行业的公司股利支付比例会有差异，这就要求公司在进行政策选择时考虑自身所处的发展阶段及行业状况。

3. 股东因素

股东在控制权、收入和税赋方面的考虑也会对公司的利润分配政策产生影响。

① 控制权的稀释。企业支付较高的股利，就会导致留存收益的减少，当企业为有利可图的投资机会筹集所需资金时，发行新股的可能性增大，新股东的加入必然稀释公司的控制权。所以，公司拥有控制权的股东会倾向于较低的股利支付水平。

② 稳定的收入。如果股东依赖现金股利维持生活，他们往往要求企业能够支付稳定的股利，而反对过多的留存。

③ 避税。由于股利收入的税率要高于资本利得的税率，一些高股利收入的股东出于避税的考虑往往倾向于较低的股利支付水平。

4. 其他因素

① 债务合同约束。一般来说，股利支付水平越高，留存收益越少，企业破产的风险越大，就越有可能损害到债权人的利益。因此，为了保证自己的利益不受侵害，债权人通常都会在债务契约、租赁合同中加入关于借款企业股利政策的限制条款。

② 通货膨胀。通货膨胀会造成货币购买力水平下降，导致固定资产重置资金不足，此时，企业往往不得不考虑留用一定的利润，以弥补由于购买力下降而造成的固定资产重置资金缺口。因此，在通货膨胀时期，企业一般会采取偏紧的利润分配政策。

10.3.3　股利政策的类型

股利政策由企业在不违反国家有关法律、法规的前提下，根据本企业具体情况制定。股利政策既要保持相对稳定，又要符合公司财务目标和发展目标。在实际工作中，通常有以下几种股利政策可供选择：

1. 剩余股利政策

剩余股利政策是指公司在有良好的投资机会时，根据目标资本结构，测算出投资所需的权益资本额，先从盈余中留用，然后将剩余的盈余作为股利来分配，即净利润首先满足公司的资金需求，如果还有剩余，就派发股利；如果没有，则不派发股利。

采用剩余股利政策时，应遵循四个步骤：

① 设定目标资本结构，即确定权益资本与债务资本的比例，在此资本结构下，加权平均资本成本将达到最低水平；

② 确定目标资本结构下投资所需的股东权益数额；

③ 最大限度地利用保留盈余来满足投资方案所需的权益资本数额；

④ 投资方案所需权益资本已经满足后，若有剩余盈余，再将其作为股利发放给股东。

【例 10-3】 A 公司 20×1 年的税后净利润为 800 万元，由于公司尚处于初创期，产品市场前景看好，产业优势明显。确定的目标资本结构：权益资本为 70%，负债资本为 30%。如果 20×2 年该公司有较好的投资项目，需要投资 600 万元，采用剩余股利政策，应当如何融资和分配股利？

解 首先，确定按目标资本结构需要筹集的权益资本为

$$600\times70\%=420(\text{万元})$$

其次，确定应分配的股利总额为

$$800-420=380(\text{万元})$$

因此，A 公司还应当筹集负债资金

$$600-420=180(\text{万元})$$

剩余股利政策的优点：留存收益优先保证再投资的需要，有助于降低再投资的资金成本，保持最佳的资本结构，实现企业价值的长期最大化。

剩余股利政策的缺点：若完全遵照执行剩余股利政策，股利发放额就会随着投资机会和盈利水平的波动而波动。在盈利水平不变的前提下，股利发放额与投资机会的多寡呈反方向变动；而在投资机会维持不变的情况下，股利发放额将与公司盈利多少呈同方向波动。剩余股利政策不利于投资者安排收入与支出，也不利于公司树立良好的形象，一般适用于公司初创阶段。

2. 固定或稳定增长的股利政策

固定或稳定增长的股利政策是指公司将每年派发的股利额固定在某一特定水平或在此基础上维持某一固定比率逐年稳定增长。公司只有在确信未来的盈利增长不会发生逆转时，才会宣布实施固定或稳定增长的股利政策。在这一政策下，应首先确定股利分配额，而且该分配额一般不随资金需求的波动而波动。

固定或稳定增长的股利政策的优点：① 由于股利政策本身的信息含量，稳定的股利向市场传递着公司正常发展的信息，有利于树立公司的良好形象，增强投资者对公司的信心，稳定股票的价格。② 稳定的股利额有助于投资者安排股利收入和支出，有利于吸引那些打算进行长期投资并对股利有很强依赖性的股东。

固定或稳定增长的股利政策的缺点：股利的支付与企业的盈利相脱节，即不论公司盈利多少，均要支付固定的或按固定比率增长的股利，这可能会导致企业资金紧缺，财务状况恶化。此外，在企业无利可分的情况下，若依然实施固定或稳定增长的股利政策，也

是违反《公司法》的行为。

因此，采用固定或稳定增长的股利政策，要求公司对未来的盈利和支付能力能做出准确的判断。一般来说，公司确定的固定股利额不宜太高，以免陷入无力支付的被动局面。固定或稳定增长的股利政策通常适用于经营比较稳定或正处于成长期的企业，且很难被长期采用。

3. 固定股利支付率政策

固定股利支付率政策是指公司将每年净利润的某一固定百分比作为股利分派给股东。这一百分比通常称为股利支付率，股利支付率一经确定，一般不得随意变更。在这一股利政策下，公司的税后利润一经计算确定，所派发的股利也就相应确定了。固定股利支付率越高，公司留存的净利润越少。

固定股利支付率的优点：① 采用固定股利支付率政策，股利与公司盈余紧密地配合，体现了“多盈多分、少盈少分、无盈不分”的股利分配原则。② 由于公司的获利能力在年度间是经常变动的，因此，每年的股利也应当随着公司收益的变动而变动。采用固定股利支付率政策，公司每年按固定的比例从税后利润中支付现金股利，从企业支付能力的角度看，这是一种稳定的股利政策。

固定股利支付率的缺点：① 大多数公司每年的收益很难保持稳定不变，导致年度间的股利额波动较大，由于股利的信号传递作用，波动的股利很容易给投资者留下公司经营状况不稳定、投资风险较大的不良印象。② 容易使公司面临较大的财务压力。这是因为公司实现的盈利多，并不能代表公司有足够的现金流用来支付较多的股利额。③ 合适的固定股利支付率的确定难度比较大。

由于公司每年面临的投资机会、筹资渠道都不同，而这些都可能影响到公司的股利分派，所以，一成不变地奉行固定股利支付率政策的公司在实际中并不多见，固定股利支付率政策比较适用于那些处于稳定发展且财务状况也较稳定的公司。

【例 10-4】 某公司长期以来用固定股利支付率政策进行股利分配，确定的股利支付率为 40%。20×4 年税后净利润为 1 000 万元，如果仍然继续执行固定股利支付率政策，公司本年度将要支付的股利为

$$1\,000\times40\%=400(\text{万元})$$

但公司下一年度有较大的投资需求，因此，准备本年度采用剩余股利政策。如果公司下一年度的投资预算为 1 200 万元，目标资本结构为权益资本占 60%。按照目标资本结构的要求，公司投资方案所需的权益资本额为

$$1\,200\times60\%=720(\text{万元})$$

公司 20×4 年度可以发放的股利为

$$1\,000-720=280(\text{万元})$$

4. 低正常股利加额外股利政策

低正常股利加额外股利政策，是指公司事先设定一个较低的正常股利额，每年除了

按正常股利额向股东发放股利外，还在公司盈余较多、资金较为充裕的年份向股东发放额外股利。但是，额外股利并不固定化，不意味着公司永久地提高了股利支付率。

低正常股利加额外股利政策的优点：① 这种股利政策使公司具有较大的灵活性。当公司盈余较少或投资需用较多资金时，可维持设定的较低但正常的股利，股东不会有股利跌落感；而当盈余有较大幅度增加时，则可适度增发股利，把经济繁荣的部分利益分配给股东，使他们增强对公司的信心，这有利于稳定股票的价格。② 这种股利政策可使那些依靠股利度日的股东每年至少可以得到虽然较低但比较稳定的股利收入，从而吸引住这部分股东。

低正常股利加额外股利政策的缺点：① 由于年份之间公司盈利的波动，使得额外股利不断变化，造成分派的股利不同，容易给投资者收益不稳定的感觉。② 当公司在较长时间持续发放额外股利后，可能会被股东误认为“正常股利”，一旦取消，传递出的信号可能会使股东认为这是公司财务状况恶化的表现，进而导致股价下跌。

相对来说，对那些盈利随着经济周期波动较大的公司或者盈利与现金流量很不稳定时，低正常股利加额外股利政策也许是一种不错的选择。

以上各种股利政策各有所长，公司在分配股利时应借鉴其基本决策思想，制定适合自身实际情况的股利政策。

10.3.4 股利政策的选择

股利政策不仅会影响股东的利益，也会影响公司的正常运营及未来的发展，因此，制定恰当的股利政策就显得尤为重要。由于各种股利政策各有利弊，所以公司在进行股利政策决策时，要综合考虑公司面临的各种具体影响因素，适当遵循收益分配的各项原则，以保证不偏离公司目标。

另外，每家公司都有自己的发展历程，就规模和盈利来讲，都会经历初创阶段、增长阶段、稳定阶段、成熟阶段和衰退阶段等。在不同的发展阶段，公司所面临的财务、经营等问题有所不同，所以公司在制定股利政策时还要与其所处的发展阶段相适应。

公司在不同成长与发展阶段所采用的股利政策可用表 10-1 来描述。

表 10-1　公司在不同发展阶段股利政策的选择

公司发展阶段	特 点	适应的股利政策
公司初创阶段	公司经营风险高，有投资需求且融资能力差	剩余股利政策
公司快速发展阶段	公司快速发展，投资需求大	低正常加额外股利政策
公司稳定增长阶段	业务稳定增长，投资需求减少，净现金流入量增加，每股收益呈上升趋势	固定或稳定增长股利政策
公司成熟阶段	公司盈利水平稳定，公司通常已积累了一定的留存收益和资金	固定股利支付率政策
公司衰退阶段	公司业务锐减，获利能力和现金获得能力下降	剩余股利政策

10.3.5　股利支付水平的确认

股利支付水平通常用股利支付率来衡量。股利支付率是当年发放股利与当年净利润之比,或每股股利除以每股收益。

一般来说,公司发放股利越多,股利的分配率越高,因而对股东和潜在的投资者的吸引力越大,也就越有利于建立良好的公司信誉。一方面,由于投资者对公司的信任,公司股票供不应求,从而促使公司股票市价上升。公司股票的市价越高,对公司吸引投资、再融资越有利。另一方面,过高的股利分配率政策,会使公司的留存收益减少,给企业资金周转带来影响,加重公司的财务负担。

股利支付率是股利政策的核心。确定股利支付率,首先要弄清公司满足未来发展所需的资本支出需求和营运资本需求,以及有多少现金可用于发放股利,然后考察公司所能获得的投资项目的效益。如果现金充裕,投资项目的效益又很好,则应少发或不发股利;如果现金充裕,但投资项目效益较差,则应多发股利。

10.3.6　股利政策制定的程序

股份有限公司在制定股利政策时,应遵循一定的程序,且不同股利政策的制定程序有所不同。下面以固定股利支付率政策为例说明股利政策制定的基本程序。

1. 测算公司未来剩余的现金流量

公司在制定股利政策时,首先应当预测公司未来年度的盈利和现金流量,预测的期限一般应为 5 年左右,这样才能保证经营活动的长期规划得以实现。预测未来的盈利和现金流量是一项比较复杂的工作,宏观经济形势、市场变化和公司自身经营状况都会影响对盈利和现金流量预测的准确性。因此,在做公司的经营预算和资本预算时,必须保持一定的弹性空间,公司要从股东的利益出发,在确保重要的经营活动和投资项目能够顺利完成的情况下,充分利用现金,提高资本利用效率。

2. 确定目标股利支付率

确定目标股利支付率是公司股利政策的一项重要内容。公司在确定股利支付率时,应考虑自身的发展阶段、经营规模、财务状况和股东构成等因素,并参照同行业具有可比性公司的股利支付率。在国外,同行业的公司通常具有"习惯性的股利支付率范围",大多数公司在确定股利支付率时都会参照同类公司的股利政策。目标股利支付率一旦确定,通常在较长的时期内不宜变动太大。

3. 确定年度股利额

理论上,公司支付的现金股利额应等于投资于所有净现值为正的投资项目之后的剩余现金数量,但在实践中,考虑到投资预算的不确定性、股东的偏好、筹资的约束等因素,现金股利额应在此基础上进行适当的调整。出于谨慎考虑,公司一般会适当地增加留用利润,以预防盈利和现金流量的不确定性。如果公司该年盈利大幅增加,根据信号传递理论,也应当参考以往年度的股利额来确定该年度股利支付数额,尽量保持股利政策的稳定性，以使投资者有稳定的预期。

4. 确定股利分派日期

在西方国家，许多公司按季度支付股利，我国公司大多半年或一年支付一次股利。现金股利分派会发生大量的现金流出，何时分派股利对公司财务状况会产生较大影响。公司确定了年度股利额之后，应当根据其经营预算、投资项目进展情况和现金流量状况合理地安排股利分派的日期。

10.4 股票分割与股票回购

10.4.1 股票分割

股票分割又称拆股，即将一股股票拆分成多股股票的行为。股票分割一般只会增加发行在外的股票总数，但不会对公司的资本结构产生任何影响。股票分割与股票股利非常相似，都是在不增加股东权益的情况下增加了股份的数量，所不同的是，股票股利虽不会引起股东权益总额的改变，但股东权益的内部结构会发生变化，而股票分割之后，股东权益总额及其内部结构都不会发生任何变化，变化的只是股票面值。股票分割与股票股利的比较如表 10-2 所示。

表 10-2 股票分割与股票股利的比较

内容	股票股利	股票分割
不同点	① 每股面值不变 ② 股东权益内部结构变化 ③ 属于股利支付方式	① 每股面值变小 ② 股东权益内部结构不变 ③ 不属于股利支付方式
相同点	① 普通股股数增加 ② 每股收益和每股市价下降 ③ 资本结构不变	

股票分割的作用如下：

① 降低股票价格。股票分割会使每股市价降低，买卖该股票所需资金量减少，从而促进股票的流通和交易。流通性的提高和股东数量的增加，会在一定程度上加大对公司股票恶意收购的难度。此外，降低股票价格还可以为公司发行新股做准备，因为股价太高会使许多潜在投资者因力不从心而不敢轻易对公司股票进行投资。

② 向市场和投资者传递“公司发展前景良好”的信号，有助于提高投资者对公司的信心。

与股票分割相反，如果公司认为其股票价格过低，不利于其在市场上的声誉和未来的再筹资时，为提高股票的价格，会采取反分割措施。反分割又称股票合并或逆向分割，是指将多股股票合并为一股股票的行为。反分割显然会降低股票的流通性，提高公司股票的投资门槛。

【例 10-5】 某上市公司在 20×8 年年末资产负债表上的股东权益账户情况如表 10-3 所示。

表 10-3　股利分配前的股东权益情况

金额单位：万元

项目	金额
普通股（面值 10 元，发行在外 100 万股）	1 000
资本公积	6 000
盈余公积	5 000
未分配利润	4 000
股东权益合计	16 000

(1) 假设股票市价为 15 元，该公司宣布发放 10% 的股票股利，即现有股东每持有 10 股即可获赠 1 股普通股。发放股票股利后，股东权益有何变化？每股净资产是多少？

(2) 假设该公司按照 1∶2 的比例进行股票分割。股票分割后，股东权益有何变化？每股净资产是多少？

解　根据上述资料，分析计算如下：

(1)发放股票股利后股东权益情况如表 10-4 所示。

表 10-4　发放股票股利后股东权益情况

金额单位：万元

项目	金额
普通股（面值 10 元，发行在外 110 万股）	1 100
资本公积	6 050
盈余公积	5 000
未分配利润	3 850
股东权益合计	16 000

在美国等西方国家，发放股票股利通常以发放前的股票市价为基础，将股票股利从留存收益项目转出，其中按照股票面额部分转至股本项目，股票市价与面值差额的部分转入资本公积项目。

该股票当时市价 15 元，随着股票股利的发放，按照股票市值需从留存收益划转出的资金为 15×100×10%＝150（万元）。

派发 10 万股的股票股利后，按照股票面额（10 元），股本账户增加了 100 万元（即 10 万股×10 元/股），其余的 50 万元（即 150－100）应作为股票溢价转至资本公积账户，使得资本公积增加 50 万元。公司股东权益各项目在发放股票股利后的情况如表 10-4 所示。

每股净资产为　　16 000÷(100+10)=145.45(元/股)

需要说明的是，本例中股票股利以市价计算价格的做法，是很多西方国家的通行做法，但在我国，股票股利价格则是按照股票面值来计算的，即按照股票面值从未分配利润转入股本。

(2)股票分割后股东权益情况如表10-5所示。

表10-5　股票分割后股东权益情况

金额单位：万元

项目	金额
普通股(面值5元，发行在外200万股)	1 000
资本公积	6 000
盈余公积	5 000
未分配利润	4 000
股东权益合计	16 000

每股净资产为　　16 000÷(100×2)=80(元/股)

10.4.2　股票回购

1. 股票回购的含义

股票回购是指股份公司出资将其发行在外的普通股以一定价格购买回来予以注销或作为库藏股的一种资本运作方式。

公司出资购回自身发行在外的股票，使流通在外的股份减少，每股股利增加，从而使股价上升，股东能因此获得资本利得，这相当于公司支付给股东现金股利。所以，可以将股票回购看作是一种现金股利的替代方式。

我国《公司法》规定，公司只有在以下四种情形下才能回购本公司的股份：一是减少公司注册资本；二是与持有本公司股份的其他公司合并；三是将股份奖励给本公司职工；四是股东因对股东大会做出的合并、分立决议持异议，要求公司收购其股份。

公司因第一种情况收购本公司股份的，应当在收购之日起10日内注销；属于第二、第四种情况的，应当在6个月内转让或者注销。公司因奖励职工回购股份的，不得超过本公司已发行股份总额的5%；用于回购的资金应当从公司的税后利润中支出；所收购的股份应当在一年内转让给职工。可见我国法规并不允许公司拥有西方实务中常见的库藏股。

2. 股票回购的动机

在证券市场上，股票回购的动机多种多样，主要有以下几点：

① 现金股利的替代。现金股利政策会对公司产生未来的派现压力，而股票回购不会。当公司有富余资金时，通过回购股东所持股票将现金分配给股东，这样，股东就可以根据自己的需要选择继续持有股票或出售获得现金。

② 改变公司的资本结构。无论是现金回购还是举债回购股份，都会提高公司的财务杠杆水平，改变公司的资本结构。公司认为权益资本在资本结构中所占比例较大时，为了调整资本结构而进行股票回购，可以在一定程度上降低整体资金成本。

③ 传递公司信息。由于信息不对称和预期差异，证券市场上的公司股票价格可能被低估，而过低的股价将会对公司产生负面影响。一般情况下，投资者会认为股票回购意味着公司认为其股票价值被低估而采取的应对措施。

④ 基于控制权的考虑。控股股东为了保证其控制权，往往采取直接或间接的方式回购股票，从而巩固既有的控制权。另外，股票回购使流通在外的股份数变少，股价上升，从而可以有效地防止敌意收购。

3. 股票回购对公司的影响

股票回购对上市公司的影响主要表现在以下几个方面：

① 股票回购需要大量资金支付回购的成本，容易造成资金紧张，降低资产流动性，影响公司的后续发展。

② 股票回购无异于股东退股和公司资本的减少，不仅在一定程度上削弱了对债权人利益的保护，而且可能使公司的发起人股东忽视公司长远的发展，损害公司的根本利益。

③ 股票回购容易导致公司操纵股价。公司回购自己的股票，容易导致其利用内幕消息进行炒作，加剧公司行为的非规范化，损害投资者的利益。

4. 股票回购的方式

(1) 公开市场回购

公开市场回购是指上市公司在证券市场上按照股票市场价格回购本公司的股票。通常公司回购股票时都会有一个最高限价，对回购股票的数量也有明确的限定。通过公开市场回购的方式回购股票，很容易导致股票价格上涨，从而增加回购成本。

(2) 要约回购

要约回购是指公司通过公开向股东发出回购股票的要约来实现股票回购计划。要约回购价格一般高于市场价格。在公司公告要约回购之后的限定期限内，股东可自愿决定是否按要约价格将持有的股票出售给公司。如果股东愿意出售的股数多于公司计划回购的股数，公司可以自行决定购买部分或全部股票。通常，在公司回购股票的数量较大时，可采用要约回购方式。

(3) 协议回购

协议回购是指公司与特定的股东私下签订购买协议回购其持有的股票。协议回购方式通常作为公开市场回购方式的补充。采用这种方式，公司必须公开披露股票回购的目的、数量等信息，并保证回购价格公平，以避免公司向特定股东进行利益输送，侵害其他股东利益。以协议回购方式回购股票的价格通常低于当前市场价格，并且一次回购股票的数量较大，作为大宗交易在场外进行。

(4) 转换回购

转换回购是指公司用债券或者优先股代替现金回购普通股的股票回购方式。采取转换回购方式，公司不必支付大量的现金，对于现金流量并不充足的公司而言，这是一种可选的回购方式，而且采用这种回购方式还可以起到调整资本结构的作用。但是，由于债券或优先股的流动性比普通股要差，因而采用转换回购方式时，可能需要支付一定的溢价，因而提高了股票回购成本。

思考题

1. 利润分配应遵循哪些基本原则？
2. 利润分配应按怎样的顺序进行？
3. 利润分配的方式有哪些？公司发放股票股利有何优点？
4. 几种股利理论的基本观点是什么？
5. 企业在确定利润分配政策时要考虑的主要因素有哪些？
6. 什么是股利政策？简述几种股利政策的含义、优缺点。
7. 什么是股票分割？有何作用？对公司和股东会产生何种影响？
8. 什么是股票回购？我国对股票回购有哪些法律规定？股票回购的方式有哪些？
9. 比较分析股票分割和股票股利。
10. 公司进行股票回购有哪些动机？

练习题

1. 某公司2017年实现的税后净利为1 000万，若2018年的投资计划所需资金为800万，公司的目标资金结构为权益资金占60%。

(1)若公司采用剩余股利政策，则2017年末可发放多少股利？

(2)若公司发行在外的普通股股数为1 000万股，计算每股利润及每股股利。

(3)若2018年公司决定将公司的股利政策改为逐年稳定增长的股利政策，设股利的逐年增长率为2%，投资者要求的必要报酬率为12%，计算该股票的价值。

2. 某公司年终利润分配前的股东权益项目资料如下表所示。

金额单位：万元

股本—普通股(每股面值4元，300万股)	1 200
资本公积	340
未分配利润	1 460
股东权益合计	3 000

公司股票的每股现行市价为36元。

要求：求解下述 3 个互不关联的问题。

(1) 计划按每 10 股送 1 股的方案发放股票股利，并按发放股票股利后的股数派发每股现金股利 0.1 元，股票股利的金额按现行市价计算。按这一分配方案计算股东权益各项目数额。

(2) 如若按 1 股换 2 股的比例进行股票分割，计算股东权益各项目数额、普通股股数。

(3) 假设利润分配不改变市净率，公司按每 10 股送 1 股的方案发放股票股利，股票股利按现行市价计算，并按新股数发放现金股利，且希望普通股市价达到每股 32.4 元，计算每股现金股利应是多少。

3. ABC 公司 20×1 年全年实现净利润 1 000 万元，年末在分配股利前的股东权益账户余额如下：

股本(面值 1 元)	1 000 万元
盈余公积	500 万元
资本公积	4 000 万元
未分配利润	1 500 万元
合计	7 000 万元

若公司决定发放 10% 的股票股利，股票股利按当前市价计算，并按发放股票股利后的股数支付现金股利，每股 0.1 元，该公司股票目前市价为 10 元/股。

要求：求解以下互不相关的问题。

(1) 20×1 年发放股利后该公司权益结构有何变化？若市价不变，此时市净率为多少？

(2) 预计 20×2 年净利润将增长 5%，若保持 10% 的股票股利比率与稳定的股利支付率，则 20×2 年每股现金股利是多少？

(3) 若预计 20×2 年净利润将增长 60%，且预计年内要投资一个大型项目，该项目需资金 2 500 万元，若要保持 20×2 年与上年的目标资金结构即负债比率一致为 40%，且不准备从外部筹集权益资金，20×2 年内能否发放股利？如能，应发多少？

4. 2018 年 M 公司获得 1 500 万元净利润，其中 300 万元用于支付股利。2018 年企业经营正常，在过去的 5 年中，净利润增长率一直保持在 10%。预计 2019 年净利润将达到 1 800 万元，2019 年公司预期将有 1 200 万元的投资机会。预计 M 公司未来无法维持 2019 年的净利润增长水平(2019 年的高水平净利润归因于当年引进的盈余水平超常的新生产线)，此后公司仍将恢复到 10% 的增长率。2018 年 M 公司的目标负债率为 40%，未来将维持在此水平。

要求：分别计算在以下各种情况下 M 公司 2019 年的预期股利。

(1) 公司采取稳定增长的股利政策，2019 年的股利支付水平设定旨在使股利能够按长期盈余增长率增长。

(2) 公司保持 2018 年的股利支付率。

(3) 公司采取剩余股利政策。

(4) 公司采用低正常股利加额外股利政策，固定股利基于长期增长率，超额股利基于剩余股利政策(分别指明固定股利和超额股利)。

5. 东方公司预计未来5年的净利润和资本性支出如下表所示。

东方公司净利润和资本性支出

金额单位：万元

项目	第1年	第2年	第3年	第4年	第5年
净利润	3 600	3 800	3 800	4 000	4 200
资本性支出	2 500	4 000	3 200	3 000	4 000

目前公司总股本为5 000万股，实行固定股利政策，每股股利为0.7元。根据未来的发展战略，公司计划调整股利分配政策，以下是几种备选的股利政策。

(1) 如果继续实行目前的固定股利政策，未来5年各年的现金股利总额和外部筹资额分别是多少？

(2) 如果采用剩余股利政策，公司的目标资本结构为负债资本占60%，股权资本占40%，未来5年的现金股利总额和外部筹资额分别是多少？

(3) 如果采用固定股利支付率政策，股利支付率为60%，未来5年的现金股利总额和外部筹资额分别是多少？

(4) 比较以上股利分配方案，哪种方案的现金股利额最大？哪种方案的外部筹资额最小？请分析各方案的优缺点。

案例分析

苹果计算机公司股利政策案例

苹果计算机公司创立于1976年，到1980年，该公司研制生产的家用电脑已经销售13万多台，销售收入达到1.17亿美元。1980年苹果公司首次公开发行股票上市。上市以后，公司快速成长，到1986年，公司的销售收入已达19亿美元，实现净利润1.54亿美元。1980—1986年，苹果公司的净利润年增长率达到53%。1986年，苹果公司与马克公司联合进入办公用电脑市场。办公用电脑市场的主要竞争对手是实力非常强大的IBM公司。尽管竞争非常激烈，1987年苹果公司仍然取得了骄人的成绩，销售收入实现了42%的增长。但是，人们仍然对苹果公司能否持续增长表示怀疑。为了增强投资者的信心，特别是吸引更多的机构投资者，苹果公司在1987年4月23日宣布首次分配季度股利，每股支付现金股利0.12美元，同时按1∶2的比例进行股票分割(即每1股分拆为2股)。股票市场对苹果公司首次分配股利反应非常强烈，股利分配方案宣布当天，股价就上涨了1.75美元，在4个交易日里，股价上涨了约8%。在之后的3年多时间里，苹果公司的经营业绩保持良好的增长，截至 1990 年，实现销售收入 55. 58 亿美元，净利润 4.75 亿美元。1986—1990 年，苹果公司销售收入平均年增长率为 31%，净利润平均年增长率为 33%。但是，1990 年以后，苹果公司的业绩开始逐年下降，1996 年亏损 7.42 亿美元，1997 年亏损 3.79 亿美元。同时，苹果公司的股票价格也从 1990 年的 48 美元/股跌到 1997 年的 24 美元/股。尽管经营业绩发生较大变化，但苹果公司从 1987 年首次分配股利开始，一直坚持每年支付大约每股 0.45 美元的现金股利，直到 1996 年，由于经营困难，不得不停止发放股利。

（资料来源：荆新，王化成．财务管理学（第 8 版）学习指导书[M]．北京：中国人民大学出版社，2018.）

讨论题：

（1）苹果公司为什么决定 1987 年首次发放股利，并进行股票分割？

（2）苹果公司采用的是何种股利政策？评价这种股利政策的利弊。

第 11 章　公司并购管理

学习目标

1. 掌握公司并购的概念与类型，理解公司并购的程序。
2. 掌握公司并购的价值评估方法，包括成本法、相对价值法和现金流量折现法。
3. 理解公司并购的主要支付方式的含义，了解各种支付方式的特点。
4. 了解公司并购的防御措施。

引导案例

搜狐的扩张之路

2003 年 11 月 17 日和 11 月 19 日，在收购扩张上已经 3 年没有大动作的搜狐突然出手，先后拿下了国内最大的网络游戏网站 17173.com 和北京最具有影响力的房地产专业门户焦点房产网。依靠资本快速完成扩张的搜狐将如何整合利用新入囊的两个门户，一时成为业界关注的焦点。搜狐完全保留了新收购的两个门户品牌，加上原有的和改造后的门户，搜狐从单一门户一举变局成门户矩阵，四个门户各自以独立品牌分别出击，细分市场，寻求整个搜狐公司的扩张。

据透露，搜狐并购 17173.com 总计投入 2 050 万美元，为全现金并购；并购焦点房产网总计投入 1 600 万美元，其中 80%为现金，20%为股份。搜狐公司两次并购总计动用资本折合人民币 3 亿元。并购后的 17173.com 和焦点房产网将保持原来的管理。

☞思考　搜狐并购的动机是什么？搜狐应如何选择并购支付方式？

11.1　公司并购的概念与类型

美国著名经济学家乔治·斯蒂格勒曾做过精辟的论断："没有一个美国大公司不是通过兼并而成长的，几乎没有一家大公司主要是靠内部扩张成长的。"由于竞争压力及逐利动机，公司间的并购活动连年不断，并购成为公司快速成长、推动社会资源流动及再调整的一种重要手段。有资料显示，从2001年开始，我国上市公司并购数量已经超过了新股发行的数量（大约是新股发行数量的15倍），并购显示出强大的生命力。在市场经济条件下，公司并购已成为公司扩张的重要方式，由于其扩张速度远远超过通过内部成长扩张的速度，因此，并购已成为公司一项重要的财务活动。

11.1.1　并购的概念

目前公司理财中最引人注目、最富有争议的莫过于企业之间的并购活动了。从众多的并购事例来看，这一过程中存在许多令人混淆的概念，如购并、兼并、收购、合并等。

兼并（Merger）通常是指一家企业以现金、证券或其他形式（如承担债务、利润返还等）投资购买取得其他企业的产权，使其他企业丧失法人资格或改变法人实体，并取得对这些企业决策控制权的投资行为。从这个意义上讲，兼并等同于我国《公司法》中的吸收合并，指一个公司吸收其他公司而存续，被吸收公司解散。《公司法》规定的另一种合并形式为新设合并，指两个或两个以上公司合并设立一个新的公司，合并各方的法人实体地位都消失。所以合并是个大概念，兼并是合并形式之一。无论是兼并（吸收合并）还是新设合并，合并各方的债权债务都应由合并后存续的公司或者新设的公司承担。

收购（Acquisition）是指企业用现金、债券或股票购买另一家企业的部分或全部资产或股权，以获得该企业的控制权的投资行为。收购作为企业资本经营的一种形式，其实质是取得控制权。我国《证券法》规定：收购是指持有一家上市公司发行在外的股份的30%时发出要约收购该公司股票的行为。收购的对象一般有两种：股权和资产。收购股权与收购资产的主要差别在于：收购股权是购买一家企业的股份，收购方将成为被收购方的股东，因此要承担该企业的债权和债务；而收购资产则仅仅是一般资产的买卖行为，由于在收购目标公司资产时并未收购其股份，收购方无需承担其债务。

收购与兼并、合并投资有许多相似之处，主要表现在：① 基本动因相似。三种投资方式均是为了扩大企业市场占有率，或是为了扩大经营规模，实现规模经营；或是为了拓宽企业经营范围，实现分散经营或综合化经营。总之，都是增强企业实力的外部扩张策略或途径。② 都以企业产权为交易对象，都是企业资本经营的基本方式。

收购与兼并的区别在于：① 在兼并中，被合并企业作为法人实体不复存在；而在收购中，被收购企业可仍以法人实体存在，其产权可以是部分转让。② 兼并后，兼并企业成为被兼并企业新的所有者和债权债务的承担者，是资产、债权、债务的一同转移；而在收购中，收购企业是被收购企业的新股东，以收购出资的股本为限承担被收购企业的风险。③ 兼并多发生在被兼并企业财务状况不佳、生产经营停滞或半停滞之时，兼并后一般需调整其生产经营、重新组合其资产；而收购一般发生在企业正常生产经营状态，产权流动比较平和。

由于在运作中这些概念的联系更甚于彼此之间的区别，所以兼并、合并与收购投资常作为同义词一起使用，统称为“购并”或“并购”（Merger and Acquisition，M&A），泛指在市场机制作用下企业为了获得其他企业的控制权而进行的产权交易活动。通常，将并购一方称为“买方”或并购企业；将被并购一方称为“卖方”或目标企业。

11.1.2 并购的类型

公司并购按照不同的标准可以划分为以下几种不同的类型。

1. 按照并购双方所处的行业分类

公司并购按照并购双方所处行业性质的不同，可以分为横向并购、纵向并购和混合并购三种。

① 横向并购。横向并购是指两个或两个以上同行业公司之间的并购。例如，美国波音公司和麦道公司之间的合并就属于横向并购。横向并购的双方公司生产同类产品或者经营同类业务，在并购之前双方是相互竞争的对手，通过横向并购可以消除竞争，扩大市场份额。在横向并购活动中，通常是优势公司兼并劣势公司，从而形成规模经营，增强公司的市场竞争力。有时为了避免恶性竞争，也可能是两家实力相当的公司之间实现并购，从而实现资源的更合理配置。由于横向并购是竞争对手之间的并购，可能形成垄断，因此，许多国家法律对于会形成高度垄断的横向并购活动会加以限制。

② 纵向并购。纵向并购是指公司与其供应商或客户之间的并购。纵向并购通常是优势公司兼并与本公司生产经营紧密相关的上下游公司，如发电公司与煤炭公司之间的并购就属于纵向并购。纵向并购双方是处于同一产业链的上下游公司，它们之间的经营业务具有互补性，通过纵向并购可以实现纵向产业一体化，有利于相互协作，加强生产经营过程各个环节的配合，缩短生产经营周期，节约费用。由于纵向并购公司之间原来是合作关系，不是竞争对手，双方都熟悉彼此的生产经营状况，因此并购之后容易整合，有利于提高公司的整体经营效率。

③ 混合并购。混合并购是指与本公司生产经营活动无直接关系的公司之间的并购。混合并购双方既不是同行业的竞争对手，也不是同一产业链上的供应商或客户，并购之前在经营活动上没有任何关系。例如，一家制药公司并购一家房地产开发公司就属于混合并购。混合并购的目的是扩大生产经营范围，降低长期经营一个行业所带来的特定行业风险。通过混合并购，公司可以进入一个新的行业，实现多元化经营，从而分散投资风险。

2. 按照出资方式分类

公司并购按照出资方式不同，可以分为出资购买资产式并购、出资购买股票式并购、以股票换取资产式并购和以股票换取股票式并购四种。

① 出资购买资产式并购。这种并购是指收购公司使用现金购买被收购公司的全部资产进行的并购。出资购买资产式并购一般属于吸收合并，收购公司将被收购公司的全部资产购买之后，被收购公司就成为收购公司的一部分，被收购公司并入收购公司后其原有的法人资格被取消。对于产权关系、债权债务关系比较清晰的公司而言，采用这种并购方式能够做到等价交换、交割清楚，没有遗留纠纷。一般来说，这种并购方式比较适

合非上市公司。

② 出资购买股票式并购。这种并购是指收购公司通过出资购买被收购公司股票的方式进行的并购。这种并购方式要求被收购公司必须是上市公司，收购公司出资购买被收购公司的股票可以通过一级市场进行收购，也可以通过二级市场进行收购。但是，出资购买股票式并购方式要受到有关证券法规信息披露制度的制约，通常当收购的股票数量达到一定的比例时需要进行公告或者公开收购要约。因此，通过出资购买股票方式进行并购，往往会使股价飙升，致使收购成本激增。

③ 以股票换取资产式并购。这种并购是指收购公司向被收购公司发行本公司的股票来交换被收购公司资产而进行的并购。这种并购方式必须由并购双方签订协议，收购公司同意承担被收购方的债务责任，被收购方同意解散公司，并将持有的收购公司股票分配给其原有股东。

④ 以股票换取股票式并购。这种并购是指收购公司直接向被收购公司的股东发行本公司股票，以交换其所持有的被收购公司股票而进行的并购。一般来说，交换股票的数量至少要达到能够控制被并购公司的持股比例才能达到并购的目的。通过这样的股票交换，被并购公司原股东成为并购公司的股东，而并购公司成为被并购公司的股东，从而实现对被并购公司的控制或重大影响。采用这种并购方式进行并购后，被收购公司或者成为收购公司的子公司继续其经营活动，或者通过解散清算而将资产全部并入收购公司。

3. 按照企业并购双方是否友好协商分类

按并购双方是否友好协商，并购可分为善意并购和敌意并购。

① 善意并购。善意并购是指并购公司事先与目标公司协商，征得其同意，并通过谈判达成并购条件的一致意见而完成收购活动的一种并购方式。善意并购由于并购双方能够充分地交流与沟通信息，有利于降低并购企业实施并购的风险与成本，并可以避免目标公司为抗拒并购而带来的额外支出。但是善意并购往往需要并购公司牺牲部分自身利益，以换取目标公司的合作。而且，漫长的协商、谈判过程也可能使并购丧失部分价值。

② 敌意并购。敌意并购是指并购公司在收购目标公司股权时虽然遭到目标公司的抗拒，仍然强行收购，或者并购公司事先并不与目标公司进行协商，而直接向目标公司股东开出价格或收购要约的并购行为。

这种并购方式的优点在于，并购公司完全处于主动地位，不必为权衡各方利益而耗费大量精力，通常并购行动节奏快、时间短。但敌意并购往往很难获取反映目标公司真实情况的详细资料，而缺少内部财务状况资料，可能会造成对目标公司估价的困难，若缺少相关的关键信息，则可能对整个并购活动产生重大的不利影响。敌意并购的另一大风险在于，目标公司如果对并购行动产生反感，往往会设置各种障碍进行抵抗。由于敌意并购易导致股市的不良波动，甚至影响企业经营发展的正常秩序，各国政府对此往往都会予以一些限制。并购与反并购之间的斗争在第四次并购浪潮中得到了充分的体现。

4. 按照并购是否利用杠杆分类

公司并购按照是否利用杠杆，可以分为杠杆并购和非杠杆并购。

① 杠杆并购。杠杆并购是指收购公司仅利用少量的自有资本，而主要以被收购公司的资产和将来的收益作抵押筹集大量的资本用于收购的一种并购活动。由于这种并购是一种高度负债的并购方式，因此被称为杠杆并购，通常杠杆并购的筹资额占收购总价的70%以上。20世纪80年代美国开始盛行杠杆收购，到80年代中期以后，杠杆收购市场快速发展，并购规模迅速上升，1983年完成的并购交易额为45亿美元。到1989年，美国市场完成的并购交易额已上升为766亿美元。

② 非杠杆并购。非杠杆并购是指收购公司主要利用自有资本对目标公司进行收购的并购活动。早期的公司并购活动大多属于非杠杆并购。非杠杆并购并非绝对不进行借贷筹资，只是借贷数额较少，大部分的收购资本都是收购公司的自有资本。

11.1.3 并购的动因

企业并购是一个相当复杂的过程。由于各并购公司、目标公司的情况不尽相同，每一次并购的实施都是一次新的尝试。在市场经济环境下，企业作为独立的经济主体，其所有的经济行为都会受到利益动机的驱使，企业并购的动因也是为实现企业自身的财务目标——股东财富最大化。同时，企业并购的另一动力来源于市场竞争的巨大压力。这两大动力在现实经济生活中以各种具体的形态表现出来，即在多数情况下企业并非仅出于单一的目的进行收购，而是根据多种因素进行综合平衡。

1. 谋求经营协同效应

由于经济的互补性及规模经济效应，两个或两个以上的企业成功整合后，便可能提高效率，即产生经营协同效应。当然，一个重要前提是，该产业中确实存在规模经济，且在并购前相关企业尚未实现最佳的规模经济。具体表现在两个层次：

① 生产规模经济。企业通过并购可以调整资源配置，使其达到最佳规模经济的要求，有效解决由专业化引起的生产流程的分离，从而获得稳定的原材料来源渠道，降低生产成本，扩大市场份额。

② 企业规模经济。通过并购将多个生产单位置于同一企业领导之下，可以带来一定的规模经济，表现为节省管理费用、节约营销费用、集中科研经费、扩大企业规模、增强企业抵御风险的能力等。

2. 谋求财务协同效应

企业并购不仅可以因经营效率提高而获利，而且可在财务方面给企业带来如下收益：

① 财务能力提高。一般情况下，企业成功实现整合后，企业整体的偿债能力比以前各单个企业要强，而且可以降低资本成本，实现资本在并购企业与被并购企业之间低成本的有效再配置。

② 合理避税。税法一般包含亏损递延条款，允许亏损企业免交当年企业所得税，且

亏损可向后递延数年抵消以后年度盈余。同时，一些国家的税法对不同资产适用不同税率，且各种收入主体的收入如股息收入、利息收入、营业收益、资本收益等的税率也各不相同。这样，企业可利用这些规定，通过并购及相应的财务处理合理避税。

③ 预期效应。预期效应是指因并购使股票市场对企业股票的评价发生改变，从而对股票价格产生影响。由于预期效应的作用，企业并购往往伴随着剧烈的股价波动，形成股票市场的投机机会。投资者对投机利益的追逐反过来又会刺激企业并购的发生。

3. 谋求管理协同效应

如果某企业有一支高效率的管理队伍，其管理能力超出了管理该企业的需要，但这批人才往往只能集体体现其效率，企业不能通过解聘释放能量。那么该企业就可并购那些由于缺乏管理人才而效率低下的企业，充分利用这支管理队伍，通过提高整体效率水平而获利。

4. 实现多元化经营

企业通过经营相关程度较低的不同行业可以分散风险、稳定收入来源、增强企业资产的安全性。多元化经营可以通过内部积累和外部并购两种途径实现，但在多数情况下，并购更为有利。尤其是当企业面临变化了的环境而调整战略时，并购可以使企业低成本地迅速进入被并购企业所在的增长相对较快的行业，并在很大程度上保持被并购企业的市场份额及现有的各种资源，从而保证企业持续不断的盈利能力。

5. 管理层利益驱动

管理层的并购动因往往是希望提高公司在市场上的统治地位和保持已有的市场地位。以下三个方面可能是公司经理对并购感兴趣的原因：首先，当公司发展得更大时，公司管理层，尤其是作为高层管理人员的总经理的威望也随之提高，这方面虽然很难进行定量的计算，但却是毋庸置疑的；其次，随着公司规模的扩大，经理人员的报酬也得以增加；再次，在并购活动高涨时期，管理层希望通过并购的办法，扩大企业规模，使公司能在瞬息万变的市场中立于不败之地或抵御其他公司的并购。所以，在一定程度上，并购其他企业能给自己带来安全。

6. 获得特殊资产或资源

企业获取某项特殊资产日益成为企业并购的重要动因。特殊资产可能是一些对企业发展至关重要的专门资产，包括“壳”资源、专有技术、商标、品牌等无形资产，优秀的研究机构或专门人才，高效的管理团队等。如土地是企业发展的重要资源，一些有实力、有前途的企业可能会由于狭小空间难以扩展，而另一些经营不善、市场不景气的企业却占有较多的土地和优越的地理位置，这时，优势企业就可能会并购劣势企业以获取其优越的土地资源。

7. 其他动因

企业并购还可能具有其他多种特殊的动因，如企业增长、技术突破、产品优势与产品差异、政府的市场准入政策、外汇政策、汇率、政治和经济稳定性、劳动力成本和生产率差异、确保原材料来源、追随顾客等。

11.1.4 公司并购的程序

公司并购既是一种经济行为，也是一种法律行为，必须遵循一定的法律程序。一般而言，公司并购大致可以分为四个阶段：准备阶段、谈判阶段、实施阶段和整合阶段(见图11-1)。

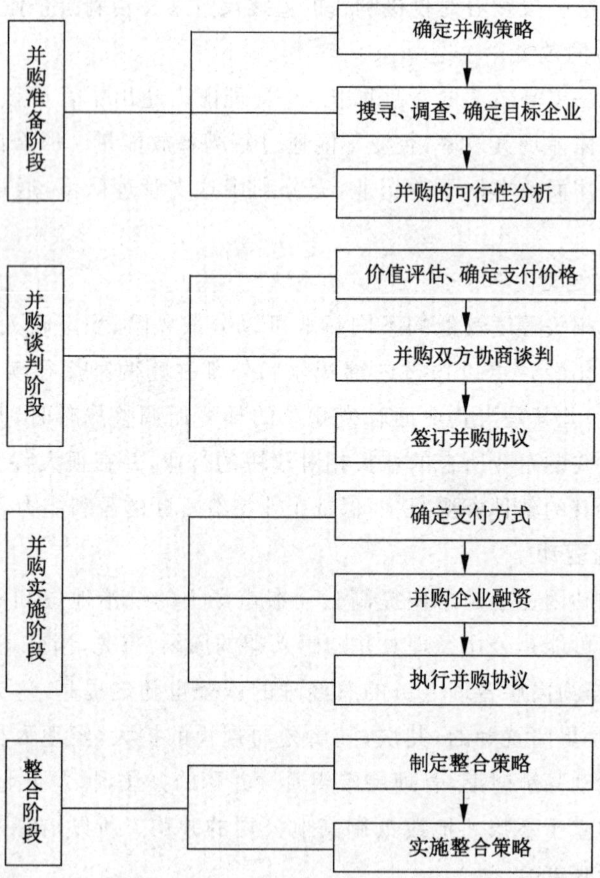

图 11-1 公司并购的一般程序

并购准备阶段：由企业高级管理人员根据本企业的发展战略确定并购策略，选择拟并购的目标企业，并进行并购的可行性分析。在这个过程中，企业通常需要聘请金融机构作为财务顾问，保证购并的顺利进行。在可行性分析中，通常战略考虑要优先于财务分析，所以企业必须根据自身的战略目标来评价并购活动。其中主要的分析内容就是对目标企业进行战略分析，研究并购对企业竞争能力和风险的可能影响。

并购谈判阶段：根据目标企业当前所拥有的资产、负债及其营运状况和市场价值等指标对其进行价值评估，确定支付价格。并购双方通过协商谈判，确定并购事宜，并签订并购协议。

并购实施阶段：确定并购支付方式，制定融资规划，并执行并购协议。在现代并购实践中，现金出资并不是唯一的方式。股票出资(即股票交换)、综合证券出资已经成为并购中常见的出资方式，而且开始占据越来越重要的地位。企业在确定并购的出资方式时，通常需考虑的因素包括并购后持续经营的需要、税收、财务风险，以及市场价值的可能变化等。在确定并购所需的资金数额和形式之后，企业就需要据此进行融资规划，决定筹集资金的方式和数额。在融资规划中，企业必须考虑由此产生的企业价值和风险的可能变动，在尽量降低风险的同时，保持企业的最优资本结构。在以上各步骤分析的基础上，企业要制订相应的并购计划。并购计划不仅可以为实际执行过程提供明确的指导和具体的时间表，而且有利于和并购的实际完成情况进行比较。如果并购计划获得企业董事会和股东大会的认同，企业就可以实施并购计划。

整合阶段：并购能否成功，不在于企业能否完成并购，而在于并购能否实现企业的战略发展目标。因此，并购后的整合，对整个并购活动也有重要影响。企业必须根据战略目标和实际状况，有计划地将目标企业与本企业进行整合。

11.2　公司并购的价值评估

并购中，目标企业价值评估是并购方确定合理支付价格范围的主要依据，评估的结果直接关系到并购交易的成败，它决定了并购公司收购目标公司所付出的代价。如果高估了目标公司的价值，就会让并购公司付出过高的代价，并购公司的收购成本太高，会增加并购风险。在实践中，许多公司并购失败的主要原因之一就是对目标公司的估价过高。

目前，国际上通用的对目标企业的价值评估方法有现金流量折现法、成本法、市场比较法。并购方可根据并购后目标企业是否继续存在，以及资料信息的充分与否来决定采用何种评估方法。

11.2.1　现金流量折现法

现金流量折现法(Discounted Cash Flow，DCF)是一种理论性较强的方法，它是资本预算的基本方法，在投资项目评估、证券估价等方面应用广泛。现金流量折现法是目前最科学、最成熟的价值评估方法，适用于对上市公司和非上市公司的评估。

1. 现金流量折现法的基本原理

现金流量折现法认为，企业的价值等于其预期未来现金流量的现值之和。其基本公式为

$$V=\sum_{t=1}^{n}\frac{\mathrm{CF}_t}{(1+r)^t} \tag{11-1}$$

式中，V 为目标企业的价值；n 为预测期；CF_t 为目标企业第 t 年的现金流量；r 为与预期现金流量对应的折现率(所谓“对应”，是指折现率应反映预期现金流量的风险)。

使用现金流量折现法估价要解决三个问题：确定各期的现金流量、确定反映预期现

金流量风险的贴现率和确定预测期。当被估价企业的预期现金流量为正，能够根据现金流量的风险特性确定相应的贴现率，并能比较可靠地估计现金流量产生的时间时，现金流量折现法是一种很好的估价方法。但当上述三个条件中有任何一个条件不能得到满足时，现金流量折现法就无能为力或者其估价结果会产生较大的误差。

现金流量折现法具体又分为两类：① 股权资本估价；② 公司整体估价。公司股权价值包括股东的权益，可以通过股权资本成本对预期股权现金流量进行折现获得。公司整体价值包括公司股东、债权人、优先股股东等利益相关者的权益，可以使用该公司加权平均资本成本对公司预期现金流量进行折现获得。

2. 股权自由现金流量模型

1) 股权自由现金流量的计算

股权自由现金流量(Free Cash Flow of Equity，FCFE)是企业向债权人支付利息、偿还本金、向国家纳税、向优先股股东支付股利，以及满足其自身发展需要后的剩余现金流量。FCFE体现了股权投资者对企业现金流量的剩余要求权，即他们拥有公司在履行了包括偿还债务在内的所有财务义务和满足了再投资需要之后的全部剩余现金流。其计算公式为

$$\text{股权自由现金流量}=\text{净收益}+\text{折旧}-\text{资本性支出}-\text{营运资本增加额}-\text{优先股股利}-\text{债务本金偿还}+\text{新发行债务} \tag{11-2}$$

在上述公式中，“资本性支出”是指厂房的新建、扩建、改建，设备的更新、购置及新产品的试制等方面的支出。“营运资本增加额”与公司所处的发展阶段有关，在高速成长期，存货和应收账款等项目的资金占用水平较高，营运资本增量往往较大；在成熟稳定期，营运资本增量较小。由此可见，在预测目标公司的股权自由现金流量时，必须对公司当前所处的发展阶段做出合理的判断。

2) 股权自由现金流量估价模型

股权自由现金流量估价模型可以根据企业处在稳定发展期还是高速成长期，分为稳定增长模型和二阶段模型。

(1) 股权自由现金流量的稳定增长模型

稳定增长模型假设在长时期内公司以某一稳定的增长率保持增长。在这种情况下，只需要预测出第一期的股权自由现金流量及公司的增长率即可。此时目标公司价值的表达方式为

$$V=\frac{FCFE_1}{r-g} \tag{11-3}$$

式中，V 为股权价值；$FCFE_1$ 为预测期第1期的股权自由现金流量；r 为折现率，即公司的股权资本成本率；g 为股权自由现金流量的年增长率。

这种模型适用于股权自由现金流量处于稳定增长阶段的公司。但事实上，这样的条件很难满足，尤其当公司利润经常变化时。因此，一般说来，当一家公司的平均增长率接近稳定增长率，那么该模型的使用便被认为是合理的。

(2) 股权自由现金流量的二阶段模型

二阶段模型适用于增长率呈现两个阶段的公司，即初始阶段增长率很高，后续阶段增长率相对稳定，且维持时间较长。此时目标公司价值的表达方式为

$$V=\sum_{t=1}^{n}\frac{\mathrm{FCFE}_t}{(1+r)^t}+\frac{\mathrm{FCFE}_{n+1}}{(r_n-g_n)(1+r)^n} \tag{11-4}$$

式中，V 为公司股权价值；FCFE_t 为预期第 t 年的股权自由现金流量；FCFE_{n+1} 为预期第 $n+1$ 年的股权自由现金流量；r 为高速增长阶段公司的股权资本成本率；r_n 为稳定增长阶段公司的股权资本成本率；g 为高速增长阶段的增长率；g_n 为稳定增长阶段的增长率。

式(11-4)由两部分构成，第一部分是高速增长期内逐年对股权现金流量贴现求和，第二部分是稳定的贴现值，是式(11-3)的一个变形。

运用股权自由现金流量的二阶段模型存在两个问题。第一个问题是如何确定高速增长阶段的长度。由于高速增长阶段的增长率和稳定增长阶段的增长率有很大的差别，所以这一时间长度的选择将会影响公司股权价值。理论上，这一长度的选择可以和企业的生命周期等定性因素联系在一起，但要把这些定性因素变成定量的具体时间，在实践中仍然存在一定的难度。第二个问题是在模型中，高速增长阶段的增长率是一下子变成稳定增长阶段的增长率的，虽然实践中也有这样的例子，但大多数情况下这一过程是随着时间逐步发生的。

【例 11-1】 先锋公司是一家通讯公司，2017—2018 年的有关会计数据如表 11-1 所示。2018 年固定资产投资为 1 050 万元，当年偿还债务 400 万元，新增债务 300 万元，营运资本 2017 年为 1 020 万元，2018 年为 1 100 万元。先锋公司从 2018 年以后进入稳定增长时期，预计以后每年的股权自由现金流量的增长率为 5%。公司所得税税率为 25%，β 值为 1，市场平均报酬率为 12%，无风险报酬率为 5%。2018 年末讯达公司计划收购先锋公司 100%股权，需对先锋公司进行价值评估。

表 11-1　先锋公司有关会计数据

金额单位：万元

项目	2017 年	2018 年
营业收入	17 200	19 000
减：经营成本	10 320	11 200
折旧	980	1 020
息税前利润	5 900	6 780
减：利息费用	300	360
税前利润	5 600	6 420
减：所得税费用	1 400	1 605
税后利润	4 200	4 815

解　先锋公司 2018 年的股权自由现金流量计算如下：

FCFE＝4 815＋1 020－1 050－(1 100－1 020)－400＋300＝4 605(万元)

股权资本成本率计算如下：

$$r=5\%+1\times(12\%-5\%)=12\%$$

根据股权自由现金流量稳定增长模型，先锋公司的公司价值计算如下：

$$V=\frac{4\ 605\times(1+5\%)}{12\%-5\%}=69\ 075(\text{万元})$$

3. 公司自由现金流量模型

(1) 公司自由现金流量的计算

公司自由现金流量(Free Cash Flow of Firm，FCFF)是公司所有权利要求者，包括股权资本投资者、债券持有者、优先股股东的现金流量总和。公司自由现金流量和股权自由现金流量的主要区别在于，公司自由现金流量包含与债务有关的现金流量，如利息支出、本金偿还、新债发行和优先股股息股利等。一般来说，公司自由现金流量就是在支付了经营费用和所得税之后，向公司权利要求者支付现金之前的全部现金流量。其计算方法有两种：

一种方法是将公司所有权利要求者的现金流量加总，公式如下：

$$\text{公司自由现金流量}=\text{股权自由现金流量}+\text{利息费用}\times(1-\text{税率})+\text{偿还债务本金}-\text{发行的新债}+\text{优先股股利} \quad (11\text{-}5)$$

另一种方法是从息税前净收益(EBIT)开始计算，但得到的结果与第一种方法相同，公式如下：

$$\text{公司自由现金流量}=\text{息税前利润}\times(1-\text{税率})+\text{折旧}-\text{资本性支出}-\text{营运资本增加额} \quad (11\text{-}6)$$

(2) 加权平均资本成本的估算

加权平均资本成本(Weighted Average Cost of Capital，WACC)是公司不同融资成本的加权平均值，是与公司自由现金流量相对应的贴现率，其计算公式如下：

$$\text{WACC}=\sum_{i=1}^{n}K_iW_i \quad (11\text{-}7)$$

式中，K_i 是第 i 种个别资本成本；W_i为第 i 种个别资本成本占全部资本的比重。

值得注意的是，在计算加权平均资本成本时，普通股和债权的比重应以市场价值为基础，而不是账面价值。因为衡量资本成本是为了确定融资时的证券成本，即股票或债券的成本，而它们都是按照市场价值而不是账面价值发行的。

计算加权平均资本成本的步骤可概括如下：

第一步，明确目标公司的资本结构。明确目标公司的资本结构可以为加权平均资本成本的计算提供市值权数。这里的资本结构是目标资本结构，而不是现行资本结构。确定目标资本结构的方法有三种：一是以现行市值为基础确定公司资本结构；二是考察可比公司的资本结构；三是考察筹资方式及其对目标资本结构的影响。

第二步，估算各种筹资方式的筹资成本。

第三步，按照式(11-7)计算加权平均资本成本。

(3) 公司自由现金流量估价模型

与股权自由现金流量模型相同，根据公司所处的发展阶段性，公司自由现金流量模型也可分为两类，即公司自由现金流量稳定增长模型和公司自由现金流量二阶段模型。

① 公司自由现金流量的稳定增长模型，计算公式为

$$V=\frac{FCFF_1}{WACC-g} \tag{11-8}$$

式中，V 为目标公司价值；WACC 为加权平均资本成本；g 为 FCFF 的增长率。

公司自由现金流量稳定增长模型的约束条件和股权自由现金流量稳定增长模型基本类似，可以参见前文。

② 公司自由现金流量的二阶段模型，计算公式为

$$V=\sum_{t=1}^{n}\frac{FCFF_t}{(1+WACC)^t}+\frac{FCFF_{n+1}}{(WACC_n-g_n)(1+WACC)^n} \tag{11-9}$$

式中，V 为目标公司价值；$FCFF_t$ 为预期第 t 年的公司自由现金流量；$FCFF_{n+1}$ 为预期第 $n+1$ 年的公司自由现金流量；WACC 为高速增长阶段公司的加权平均资本成本；$WACC_n$ 为稳定增长阶段公司的加权平均资本成本；g 为高速增长阶段公司的自由现金流量的增长率；g_n 为稳定增长阶段公司的自由现金流量的增长率。

【例 11-2】 海德公司正在收购 A 公司，需对 A 公司的价值进行评估。根据资料，A 公司 20×1 年的息税前利润为 5.32 亿元，资本性支出为 3.10 亿元，折旧为 2.07 亿元，营业收入为 72.30 亿元，营运资本占营业收入的比重为 20%，税率为 25%。预期该公司在今后 5 年内将以 10%的速度高速增长，假定资本性支出、折旧和营运资本以同比例增长，公司的 β 值为 1.25，税前债务成本为 9%，负债比率为 50%。5 年后公司进入稳定增长期，预期的增长率为 5%，即息税前利润和营运资本按 5%的速度增长，资本性支出可以由折旧来补偿，公司的 β 值为 1，税前债务成本为 8%，负债比率为 40%。市场平均风险报酬率为 5%，无风险报酬率为 7.5%。

解　第一步，估计高速成长期公司自由现金流量。

FCFF＝EBIT×(1－税率)＋折旧－资本性支出－营运资本增加额

$FCFF_{20\times2}$＝5.32×(1＋10%)×(1－25%)＋2.07×(1＋10%)－3.10×(1＋10%)－72.3×10%×20%

＝4.39＋2.28－3.41－1.45

＝1.81(亿元)

$FCFF_{20\times3}$＝4.83＋2.51－3.75－1.60＝1.99(亿元)

$FCFF_{20\times4}$＝5.31＋2.76－4.13－1.76＝2.18(亿元)

$FCFF_{20\times5}$＝5.84＋3.04－4.54－1.94＝2.40(亿元)

$FCFF_{20\times6}$＝6.42＋3.34－4.99－2.13＝2.64(亿元)

第二步，估计公司高速成长期的加权平均资本成本。

$$\text{高速成长期的股权资本成本}=7.5\%+1.25\times5\%=13.75\%$$

$$\text{高速成长期的 WACC}=13.75\%\times50\%+9\%\times(1-25\%)\times50\%=10.25\%$$

第三步，计算高速成长期公司自由现金流量的现值。

$$\text{高速成长阶段 FCFF 现值}=\frac{1.81}{1+10.25\%}+\frac{1.99}{(1+10.25\%)^2}+\frac{2.18}{(1+10.25\%)^3}+\frac{2.40}{(1+10.25\%)^4}+\frac{2.64}{(1+10.25\%)^5}=8.15(\text{亿元})$$

第四步，估计第6年的公司自由现金流量。

$$FCFF_{20\times7}=6.42\times(1+5\%)-72.3\times(1+10\%)^5\times5\%\times20\%=5.58(\text{亿元})$$

第五步，计算公司稳定增长期的加权平均资本成本。

$$\text{稳定增长期的股权资本成本}=7.5\%+1\times5\%=12.5\%$$

$$\text{稳定增长期的 WACC}=12.5\%\times60\%+8\%\times(1-25\%)\times40\%=9.9\%$$

第六步，计算稳定增长期公司自由现金流量的现值。

$$\text{稳定增长阶段 FCFF 现值}=\frac{5.58}{9.9\%-5\%}\times\frac{1}{(1+10.25\%)^5}=69.91(\text{亿元})$$

第七步，计算公司的价值。

$$\text{公司现值}=8.15+69.91=78.06(\text{亿元})$$

现金流量折现法的优点在于考虑了企业未来的收益能力，并且比较符合价值理论。该方法的局限性主要在于在评估企业价值时，其结果的准确性依赖于各种假设的准确性——企业经营持续稳定、现金流量可预测、资本成本等。同时，该方法对业绩不稳定、周期性行业和成长型公司或新生公司的预测有困难。

11.2.2 成本法

成本法也称资产价值基础法，是指选择合适的资产估价标准，然后以此标准对目标公司所有的资产进行估价，从而确定目标公司的整体价值。这种方法的关键就是资产估价标准的选择，选择不同的标准，评估出的公司价值会不同。目前国际上通行的资产估价标准主要有以下三种。

1. 账面价值

企业账面价值是指资产负债表中总资产减去总负债的剩余部分，也被称为股东权益、净值或净资产。它是以会计核算为基础的，并不能充分反映企业未来的获利能力。会计准则允许各企业选择不同的折旧方法或存货的计价方法，这就使得企业账面价值不能反映这些资产的真实价值或使用价值。而且，有些无形资产，如专利权、商誉等在资产负债表上无法反映出来，但它们却能为评价企业盈利能力提供许多信息。此外，企业账面价值不考虑现时资产市场价格的波动，也不考虑资产的收益状况，是一种静态的估价标准。因而，一般情况下不应以账面价值作为最终评估标准。在进行目标企业的价值评估时，一般应以净资产账面价值为基础，加入一个调整系数，全面反映并购价值和价格。其计算公式为

目标企业价值＝目标企业的每股净资产×(1＋调整系数)×拟收购的股份数量　(11-10)

调整系数应根据目标公司的行业特点、成长性、获得能力及并购双方的交易意愿等因素确定。

2. 清算价值

清算价值是指在公司出现财务危机而破产或歇业清算时，把公司中的实物资产逐个分离而单独出售时的资产价值。清算价值是在公司作为一个整体已丧失增值能力情况下的一种资产估价方法。当公司的预期收益令人不满意，其清算价值可能超过以收益资本化为基础的价值时，公司的市场价值已不依赖于它的盈利能力，这时以清算价值为基础来评估公司的价值可能更有意义。清算价值可以作为定价基准，即作为任何目标企业的最低实际价值。

3. 重置价值

重置价值是指在确定目标企业资产的现时重置成本的基础上，扣除资产的实体性贬值、功能性贬值和经济性贬值而得出的实际资产的价值。目标企业的价值是以目标企业实际资产的价值减去负债之后的余额。

它的基本思路如下：任何一个了解行情的潜在投资者，在购置一项资产时，他所愿意支付的价格不会超过建造一项与所购资产具有相同用途的替代品所需的成本。如果投资者的待购资产是全新的，其价格不会超过替代资产的现在建造成本扣减各种陈旧贬值后的余额。这种评估目标企业价值的方法适用于并购企业以获得资产为动机的并购行为。用这种方法评估企业价值，是目前我国评估实务中运用得较多的。

11.2.3　相对价值法

相对价值法也称市场法，是以资本市场上与目标公司的经营业绩和风险水平相当的公司的平均市场价值作为参照标准，以此来估算目标公司价值的一种价值评估方法。市场法的基本假设为“在完全的市场中，类似的资产应该具有类似的价值”。因此，在难以通过其他方法确定评估对象的价值时，可以将市场中类似资产的市场价值作为评估依据，通过合理的调整之后估算出评估对象的价值。利用市场法评估目标公司价值，可以用下列计算公式表示：

$$V=\frac{V_1}{Y_1}\times Y \tag{11-11}$$

式中，V 表示目标公司的评估价值；Y 表示与公司价值相关的目标公司的可观测变量；V_1

表示与目标公司类似的参照公司的市场价值；Y_1 表示与公司价值相关的参照公司的可观测变量。

式(11-11)中的观测变量可以是净利润、净资产、销售收入等指标。市场比较法根据所选择的观测变量的不同，可以分为市盈率法、市净率法和市销率法等。

1. 市盈率法

市盈率是指普通股每股市价与每股收益的比率。

市盈率＝每股市价÷每股收益

运用市盈率估价的模型如下：

目标企业每股价值＝可比企业平均市盈率×目标企业的每股收益

该模型假设股票市价是每股收益的一定倍数。每股收益越大，则股票价值越大。同类企业有类似的市盈率，所以目标企业的股权价值可以用每股收益乘以可比企业的平均市盈率计算。

市盈率模型的优点：① 计算市盈率的数据容易取得，并且计算简单；② 市盈率把价格和收益联系起来，直观地反映了投入和产出的关系；③ 市盈率反映了风险补偿率、增长率、股利分配率的影响，具有很强的综合性。

市盈率模型的局限性：① 如果收益是负值，市盈率就失去了意义；② 市盈率除了受企业本身基本面的影响以外，还受到整个经济景气程度的影响。

因此，市盈率模型最适合连续盈利且 β 值接近于 1 的企业。

【例 11-3】 江华公司计划收购 F 公司的全部股份，根据 F 公司的实际情况，江华公司管理层认为，采用市盈率法对 F 公司价值进行评估比较合适。经调查研究发现，资本市场上与 F 公司具有可比性的公司主要有三家，这三家公司的平均市盈率为 30 倍。江华公司管理层认为，采用 30 倍的市盈率评估 F 公司价值比较合理。江华公司确定的决策期间为未来 5 年，经测算，F 公司在未来的 5 年中预计每股收益 2 元。

要求：确定 F 公司每股价值。

解 F 公司每股价值计算如下：

$$V=30\times2=60(\text{元/股})$$

2. 市净率法

市净率是每股市价与每股净资产的比率。

市净率＝每股市价÷每股净资产

这种方法假设股权价值是净资产的函数，类似企业有相同的市净率，净资产越大，则股权价值越大，因此，股权价值是净资产的一定倍数，目标企业的每股价值可以用每股净资产乘以平均市净率来计算。

目标企业每股价值＝可比企业平均市净率×目标企业的每股净资产

市净率模型的优点：① 净利为负值的企业不能用市盈率进行估值，而市净率极少为负值，可用于大多数企业；② 净资产账面价值的数据容易取得，并且容易理解；③ 净资产账面价值比净利稳定，也不像利润那样经常被人为操纵；④ 如果会计标准合理并且各企业会计政策一致，市净率的变化可以反映企业价值的变化。

市净率模型的局限性：① 账面价值受会计政策选择的影响，如果各企业执行不同的会计标准或会计政策，市净率会失去可比性；② 固定资产很少的服务性企业和高科技企业，净资产与企业价值的关系不大，其市净率比较没有什么实际意义；③ 少数企业的净资产是负值，市净率没有意义，无法用于比较。

因此，这种方法主要适用于拥有大量资产、净资产为正值的企业。

3. 市销率法

市销率是指每股市价与每股营业收入的比率。

市销率＝每股市价÷每股营业收入

这种方法假设影响每股价值的关键变量是营业收入，每股价值是每股营业收入的函数，每股营业收入越大，则每股价值越大。既然每股价值是每股营业收入的一定倍数，那么目标企业的每股价值可以用每股营业收入乘以可比企业市销率估计。

目标企业每股价值＝可比企业市销率×目标企业每股营业收入

市销率模型的优点：① 它不会出现负值，对于亏损企业和资不抵债的企业，也可以计算出一个有意义的市销率；② 它比较稳定、可靠，不容易被操纵；③ 市销率对价格政策和企业战略变化敏感，可以反映这种变化的后果。

市销率模型的局限性：不能反映成本的变化，而成本是影响企业现金流量和价值的重要因素之一。

因此，这种方法主要适用于销售成本率较低的服务类企业，或者销售成本率趋同的传统行业的企业。

运用相对价值法对目标企业进行价值评估时，考虑到企业之间差异的影响，仅仅选择一个指标，如将净利润作为比较的标准，可能会存在一定的误差。为使这种误差降到最低限度，可以考虑运用多样本、多参数的调整方法。例如，可以考虑参照市盈率、市净率和市销率等指标，对若干参数进行加权平均或算术平均，把误差降到最低限度，最终确定目标企业的整体价值。

【例 11-4】 创维公司准备收购 A 公司，需对 A 公司进行价值评估。某评估机构对 A 公司运用市场法进行评估，在市场上寻找了 B、C、D 三家公司作为参照，选取销售额、净利润和净资产三个比较参数。可比公司相关资料如表 11-2 所示。经财务人员预测，A 公司在未来决策期内年均营业收入为 5 000 万元，年均净资产总额为 2 800 万元，年均净利润为 400 万元。

表 11-2 可比公司相关指标

项目	B公司	C公司	D公司	平均值
市盈率	20	22	24	22
市净率	2.5	2.8	3.1	2.8
市销率	1.7	1.5	1.9	1.7

解 根据可比公司相关数据，评估A公司的价值如表11-3所示。

表 11-3 A公司价值评估表

指标	A公司预测数/万元	平均比率	A公司价值/万元
净利润	400	22	8 800
净资产总额	2 800	2.8	7 840
营业收入	5 000	1.7	8 500
平均值			8 380

由上表可知，A公司的评估价值为8 380万元。

11.3 公司并购的支付方式

在公司并购活动中，并购公司必须考虑以何种支付方式完成并购交易。支付方式的选择是并购顺利完成的重要环节，不同的支付方式对并购公司和目标公司会产生不同的影响。在实践中，公司并购的支付方式主要有现金支付方式、股票支付方式和混合证券支付方式。并购中最先采用的是现金收购方式，其后才出现了股票收购方式和综合证券收购方式。据调查，大约有一半以上的并购交易是以现金支付的；以普通股股票支付的并购交易每年都在20%以下，且呈下降趋势；而以综合证券支付交易的并购则呈逐年递增的趋势。

11.3.1 现金支付

现金支付是由并购公司支付给目标公司股东一定数额的现金，以取得目标公司的所有权，一旦目标公司的股东收到对其所拥有股份的现金支付，就失去了对原公司的任何权益。现金支付是并购活动中最普遍采用的一种支付方式，包括一次支付和延期支付，延期支付又包括分期付款、应付票据等卖方融资行为。

现金支付是公司并购活动中最清楚而又最迅速的一种支付方式，在各种支付方式中占很高的比例。这主要是因为：① 现金支付的估价简单易懂。② 对卖方比较有利，常常是卖方最愿意接受的一种出资方式。因为买方以这种方式出资，卖方所得到的现金额是确定的，不必承担证券风险，亦不会受到并购后公司的发展前景、利息率及通货膨胀率变动的影响。③ 便于收购交易尽快完成。现金一旦支付，就实现了股权的转移，并购方可以立即行使对目标企业的控制。在我国，只有当并购方完全支付了价款之后，才能够对企业进行管理，在完全支付价款之前，并购方无法对目标企业实施控制权。

但是，现金支付会给并购企业造成沉重的资金压力，不利于并购后持续经营和整合，具有支付过多的风险。对于目标公司的股东来说，在收到现金时须确认资本利得收益，形成了纳税义务，需要缴纳资本利得税，现金支付方式无法延迟纳税，使目标公司的股东不能获得税收利益。

在采用现金支付时，需考虑以下因素：

① 短期的流动性。由于现金收购要求并购公司在确定的日期支付一定数量的货币，而立即支付大额现金必然会导致企业的现金亏空，因此有无足够的即时付现能力是并购公司选择现金出资方式时首先需要考虑的因素。

② 中长期的流动性。这主要从较长期的观点看待并购公司现金支付的可能性。由于有些公司很可能在相当长的时间内难以从大量现金流出中恢复过来，因此，并购方必须认真考虑现金回收率及回收年限。

③ 货币的流动性。在跨国并购中，并购公司还须考虑自己拥有的现金是否为可以直接支付的货币或可自由兑换的货币，从目标公司回收的是否为自由兑换的货币，以及目标公司所在国是否实行外汇管制等问题。

④ 融资能力。由于并购中所需要的现金通常超过了并购企业持有的现金数量，因此，并购公司能否通过各种方式迅速筹集现金，也是并购公司在选择现金出资方式时要考虑的重要因素。通常，效益比较好，且能够产生大量现金的企业具有较强的融资能力。不过，在20世纪80年代末，由于垃圾债券市场的兴起，一些信用等级较低的企业也通过发行垃圾债券获得了大量的现金，用于企业并购。所以，融资能力不仅取决于公司自身的财务状况，而且和资本市场的发展息息相关。

⑤ 目标公司所在地有关资本利得税的法规。不同国家或地区资本利得税的税率有很大差别，并购公司在采用现金支付方式时，应当考虑资本利得税的因素，如果资本利得税的税率较高，就会增加收购成本。

11.3.2　股票支付

股票支付是指并购公司通过增发本公司的股票，以新发行的股票替换目标公司的股票或资产，从而达到并购目的的一种支付方式。

和现金支付方式相比，股票支付的主要特点有：① 并购企业不需要支付大量现金，因而不会影响并购公司的现金状况。② 并购完成后，目标公司的股东不会因此失去他们的所有者权益，只是这种所有权由目标公司转移到了并购公司，成为并购公司的新股东。③ 目标公司的股东可以推迟收益的确认时间，避免在并购后缴纳资本利得税，因此可获得延迟纳税带来的好处。

但是，股票支付会导致并购公司原有股东的控制权被稀释。由于股票支付方式需要发行新股，这势必改变原有的股权结构，目标公司的股东成为并购公司的股东，使并购公司的原股东持股比例下降，控制权被稀释。此外，股票支付方式手续烦琐，办理时间较长。

由于股票支付会涉及公司股权结构的变化，所以它要比现金收购更为复杂，在决策过程中一般要考虑以下因素：

① 并购方的股权结构。股票支付方式的一个突出特点是它对原有股权比例会有重大影响，因此，在选择这种支付方式时，应当考虑并购公司原有股东可以在多大程度上接受股权的稀释。

② 每股收益的变化。如果目标公司的盈利状况较差，或者并购价格过高，采用股票支付方式则可能会使并购后的公司每股利润下降，导致股票价格下跌。

③ 每股净资产价值的变动。新股的发行会减少每股所拥有的净资产值，所以对股票价格会有不利影响。如果采用股票支付方式会导致每股净资产的下降，并购方需要确定这种下降在多大程度上能够被现有的股东接受。

④ 资产负债比率。发行新股可能会影响公司的资产负债比率，所以，并购公司应当考虑到以股票出资是否会出现资产负债比率升高的情况，以及如何确保资产负债的合理水平。

⑤ 当前股价水平。一般来说，在股票市场处于上升过程中，股票的相对价格较高，这时以股票作为出资方式可能更有利于买方，而且增发的新股对卖方也会具有较强的吸引力。否则卖方可能不愿持有，即刻抛空套现，导致并购企业股价进一步下跌，损害原有股东的利益。

⑥ 当前的股利政策。股东都希望得到较高的股利收益，在股利支付率比较高的情况下，并购公司发行利率固定且收益水平较低的债券将更为有利；反之，如果股利支付率较低，增发新股就比各种形式的借贷更为有利。因此，并购方在收购活动的实际操作中，要比较股利支付率和借贷利率的高低，以决定采取何种出资方式。

11.3.3 混合证券支付

混合证券支付是指并购公司以现金、股票、认股权证、可转换债券等多种形式的证券组合作为收购目标公司的支付方式。由前面介绍的现金支付方式和股票支付方式可知，单一的支付方式总是有一定的局限性，如果并购公司采用混合证券支付方式，则可以取长补短，发挥多种支付方式的优势。采用混合证券支付方式可以减少现金支付，避免并购公司因现金紧张而影响并购，同时也可以通过各种支付方式的比例组合，有效降低目标公司股东资本利得税的税负。因此，这种支付方式可以兼顾并购双方的利益，在并购活动中也越来越多地被采用。

11.4　公司并购的防御措施

为保证对公司的控制权，越来越多的公司从自身利益出发，在投资银行等外部顾问机构的帮助下，重视采用各种积极有效的防御性措施进行反并购，以抵制来自其他公司的敌意并购。抵抗方法和抵抗程度的强弱，将会极大地影响并购的成本和并购本身的成败。常见的反并购经济手段主要有四大类：提高并购者的并购成本、降低并购者的并购收益、收购并购者、适时修改公司章程等。

11.4.1　提高并购者的并购成本

1. 股份回购

公司在受到收购威胁时可回购本公司的股份，其基本形式有两种：一是公司将可用的现金分配给股东，这种分配不是支付红利，而是购回股票；二是公司认为自己企业的资本结构中股本成分太高了，就出售债券，用所得款项来回购它的股票。股票一旦被公司回购，则使流通在外的股份数量减少，从而导致每股的市场价格随之升高，股东的资本收益就会大于红利，这将导致并购公司的并购成本提高。

2. 寻找“白衣骑士”

“白衣骑士”是指目标企业为免遭敌意收购自己寻找的善意收购者，在这种方式下，第三方企业就被称为“白衣骑士”。在“白衣骑士”出现的情况下，并购者如果不以更高的价格来并购目标企业，肯定会并购失败。因此，并购者的并购价格必须随之水涨船高。

3.“降落伞”计划

“降落伞”计划是指通过事先约定并购发生后导致管理层更换和员工裁减时对管理层或员工的补偿标准，达到提高并购成本的目的。

“金色降落伞”是一种对目标公司高层行政人员很有利的协议。“金色降落伞”协议规定，一旦因为公司被并购而导致董事、总裁等高级管理人员被解职，公司将提供相当丰厚的解职费、股票期权收入和额外津贴作为补偿费。“金色降落伞”的降落费用通常只是目标公司价值或并购方公司所出的并购价格的一小部分，很难对敌意收购者形成障碍。但是，当降落伞费用较为昂贵时，“金色降落伞”也可演化成一颗“毒丸”，给并购者带来现金支付上的沉重负担，使收购变得不那么有利可图，从而逼迫敌意收购者知难而退，客观上起到反并购的作用。

11.4.2　降低并购者的并购收益或增加并购者风险

1. 出售“皇冠上的珍珠”

从资产价值、盈利能力和发展前景等方面衡量，在混合公司内经营最好的企业或子公司被喻为“皇冠上的珍珠”。这类公司会诱发其他公司的并购企图，成为兼并的目标。

"皇冠上的珍珠"拥有令并购者垂涎的资产、部门或业务,通常包括以下几类:深具盈利潜力但却被市场严重低估的资产,如地产、设备等;发展前景极为广阔,有条件在短期内形成大批量生产和拥有高度市场份额的业务或专利条件;对并购方公司的发展构成竞争威胁或供需环节威胁的某项业务或某个部门。"皇冠上的珍珠"对策是指目标企业将这类经营好的子公司卖掉,从而达到反收购的目的。

2."毒丸计划"

"毒丸"是指目标公司制定的一些对外来控制极为不利的规定。它是 20 世纪 80 年代最先在美国出现的一种反兼并与反并购策略,最早是由美国瓦切泰尔·利蒲东律师事务所的收购与反并购专家律师马蒂·利蒲东于 1983 年发明和采用。他为一家公司的反并购策略进行策划,推出一种叫作"股份购买权利计划"的防御措施,该项措施经美国另一位年轻的反并购专家、投资银行家马丁·西格尔加以完善,便成为闻名遐迩的"毒药丸子"(简称"毒丸")防卫技术。"毒丸"计划最典型的做法是由目标公司向其股东配发这样一种权利,该权利允许权利持有人在目标公司遭到收购时,半价认购目标公司的股票或并购公司的股票。

"毒丸"计划能有效控制和挫败敌意收购。第一,"毒丸"计划的存在能鼓励外界收购者与目标公司董事会进行磋商,而不是单方发起敌意收购;第二,"毒丸"计划的存在能阻止收购者滥用收购手段,如"毒丸"计划能有效地制止收购者先在市场上悄悄吸筹、累积大量目标公司股份后,再蓄意发动带有狙击倾向的收购而从中渔利;第三,即使收购者坚持发动敌意收购,"毒丸"的释放将稀释收购者持有的股份比重,并给收购者造成财务困难;第四,统计资料证明,设置了"毒丸"的目标公司的股东最终得到的股票出售价格在绝大多数情况下高于收购者最初的要约价格。

3."焦土政策"

"焦土政策"是目标公司以自残为代价驱退敌意收购者的政策。自残之举包括大量举债买入一些无利可图的资产,故意进行一些低效益的长期投资使目标公司短期内资本收益率大幅度降低,将公司债务安排在合并后即刻到期等。由于收购成功后,收购者得到的只是一个烂摊子,收购者可能慑于"焦土政策"而鸣金收兵。

"焦土政策"因其自残性而损害公司股东或债权人的利益,故为各国法律所限制。

11.4.3 收购并购者

当获悉并购方有意并购时,目标公司反守为攻,抢先向并购公司发出公司收购要约,使收购公司被迫转入防御。这一措施可使目标公司处于可进可退的主动位置,进可使并购方反过来被目标公司进攻,退可使本公司拥有并购公司部分股权,即使后者收购成功,目标公司也可分享部分利益。但它要求目标公司本身具有较强的资金实力和相当的外部融资能力。

11.4.4　适时修改公司章程

1. 董事会轮选制

董事会轮选制是指公司每年只能改选很小比例的董事。即使并购方已经取得了多数控股权,也难以在短时间内改组企业董事会、委任管理层,实现对企业董事会的控制,从而进一步阻止其操纵目标企业的行为。

2. 超级多数条款

企业章程都需规定修改章程或重大事项(如企业的清算、并购等)所需投票权的比例。超级多数条款规定,企业被并购必须取得 2/3 或 80%的投票权,有时甚至会高达 95%。这样,若企业管理层和员工持有企业相当数量的股票,那么即使并购方控制了剩余的全部股票,收购也难以完成。

思考题

1. 诺贝尔经济学奖获得者乔治·斯蒂格勒认为:“没有一家美国大公司不是通过某种程度、某种方式的并购成长起来的,几乎没有一家大公司是完全依靠内部扩张成长起来的。”结合乔治·斯蒂格勒的这一观点,比较分析公司并购与内部扩张式成长两种扩张方式的利弊。

2. 你认为收购一家上市公司,采取哪种价值评估方法更合理?

3. B 公司与 A 公司达成收购协议,B 公司将收购 A 公司,B 公司资金充裕,A 公司股权比较分散,A 公司第一股份比较小,如果 B 公司希望在不稀释本公司股权的基础上迅速完成此次收购,最好采取哪种支付方式?这种方式具有何优、缺点?

4. 在采用现金流量折现法评估公司价值时应当注意哪些问题?

5. 公司并购有哪些动因?

6. 企业并购主要有哪些类型?试举例说明横向并购、纵向并购、混合并购。

练习题

1. 中盛公司计划收购海星公司。根据会计资料,海星公司普通股总股数为 5 000 万股,2018 年度的营业收入为 12 000 万元,不含折旧和利息费用的经营成本为 5 100 万元,年折旧额为 600 万元,利息费用为 120 万元,资本性支出为 800 万元,营运资本占销售收入的比例为 20%,所得税税率为 25%。海星公司的成长性预期可分为两个阶段,第一阶段为今后 3 年,公司每年营业收入会以 10%的增长率增长,经营成本、折旧、资本性支出和营运资本以相同的比例增长,该阶段预计公司的加权平均资本成本率为 12%;第二阶段为3年后，公司进入零增长阶段，销售收入、经营成本、折旧、资本性支出和营运资本均保持不变，该阶段预计公司的加权平均资本成本率为10%。假定利息费用在各年保持12万元不变。

要求：采用公司自由现金流量折现模型对海星公司进行价值评估。

2. 乙跨国公司目前处于稳定增长状态。2018年每股净利润为1.4元。根据全球经济预期，长期增长率为8%，预计该公司的长期增长率与宏观经济相同。为维持每年8%的增长率，需要每股股权本年净投资14.9元。据估计，该企业的股权资本成本为10%。

要求：计算该公司2018年每股股权现金流量和每股股权价值。

案例分析

戴姆勒—奔驰与克莱斯勒合并的价值评估

一、合并背景

德国的戴姆勒—奔驰公司和美国的克莱斯勒公司均为世界著名的汽车制造公司，戴姆勒—奔驰的拳头产品为优质高价的豪华车，主要市场在欧洲和北美；克莱斯勒的产品几乎全部集中于大众车，主要市场侧重于美洲大陆。

20世纪90年代后期，全球汽车市场竞争日趋激烈，形成规模经济成为汽车公司战胜竞争对手的可行方法。戴姆勒—奔驰公司与克莱斯勒公司在产品和市场范围上正好互补，着眼于长远竞争优势的战略性考虑，公司合并被提上议事日程。双方通过合并可形成规模，合并后在采购、建设和制造、产品的分销、研发等方面都将产生整合效果，对现有设备的充分利用和分销系统的整合将提高销售收入，服务部门、管理部门等也可以通过合并而获得不同程度的益处。预计短期内，合并带来的成本降低和收入增加有25亿马克。从中长期看，采购优化及研究开发整合预计能带来超过50亿马克的整合效益。

二、价值评估

由于戴姆勒—奔驰与克莱斯勒两家公司的规模及所处地理位置分属欧洲大陆和美洲大陆，使合并的复杂程度和估价难度大大提高。因此，合并双方各自聘用了两家投资银行作为财务顾问，以便合理确定双方的股票价值和换股比例。

对于连续经营的公司来说，净资产账面价值不能决定企业内在价值，因此财务顾问否定了账面价值方法。尽管戴姆勒—奔驰公司以ADRs方式在美国上市，但财务顾问们认为，股票市场上的价格受股票数量、市场交易情况、投机性等众多因素影响，往往具有短期波动性，不能合理反映公司的内在价值。根据德国惯例和通行做法，在评估公司价值时不采用股票市场价格作为换股比较基准。清算价值法也被否定，因为戴姆勒—奔驰和克莱斯勒两家公司的收益价值均高于清算价值。最终，采用符合价值原理的收益现值法分别对两家公司进行估价。

首先，对两家公司分别进行单独估价，即在各自独立经营的基础上进行价值评估，不考虑戴姆勒—奔驰和克莱斯勒合并所产生的预期整合效应及合并费用。原因在于：第一，戴姆勒—奔驰和克莱斯勒在整合效果上的贡献相当；第二，与戴姆勒—奔驰和克莱斯勒公司的企业价值（分别为 1 020.71 亿马克和 8 037.9 亿马克）相比，整合效果不明显。

其次，从历史数据出发，同时考虑未来发展与竞争环境所导致的风险和机会两方面的因素，构造二阶段估价模型。第一阶段从 1998 年到 2000 年，第二阶段为 2001 年及以后年份。具体的步骤如下：

第一步：确定贴现收益。

(1) 合并双方财务顾问根据两家公司经审计的公开披露财务报表，对 1995—1997 年的各项收入和费用进行了详细分析，并对预期未来不会重复发生的一次性费用和收入项目进行了调整，分别计算得出戴姆勒—奔驰和克莱斯勒 1998、1999 和 2000 年各自所属部门的利息税前收益（EBIT）及其总和。

(2) 自 2001 年开始，假设两家公司的利息税前净收益保持不变，其数额等于最后一个预测年份（2000 年）利息税前净收益扣减不可重复发生的收入和费用项目。在利息税前净收益基础上，进一步扣除根据两家公司 1998 年 1 月 1 日资本结构计算得出的净利息费用、其他财务收入和费用、公司所得税，得到两家公司未来各年份的净收益。按照德国注册会计师协会企业价值评估委员会有关规定，公司估价时必须考虑股权投资者的纳税情况。在公司净收益的基础上，减去按 35% 的假设税率计算的股东所得税，得到最终用于贴现的税后净收益。如表 1、表 2 所示。

表 1　戴姆勒—奔驰公司贴现净收益

金额单位：百万马克

年份	1998	1999	2000	2001—
息税前收益（EBIT）	6 165	8 648	10 234	10 962
净利息费用和其他财务收入、费用	901	948	956	940
少数股东权益	−124	−165	−217	−240
税前收益	6 942	9 431	10 973	11 662
公司所得税	−1 683	−2 171	−2 444	−2 911
税后收益	5 259	7 260	8 529	8 751
股东所得税（35%）	−1 841	−2 541	−2 985	−3 063
贴现净收益	3 418	4 719	5 544	5 688

表 2　克莱斯勒公司贴现净收益

金额单位：百万马克

年份	1998	1999	2000	2001—
息税前收益(EBIT)	5 570	6 190	6 261	6 768
净利息费用和其他财务收入、费用	165	193	153	188
税前收益	5 735	6 383	6 414	6 956
公司所得税	−1 787	−2 458	−2 463	−2 609
税后收益	3 948	3 925	3 951	3 347
1998 年前三季度红利	−787			
不可扣减代扣所得税	−158	−196	−198	−217
扣除股东所得税前收益	3 003	3 729	3 753	4 130
折算汇率(马克/美元)	1.75	1.70	1.65	1.65
扣除股东所得税前收益	5 225	6 340	6 193	6 814
股东所得税(35%)	−1 839	−2 219	−2 167	−2 385
贴现净收益	3 416	4 121	4 026	4 429

第二步：确定贴现率。

贴现率被分解为三部分：基础利率、风险溢价和增长率扣减(修正值)。

从基础利率来看，两家公司合并时，正值市场处于低利率时期，资本市场收益率处于较低水平，并不足以代表预期未来长时期的利率水平。综合考虑 1980—1987 年德国最高信用等级证券的平均收益率为 7.0%，双方最终确定估价的基础利率为 6.5%。

风险溢价取决于公司及其所处行业的风险性。根据有关实证研究资料，平均风险溢价在 4%～6%之间。因为戴姆勒—奔驰和克莱斯勒基本属于同一行业，所以统一采用了 3.5%的风险溢价。因不同的评估机构提供的 β 值差异甚大，故未使用资本资产定价模型。

修正值：理论上资本市场利率包括通货膨胀风险补偿，但由于企业可以通过提高销售收入部分补偿未来通货膨胀所造成的成本上升，企业的名义收益将以未来通货膨胀率的一定比例增长，所以名义贴现率包括数值上等于未来通货膨胀率一定比例的可扣减利率，即所谓增长率扣减。假设通过提高销售价格，戴姆勒—奔驰和克莱斯勒的未来名义收益将以 1%的速度增长，则 2001 年及以后年份恒定收益的贴现率应减去 1%的修正值。1998—2000 年的各项收入和费用是按实际金额估算的，所以这三年的贴现率无须扣除修正值。

在考虑 35%的公司股东所得税率假设后，二阶段贴现率分别为 6.5%和 5.5%，计算结果如表 3 所示。

表 3　贴现率计算

单位:%

阶段	第一阶段 1998—2000	第二阶段 2001 及以后年份
基础利率	6.5	6.5
风险溢价	3.5	3.5
税前贴现率	10.0	10.0
假设股东所得税(35%)	3.5	3.5
税后贴现率	6.5	6.5
增长率扣减	0	1.0
最终使用的收益贴现率	6.5	5.5

第三步:非经营性资产的评估。

从价值原理和企业资产实际构成来看,收益现值仅仅反映了企业必要的经营性资产持续经营的价值,要得到企业完整的价值,还需要考虑非经营性资产(主要是不动产与艺术品)。这些可单独出售的非经营性资产并不影响企业持续经营价值,应单独估价,估价的方法是计算这些资产在市场上出售后扣除费用的净收益。

通过以上步骤,计算出戴姆勒—奔驰和克莱斯勒两家公司的收益价值分别为 102 071 和 80 379 百万马克。再加上非经营性资产的价值和其他价值因素,得到两家公司的内在价值分别为 110 010 百万马克和 80 439 百万马克(不出售库存股票)或 82 272 百万马克(出售库存股票)。

三、换股合并

1. 确定总股本数

由于合并双方实际情况非常复杂,参与估价的财务顾问对影响合并双方未来净收益和股本数额的主要因素进行了必要的技术性处理,使双方的估价基准具有可比性。

戴姆勒—奔驰公司 1996 年发行了附认股权证的 7 年期债券,1997 年发行了 5 年期的强制可转换债券,1996 年引入面向高级管理人员的股票期权计划。公司的价值和股本数量将受到这些认股权和转换权执行情况的影响。出于估价的目的,财务顾问假定 1996 年发行的认股权证将在合并日被全部执行,1997 年发行的可转换债券将在同一天被全部转换成股票,它们将导致自认股权执行和债券转换日起戴姆勒—奔驰公司利息费用的减少,从而使公司价值增加 743 百万马克。1996 年高级管理人员享有的股票期权计划允许高级管理人员购买一种 10 年期的可转换债券,这些债券赋予持有者在满足特定情况时以一定的价格将债券转换为戴姆勒—奔驰公司股票的权力。估价中也需要考虑此转换权对公司价值的影响。

克莱斯勒公司在合并前也向各级管理人员提供了股票期权、业绩奖励股票和其他与股票相关的权力。公司合并协议中规定上述与股票相关的权力被认为将在公司合并生效日前立即得到执行，所执行的股票价格是 1998 年 6 月 30 日克莱斯勒公司股票的市场价格。为了采用联营法处理此次公司合并，克莱斯勒公司可能还要出售其 3 000 万股的库存股票。在 1998 年 6 月 30 日股票市场价格的基础上，扣除 2.5%的股票发行费用及股票价格潜在的下跌和股东所得税，按 1998 年 6 月 30 日的汇率（1.80 马克/美元）计算，得出库存股票的价值为 1 833 百万马克。克莱斯勒是否应该出售库藏股票由戴姆勒—奔驰所换股票是否超过 90%而定。如果需要出售库存股票，则克莱斯勒公司的价值将增加 18.33 亿马克，同时股本数额将增加 3 000 万股。如果不需要出售库存股票，则克莱斯勒公司的价值和发行在外的股票数额都不会发生变化。

经以上调整后，戴姆勒—奔驰公司总股本 5.834 65 亿股，克莱斯勒公司总股本 6.595 亿股（不出售库存股票）或 6.895 亿股（出售库存股票）。两个公司的每股现值为

奔驰公司：1 100.10/5.834 65＝188.55 马克

克莱斯勒：822.72/6.895＝119.32 马克（出售库藏股票时）

804.39/6.595＝121.97 马克（不出售库藏股票时）

2. 确定合并换股比例

根据美国公认会计准则（GAAP），此次戴姆勒—奔驰公司与克莱斯勒公司的合并要想采用联合经营法处理，在合并报表时直接将账面价值相加，避免确认商誉，就必须要求第一阶段戴姆勒—奔驰公司至少有 90%的股东愿意接受换股。在戴姆勒—奔驰公司愿意接受换股的股东所占比例尚无法确定的情况下，为了鼓励更多的戴姆勒—奔驰公司股东接受换股，提高换股比例的吸引力，在最终的换股方案中确定了不同接受换股股东比例下不同的换股比例：

第一阶段：如果戴姆勒—奔驰公司换股股东不足 90%，则每 1 股戴姆勒—奔驰公司的股票换 1 股戴姆勒克莱斯勒公司（合并后的新公司）的股票，每 1 股克莱斯勒公司的股票换 0.623 5 股戴姆勒克莱斯勒公司的股票。

如戴姆勒—奔驰公司申请换股的股东达到 90%，则每 1 股戴姆勒—奔驰公司的股票换 1.005 股戴姆勒克莱斯勒公司的股票，每 1 股克莱斯勒公司的股票换 0.623 5 股戴姆勒克莱斯勒公司的股票。

第二阶段：如果戴姆勒—奔驰公司换股股东不足 90%，则每 1 股戴姆勒—奔驰公司的股票换 1 股戴姆勒克莱斯勒公司的股票。

如果戴姆勒—奔驰公司申请换股的股东达到 90%，则每 1 股戴姆勒—奔驰公司的股票换 1.005 股戴姆勒克莱斯勒公司的股票。

结合每股价值来看，最终的换股比例在一定程度上对戴姆勒—奔驰的股东更有利。但如果这样的换股比例能够吸引至少 90%的戴姆勒—奔驰股东接受换股，合并

后的企业就可以采用联营法进行会计处理，进而增强合并后的公司股票吸引力，使原克莱斯勒股东受益。

讨论题：

（1）德国的戴姆勒—奔驰公司并购美国的克莱斯勒公司的动因是什么？

（2）分析并购中采用换股并购的原因。

第 12 章　公司重组、破产和清算

学习目标

1. 理解公司重组的概念、分类、动因。
2. 理解资产剥离、公司分立和股权出售的差别。
3. 理解公司财务危机的概念及特征。
4. 掌握财务危机预警的模型。
5. 了解公司重整、债务和解和破产清算的程序与方法。

引导案例

风华集团的重整之路

2008 年 3 月 6 日，广东省肇庆市中级人民法院宣布批准广东风华高科技集团有限公司（以下简称“风华集团”）的重整计划草案。这是新的《中华人民共和国企业破产法》自 2007 年 6 月 1 日实施以来，广东省内批准以重整方式解决企业破产申请的第一宗案——也是继广东国际信托投资公司破产案后，广东法院在审理企业破产案件上闯出的“新路子”。

由于 2001 年以来长达 5 年的全球电子元器件行业调整及历史原因，电子元器件行业不景气，产品盈利能力下降。风华集团自 2002 年开始连年亏损，而多年的亏损造成企业经营运作十分困难，处于严重资不抵债的状态，已经无法清偿到期债务。债权人为保护自身合法权益，在 2007 年 3 月向肇庆市中级人民法院申请宣告风华集团破产还债。收到上述申请书后，肇庆市中级人民法院于 2007 年 6 月 29 日受理了该破产案。

如果破产清算，则必将对地方经济发展和社会稳定产生强烈的负面影响。肇庆市中级人民法院经过全面审查和慎重考虑后，批准风华集团进入重整程序。在各方努力协调下，风华集团计划筹集资金 8.77 亿元全部用于清偿到期债务，实现 4 个 100%：自法院批准重整计划草案之日起半年内，对有财产担保的债权，按质押物的评估价值，获得 100% 一次性现金清偿；所欠职工债权，获得 100%一次性现金清偿；所欠税款，不实行减债；普通债权获得 21.95%的一次性现金清偿，其余 78.05%的债务予以免除；9 000 多职工

100%不用下岗。

☞思考　风华集团进行重整的原因是什么？

12.1　公司重组

12.1.1　公司重组的定义

公司重组是公司针对现有的各种生产要素和资源，通过公司间的兼并和收购、出售与分立等各种方式，实现生产要素和资源在公司间的合理流动与重新配置，从而实现资源共享、提升效益、公司扩张和发展等战略层次目标的行为。公司重组一般会对原有公司的产权结构、组织结构、控制权乃至法人地位产生重大影响。公司重组有广义与狭义之分。广义的公司重组包括公司的所有权、资产、负债、人员、业务等要素的重新组合和配置，可分为扩张重组、收缩重组和破产重组三类。扩张重组是指公司通过并购、上市扩股、合资等方式扩大经营规模和资产规模的重组活动；收缩重组是指公司通过资产剥离或资产出售、公司分立、股权出售、股票回购、股份置换等方式对公司现有的经营业务或资产规模进行缩减的重组活动；破产重组是指通过债务重整的方式将一些濒临破产的公司的债务进行重整，以使其恢复正常经营的重组方式。狭义的公司重组则仅仅是指公司进行收缩重组。本章所讲的公司重组是狭义的公司重组。

下面介绍三种常见的公司重组方式：资产剥离、公司分立和股权出售。

12.1.2　资产剥离

1. 资产剥离的概念

资产剥离是指公司将其现有的某些子公司、部门、产品生产线、固定资产等出售给其他经济主体，并取得现金或有价证券的回报。所以，资产剥离实质上并未缩小资产的规模，只是对资产的形式进行了转换。最常见的形式是母公司出售子公司或部门给别的公司，而这个过程中母公司只是缩减了企业的经营规模。

2. 资产剥离的动机

引起资产剥离的动机有很多，主要有以下几个方面：

① 盈利状况欠佳。即公司某一部门或子公司的经营业绩长期达不到预期，投资报酬率达不到公司要求的最低标准，那么公司决策层就应当考虑将其出售。公司要求的最低投资报酬率是公司用来评价各个部门业绩的最低报酬率标准，通常可以将公司的资本成本率作为最低投资报酬率标准。当然，有些时候公司管理层可能不愿意剥离盈利状况欠佳的部门，因为这样就等于承认其管理不力或者先前的收购决策有误。但是，从股东的利益出发，公司应当尽早进行资产剥离，以免这些部门拖公司业绩的后腿。

② 负协同效应。公司并购的主要动机之一是为了发挥并购的协同效应，即两家公司

合并后可以产生额外收益,使得合并后公司的整体价值超过合并前两家公司价值之和。但是,如果并购后不能进行有效的整合,并购不仅不能产生正向收益,甚至还会产生负协同效应。负协同效应是指某一部门或子公司对于公司价值的贡献要小于其市场价值。在这种情况下,外部收购者的开价可能超过该部门在母公司中所体现的价值。许多大公司里面的某一部门营业业绩并不理想,但若是将部门独立出去或者出售给别的公司就可以获得很高的收益,因为大型公司的混合并购一方面分散了公司的经营风险,同时也分散了公司内部有限的资源,削弱了公司整体的核心竞争力,不仅没有实现并购的协同效应,反而出现了负协同效应。

③ 资本市场因素。结构复杂的大型公司可能会令投资者感觉难以归类,从而影响其投资意愿。剥离信息的宣告则可以表明公司投资战略或经营效率的改变,并且削减公司部门,可以方便投资者进行归类,从而对其投资意愿产生正向影响,给公司带来更多的资本市场机会。

④ 非自愿剥离。剥离既可出于自愿,也可以出于非自愿。非自愿剥离是指政府主管部门或司法机构以违反反托拉斯法为由,迫使公司剥离其一部分资产或业务。经常发生的情况是,在兼并与收购活动中,政府可能认为兼并后的公司将在某一市场上造成过度的垄断或控制,损害公平竞争,从而要求公司剥离其一部分资产或业务。

⑤ 经营战略的调整。任何一个公司都是在动态的环境中经营的,为了适应环境的变化,公司的经营方向和战略目标也要随之做出调整和变化。例如,有些部门或业务本身是盈利的,但是由于公司主业发生变化,经营的战略重点改变了,公司准备将更多的资源投入到新的主业中去,也会考虑将盈利的业务出售。此外,一家公司也可以采用剥离的方式从某一竞争激烈的市场中退出。如某公司在一些产品市场上遇到了强大的竞争,就目前该公司的生产率水平、研发能力而言,很难在竞争中取胜,因此,公司决定从这些市场上退出,并将相关业务部门出售给一家较大的、有较强融资能力的公司,从而避免公司在竞争中可能造成的损失。

3. 资产剥离的一般流程

(1) 选择操作人员

对于大中型的企业和公司,一般都设有财务部、计划部或是从事资产剥离工作的部门,由他们负责经营性资产剥离工作不仅可以节约成本,而且可以保护企业的商业机密。对于中小型企业或公司而言,可以采取聘请、委托外部专业机构或人员进行操作的方式,这些专业机构包括投资银行、专业的并购与剥离公司、经纪公司、会计师事务所、律师事务所、管理顾问公司等。

(2) 制作资产剥离备忘录

备忘录的内容包括:企业资产剥离的原因,企业的历史背景,企业目前的状况,企业的未来发展潜力,企业产品生产线状况,企业的服务能力,企业的人员状况、固定资产状况、房地产状况,企业的综合财务状况等。企业的财务状况应包括:3～5 年的利润表、资产负债表,现金流量表和短期财务状况预测等。

(3) 确定最终的购买者

可以由选择的操作人员拟定一份可能的购买者名单,通过拍卖或个别谈判的方式出售资产。如果选择个别谈判方式,应当在能够控制的基础上同时与数个有购买意向的公司或企业接触。初步确定购买者后,应当尽快就实质问题展开谈判,并最终判断资产剥离是否可行。

12.1.3 公司分立

1. 公司分立的概念

公司分立是指一个公司依法分成两个或两个以上公司的经济行为。公司分立一般有新设分立和派生分立两种方式。新设分立是指将一个公司分割成两个或两个以上的具有法人资格的公司,原公司解散。新设分立后的新设公司应当依法向工商行政管理部门办理登记手续,原公司消亡,应办理注销手续。派生分立是指一个公司将原公司的一部分资产和业务分离出去另设一个新的公司,原公司存续。分立是企业缩减公司经营规模,实现股东财富最大化的常用方式。

2. 公司分立的动机

① 提高经济效益。为了公司今后有更好的发展,提高公司的经济效益和管理效率,需要将大的公司拆分,使得公司经营策略更灵活、易操作。生产经营只有在合理的区间内,才是最经济的。生产经营规模太小,会使单位业务量分摊的固定成本太多,从而影响公司的经济效益;生产经营规模太大,往往会降低管理效率,容易滋生官僚主义,也会影响公司的经济效益。对规模过于庞大的公司进行分立,有利于加强公司的管理,提高运营效率与收益,以更好地适应市场的变化。

② 避免陷入反垄断诉讼。当公司规模过大时,很可能会面临政府的反垄断管制,这时,为了避免反垄断诉讼的发生,防止政府将公司切分,公司会主动采取公司分立等措施,使公司受到的冲击最小化。如 1984 年电信巨头美国电话电报公司的分立就属于这种情况。因美国司法部对该公司的反托拉斯诉讼,1984 年美国电话电报公司的 22 个运营公司被重组分立为 7 个区域性公司,而新的美国电话电报公司仅保留了长途电话服务业务。

③ 反收购。公司分立也是反收购的一种手段。当公司面临敌意收购时,可能会分立出某些部门,以降低自身对收购者的吸引力,这种公司分立可以称为防御性分立。但是,如果这种防御性分立降低了股票价值,可能会遭到股东的反对。

3. 公司分立的财务可行性分析

公司分立作为一种经济行为,是为了谋求经济利益的最大化,因此,在实施公司分立之前,也需要进行财务可行性分析。一般采用折现现金流量法计算出分立前后的公司价值并进行比较,只有在分立后,各公司价值之和大于分立前的公司价值的情况下,公司分立方案才是可行的。

【例 12-1】 某市A公司为了提高企业的营运效率，经董事会研究决定，将公司分立为B和C两个公司。根据以往数据预测，分立前A公司今后10年经营活动产生的现金净流量的现值，即公司价值为10 000万元；分立后B和C两个公司今后5年的各年现金净流量如表12-1所示。从第6年起，B公司每年的现金净流量为850万元，C公司每年的现金净流量为900万元。假定市场利率为10%，且在分立过程中没有分立费用。试问该分立方案是否可行？

表 12-1 B公司和C公司的现金净流量

金额单位：万元

项目	第一年	第二年	第三年	第四年	第五年
B公司	500	600	630	720	750
C公司	580	620	690	730	800
合计	1 080	1 220	1 320	1 450	1 550

解 分立后B公司和C公司的估值如下：

$$V=1\,080\times(P/F,10\%,1)+1\,220\times(P/F,10\%,2)+1\,320\times(P/F,10\%,3)+1\,450\times(P/F,10\%,4)+1\,550\times(P/F,10\%,5)+1\,750\times(P/A,10\%,5)\times(P/F,10\%,5)$$

$$V=1\,080\times0.909+1\,220\times0.826+1\,320\times0.751+1\,450\times0.683+1\,550\times0.621+1\,750\times3.791\times0.621$$
$$=9\,053.53(\text{万元})$$

分立前A公司价值为10 000万元，通过计算可知，分立后B公司和C公司的价值为9 053.53万元，也就是说，分立后公司价值降低了946.47万元，因此该公司分立方案在财务上是不可行的。

12.1.4 股权出售

股权出售是指公司将持有的子公司的股份出售给其他投资者。资产剥离出售的是公司的资产或部门而非股份，与资产剥离不同，股权出售的则是公司所持有的子公司的全部或部分股份，如果仅是出售部分股份，则公司将继续留在子公司所处的行业当中。股权出售也可以成为一些公司的筹资方式。股权出售后，母公司可能不再继续拥有对子公司的控制权，子公司的股东发生变化，一般会组建新的管理团队来独立经营公司。股权出售的动机与资产剥离交易基本相同，产生的效应也相近。研究表明，股权出售能够给母公司股价带来积极影响，从而给股东带来正的财富效应。

12.2　财务预警

12.2.1　财务危机

1. 财务危机的含义

财务危机通常也称为财务失败，它是指一个公司无力偿还到期债务的困难和危机。

财务危机既包括轻微的财务困难，也包括极端的破产清算及介于两者之间的各种情况。《中国注册会计师独立审计具体准则——持续经营》列示的公司财务危机的迹象包括：资不抵债；营运资金出现负数；无法偿还到期债务；无法偿还即将到期且难以展期的借款；过度依赖短期借款筹资；主要财务指标显示财务状况恶化；累计经营性亏损数额巨大；无法履行借款合同中的有关条款；存在大量不良资产且长期未做处理；重要子公司无法持续经营且未进行处理；无法获得供应商的正常商业利润；难以获得开发必要新产品或进行必要投资所需的资金；显示财务状况恶化的其他迹象。

2. 财务危机的基本特征

① 渐进性。公司出现财务危机直至破产是一个渐进与累积的过程。在这个过程中，财务危机由表及里，由轻至重，集中反映公司一定时期在资金筹集、投资、占用、耗费回收、分配等各个环节上所出现的失误，是各种财务活动行为失误的综合。例如，由于公司经营战略错误导致产品竞争力下降，产品的市场占有率、销售收入、毛利率均随之下降，最终导致公司出现亏损。如果管理层不及时调整产品策略、提高产品竞争力并寻找新的利润增长点，销售收入将持续下降，亏损不断扩大，公司的财务资源将逐渐被消耗，又无法从外部获取资金，大量到期债务无法偿还，最终公司在内忧外患中陷入困境，难以自拔。

② 多样性。在市场竞争的条件下，企业财务危机的多样性主要表现在两个方面：一是财务危机形成原因的多样性；二是财务危机征兆表现的多样性。企业财务状况受到各种内外部因素的交互影响，如外部竞争环境、内部经营管理、财务运作行为等方面的问题都可能导致企业出现财务危机。不同程度的财务危机将通过财务变量、生产、营销、人事等不同方面的征兆表现出来。企业管理者如能较为全面地掌握出现财务危机可能的原因与征兆，将有利于根据原因和征兆对财务危机进行有重点地预先控制与识别判断。

③ 突发性。财务管理受企业经营环境的多样化、经营过程的多样化及财务行为方式多样化的影响。其中，有些因素是可以把握和控制的，但更多因素是爆发性的、意外性的，有的甚至是急转直下的。例如，某企业经营状况很好，但在事先没有察觉的情况下，由于一个长期贸易伙伴突然宣布倒闭，造成数额巨大的应收账款不能预期收回，使企业陷入困境。当突变性这一特征显现时，若在企业承担短期风险的控制能力范围内，则企业可安然度过风险；若超过企业短期承担风险的最高限度，那么，企业就将陷入危机。

12.2.2 财务危机的预警

1. 财务危机预警的概念

为了防止企业陷入财务失败的困境，企业必须对经营状况和财务指标等因素变化中体现的财务危机征兆发出警告，并寻找原因，提出相应的解决措施，从而形成一种预警机制，即公司财务危机预警。它可以给企业提供重要的财务信息，发现并防范企业可能发生的财务危机。一般来说，预警系统的灵敏度越高，企业对财务危机的反应能力越强，就越能有效地防范与解决问题，以避免财务危机的发生。一个有效的财务危机预警系统，可以帮助企业实现以下功能：

① 监测功能。即跟踪企业的生产经营过程，将企业生产经营的实际情况同企业预定的目标、计划、标准进行对比，对企业营运状况做出预测，找出偏差，并分析产生偏差的原因或存在的问题。当危及企业财务的关键性因素出现之时，便可发出警告，让企业经营者早日寻求对策，以减少财务损失。

② 诊断功能。它是财务预警体系的重要功能之一，是指根据跟踪监测的结果，运用现代企业管理技术、企业诊断技术对企业营运状况之优劣做出判断，找出企业运行中的弊端及其病根所在。例如，某家企业的流动比率恶化，导致财务经理频繁调动资金以应付日常财务周转。

③ 治疗功能。即通过监测、诊断，判断企业存在的弊病，找出病根之后，就对症下药，以更正企业营运中的偏差或过失，使企业回到正常运转的轨道。一旦发现财务危机，经营者就要通过内部挖潜或积极寻求外部财源来阻止财务危机持续恶化。

④ 健身功能。即通过预警分析，企业能系统而详细地记录财务危机发生的缘由、处理经过、解除危机的各项措施，以及处理反馈与改进建议，作为未来类似情况的前车之鉴。这样，可将企业纠正偏差与过失的一些经验、教训转化成企业管理活动的规范，以免再犯同样或类似的错误，不断增强企业的免疫能力。

2. 财务危机预警的方法

财务危机预警的方法主要有定性分析和定量分析两大类。这两大类方法的区别主要在于，是否将预测的结果加以数量化。也就是说，采用定性分析法所得出的结果是一种判断，而采用定量分析法则可以测得财务危机的警度数值。

1）定性分析法

(1) 风险分析调查法

风险分析调查法又称标准化调查法，即通过专业人员、调查公司、协会等对企业遇到的问题进行详细的调查分析，得出结论，供企业经营管理人员参考的一种方法。之所以称此方法为“标准化调查法”，并不是指此方法所使用的报告文件或调查表格具有统一的格式，而是指运用这种方法所提出的问题对所有企业或组织都是有意义的、普遍适用的。这种方法的优点正在于此，但其缺点也由此而生，即这种方法对特定的企业来说，无法提供特定问题、特殊风险的一些个性特征。另外，该方法所使用的表格没有对要求回答的每个问题进行解释，也没有引导使用者对所问问题之外的相关信息做出正确判断。

(2)“四阶段症状”分析法

“四阶段症状”分析法是把企业财务运营病症大体分为 4 个阶段，如表 12-2 所示，每个阶段都有其典型症状。如果企业有相应情况发生，就一定要尽快弄清病因，采取相应措施，以摆脱财务困境，恢复财务正常运作。

表 12-2　“四阶段症状”表

财务危机潜伏期	财务危机发作期	财务危机恶化期	财务危机实现期
① 盲目扩张； ② 无效市场营销； ③ 疏于风险管理； ④ 缺乏有效的管理制度，企业资源分配不当。	① 自有资金不足； ② 过分依赖外部资金、利息负担较重； ③ 债务长时间延付。	① 经营者无心经营业务，专心于财务周转； ② 资金周转困难； ③ 债务到期无力支付。	① 资不抵债； ② 宣布倒闭。

2) 定量分析法

定量分析法是根据公司的财务数据和财务报表，用统计的方法找出财务危机公司财务指标的异常值，并用数学模型综合反映这些差异，从而为公司的财务预警提供依据。财务预警模型有单变量预警模型和多变量预警模型，下面介绍目前常用的多变量预警模型。

多变量模型即以多种财务比率加权汇总产生的总判别值为考虑对象，建立一个多元线性函数模型，以综合反映企业风险。它相比单变量模型更注重企业盈利能力对企业财务危机的影响，预测能力也更强。在这方面许多学者有所建树，如美国学者奥特曼(Altman，1968)的 Z-Score 五变量模型、迪肯(Deakin，1972)的概率模型、埃德米斯特(Edmisterd，1972)的小企业研究模型、达艾蒙德(Dimond，1976)的范式确认模型等。

(1) Z 计分模型

美国学者奥特曼于 1968 首次利用多变量分析技术对企业财务危机进行判别分析，构建了 Z 计分模型。奥特曼使用了 33 家失败公司和 33 家成功公司的财务数据，并且挑选了 22 个财务比率进行实验。在实验过程中使用了一种特殊的软件程序，第一步结果得到了 22 个函数，区分成功和失败公司能力最差的函数被淘汰，然后继续运行这个统计软件。这样一次一次重复，每次都去掉一个区分能力最差的比率，最后奥特曼保留并使用了 5 个比率，通过加权汇总后产生的总判别分(Z 值)来预测企业的财务危机。其判别函数为

$$Z=0.012X_1+0.014X_2+0.033X_3+0.006X_4+0.999X_5$$

其中，X_1＝营运资本/总资产。营运资本＝流动资产－流动负债，它反映了企业资产折现力和规模特征，一个持续亏损的企业必定表现出 X_1 的不断减少。

X_2＝留存收益/总资产。留存收益是公司在整个寿命期内投资的收益和损失总量，该指标反映了企业的累积获利能力，X_2 越大，说明企业抗风险的能力越强。

X_3＝息税前利润/总资产，即资产利润率。它反映了企业的盈利能力水平，可衡量除

去税收或其他杠杆因素外，公司资产的获利能力，它通常是衡量企业财务失败的最有力依据之一。

X_4＝权益市场价值/总债务的账面值。它可衡量企业的资本结构，反映企业的价值和承担的债务之间的关系。

X_5＝销售收入/总资产，称为总资产周转率，它反映了企业的资产利用效率，并可推定其在竞争条件下的有效经营能力。

奥特曼通过对 Z-Score 模型的进一步研究得出，Z 值越低，企业发生财务危机的可能性就越大。在此基础上，他提出了判断企业财务失败或破产的临界值：当 Z 值超过 2.675 时，为非破产企业；当 Z 值低于 1.81 时，为破产企业；当 Z 值处于 1.81～2.675 之间时，企业财务状况极不稳定，误判的可能性很大，所以奥特曼称此区间为“灰色地带”。

1968 年，奥特曼以 1946—1964 年间提出破产申请的 33 家企业和相对应的 33 家非破产企业为样本，对样本检验之后发现，它正确预测了这 66 家企业中 63 家企业的结果，预测的成功率明显超过了单变量预测模型。近年来，法国、英国、德国等许多国家也进行了类似的分析。尽管 Z 值的判断标准在各国有一定的差异，但各国“财务失败组的 Z 值均明显低于财务不失败组，且财务失败企业的 Z 值的平均值都低于临界值 1.81”，这些都可说明多变量预测模型在预测企业财务运行状况中的作用。

为了便于为非上市公司评分，1977 年奥特曼等人又对原始的 Z 计分模型进行扩展，建立了第二代模型——ZETA 模型。这一模型选取了 1962—1975 年间的 53 家破产企业和 58 家配对的正常公司，样本公司资产规模在 1 亿美元左右，而且包括了相当数量的零售类企业，因而 ZETA 模型的适用性有所提高。

这一模型对“Z 计分模型”做了如下修正：第一，财务比率 X_4 的计算公式中，分子用企业的账面价值代替普通股和优先股的市场价值总额，因为非上市公司没有市场价值指标，其余指标意义同“Z 计分模型”；第二，修改了“Z 计分模型”中各变量的系数，即

$$Z=0.717X_1+0.847X_2+3.107X_3+0.420X_4+0.998X_5$$

修改后，Z 值的判别范围也有了调整：如果 Z 值大于 2.90，则表明企业的财务及经营状况良好，此时企业发生破产的可能性较小；如果 Z 值小于 1.23，则表明企业正处于破产的边缘；如果 Z 值在 1.23～2.90 之间，则为“灰色地带”，此时企业财务及经营状况极不稳定。

(2) F 分数模型

由于 Z 值模型建立时未考虑现金流量变动的情况，中国学者周首华、杨济华构建了“F 分数模型”。F 分数模型加入现金流量这一预测变量，使得评价企业破产的模型更有效。

$$F=-0.1744+1.1091X_1+0.1704X_2+1.9271X_3+0.0302X_4+0.4961X_5$$

式中，X_1＝营运资金/资产总额；X_2＝留存收益/资产总额；X_3＝(净利润＋折旧)/平均总负债，可作为偿还债务能力的重要指标；X_4＝权益总值/负债总额；X_5＝(净利润＋折旧＋利息)/资产总值，用于测定企业总资产在创造现金流量方面的能力。

F 分数模型中的 5 个自变量的选择基于财务理论，其临界点为 0.027 4。若公司的 F 分数低于 0.027 4，则公司被预测为破产公司；反之，若 F 分数高于 0.027 4，则公司被预测为具有继续生存能力。

12.3　公司破产与清算

12.3.1　公司破产

1. 破产的概念及特征

企业破产是市场经济条件下的一种客观经济现象，它是指因管理水平低下、盲目地扩张、激烈的市场竞争、过高的负债等原因造成公司经营状况恶化，效益低下，在市场竞争中被淘汰，债务人不能清偿到期债务，通过债务人与债权人达成和解协议、重整企业、清偿债务，或者通过清算等法律程序公平清偿全体债权人。“破产”一词有广义与狭义之分，狭义的破产仅指破产清算，广义的破产则还包括和解与重整。本章主要介绍广义的破产。

破产原因是申请债务人破产的事实根据，是对债务人进行破产清算和破产预防的法律事实，也是破产程序启动、变更和终结的法律依据。我国新《破产法》对所有的法人企业的破产做了统一的规定，《破产法》第二条规定“企业法人不能清偿到期债务，并且资产不足以清偿全部债务或者明显缺乏清偿能力的，依照本法规定清理债务。”《破产法》第七条规定“债务人不能清偿到期债务，债权人可以向人民法院提出对债务人进行重整或者破产清算的申请。企业法人已解散但未清算或者未清算完毕，资产不足以清偿债务的，依法负有清算责任的人应当向人民法院申请破产清算。”

公司破产有一定的法律程序，并具有如下法律特征：

① 破产是清偿债务的法律手段。当债务人不能清偿到期债务时，法院根据债权人或债务人的申请，将债务人的破产财产依法分别分配给债权人，以了结债权债务关系。

② 破产以法定事实的存在为前提。尽管各国《破产法》的规定各不相同，但都以法定事实的存在作为破产的前提。如美国《破产法》以不能偿债为法定事实，德国《破产法》以资不抵债为法定事实。

③ 破产必须经法院审理，以实现公平受偿，保护双方当事人的合法权益，通过法院宣告破产，债务人民事主体资格消亡。

2. 破产程序

虽然世界各国《破产法》的具体规定各不相同，但是破产程序基本相同，包括重整、和解及破产清算三个程序，其中重整和和解程序可以统称为破产重组。

重整是指不对无偿付能力债务人的财产立即进行清算，而是在法院的主持下由债务人与债权人达成协议，制订重整计划，规定在一定的期限内，债务人按一定的方式全部或部分地清偿债务，同时债务人可以继续经营其业务的制度。这使得破产不仅是“市场退出法”，还是一种“企业恢复生机法”。因为达成和解协议之后，陷入危机的企业还可以通过有力的重整措施，避免破产清算，从而可以在管理人的监督下自行管理财产进行经营活动。作为一种再建型的债务清偿程序，在“促进债务人复兴”的立法目的指导下构建的重整制度是国际化潮流。

和解也称破产和解，是指在人民法院受理破产案件后，债务人与债权人之间就延期偿还和减免债务问题达成协议，中止破产程序的一种方法。和解是一种特殊的法律行为，与一般的法律行为不同。一般的法律行为以双方当事人的意思表示一致为条件，而这种法律行为不仅需要债权人会议与债务人意思表示一致，而且要经过人民法院的裁定认可，前者为和解协议生效的实质要件，后者为和解协议生效的形式要件，两者缺一不可。

破产清算程序是指在公司面临终止的情况下，负有公司清算义务的主体按照法律规定的方式、程序对公司的资产、负债、股东权益等做全面的清理和处置，并公平偿还债权人的法律程序。公司的清算主体应是法律基于对公司资产享有的权益或者对公司的重大管理权限确定的，在公司清算时组织公司清算义务的主体——清算组，不是清算主体，它只是清算主体任命或者具体操作公司清算事宜的临时性组织，由于公司的清算涉及股东、债权人、债务人、担保人、公司职员及一些社会公共利益，公司清算必须以科学的程序和法律法规为基础，公正、客观地反映公司实际情况，公正地处理相关的利益纠纷。公司清算的范围为公司的出资、资产、债权、债务的审查，重点应当清查公司资产，分析债权债务的性质、清偿和收回的合理性依据，为公司偿还债务、股东分配剩余财产提供合理的依据。

以上就是当企业陷入财务危机，达到破产界限时可以使用的三种解决方式，即重整、和解或者破产清算。前两种方式属于破产重组，破产重组是对已经达到破产界限的企业的挽救措施。通过破产重组，当债务人不能清偿到期债务时，不必立即进行破产清算，而是在法院的主持下，由债务人和债权人达成协议，制订债务人重整计划或债务和解计划，债务人可以继续营业，并在一定期限内按计划全部或部分清偿债务。因此，破产重组既可以解决债务人的债务问题，又可以使债务人获得自我拯救、重新开始的机会，继续从事经营活动。

12.3.2 公司重整

重整具有债务清理和拯救企业的双重目的，是一种再建型的制度设计，以促进债务企业复兴为目的，进而尽量减少债权人和债务人股东的损失。重整的程序可以分为四个步骤：

(1) 重整申请

新《破产法》第 70 条规定“债务人或者债权人可以依照本法规定，直接向人民法院申请对债务人进行重整。债权人申请对债务人进行破产清算的，在人民法院受理破产申请后、宣告债务人破产前，债务人或者出资额占债务人注册资本十分之一以上的出资人，可以向人民法院申请重整。”

由债权人或债务人向法院申请重整，企业法人只要具备明显缺乏清偿能力的可能性就可以申请进入重整程序。法院经审查认定重整申请符合法律规定的，应裁定债务人重整，并予以公告。自法院裁定债务人重整之日起至重整程序终止为重整期间。设立重整期间的目的在于使管理人或者债务人能够在这段法定的保护期内提出重整计划草案，供债权人分组表决通过、法院认可。

(2) 重整方案的制订

在人民法院裁定重整的6个月内，债务人或管理人需向债权人会议和法院同时提交重整计划草案。如果债务人未能在期间完成计划草案，则法院应裁定终止裁定程序，并宣告债务人破产。

管理人是在破产程序中根据法院的指定负责债务人财产的管理、处分、业务经营及破产方案的拟订和执行的专门机构。新《破产法》引入国际通行的破产管理人制度，规定管理人主要由律师事务所、会计师事务所、破产清算事务所等社会中介机构担任，按照市场化方式进行运作。新《破产法》规定了三种形式的管理人，即清算组、律师事务所等中介机构及中介机构中具备相关专业知识并取得执业资格的人员，并指定管理人以中介机构为首选形式。保留清算组作为管理人，一是可保证案件处理的连续性；二是在破产案件不便或不宜（如政策性破产）指定中介机构为管理人时，可沿用清算组模式。

重整计划草案应当包括下列内容：债务人的经营方案；债权分类；债权调整方案；债权受偿方案；重整计划的执行期限；重整计划执行的监督期限；有利于债务人重整的其他方案等。

(3) 重整方案的批准

法院在收到重整计划草案的30日内召开债权人会议，对重整计划进行表决，表决通过后10日内，债务人或管理人向人民法院申请批准重整计划，法院在收到申请的30日内裁定批准。

(4) 重整计划的执行与终止

重整计划获得批准后由债务人负责执行，并在监督期内接受管理人的监督，监督期满，管理人向人民法院提交监督报告，管理人的监督职责终止，重整计划的利害关系人有权查阅该监督报告。必要时，管理人可以申请人民法院批准延长监督期限。重整计划对所有债权人和债务人都有约束力。如果债务人出现不能执行，或者没有按要求执行，或不执行重整计划等法律规定的情形，经管理人或利害关系人请求，法院裁定终止重整程序，宣告债务人破产，这种情况即为重整程序失败终止。如果重整计划经债权人会议通过，并经法院批准后，债务人成功执行重整计划，债务问题得以解决，即为重组程序正常终止。

12.3.3　和解程序

和解是在债务人发生破产原因时，为了避免债务人破产，由债务人与全体（或者大部分)债权人达成和解协议，按照和解协议调整债务人的债务、减轻债务人的负担，以使债务人恢复生机，并使债权人有可能得到比通过破产程序所能得到的更多的清偿的一种法律制度。不同于重整，和解申请一般由债务人提出，即债务人可直接向人民法院申请和解，也可以在人民法院受理破产申请后、宣告债务人破产前，向人民法院申请和解。

和解是一种强制和解。和解并非需要每一个债权人的同意，而只需要经过债权人会议以多数表决制度通过就行。根据新《破产法》第 97 条的规定，债权人会议通过和解协议的决议，需由出席会议的有表决权的债权人过半数同意，并且其所代表的债权额占无财产担保债权总额的 2/3 以上。因此，和解实际上是债务人和债权人会议的和解。

债权人会议通过和解协议的，由人民法院裁定认可，启动和解程序，并予以公告。管理人应当向债务人移交财产和营业事务，并向人民法院提交执行职务的报告。享有无财产担保的债权人称为和解债权人，和解债权人与债务人一同受和解协议的约束，按照协议减免的债务，自和解协议执行完毕起，债务人不再承担清偿责任。

人民法院裁定认可的和解协议，对债务人和全体和解债权人均有约束力。和解债权人未依照法律规定申报债权的，在和解协议执行期间不得行使权利；在和解协议执行完毕后，可以按照和解协议规定的清偿条件行使权利。而在和解程序中，债权人未依法申报债权的，在债权人会议表决和解协议最后草案之前未补报债权的，不得再补充申报债权。

和解协议草案经债权人会议表决未获得通过，或者已经债权人会议通过的和解协议未获得人民法院认可的，人民法院应当裁定终止和解程序，并宣告债务人破产。因债务人的欺诈或者其他违法行为而达成的和解协议，人民法院应当裁定无效，并宣告债务人破产。债务人不能执行或者不执行和解协议的，人民法院经和解债权人请求，应当裁定终止和解协议的执行，并宣告债务人破产。

12.3.4 公司清算

1. 公司清算的概念

公司清算是指在公司面临终止的情况下，负有公司清算义务的主体按照法律规定的方式、程序对公司的资产、负债、股东权益等做全面的清理和处置，使得公司与其他社会主体之间产生的权利和义务终结，从而为公司的终止提供合理依据的行为。

公司出现以下情形之一，应当进行清算：

① 公司章程规定的营业期限届满或公司章程规定的其他解散事由出现(如经营目的已达到而不需继续经营，或目的无法达到且公司无发展前途)。

② 公司股东大会决定解散。

③ 公司合并或分立需要解散。

④ 公司违反法律、行政法规被依法责令关闭。

⑤ 发生严重亏损或投资一方不履行章程规定的义务，或因外部经营环境变化而无法继续经营。

⑥ 公司被依法宣告破产。

2. 破产清算程序

破产清算由法院裁定，严格按法定程序进行，这一程序一般包括如下几个步骤：

① 提出破产清算申请。债务人可以向人民法院提出破产清算申请；债务人不能清偿到期债务的，债权人可以申请人民法院对债务人进行破产清算；企业法人已解散但未清算或者未清算完毕，资产不足以清偿债务的，依法负有清算责任的人应当向人民法院申请破产清算。

② 法院受理破产申请。人民法院应当自收到破产申请之日起 15 日内裁定是否受理，经上一级人民法院批准，可以延长 15 日。受理后自裁定作出之日起 5 日内送达申请人。债权人提出破产申请的，人民法院应当自收到申请之日起 5 日内通知债务人。债务人对申请有异议的，应当自收到人民法院的通知之日起 7 日内向人民法院提出。人民法院应当自异议期满之日起 10 日内裁定是否受理。

人民法院裁定受理破产申请的，应当同时指定管理人。管理人可以由有关部门、机构的人员组成的清算组或者依法设立的律师事务所、会计师事务所、破产清算事务所等社会中介机构担任。

③ 债权人申报债权，选举债权人委员会。法院受理破产申请后，应当确定债权人申报债权的期限。债权人应当在法院确定的债权申报期限内向管理人申报债权。债权人申报债权时，应当书面说明债权的数额和有无财产担保，并提交有关证据。申报的债权是连带债权的，应当说明。管理人收到债权申报材料后，应当登记造册，对申报的债权进行审查，并编制债权表，召开债权人会议，选举债权人委员会。债权人会议是由依法申报债权的所有债权人组成的，可决定债务人在破产期间的重大事项。

④ 法院依法宣告公司破产，由此企业正式进入破产清算程序。法院宣告债务人破产后，应当自裁定之日起 5 日内送达债务人和管理人，自裁定之日起 10 日内通知已知债权人，并予以公告。债务人被宣告破产后，债务人称为破产人，债务人财产称为破产财产，法院受理破产申请时对债务人享有的债权称为破产债权。

⑤ 处置破产财产。管理人接管破产公司，负责破产财产的保管、清理、估价、处理和分配，全面清查财产、债权、债务。清算组成立后，应对破产企业的财产、债权、债务做全面检查，编制出资产负债表和详细的财产目录。制定的破产财产分配方案，需经债权人会议讨论通过，法院裁定后执行。

⑥ 终结破产程序。管理人向法院提交破产财产分配报告，法院裁定终结破产程序，管理人持裁定公告办理企业注销登记、停业登记，自此，公司法人资格正式终止。

3. 破产债务的清偿

人民法院依《破产法》规定宣告债务人破产的，应当自裁定作出之日起 5 日内送达债务人和管理人，自裁定作出之日起 10 日内通知已知债权人，并予以公告。破产财产分配以货币为基本方式。变价出售的破产财产应当通过拍卖方式执行。对破产人的特定财产享有担保权的担保人，对破产财产享有优先受偿的权利。

人民法院受理破产申请后发生的下列费用，为破产费用：① 破产案件的诉讼费用；②

管理、变价和分配债务人财产的费用；③ 管理人执行职务的费用、报酬和聘用工作人员的费用。

人民法院受理破产申请后发生的下列债务，为共益债务：① 因管理人或者债务人请求对方当事人履行双方均未履行完毕的合同所产生的债务；② 债务人财产受无因管理所产生的债务；③ 因债务人不当得利所产生的债务；④ 债务人为继续营业而应支付的劳动报酬和社会保险费用及由此产生的其他债务；⑤ 管理人或者相关人员执行职务致人损害所产生的债务；⑥ 债务人财产致人损害所产生的债务。

破产费用和共益债务由债务人财产随时清偿。债务人财产不足以清偿所有破产费用和共益债务的，先清偿破产费用；债务人财产不足以清偿所有破产费用或者共益债务的，按照比例清偿；债务人财产不足以清偿破产费用的，管理人应当提请人民法院终结破产程序。人民法院应当自收到请求之日起 15 日内裁定终结破产程序，并予以公告。

破产财产在优先清偿破产费用和共益债务后，依照下列顺序清偿：① 破产人所欠职工的工资和医疗、伤残补助、抚恤费用，所欠的应当划入职工个人账户的基本养老保险、基本医疗保险费用，以及法律、行政法规规定应当支付给职工的补偿金；② 破产人欠缴的除前项规定以外的社会保险费用和破产人所欠税款；③ 普通破产债权。破产财产不足以清偿同一顺序求偿权，应当按照比例进行分配。

管理人应当及时拟订破产财产分配方案，提交债权人会议讨论。债权人会议通过破产财产分配方案后，由管理人将该方案提请人民法院裁定认可。破产财产分配方案经人民法院裁定认可后，由管理人执行。债权人未受领的破产财产分配额，管理人应当提存。债权人自最后分配公告之日起满 2 个月仍不领取的，视为放弃受领分配的权利，管理人或者人民法院应当将提存的分配额分配给其他债权人。破产财产分配时，对于诉讼或者仲裁未决的债权，管理人应当将其分配额提存。自破产程序终结之日起满 2 年仍不能受领分配的，人民法院应当将提存的分配额分配给其他债权人。

思考题

1. 破产预警模型主要有哪些？
2. 企业重整的程序是什么？
3. 企业破产清算的程序是什么？
4. 资产剥离、公司分立和股权出售的差别主要是什么？
5. 公司重组的动因主要有哪些？

练习题

1. 某国有企业因经营管理不善，依法被人民法院宣告破产。管理人确认：① 该企业的全部财产变价收入为 300 万元；② 中国建设银行某支行信用贷款 66 万元；③ 其他债权合计为 300 万元；④ 欠职工工资和法定补偿金 65 万元，欠税款 35 万元；⑤ 管理人查明在法院受理案件前 3 个月，企业无偿转让作价为 80 万元的财产（不包括在以上变价收入中）；⑥ 破产费用共 30 万元。

要求：分析本案中中国建设银行某支行可以得到多少清偿额？

案例分析

巨人集团财务危机案例

1989 年初，史玉柱怀揣 4 000 元钱和耗费 9 个月心血研制的 M6401 桌面排版印刷系统只身南下来到深圳下海经商。他承包了天津大学科工贸公司电脑部，用全部的 4 000 元做了一个广告："M6401，历史性的突破"。2 个月后，4 000 元的广告投入换来了 10 万元的销售额。他又将这笔收入全部投入广告，4 个月后，M6401 实现了 100 万元的销售额，从而奠定了巨人集团创业的基石。

1991 年 4 月，史玉柱成立珠海巨人新技术公司。1991 年 8 月，巨人公司投资 80 万元，组织 10 多个专家开发出 M6401 汉卡。同年 11 月，M6401 汉卡销售量跃居全国同类产品之首，纯利达 1 000 万元。在此以后，公司发展迅猛，至 1993 年，巨人集团实现销售额 3.6 亿元，利税 4 600 万元，成为中国极具实力的计算机企业。

1993 年，国际著名的电脑公司大举进入中国，电脑行业竞争加剧。史玉柱意识到公司仅靠电脑单一行业发展具有很大的局限性，为寻找新的产业支柱，巨人集团开始迈向多元化经营之路，决定进军生物工程和房地产行业。在生物工程行业，巨人集团 1993 年注册成立了康元公司，开发了"脑黄金"保健品。1994 年 8 月，"脑黄金"产品投入市场，一炮打响，效益显著，这坚定了史玉柱发展生物工程行业的信心。1995 年 5 月 18 日，巨人集团在全国发动促销电脑、保健品、药品的"三大战役"。霎时间，巨人集团以集中轰炸的方式，一次性推出电脑、保健品、药品三大系列 30 个产品，巨人产品的广告同时以整版篇幅跃然于全国各大报纸。不到半年，巨人集团的子公司就从 38 个发展到 228 个，人员也从 20 人发展到 2 000 人。

在 1993 年开始的生物工程刚刚打开局面但尚未巩固的情况下，巨人集团毅然向房地产这一完全陌生的领域进军，史玉柱决定建巨人大厦。巨人大厦的设计方案多次更改，最后决定建 70 层，建成珠海市的一座标志性大厦。70 层的大厦，预算需要12亿元，工期大约6年。巨人集团计划1/3的资金自筹，1/3的资金靠卖楼花筹集，余下的1/3资金从银行贷款。但令人惊奇的是，从1994年2月巨人大厦破土动工到1996年7月，巨人集团未申请过一分钱的银行贷款，全凭自有资金和卖楼花的资金支撑。

实际上，进入生物工程和房地产领域是巨人集团的一次战略转型。在1994年8月的全体员工大会上，史玉柱提出了“巨人集团第二次创业的总体构想”。其总目标是跳出电脑产业，走产业多元化的扩张之路，以发展寻求解决矛盾的出路。史玉柱的第二次创业计划：在房地产方面，投资12亿元兴建巨人大厦，投资4.8亿元在黄山兴建绿谷旅游工程，投资5 400万元购买和装修巨人总部大楼，在上海浦东买下3万平方米土地，准备兴建上海巨人集团总部；在保健品方面，准备投资5亿元，在一年内推出上百个产品。产值总目标为，1995年达到10亿元，1996年达到50亿元，1997年达到100亿元。

多元化的快速发展使巨人集团自身管理方面的弊端顿时暴露无遗。1995年7月11日，在史玉柱提出第二次创业一年后，他不得不宣布进行公司整顿，在集团内部进行了一次干部大整顿。但是，整顿并没有从根本上扭转局面。1995年9月，巨人集团的发展形势急转直下，步入低潮。1995年底，巨人集团面临前所未有的严峻形势，财务状况进一步恶化。1996年初，史玉柱为挽回局面，将公司经营重点转向减肥食品“巨不肥”。1996年3月，“巨不肥”营销计划顺利展开，销售量大幅上升，公司情况有所好转，但公司旧制度的弊端、管理的缺陷并没有得到根本解决。至1996年底，康元公司累计债务已达1亿元，且大量债务存在水分，相当一部分是由公司内部人员侵吞造成的，公司的资产流失严重。而此时更让史玉柱焦急的是巨人大厦建设资金告急，他决定将生物工程的流动资金抽出来投入大厦的建设，而不是停工。1996年7月，全国保健品市场普遍不景气，巨人保健品的销售量也急剧下滑，维持生物工程正常运作的基本费用和广告费用不足，生物工程的发展受到了极大的影响。与此同时，按照合同约定，巨人大厦施工3年应建完一期工程，达到20层高，1996年底一期工程期满，由于施工不顺利而没有完工。大厦动工时为了筹措资金，巨人集团在香港卖楼花筹到了6 000万港元，国内卖楼花筹到了4 000万元人民币，其中，国内签订的楼花买卖协议规定，3年大楼一期工程（盖20层）完工后履约，如未能如期完工，应退还定金并给予买主经济补偿。因此，当1996年底大楼一期工程未能完成时，建大厦时卖给国内的4 000万元楼花就成了巨人集团爆发财务危机的导火索。1997年初，巨人集团终因财务状况不良，银行拒绝贷款，财务危机彻底爆发。

☞思考　(1) 分析巨人集团的多元化经营战略是否存在问题？

(2) 造成巨人集团陷入财务危机的原因有哪些？

参考文献

[1] 斯蒂芬 A. 罗斯，等. 公司理财[M]. 11 版. 吴世农，沈艺峰，王志强，等译. 北京：机械工业出版社，2017.

[2] 陈文浩，张纯. 公司财务[M]. 3 版. 上海：上海财经大学出版社，2015.

[3] 荆新，王化成，刘俊彦. 财务管理学[M]. 8 版. 北京：中国人民大学出版社，2018.

[4] 中国注册会计师协会. 财务成本管理[M]. 北京：中国财政经济出版社，2020.

[5] 谢里登 · 蒂特曼，阿瑟 · 基翁，约翰 · 马丁. 财务管理：原理与应用[M]. 13 版. 北京：清华大学出版社，2018.

[6] 刘淑莲，牛彦秀. 公司理财[M]. 4 版. 大连：东北财经大学出版社，2017.

[7] 胡玉明. 公司理财[M]. 2 版. 大连：东北财经大学出版社，2009.

[8] 陈玉菁. 财务管理实务与案例[M]. 4 版. 北京：中国人民大学出版社，2019.

[9] 王化成. 财务管理[M]. 5 版. 北京：中国人民大学出版社，2017.

[10] 茅宁，汪丽. 公司理财[M]. 北京：北京师范大学出版社，2006.

附表

附表 1　复利终值系数表

期数	1%	2%	3%	4%	5%	6%	7%	8%	9%	10%	11%	12%	13%	14%	15%	16%	17%	18%	19%	20%	25%	30%
1	1.010	1.020	1.030	1.040	1.050	1.060	1.070	1.080	1.090	1.100	1.110	1.120	1.130	1.140	1.150	1.160	1.170	1.180	1.190	1.200	1.250	1.300
2	1.020	1.040	1.061	1.082	1.103	1.124	1.145	1.166	1.188	1.210	1.232	1.254	1.277	1.300	1.323	1.346	1.369	1.392	1.416	1.440	1.563	1.690
3	1.030	1.061	1.093	1.125	1.158	1.191	1.225	1.260	1.295	1.331	1.368	1.405	1.443	1.482	1.521	1.561	1.602	1.643	1.685	1.728	1.953	2.197
4	1.041	1.082	1.126	1.170	1.216	1.263	1.311	1.361	1.412	1.464	1.518	1.574	1.631	1.689	1.749	1.811	1.874	1.939	2.005	2.074	2.441	2.856
5	1.051	1.104	1.159	1.217	1.276	1.338	1.403	1.469	1.539	1.611	1.685	1.762	1.842	1.925	2.011	2.100	2.192	2.288	2.386	2.488	3.052	3.713
6	1.062	1.126	1.194	1.265	1.340	1.419	1.501	1.587	1.677	1.772	1.870	1.974	2.082	2.195	2.313	2.436	2.565	2.700	2.840	2.986	3.815	4.827
7	1.072	1.149	1.230	1.316	1.407	1.504	1.606	1.714	1.828	1.949	2.076	2.211	2.353	2.502	2.660	2.826	3.001	3.186	3.379	3.583	4.768	6.275
8	1.083	1.172	1.267	1.369	1.478	1.594	1.718	1.851	1.993	2.144	2.305	2.476	2.658	2.853	3.059	3.278	3.512	3.759	4.021	4.300	5.961	8.157
9	1.094	1.195	1.305	1.423	1.551	1.690	1.839	1.999	2.172	2.358	2.558	2.773	3.004	3.252	3.518	3.803	4.108	4.436	4.785	5.160	7.451	10.605
10	1.105	1.219	1.344	1.480	1.629	1.791	1.967	2.159	2.367	2.594	2.839	3.106	3.395	3.707	4.046	4.411	4.807	5.234	5.695	6.192	9.313	13.786
11	1.116	1.243	1.384	1.540	1.710	1.898	2.105	2.332	2.580	2.853	3.152	3.479	3.836	4.226	4.652	5.117	5.624	6.176	6.777	7.430	11.642	17.922
12	1.127	1.268	1.426	1.601	1.796	2.012	2.252	2.518	2.813	3.138	3.499	3.896	4.335	4.818	5.350	5.936	6.580	7.288	8.064	8.916	14.552	23.298
13	1.138	1.294	1.469	1.665	1.886	2.133	2.410	2.720	3.066	3.452	3.883	4.364	4.898	5.492	6.153	6.886	7.699	8.599	9.596	10.699	18.190	30.288
14	1.150	1.320	1.513	1.732	1.980	2.261	2.579	2.937	3.342	3.798	4.310	4.887	5.535	6.261	7.076	7.988	9.008	10.147	11.420	12.839	22.737	39.374
15	1.161	1.346	1.558	1.801	2.079	2.397	2.759	3.172	3.643	4.177	4.785	5.474	6.254	7.138	8.137	9.266	10.539	11.974	13.590	15.407	28.422	51.186
16	1.173	1.373	1.605	1.873	2.183	2.540	2.952	3.426	3.970	4.595	5.311	6.130	7.067	8.137	9.358	10.748	12.330	14.129	16.172	18.488	35.527	66.542
17	1.184	1.400	1.653	1.948	2.292	2.693	3.159	3.700	4.328	5.055	5.895	6.866	7.986	9.277	10.761	12.468	14.427	16.672	19.244	22.186	44.409	86.504
18	1.196	1.428	1.702	2.026	2.407	2.854	3.380	3.996	4.717	5.560	6.544	7.690	9.024	10.575	12.376	14.463	16.879	19.673	22.901	26.623	55.511	112.455
19	1.208	1.457	1.754	2.107	2.527	3.026	3.617	4.316	5.142	6.116	7.263	8.613	10.197	12.056	14.232	16.777	19.748	23.214	27.252	31.948	69.389	146.192
20	1.220	1.486	1.806	2.191	2.653	3.207	3.870	4.661	5.604	6.728	8.062	9.646	11.523	13.744	16.367	19.461	23.106	27.393	32.429	38.338	86.736	190.050
25	1.282	1.641	2.094	2.666	3.386	4.292	5.427	6.849	8.623	10.835	13.586	17.000	21.231	26.462	32.919	40.874	50.658	62.669	77.388	95.396	264.698	705.641
30	1.348	1.811	2.427	3.243	4.322	5.744	7.612	10.063	13.268	17.449	22.892	29.960	39.116	50.950	66.212	85.850	111.065	143.371	184.675	237.376	807.794	2 619.996

附表 2　复利现值系数表

期数	1%	2%	3%	4%	5%	6%	7%	8%	9%	10%	11%	12%	13%	14%	15%	16%	17%	18%	19%	20%	25%	30%
1	0.990	0.980	0.971	0.962	0.952	0.943	0.935	0.926	0.917	0.909	0.901	0.893	0.885	0.877	0.870	0.862	0.855	0.848	0.840	0.833	0.800	0.769
2	0.980	0.961	0.943	0.925	0.907	0.890	0.873	0.857	0.842	0.826	0.812	0.797	0.783	0.770	0.756	0.743	0.731	0.718	0.706	0.694	0.640	0.592
3	0.971	0.942	0.915	0.889	0.864	0.840	0.816	0.794	0.772	0.751	0.731	0.712	0.693	0.675	0.658	0.641	0.624	0.609	0.593	0.579	0.512	0.455
4	0.961	0.924	0.889	0.855	0.823	0.792	0.763	0.735	0.708	0.683	0.659	0.636	0.613	0.592	0.572	0.552	0.534	0.516	0.499	0.482	0.410	0.350
5	0.952	0.906	0.863	0.822	0.784	0.747	0.713	0.681	0.650	0.621	0.594	0.567	0.543	0.519	0.497	0.476	0.456	0.437	0.419	0.402	0.328	0.269
6	0.942	0.888	0.838	0.790	0.746	0.705	0.666	0.630	0.596	0.565	0.535	0.507	0.480	0.456	0.432	0.410	0.390	0.370	0.352	0.335	0.262	0.207
7	0.933	0.871	0.813	0.760	0.711	0.665	0.623	0.584	0.547	0.513	0.482	0.452	0.425	0.400	0.376	0.354	0.333	0.314	0.296	0.279	0.210	0.159
8	0.924	0.854	0.789	0.731	0.677	0.627	0.582	0.540	0.502	0.467	0.434	0.404	0.376	0.351	0.327	0.305	0.285	0.266	0.249	0.233	0.168	0.123
9	0.914	0.837	0.766	0.703	0.645	0.592	0.544	0.500	0.460	0.424	0.391	0.361	0.333	0.308	0.284	0.263	0.243	0.226	0.209	0.194	0.134	0.094
10	0.905	0.820	0.744	0.676	0.614	0.558	0.508	0.463	0.422	0.386	0.352	0.322	0.295	0.270	0.247	0.227	0.208	0.191	0.176	0.162	0.107	0.073
11	0.896	0.804	0.722	0.650	0.585	0.527	0.475	0.429	0.388	0.351	0.317	0.288	0.261	0.237	0.215	0.195	0.178	0.162	0.148	0.135	0.086	0.056
12	0.887	0.789	0.701	0.625	0.557	0.497	0.444	0.397	0.356	0.319	0.286	0.257	0.231	0.208	0.187	0.169	0.152	0.137	0.124	0.112	0.069	0.043
13	0.879	0.773	0.681	0.601	0.530	0.469	0.415	0.368	0.326	0.290	0.258	0.229	0.204	0.182	0.163	0.145	0.130	0.116	0.104	0.094	0.055	0.033
14	0.870	0.758	0.661	0.578	0.505	0.442	0.388	0.341	0.299	0.263	0.232	0.205	0.181	0.160	0.141	0.125	0.111	0.099	0.088	0.078	0.044	0.025
15	0.861	0.743	0.642	0.555	0.481	0.417	0.362	0.315	0.275	0.239	0.209	0.183	0.160	0.140	0.123	0.108	0.095	0.084	0.074	0.065	0.035	0.020
16	0.853	0.728	0.623	0.534	0.458	0.394	0.339	0.292	0.252	0.218	0.188	0.163	0.142	0.123	0.107	0.093	0.081	0.071	0.062	0.054	0.028	0.015
17	0.844	0.714	0.605	0.513	0.436	0.371	0.317	0.270	0.231	0.198	0.170	0.146	0.125	0.108	0.093	0.080	0.069	0.060	0.052	0.045	0.023	0.012
18	0.836	0.700	0.587	0.494	0.416	0.350	0.296	0.250	0.212	0.180	0.153	0.130	0.111	0.095	0.081	0.069	0.059	0.051	0.044	0.038	0.018	0.009
19	0.828	0.686	0.570	0.475	0.396	0.331	0.277	0.232	0.195	0.164	0.138	0.116	0.098	0.083	0.070	0.060	0.051	0.043	0.037	0.031	0.014	0.007
20	0.820	0.673	0.554	0.456	0.377	0.312	0.258	0.215	0.178	0.149	0.124	0.104	0.087	0.073	0.061	0.051	0.043	0.037	0.031	0.026	0.012	0.005
25	0.780	0.610	0.478	0.375	0.295	0.233	0.184	0.146	0.116	0.092	0.074	0.059	0.047	0.038	0.030	0.025	0.020	0.016	0.013	0.011	0.004	0.001
30	0.742	0.552	0.412	0.308	0.231	0.174	0.131	0.099	0.075	0.057	0.044	0.033	0.026	0.020	0.015	0.012	0.009	0.007	0.005	0.004	0.001	0.000

附表 3　年金终值系数表

期数	1%	2%	3%	4%	5%	6%	7%	8%	9%	10%	11%	12%	13%	14%	15%	16%	17%	18%	19%	20%	25%	30%
1	1.000	1.000	1.000	1.000	1.000	1.000	1.000	1.000	1.000	1.000	1.000	1.000	1.000	1.000	1.000	1.000	1.000	1.000	1.000	1.000	1.000	1.000
2	2.010	2.020	2.030	2.040	2.050	2.060	2.070	2.080	2.090	2.100	2.110	2.120	2.130	2.140	2.150	2.160	2.170	2.180	2.190	2.200	2.250	2.300
3	3.030	3.060	3.091	3.122	3.153	3.184	3.215	3.246	3.278	3.310	3.342	3.374	3.407	3.440	3.473	3.506	3.539	3.572	3.606	3.640	3.813	3.990
4	4.060	4.122	4.184	4.247	4.310	4.375	4.440	4.506	4.573	4.641	4.710	4.779	4.850	4.921	4.993	5.067	5.141	5.215	5.291	5.368	5.766	6.187
5	5.101	5.204	5.309	5.416	5.526	5.637	5.751	5.867	5.985	6.105	6.228	6.353	6.480	6.610	6.742	6.877	7.014	7.154	7.297	7.442	8.207	9.043
6	6.152	6.308	6.468	6.633	6.802	6.975	7.153	7.336	7.523	7.716	7.913	8.115	8.323	8.536	8.754	8.978	9.207	9.442	9.683	9.930	11.259	12.756
7	7.214	7.434	7.663	7.898	8.142	8.394	8.654	8.923	9.200	9.487	9.783	10.089	10.405	10.731	11.067	11.414	11.772	12.142	12.523	12.916	15.074	17.583
8	8.286	8.583	8.892	9.214	9.549	9.898	10.260	10.637	11.029	11.436	11.859	12.300	12.757	13.233	13.727	14.240	14.773	15.327	15.902	16.499	19.842	23.858
9	9.369	9.755	10.159	10.583	11.027	11.491	11.978	12.488	13.021	13.580	14.164	14.776	15.416	16.085	16.786	17.519	18.285	19.086	19.923	20.799	25.802	32.015
10	10.462	10.950	11.464	12.006	12.578	13.181	13.816	14.487	15.193	15.937	16.722	17.549	18.420	19.337	20.304	21.322	22.393	23.521	24.709	25.959	33.253	42.620
11	11.567	12.169	12.808	13.486	14.207	14.972	15.784	16.646	17.560	18.531	19.561	20.655	21.814	23.045	24.349	25.733	27.200	28.755	30.404	32.150	42.566	56.405
12	12.683	13.412	14.192	15.026	15.917	16.870	17.889	18.977	20.141	21.384	22.713	24.133	25.650	27.271	29.002	30.850	32.824	34.931	37.180	39.581	54.208	74.327
13	13.809	14.680	15.618	16.627	17.713	18.882	20.141	21.495	22.953	24.523	26.212	28.029	29.985	32.089	34.352	36.786	39.404	42.219	45.245	48.497	68.760	97.625
14	14.947	15.974	17.086	18.292	19.599	21.015	22.551	24.215	26.019	27.975	30.095	32.393	34.883	37.581	40.505	43.672	47.103	50.818	54.841	59.196	86.950	127.913
15	16.097	17.293	18.599	20.024	21.579	23.276	25.129	27.152	29.361	31.773	34.405	37.280	40.418	43.842	47.580	51.660	56.110	60.965	66.261	72.035	109.687	167.286
16	17.258	18.639	20.157	21.825	23.658	25.673	27.888	30.324	33.003	35.950	39.190	42.753	46.672	50.980	55.718	60.925	66.649	72.939	79.850	87.442	138.109	218.472
17	18.430	20.012	21.762	23.698	25.840	28.213	30.840	33.750	36.974	40.545	44.501	48.884	53.739	59.118	65.075	71.673	78.979	87.068	96.022	105.931	173.636	285.014
18	19.615	21.412	23.414	25.645	28.132	30.906	33.999	37.450	41.301	45.599	50.396	55.750	61.725	68.394	75.836	84.141	93.406	103.740	115.266	128.117	218.045	371.518
19	20.811	22.841	25.117	27.671	30.539	33.760	37.379	41.446	46.019	51.159	56.940	63.440	70.749	78.969	88.212	98.603	110.285	123.414	138.166	154.740	273.556	483.973
20	22.019	24.297	26.870	29.778	33.066	36.786	40.996	45.762	51.160	57.275	64.203	72.052	80.947	91.025	102.444	115.380	130.033	146.628	165.418	186.688	342.945	630.166
25	28.243	32.030	36.459	41.646	47.727	54.865	63.249	73.106	84.701	98.347	114.413	133.334	155.620	181.871	212.793	249.214	292.105	342.604	402.043	471.981	1 054.791	2 348.803
30	34.785	40.568	47.575	56.085	66.439	79.058	94.461	113.283	136.308	164.494	199.021	241.333	293.199	356.787	434.745	530.312	647.439	790.948	966.712	1 181.882	3 227.174	8 729.986

附表 4　年金现值系数表

期数	1%	2%	3%	4%	5%	6%	7%	8%	9%	10%	11%	12%	13%	14%	15%	16%	17%	18%	19%	20%	25%	30%
1	0.990	0.980	0.971	0.962	0.952	0.943	0.935	0.926	0.917	0.909	0.901	0.893	0.885	0.877	0.870	0.862	0.855	0.848	0.840	0.833	0.800	0.769
2	1.970	1.942	1.914	1.886	1.859	1.833	1.808	1.783	1.759	1.736	1.713	1.690	1.668	1.647	1.626	1.605	1.585	1.566	1.547	1.528	1.440	1.361
3	2.941	2.884	2.829	2.775	2.723	2.673	2.624	2.577	2.531	2.487	2.444	2.402	2.361	2.322	2.283	2.246	2.210	2.174	2.140	2.107	1.952	1.816
4	3.902	3.808	3.717	3.630	3.546	3.465	3.387	3.312	3.240	3.170	3.102	3.037	2.975	2.914	2.855	2.798	2.743	2.690	2.639	2.589	2.362	2.166
5	4.853	4.714	4.580	4.452	4.330	4.212	4.100	3.993	3.890	3.791	3.696	3.605	3.517	3.433	3.352	3.274	3.199	3.127	3.058	2.991	2.689	2.436
6	5.796	5.601	5.417	5.242	5.076	4.917	4.767	4.623	4.486	4.355	4.231	4.111	3.998	3.889	3.785	3.685	3.589	3.498	3.410	3.326	2.951	2.643
7	6.728	6.472	6.230	6.002	5.786	5.582	5.389	5.206	5.033	4.868	4.712	4.564	4.423	4.288	4.160	4.039	3.922	3.812	3.706	3.605	3.161	2.802
8	7.652	7.326	7.020	6.733	6.463	6.210	5.971	5.747	5.535	5.335	5.146	4.968	4.799	4.639	4.487	4.344	4.207	4.078	3.954	3.837	3.329	2.925
9	8.566	8.162	7.786	7.435	7.108	6.802	6.515	6.247	5.995	5.759	5.537	5.328	5.132	4.946	4.772	4.607	4.451	4.303	4.163	4.031	3.463	3.019
10	9.471	8.983	8.530	8.111	7.722	7.360	7.024	6.710	6.418	6.145	5.889	5.650	5.426	5.216	5.019	4.833	4.659	4.494	4.339	4.193	3.571	3.092
11	10.368	9.787	9.253	8.761	8.306	7.887	7.499	7.139	6.805	6.495	6.207	5.938	5.687	5.453	5.234	5.029	4.836	4.656	4.487	4.327	3.656	3.147
12	11.255	10.575	9.954	9.385	8.863	8.384	7.943	7.536	7.161	6.814	6.492	6.194	5.918	5.660	5.421	5.197	4.988	4.793	4.611	4.439	3.725	3.190
13	12.134	11.348	10.635	9.986	9.394	8.853	8.358	7.904	7.487	7.103	6.750	6.424	6.122	5.842	5.583	5.342	5.118	4.910	4.715	4.533	3.780	3.223
14	13.004	12.106	11.296	10.563	9.899	9.295	8.746	8.244	7.786	7.367	6.982	6.628	6.303	6.002	5.725	5.468	5.229	5.008	4.802	4.611	3.824	3.249
15	13.865	12.849	11.938	11.118	10.380	9.712	9.108	8.560	8.061	7.606	7.191	6.811	6.462	6.142	5.847	5.576	5.324	5.092	4.876	4.676	3.859	3.268
16	14.718	13.578	12.561	11.652	10.838	10.106	9.447	8.851	8.313	7.824	7.379	6.974	6.604	6.265	5.954	5.669	5.405	5.162	4.938	4.730	3.887	3.283
17	15.562	14.292	13.166	12.166	11.274	10.477	9.763	9.122	8.544	8.022	7.549	7.120	6.729	6.373	6.047	5.749	5.475	5.222	4.990	4.775	3.910	3.295
18	16.398	14.992	13.754	12.659	11.690	10.828	10.059	9.372	8.756	8.201	7.702	7.250	6.840	6.467	6.128	5.818	5.534	5.273	5.033	4.812	3.928	3.304
19	17.226	15.679	14.324	13.134	12.085	11.158	10.336	9.604	8.950	8.365	7.839	7.366	6.938	6.550	6.198	5.878	5.585	5.316	5.070	4.844	3.942	3.311
20	18.046	16.351	14.878	13.590	12.462	11.470	10.594	9.818	9.129	8.514	7.963	7.469	7.025	6.623	6.259	5.929	5.628	5.353	5.101	4.870	3.954	3.316
25	22.023	19.524	17.413	15.622	14.094	12.783	11.654	10.675	9.823	9.077	8.422	7.843	7.330	6.873	6.464	6.097	5.766	5.467	5.195	4.948	3.985	3.329
30	25.808	22.397	19.600	17.292	15.373	13.765	12.409	11.258	10.274	9.427	8.694	8.055	7.496	7.003	6.566	6.177	5.829	5.517	5.235	4.979	3.995	3.332